Kunst und Religion

um 1900: Ästhetisierung d. Zeitgeistes 59
wilhelmin.

Sakralisierung der großen Kunst 63 Simmel

Böcklins Kunst als Wiederherstellung der verlorenen Einheit m.d. Natur 60

Die trad. theol. Leitdifferenz Imm./Transzendenz auf Natur projiziert 61
[Naturerleben]

neopagane Ethik 12

Kunst und Religion

Studien zur Kultursoziologie und Kulturgeschichte

herausgegeben von
Richard Faber und Volkhard Krech

Königshausen & Neumann

Die Deutsche Bibliothek — CIP-Einheitsaufnahme

Kunst und Religion : Studien zur Kultursoziologie
und Kulturgeschichte / hrsg. von Richard Faber und
Volkhard Krech. – Würzburg : Königshausen und Neumann, 1999
   ISBN 3-8260-1553-3

© Verlag Königshausen & Neumann GmbH, Würzburg 1999
Gedruckt auf säurefreiem, alterungsbeständigem Papier
Umschlag: Hummel / Lang, Würzburg
Bindung: Rimparer Industriebuchbinderei GmbH
Alle Rechte vorbehalten
Auch die fotomechanische Vervielfältigung des Werkes oder von Teilen daraus
(Fotokopie, Mikrokopie) bedarf der vorherigen Zustimmung des Verlags.
Printed in Germany
ISBN 3-8260-1553-3

Inhalt

Vorwort 7

I. Kunst und Religion in den Sozial- und Kulturwissenschaften um 1900

Volkhard Krech
Die Geburt der Kunst aus dem Geist der Religion?
Verhältnisbestimmungen von Kunst und Religion um 1900 21

Klaus Lichtblau
„Innerweltliche Erlösung vom Rationalen" oder „Reich diabolischer
Herrlichkeit"? Zum Verhältnis von Kunst und Religion bei Georg
Simmel und Max Weber 51

Philippe Despoix
Dichterische Prophetie und polytheistisches Erzählen.
Zu Max Webers impliziter Bestimmung des literarischen Mediums 79

II. Kunst und Religion in außereuropäischen Hochkulturen

Eva Cancik-Kirschbaum
Religionsgeschichte oder Kulturgeschichte?
Über das Verhältnis von Kunst und Religion im Alten Orient 101

Peter Pörtner
Saigyô – ein japanischer Dichter zwischen Kunst und Religion 119

III. Kunst und Religion im spätmittelalterlichen Europa

Achatz von Müller
„Il viso per la pittura vive lunga vita".
Zur Sozialfunktion religiöser Bildstiftungen im italienischen
Spätmittelalter 135

Susanne Lanwerd
„Und sie haben sich die Unsterblichkeit ermalt"?
Ein religionswissenschaftlicher Versuch über das Verhältnis von Kunst und Religion – am Beispiel Stefan Lochners 153

IV. Kunst und Religion im europäischen 19. und frühen 20. Jahrhundert

Thomas Schröder
Christologie? Säkulare Bestimmungsversuche am A und Ω politischer Theologie um 1800 173

Richard Faber
Von erotischer Mystik zu mystischer Erotik.
Friedrich von Spee und Friedrich von Hardenberg im Vergleich 195

Marja Rauch
Robert Musil zwischen Säkularisierung der Religion und Sakralisierung der Kunst 215

Wolf-Daniel Hartwich
Kunst und Religion der Zukunft.
Richard Wagners theoretische Schriften und dramatische Entwürfe von 1848/49 227

V. Völkisch-Politische Kunstreligionen des 20. Jahrhunderts

Wolfgang Braungart
Kult, Ritual und Religion bei Stefan George 257

Marina Schuster
Bildende Künstler als Religionsstifter.
Das Beispiel der Maler Ludwig Fahrenkrog und Hugo Höppener genannt Fidus 275

Claus-E. Bärsch
Die Außenseite von Seele. Religion, Kunst und Rasse in Alfred Rosenbergs „Mythus des 20. Jahrhunderts" 289

Vorwort

Die deutsche (Kultur-)Soziologie der Jahrhundertwende ist gerade auch Religionssoziologie[1] und – speziell bei Georg Simmel und Max Weber – im Bewußtsein einer unter Gebildeten weitestgehenden Ablösung der Religion durch Kunst und Ästhetik. Als Pointe dieser, positiv oder negativ bewerteten, Zeitdiagnose kann angesehen werden, daß der Ästhetisierung der Religion eine tendenzielle 'Religiosisierung' der Ästhetik entspricht, bis zur Indienstnahme eines ursprünglichen „l'art pour l'art" durch eine neue *Politische* Religion. Nicht erst im Falle Stefan Georges hat sich diese aus einem Ästhetizismus *herausentwickelt*. Schon Friedrich Nietzsches erster philosophischer Titel rekonstruiert die „Geburt der (Wagnerschen) Tragödie aus dem Geist der (absoluten) Musik" – und im Gewand einer altertumswissenschaftlichen Studie (über den Ursprung der *altgriechischen* Tragödie).[2]

Durch die in der 'klassischen' Soziologie thematisierte Nähe von Kunst und Religion angeregt, will unser Sammelband einen Beitrag zur historisch-systematischen Verhältnisbestimmung beider Größen heute leisten. – Der Heidelberger Soziologe Volkhard Krech geht in seiner geistes- und wissenschaftsgeschichtlichen Einleitung zurück bis auf Herbert Spencer und Edward Burnett Tylor. Diese und andere Evolutionstheoretiker haben die noch für Teile der Religionssoziologie um die Jahrhundertwende grundlegenden Thesen aufgestellt:
- daß alle frühen und das heißt undifferenzierten Kulturen – in dieser ihrer Totalität – religiös bestimmt sind;
- daß sich die Kunst von der (Pan-)Religion erst im Laufe der Zeit abgelöst hat, um dann (partiell) an ihre Stelle zu treten und ihre Funktion zu übernehmen.

Wissenschaftshistorisch ist wohl sogar von einem Primat der Gegenwart auszugehen und deswegen die Kausalität umzukehren. Für Max Weber jedenfalls kann die diagnostizierte moderne Übernahme der religiösen Funktion durch die Kunst als der *Ausgangspunkt* oder gar das *Motiv* angesehen

---

[1] Vgl. V. Krech/H. Tyrell (Hg.), *Religionssoziologie um 1900*, Würzburg 1995.
[2] Vgl. H. Cancik, *Nietzsches Antike. Vorlesung*, Stuttgart/Weimar 1995, vor allem aber B. von Reibnitz, *Ein Kommentar zu Friedrich Nietzsche „Die Geburt der Tragödie aus dem Geiste der Musik"* (Kap. I-12), Stuttgart/Weimar 1992, außerdem A. Bierl, *Dionysos und die griechische Tragödie. Politische und „metatheatralische" Aspekte im Text*, Tübingen 1991.

werden, um ein entwicklungsgeschichtliches Ableitungsverhältnis zwischen beiden Größen anzunehmen. Dennoch bleibt bereits zeitgenössisch die universalhistorische Annahme vom religiösen Ursprung der Kunst nicht unwidersprochen, wofür die eher anthropologischen Positionen Georg Simmels und Wilhelm Wundts Beispiele bieten. Den Hintergrund für eine den evolutionistischen Differenzierungstheorien alternative Sichtweise bilden erkenntnistheoretische Strömungen, die statt historisch systematisch ansetzen. Auch sie werden von Krech präsentiert und problematisiert.

Der Kassler Soziologe Klaus Lichtblau wendet sich in seinem Beitrag Max Weber und Georg Simmel im besonderen zu, wenn auch gerade im Hinblick auf ihren „Sitz im (soziokulturellen) Leben" um 1900, auf die diese Zeit mitbestimmende neuromantische „Kunstreligion" speziell. Während Simmel als einer ihrer überrepräsentativen Vertreter gelten kann: als ihr sie reflektierender und systematisierender Theoretiker, ist Max Weber – im ausdrücklichen Dialog mit Simmel – als entschiedener Kritiker solch moderner, von ihm für „dekadent" erachteten Religiosität aufgetreten. Wo der eine „innerweltliche Erlösung vom Rationalen" konstatierte und propagierte, diagnostizierte und denunzierte der andere ein „Reich diabolischer Herrlichkeit". „Georg Simmels und Max Webers Werk verkörpern mithin zwei recht unterschiedliche Strategien im Umgang mit der durch die Proklamierung einer spezifisch 'modernen' Kunstreligion bewirkten Irritationen eines sich selbst erst akademisch etablierenden Faches (Soziologie), welches das Prinzip der funktionalen Differenzierung und der damit verbundenen 'operativen Geschlossenheit' der einzelnen gesellschaftlichen Teilsysteme bzw. kulturellen Wertsphären bis heute als eine zentrale Grundannahme seines eigenen disziplinären Selbstverständnisses ansieht. Daß solcherart Abschließung bzw. 'Sublimierung' der innerhalb der modernen Kunst und Religion geronnenen Kulturinhalte aber nicht notwendig zu einer unüberbrückbaren Grenzziehung führen muß, sondern allererst die Möglichkeit eines funktionalen Vergleichs ihrer jeweiligen Eigenart garantiert und insofern auch produktive Wechselwirkungen zwischen den formal getrennten, erlebnishaft dagegen jedoch oft 'verwandten' Bereichen gerade nicht ausschließt, ist eine Erfahrung, welche nicht nur die erstmals in der deutschen Frühromantik proklamierte Form der modernen Kunstreligion kennzeichnet, sondern auch eine auf sie bezogene soziologische Reflexion, wie sie um 1900 von den beiden zentralen Gründergestalten der deutschsprachigen Tradition der Kultursoziologie namhaft vertreten worden ist."

Der Berliner Literaturwissenschaftler Phillipe Despoix führt Lichtblaus Weber-Analyse fort, indem er auf innovatorische Art und Weise Max Webers in seiner Religionssoziologie implizit enthaltene *Literatur*soziologie expliziert. Die von Weber anhand der heiligen Texte der „Weltreligionen" gewonnenen Ergebnisse können für eine Soziologie der modernen Literatur fruchtbar gemacht werden, trotz der Konkurrenz verselbständigter Kunst speziell zu den Erlösungsreligionen. So hat Weber selbst den *späten* Tolstoi als Erben der prophetischen Literatur jüdisch-christlicher Provenienz identifiziert. Noch ihn oder ihn wieder erkennt er als Vertreter der prophetischen „Gegenästhetik" der – im Kruzifixus kulminierenden – Häßlichkeit. Bereits bei Baudelaire ist solche Ästhetik freilich antichristlich umgeschlagen in eine satanistische Ästhetik des *Bösen*. So oder so aber steht diese emphatische Moderne in Opposition zur antiken und damit „klassischen" – von Nietzsche zu restaurieren versuchten – Ästhetik. Auch der frühe, *pantheistische* Erzähler Tolstoi hatte sich ihr angeschlossen und speziell in die Tradition der polytheistischen Epik begeben – dem genauen Widerpart der alttestamentlichen Berichtsweise. – Beide, nicht erst von Erich Auerbach, sondern eben schon von Max Weber entwickelte Grundtypen der Literatur vertreten zugleich religiöse, sprechen also, wie vermittelt auch immer, vom Göttlichen. „Gewiß war auch der Atheist Weber der Meinung", wie Despoix pointiert, „die höchste Kunst des Soziologen sei zu sagen, was für eine gegebene Gesellschaft das Göttliche ist".

Zu den Unzulänglichkeiten soziologischer Differenzierungstheorien gehört der Mangel an empirischen, detailorientierten Prozeßanalysen. Diese Lücke teilweise und exemplarisch zu schließen, machen sich die folgenden Aufsätze zur Aufgabe. Die beiden anschließenden – im weitesten Sinn – altertumswissenschaftlichen Beiträge stellen kritische Anfragen an die universalhistorischen, vor allem aber evolutionistischen Perspektiven dar, die ein nicht geringer Teil der Religionssoziologie der Jahrhundertwende – genitivus obiectivus wie subiectivus – implizierte:

- Die Berliner Altorientalistin Eva Cancik-Kirschbaum vertritt nachdrücklich die These, daß im Unterschied gerade auch zu Annahmen Max Webers bereits die *altorientalischen* Hochkulturen eine von ihren Religionen separierte und insofern „autonome" Kunst besaßen. Wie der gleichfalls aus der „Tübinger Schule" der Religionsgeschichte hervorgegangene Jörg Rüpke ist Cancik-Kirschbaum generell davon überzeugt:

„Gesellschaftliche Komplexität ist kein auf die Moderne beschränktes Phänomen."[3]
- Der Münchener Japanologe Peter Pörtner geht bei seiner kulturhistorischen Analyse vormoderner Lyrik Japans – die immer wieder auf die europäische Moderne und deren Theoreme rekurriert – von der Frage aus: „Ist ein 'Dichtermönch' nicht eine contradictio in adjecto?" Und Pörtner kommt zum Schluß, daß für seinen Protagonisten Saigyô die Kunst „Organon der *Religion*" gewesen sei. „Saigyô war sich jedoch *seiner* Glaubens-Sache *nie* so ganz sicher. Er wußte, daß die Dilemmata, die Paradoxalspannungen, die alles durchziehen, ertragen werden müssen. Er wußte, daß das Sein nur eine Koketterie des Nichts ist, wußte, daß die Schönheit unlösbar an das Vergehen gebunden ist, litt darunter, daß er dem Reiz des vergänglichen Irdischen nicht entsagen konnte, erfuhr, daß jede Flucht vor der Welt immer in der Welt endete und zweifelte daran, daß die 'verrückten und verspielten Worte' als solche die Predigt des allumgreifenden Gesetzes sind. All diese Ambivalenzen und Antitendenzen sind gleichsam der Springquell der Saigyôschen *Dichtung*", wie wir (ganz im Sinne Pörtners) betonen möchten. Oder um (mit ihm) zu synthetisieren: Saigyôs Gedicht ist auf der Kreuzung *zweier* „Herzwege" entstanden: denen von Religion *und* Kunst.

Mit den Beiträgen des Basler Kulturhistorikers Achatz von Müller und der Berliner Religionswissenschaftlerin Susanne Lanwerd erreichen wir unsere eigene Vorgeschichte. Es handelt sich um zwei Fallstudien zur spätmittelalterlichen bzw. frühneuzeitlichen Ausdifferenzierung – nicht unbedingt „autonomer", aber doch – weltlicher bis politischer Kunst im *Gewande* der religiösen:
- Von Müller zeigt, wie religiöse Bildstiftungen im italienischen Spätmittelalter selbstverständlich der „Seelenrettungsökonomie" dienen sollten, aber auch sehr irdische Funktionen erfüllten: soziale Rangerhöhung bewirkten und in die politische Machtelite vorstoßen ließen. Von Müller spricht treffend von symbolischer Kapitalanhäufung, die der von materiellem Kapital an die Seite tritt: Man zeigt sich bemüht, seine Konten – das moralische und das materielle – in Balance zu halten, also ein *hervorragender* Bürger zweier Welten zu sein. Die ökonomische Potenz *sans phrase* gibt die Möglichkeit dazu und soll es auch – bei mo-

---

[3] J. Rüpke, „Religion und Krieg. Zur Verhältnisbestimmung religiöser und politischer Systeme einer Gesellschaft", in: R. Faber (Hg.), *Politische Religion – religiöse Politik*, Würzburg 1997, S. 315.

ralisch-bildmäßiger Abwehr aller „Neider". Von Müller kann das am Bildprogramm der Paduaner Arena-Kapelle Giottos wie an dem der Grabkapelle Francesco Sassettis, des „Generalmanagers" Lorenzos de' Medici, in Florenz belegen. In letzterem Fall, einem Werk Ghirlandaios, kann sogar von einem Stück gemalter politisch-ökonomischer Publizistik gesprochen werden – nicht trotz, sondern gerade wegen des religiösen Traktatscharakters dieser Malerei.

- Lanwerd läßt solchen in jeder Beziehung profanen Gebrauch religiöser Kunst auf sich beruhen, nicht einmal ihre generelle Kommunikations- und Gedächtnisfunktion interessiert sie, doch auch ihr geht es um die innerweltliche und zwar *ästhetische* Dimension spätmittelalterlicher Malerei. Die Annahme einer einzig religiösen Wirkung auf die Rezipienten läßt das Kunstwerk selbst, d.h. ästhetisch-formale Gesichtspunkte außer Acht. Dem will Lanwerds Versuch über *Stefan Lochner* programmatisch entgegenarbeiten, nicht zuletzt im Protest gegen den romantischen Katholizismus des späten Friedrich Schlegel.[4] Ihm und seinen Schülern sagt die Autorin mit guten Gründen nach, daß sie die Säkularisierung von Kirchengütern zur Sakralisierung von Kunst genutzt hätten. Pointe der Pointe dabei sei, daß eben Lochner das Religiöse „artistisch" profaniert habe.

Bereits Lanwerds Beitrag beschäftigt sich zu beträchtlichen Teilen mit Verhältnisbestimmungen von Kunst und Religion im 19. (und 20.) Jahrhundert. Ganz und gar Thema sind diese in den Aufsätzen von Thomas Schröder, Richard Faber, Marja Rauch und Wolf-Daniel Hartwich:

- Der Mainzer Literaturwissenschaftler und Philosoph Schröder geht auf die Säkularisierungsproblematik im 19. Jahrhundert generell ein, dann auf die Resakralisierungstendenzen der (neu-)romantischen „Kunstreligion",[5] schließlich speziell auf die radikalen Säkularisierungsbestrebungen Hegels, vor allem aber Hölderlins. Parameter ist dabei die Christologie, die – bereits innerreligiös – einen Ansatz für die Säkularisierung des Göttlichen bietet. Schröders Beitrag könnte deswegen auch „Differenzierungen im Begriff der Christologie um 1800" überschrie-

---

[4] Zur Unterscheidung eines „'romantischen' Katholizismus" von einer „'katholischen' Romantik" vgl. den immer noch grundlegenden Aufsatz A. von Martins „Romantischer 'Katholiszimus' und katholische 'Romantik'" von 1925, in: G. Dischner/R. Faber (Hg.), *Romantische Utopie – Utopische Romantik*, Hildesheim 1979, S. 14-36.
[5] Vgl. auch E. Müller, „'Gerichtsbarkeit bis in die verborgensten Winkel des Herzens'. Ästhetische Religiosität als politisches Konzept bei Kant, Schiller und Humboldt", in: K. Barck/R. Faber (Hg.), *Ästhetik des Politischen – Politik des Ästhetischen*, Würzburg 1998.

ben sein, wobei er selbst zugunsten einer *außer*religiösen und auf Aneignung der *Welt* bedachten Säkularisierung argumentiert. Bürgerliche und (ausstehende) sozialistische Revolution sind ihre Grunddaten. Für den Autor bleiben die Kritischen Theoretiker und damit auch Karl Marx durchaus aktuell.

— Der Berliner Literatur- und Religionssoziolge Faber wendet sich genau jenem Novalis zu, der Schröder (und in expliziter Auseinandersetzung mit Faber) als Negativfolie für seine Profilierung Hölderlins gedient hat. Für Faber ist Novalis bereits als Hermeneut ein Antizipator Kritischer Theorie, ein Stück weit sogar inhaltlich.[6] Entscheidend im Zusammenhang unseres Sammelbandes ist beides jedoch nicht. Worauf es ankommt, sind Fabers minutiöse Belege für die von Novalis vorgenommene Transformierung einer erotischen Mystik à la Friedrich von Spee in seine mystische *Erotik*: „Novalis bietet als weltliche Nachtigall der geistlichen Trutz; er wendet – als 'weltlicher Jesuit' – die Waffen des gegenreformatorischen, aber auch pietistischen Christentums gegen es selbst; das süße Lied der irdisch-himmlischen Nachtigall von Spee kann nur durch einen noch schöneren Gesang von der himmlisch-irdischen Liebe überwunden werden."

— Die in Bordeaux lehrende Germanistin Rauch analysiert den Zusammenhang von christlicher Mystik und neopaganer Erotik in einer Erzählung Robert Musils, der nicht zufällig ein vielfacher Rezipient Hardenbergs gewesen ist. Nicht daß Rauch speziell hierauf eingehe, doch allein schon thematisch bietet sich an, ihren Musil-Beitrag (trotz des Zeitsprungs von über 100 Jahren) unmittelbar auf Fabers Novalis-Analyse folgen zu lassen. Daß eine leider ausgefallene Untersuchung von Nietzsches „Geburt der Tragödie aus dem Geist der Musik" eine ideale Vermittlung gewesen wäre, ist evident. Aber auch ohne sie läßt sich mit Rauch konstatieren, daß Musils Novelle „Die Versuchung der stillen Veronika" die antagonistische Spannung von christlicher Religiosität und paganer Animalität thematisiert – unter der spätmodernen Bedingung eines krisenhaft erschütterten Ich und der von ihm analog erfahrenen Welt. Nicht zuletzt der Verlust auch der innerweltlichen Hoffnung nach Art des Novalis, seines „romantischen *Messianismus*" (W. Benjamin), macht das Neue an Musils „Neuromantik" aus. Diese ist

---

[6] Vgl. auch C. Iber, Frühromantische Subjektkritik, in: Fichte-Studien Bd. 12 (1997), S. 111-126 sowie F. Wilkening, Progression und Regression. Die Geschichtsauffassung Friedrich von Hardenbergs, in: G. Dischner/R. Faber (Hg.), a.a.O., S. 251-269.

bloß noch innerweltliche *Mystik* und damit Innerlichkeit oder *Phantastik*. Allerdings erweist Musil sie bewußt als solche und ist insofern gerade auch (Selbst-)Kritiker der Neuromantik um 1900. Er ist, wenn man will, der *empathische* Diagnostiker ihrer Pathologie, jedoch ohne irgendeine Therapie anbieten zu können. Selbst die von ihm extrem vorangetriebene Ästhetisierung der „Vereinigungen", eine Versprachlichung, die bis an die Grenzen der Ausdrucksfähigkeit geht und allein schon dadurch auf Resakralisierung deutet, scheitert. Trotz ihrer vereinigenden Kraft ist Musils Sprache kein Mittel zur Aufhebung von Grenzen, sondern Medium der Darstellung einer „heillosen" Welt, von der man – im Unterschied zu Nietzsche – nicht einmal mehr zu sagen weiß, ob sie als *ästhetisches* Phänomen gerechtfertigt ist.

– Der Heidelberger Literaturwissenschaftler Hartwich lenkt in seinem Beitrag über den Richard Wagner der Jahre 1848/49 zurück auf die Romantik des 19. Jahrhunderts, die stets politisch, aber noch bei(m frühen) Wagner keineswegs nur „reaktionär" gewesen ist. Dieser war schließlich auch von den Linkshegelianern und Jungdeutschen beeinflußt – *in aestheticis* ebenso von deren Emanzipationsprogramm als dem der Kunstautonomie, von Kant und der Weimarer Klassik an. Selbst zur Zeit seiner revolutionären Aktivitätten insistierte Wagner auf einem auch kritischen Potential der ästhetischen Autonomie: Ihre Idee steht im Widerspruch zur kapitalistischen Gesellschaft, die alle kulturelle Tätigkeit einer heteronomen Zweckbestimmung unterzieht. Deshalb verlangt gerade auch der Gedanke einer Kunstautonomie die – über die politische hinausgehende – gesellschaftliche Revolution im Sinne der (Früh-)Sozialisten. Autonomiekonzept, Sozialismus, Romantik und *Klassizismus* verbinden sich beim frühen Wagner zur Utopie eines 'Neuen Hellas', in dem das „Volk", also die Gesellschaft im ganzen, kollektiver Schöpfer einer selbstzweckhaften Kunst sein soll. Als spezifisches Vorbild schwebt Wagner dabei die athenische Tragödie vor, dieses „Gesamtkunstwerk" im gerade auch sozialen Wortsinn. Offensichtlich ist sein Gesellschaftsverständnis ein *gemeinschaftliches*. Dennoch ist Wagners 'Volksgemeinschaft' nicht restaurativ konzipiert; im Unterschied zu seinem späteren und zeitweiligen Freund Nietzsche will Wagner gerade keine Rückkehr zur griechischen Sklavenhaltergesellschaft. Sein Antichristentum dieser Jahre ist nicht elitär und ethnozentrisch bedingt, sondern so egalitär und universalistisch, daß es sich explizit *jesuanisch* artikuliert und – Pointe der Pointe – auch *in aestheticis*.

Wagner, der das Evangelium Jesu deutlich dem realexistierenden Christentum kontrastiert, läßt jenes *zusammen* mit einem appolinischen Hellenentum das „Kunstwerk der Zukunft" präfigurieren: Steht Hellas für ästhetische Autonomie, so das Evangelium für den sozialen Anspruch zukünftiger Kunst. Diese setzt eine *„Religion der Zukunft"* voraus, die egalitär, universal und sozialistisch sein soll. Ihr Gründungsheros heißt, wie bekannt, „Jesus", aber auch – um Komplexität oder Konfusion weiter zu steigern – „Brünnhilde".

Ob komplex oder konfus, der frühe Wagner – schon er arbeitet am späteren „Ring des Nibelungen" – ist ein besonders ergiebiger Autor, wenn man sich über die Verhältnisbestimmug von Kunst (Politik) und Religion im 19. Jahrhundert informieren will. Noch der *späte* Wagner ist höchst einschlägig, aber – spätestens infolge der Rezeption seines engsten (Familien-) Kreises – auch im Blick auf eine *völkische* und *rassistische* Kunstreligion. Wir verweisen hier nur auf eine andere Arbeit Hartwichs und einen Aufsatz der Berliner Nordistin Julia Zernack.[7] Im vorliegenden Sammelband untersuchen Wolfgang Braungart, Marina Schuster und Claus E. Bärsch solch *Politische Kunstreligion:*

– Der Bielefelder Germanist Braungart zeigt den Zusammenhang auf, den der frühe, ästhetizistische und symbolistische mit dem späteren, oratorischen und religiösen Stefan George unterhält: „Dieser Zusammenhang läßt sich herstellen durch die Kategorie des Rituals. Georges Werk ist von einer Ästhetik des Rituals geprägt; sein Fundus ist dabei der Katholizismus.[8] Das Ritual bildet die Klammer des Werkes. George schöpft die Breite des ästhetischen Potentials des Rituals aus" und eben nicht nur dieses Potentials, sondern auch des sozialen: Ästhetische und soziale Ordnung gehören hier untrennbar zusammen, so daß Braungart hochkomplex von Georges „ritueller Ordnungsästhetik" sprechen kann.

– Die Bochumer Kunsthistorikerin Schuster wendet sich – durchaus unter Bezugnahme auf George und seinen Kreis – eher trivialen, doch gleichfalls wirkmächtigen und, wie George, zwischen Künstler- und

---

[7] Vgl. W.-D. Hartwich, „Richard Wagners ästhetische Herrschaftsform. Zur Soziologie der 'Bayreuther Idee'", in: R. Faber/C. Holste (Hg.), *Kreise – Gruppen – Bünde. Zur Soziologie moderner Intellektuellenassoziation*, Würzburg 1998, sowie J. Zernack, „Germanische Restauration und Edda-Frömmigkeit", in: R. Faber (Hg.), *Politische Religion – religiöse Politik*, S. 143-160.

[8] Mit hohem Recht – wesentlich differenzierter als Stefan Breuer – spricht Braungart von Georges „Ästhetischem Katholizismus" (statt von dessem angeblichen „Ästhetischen Fundamentalismus").

Priestertum schwankenden *Malern* der Jahrhundertwende zu: Ludwig Fahrenkrog und Hugo Höppner genannt Fidus. Beide setzten ihre Kunst nicht nur neureligiös und zwar neopagan, ja neugermanisch und antisemitisch ein, sondern versuchten sich selbst als Religionsstifter – nicht anders als George. Den Schöpfern „moderner Andachtsbilder" wurde (von ihren Gemeinden) auch persönlich Verehrung entgegengebracht. Fahrenkrog fungierte in der von ihm gegründeten „Germanischen Glaubensgemeinschaft" gar als „Hoch-Weihwart" im Rahmen der von ihm erarbeiteten Liturgie. Utopie all seiner Bemühungen war ein Tempel-Gesamtkunstwerk in Form des von ihm projektierten „Deutschen Doms" bei Witzenhausen. Dieser „Germanentempel" sollte Gotteshaus, Bayreuth übertreffendes Theater, Stätte eines jährlichen „Allthings" und Mittelpunkt einer lebensreformerischen Siedlung zugleich sein.

– Der Duisburger Politologe Bärsch vertritt in seiner Untersuchung des „Kunst- und Rassegedankens" von Alfred Rosenberg, der (wie der Nationalsozialismus überhaupt) ohne die unter anderem von Fahrenkrog, Fidus und George repräsentierte „Völkische Bewegung" nicht vorstellbar ist, nachdrücklich die These, daß eine religiöse Weltanschauung und nicht irgendein sozialdarwinistischer Biologismus für diesen „Gedanken" grundlegend ist. Selbstverständlich beschäftigt sich Bärsch vor allem mit Rosenbergs „Mythus des 20. Jahrhunderts", und dessem mittleren, der „germanischen Kunst" gewidmeten Buch ist eben als Motto der Satz (Richard Wagners) vorangestellt: „Das Kunstwerk ist die lebendig dargestellte Religion." Nach Rosenberg steht diese *Neue* Religion noch aus, doch gerade deshalb will er sie mitvorbereiten helfen. Erst die Entstehung einer „Deutschen Volkskirche" würde seinen „Traum" einer „nordisch-deutschen Wiedergeburt" vollenden und damit auch Rosenbergs Vorstellung von einer „arteigenen", *ihrer* Religion dienenden Deutschen Kunst realisieren. Diese ist so religiös konzipiert, daß ihr eine „weltüberwindende" Qualität zugesprochen wird, wobei die zu *besiegende* Welt als „satanisch", nämlich „jüdisch" und *infolgedessen* rassistisch interpretiert wird. Bezeichnend für Rosenbergs durchaus eliminatorischen Rassismus ist außerdem, daß sein (schwarzes) Zauberwort die „Rassen*seele*" ist: Rasse stellt bei ihm – mit Bärschs Worten – „nur die Außenseite von Seele" dar oder: „Rasse ist eine *Meta*psyche" und damit etwas Religiöses. Für *positiv*-religiös gilt allerdings nur die germanische Rassenseele, die für so „göttlich" angesehen wird wie – extrem dualistisch – die jüdische für teuflisch. „Die Shoa ist", so resümiert Börsch, „die Folge der Satanisierung aller Juden." Und: „Der Antisemitismus ist kein Wesen an und für sich, sondern nur in wechselseitiger Abhängigkeit mit der Divinisierung des deutschen Volkes zu begreifen."

Unser Sammelband endet mit Bärschs der extremsten Wiederverzauberung von Welt gewidmeten Studie, die eine genauso extreme 'Rereligiosisierung' von Kunst impliziert. Daß es sich beim Nationalsozialismus auch um einen – wertfrei betrachtet – enormen Rationalisierungs-Schub handelte, muß kaum betont werden; Horkheimers und Adornos „Dialektik der Aufklärung" wäre kaum ohne ihn geschrieben worden. Doch unser Band hat ganz andere Defizite aufzuweisen, und zwar schon in chronologischer Hinsicht: Exemplarische Studien zur griechischen und römischen Antike, zum Früh- und Hochmittelalter, zur Reformation und zum Barock kommen einfach nicht vor, Aufklärung und Klassik werden allenfalls gestreift, und im 19., besonders aber 20. Jahrhundert klaffen gewaltige Lücken. Daß „Vollständigkeit" stets illusorisch ist, stellt dabei einen geringen Trost dar. Immerhin planen wir einen zweiten Band, um wenigstens die entscheidende Lücke im 20. Jahrhundert partiell zu schließen: Dieser Band soll sich nahezu ausschließlich mit der „klassischen Moderne", Avantgarde und zeitgenössischen Kunst beschäftigen. Nicht zuletzt Teile letzterer sind durch Bemühungen um Resakralisierung bestimmt, wobei vor allem sogenannt primitive Kunst als Projektionsfläche neureligiöser Bedürfnisse dient und deswegen „archetypisch" von den Malern und Bildhauern herangezogen wird. Deswegen sind auch Ethnologen an unserem zweiten Unternehmen zu beteiligen, nicht ohne daß eine Selbskritik der „klassischen" Ethno(sozio)logie von Durkheim und Mauss an vorzunehmen wäre. Noch bei der Untersuchung des Surrealismus wird religionsethnologische und -historische Kompetenz gefragt sein. Daß auch Studien über Beys, Klee und Stockhausen, zur Pop-Musik, zum Kunstfilm und Tachismus geplant sind, wird einleuchten. Unsere Planungen sind noch nicht abgeschlossen, aber – im Rahmen des Möglichen – erfolgversprechend. Wir sehen begründete Hoffnung, noch im Jahre 1998 eine zweite Tagung über genannte und ähnliche Themen durchführen und dann einen weiteren Band zusammenstellen zu können.

Die Vorbereitungstagung für den ersten, hier vorliegenden Sammelband, auf der einige der Manuskripte diskutiert wurden, fand vom 29. bis 31. März 1996 in der Evangelischen Akademie Locum statt. Als Veranstalter fungierten die beiden Sektionen Kultur- und Religionssoziologie der

"Deutschen Gesellschaft für Soziologie" und die "Forschungsstätte der Evangelischen Studiengemeinschaft" in Heidelberg. Wir danken der Akademie für ihre Gastfreundschaft und der Sektion Religionssoziologie sowie der "Forschungsstätte der Evangelischen Studiengemeinschaft" für die finanzielle Unterstützung der Tagung. Unser Dank gilt ebenso Frau Rosa Kluge, die bei der Vereinheitlichung und redaktionellen Bearbeitung der Manuskripte geholfen hat.

Vor allem aber sind wir den Autorinnen und Autoren dieses Bandes verpflichtet. Ihre vielfältige Mühe verdient unseren besonderen Dank. Wir sehen die extensive Interdisziplinarität als anregend und lohnend an. Als Soziologen erachten wir sie für eine *conditio sine qua non*. Allein schon eine stärkere Vernetzung von Soziologie und anderen Disziplinen würden wir als Erfolg unseres Projektes betrachten. Kulturwissenschaft muß unserer Überzeugung nach Kultursoziologie und Kulturgeschichte zugleich sein.

ಬಿ∞ಲ

Als Buch-Signet haben wir Caspar David Friedrichs berühmten Tetschener Altar gewählt: sein "Kreuz im Gebirge". Hilmar Frank charakterisiert in einem gerade erschienenen Aufsatz das "Altarbild" außerordentlich treffend: "Der geschnitzte und vergoldete Rahmen deutet zweifellos auf ein Altarbild. Das Auge Gottes ist von Ähren und Weinranken, den Symbolen der Eucharistie, umgeben. Die seitlichen Säulenschäfte setzen sich in Palmwedeln fort, die einen feierlichen Spitzbogen bilden. Auf diesem sind fünf Engelsköpfe angebracht. Über dem mittleren strahlt ein silberner Abendstern. Deutlich genug ist damit die Inhaltssphäre vorgegeben, der auch das Altarblatt zugehören sollte. Dies aber irritiert: Die erwartete Figuralszene aus der Heilsgeschichte ist durch eine Landschaft ersetzt. Nicht der Gekreuzigte selbst ist zu sehen, sondern ein Kruzifix im Abendrot."[9]

Das "Altarbild" sollte in der Schloßkapelle eines Grafen von Thun-Honstein im böhmischen Tetschen tatsächlich als solches fungieren. Das hindert nicht, daß das Bild selbst (ohne seinen Rahmen) ein Landschaftsgemälde ist, wenn auch allegorisch konnotiert. Die Darstellung eines Kruzifixes und nicht der *einen* Kreuzigung ("damals" in Jerusalem) macht dennoch einen Unterschied ums Ganze, zumal das Kruzifix zum bloßen Accessoir einer „Gebirgs"-Landschaft geworden ist: "Nicht der Gekreuzigte

---

[9] H. Frank, „Der Ramdohrstreit. Caspar David Friedrichs 'Kreuz im Gebirge'", in: K. Möseneder (Hg.), *Streit um Bilder. Von Byzanz bis Duchamp*, Berlin 1997, S. 141.

selbst ist zu sehen, sondern ein Kruzifix im Abendrot", wie Frank resümiert hat.

Es handelt sich um ein Selbstmißverständnis, wenn Friedrich glaubt, sein Bild – sehr konventionell – auf folgende Weise allegorisieren zu können: „Auf einem Felsen steht aufgerichtet das Kreuz, unerschütterlich fest, wie unser Glaube an Jesum Christum. Immer grün, durch alle Zeiten währen, stehen die Tannen um das Kreuz, wie die Hoffnung der Menschen auf ihn, den Gekreuzigten."[10]

Man muß die kirchenfromme, um nicht zu sagen „bigotte" Auffassung von Friedrichs zeitgenössischem Hauptfeind Friedrich Wilhelm Basilius von Ramdohr überhaupt nicht teilen, um seine Aburteilung des Tetschener Altars *immanent* leichter nachvollziehen zu können als des Malers Selbstinterpretation: „... es ist eine wahre Anmaßung, wenn die Landschaftsmalerei sich in die Kirche schleichen und auf Altäre kriechen will."[11] Ramdohrs denunziatorische Vokabeln „Anmaßung", „schleichen" und „kriechen" sind absolut nicht die unseren. Aber daß Friedrichs „Altarbild" einen revolutionären Bruch mit aller bisherigen christlichen Kunst darstellt – sei sie die subjektiv gläubiger oder ungläubiger Maler –, ist unbezweifelbar. Firedrich hat ein naturmystisches Stimmungsbild geschaffen, dem das Kruzifix bloß als letzte Aufgipfelung dient – auch im wortwörtlichen Sinn. Primär ist die Landschaft(sstimmung) und das Kruzifix nur ihr „I-Tüpfelchen".

Pointe der Pointe ist freilich, daß auch diese Landschaft(sstimmung) Andacht hervorrufen will und wohl sehr leicht *hervorruft*, unter Umständen noch heute. „Naturfrömmigkeit" hat im Tetschener Altar eine ihrer größten und vielleicht bleibenden Inkunabeln gefunden. Immanent(istisch)e bzw. säkular(isiert)e Kunst ist in seinem Fall zugleich neureligiöse. Noch so große Artifizialität und Virtuosität kann diese (beabsichtigte!) Rezeption kaum verhindern. Gerade auch Ablehnung des Bildes (wegen allzu penetranter Religiosität) bestätigt seinen neu- bzw. kunst*religiösen* Charakter.

R.F./V.K.   Berlin/Heidelberg, im Dezember 1997

---

[10] Zit. nach ebd., S. 152.
[11] Zit. nach ebd., S. 143.

I. Kunst und Religion in den Sozial- und
Kulturwissenschaften um 1900

Volkhard Krech

Die Geburt der Kunst aus dem Geist der Religion?
Verhältnisbestimmungen von Kunst und Religion um 1900

I.

Beim Studium intellektueller und wissenschaftlicher Diskurse um die Jahrhundertwende ist der paradox anmutende Sachverhalt zu beobachten, daß, je unklarer wird, was Religion eigentlich ist, was ihren Kern ausmacht und worin ihre Kulturbedeutung besteht, desto mehr über ihr Verhältnis zu anderen gesellschaftlichen Bereichen debattiert wird. Wissenssoziologisch betrachtet, liegt dieser Umstand zu einem wesentlichen Teil in der ambivalenten Situation von Religion um 1900 begründet. Einerseits ist ein Bedeutungsverlust des institutionell verfaßten Christentums zu verzeichnen; andererseits aber hat Religion, sei es in neuen Formen, sei es mit neuen Inhalten, allenthalben Konjunktur.

Zahlreiche Intellektuelle des ausgehenden 19. und beginnenden 20. Jahrhunderts sind der Überzeugung, daß das Christentum dem Untergang preisgegeben sei – sowohl in institutioneller wie in inhaltlicher Hinsicht. Neben der klassischen Religionskritik Feuerbachscher und Marxscher Provenienz haben bereits in der zweiten Hälfte des 19. Jahrhunderts der alte David Friedrich Strauß[1] und der junge Eduard von Hartmann[2] diese Position mit

---

[1] Vgl. *Der alte und der neue Glaube. Ein Bekenntniß*, Leipzig 1872. Strauß rechnet in seinem bekenntnishaft gehaltenen Spätwerk mit den christlichen Glaubensinhalten ab und beantwortet die Frage „Können wir noch Christen sein?" mit einem klaren „Nein": „[W]ir können für unser Handeln keine Stütze in einem Glauben suchen, den wir nicht mehr haben, in einer Gemeinschaft, deren Voraussetzungen, deren Stimmungen wir nicht mehr theilen" (ebd., 85). Seine Überzeugung ist: „[W]enn wir nicht Ausflüchte suchen wollen, wenn wir nicht drehen und deuten wollen, wenn wir Ja Ja und Nein Nein bleiben lassen wollen, kurz wenn wir als *ehrliche aufrichtige* Menschen sprechen wollen, so müssen wir bekennen: wir sind keine Christen mehr" (ebd., 90; meine Hervorhebung, VK).

[2] Vgl. *Die Selbstzersetzung des Christenthums und die Religion der Zukunft*, 2. Aufl. Berlin 1874. Seiner Ansicht zufolge müsse das Christentum *seinem Wesen nach* der Wissenschaft gegenüber feindlich gesinnt sein und könne in der modernen Kultur schon allein deshalb keinen Bestand mehr haben (vgl. ebd., 22 et passim). von Hartmann hält den „gegenwärtigen 'Culturkampf'" jenseits konfessioneller Streitigkeiten für den „letzte[n] Verzweiflungskampf der christlichen Idee vor ihrem Abtreten von der Bühne der Geschichte ..., gegen welchen die moderne Cultur ihre grossen Errungenschaften mit Aufbietung der äussersten Kräfte auf Tod

vergleichsweise großer Resonanz vertreten; nicht nur aus politischen oder weltanschaulichen Vorbehalten heraus, sondern gerade intellektuell-wissenschaftlicher Gründe wegen. Auch Franz Overbeck, der Freund Nietzsches, und Paul de Lagarde sind in diesem Kontext zu nennen.[3]

Mit dem faktischen Bedeutungsverlust der Großkirchen und dem in der Konkurrenz zur Wissenschaft gründenden intellektuellen Abgesang auf die christlichen Glaubensinhalte ist allerdings nicht Religion insgesamt von der gesellschaftlichen Bildfläche im Deutschland der Jahrhundertwende verschwunden. Im Gegenteil ist im Wilhelminischen Reich ein großer, zumeist neu entstehender Formenreichtum von Religion zu verzeichnen.[4] Dem Entkirchlichungsprozeß korrespondieren außerkirchliche, säkulare oder neureligiöse Erscheinungsformen von Religion, die von Transzendierungen profaner Bereiche wie Arbeit, Familie, Politik, Bildung und Kunst bis zu einer im bürgerlichen Milieu anzutreffenden diffus-religiösen oder spirituellen Gesamtgestimmtheit reichen.[5]

Aufgrund der Transformationsprozesse von Religion wird der gesamte Bereich der Emotionalität, des Erlebens und Erfahrens, religiös konnotiert, was unter anderem eine Konjunktur kunstreligiöser Phänomene zur Folge hat. Die bürgerliche Religiosität strebt nach ästhetischen Realisierungen von Religion. Bildende und darstellende Kunst, Musik und Literatur erhalten

---

und Leben zu vertheidigen hat" (ebd., 32f.). Immer nur widerstrebend sei das Christentum einen Bund mit der Wissenschaft eingegangen und habe sich mit einer Theologie ausgestattet (vgl. ebd., 24).

[3] Overbeck vertritt die Auffassung, daß sich das Christentum erst dann mit der Wissenschaft eingelassen habe, „als es sich in einer Welt, die es eigentlich verneint, möglich machen wollte" (*Über die Christlichkeit unserer heutigen Theologie. Streit- und Friedensschrift*, Leipzig 1873, 10). Das Christentum sei in seinem Ursprung „pessimistisch" und „exzessiv asketisch" (vgl. *Christentum und Kultur. Gedanken und Anmerkungen zur modernen Theologie*, aus dem Nachlaß hg. von C. A. Bernoulli, Basel 1919, 28-34).

[4] Vgl. Th. Nipperdey, „Religion und Gesellschaft: Deutschland um 1900", in: *Historische Zeitschrift* 246, 1988, 591-615.; ders., *Religion im Umbruch. Deutschland 1870-1918*, München 1988; *Deutsche Geschichte 1866-1918*, Bd. I: *Arbeitswelt und Bürgergeist*, München 1990, 428-530. In manchen Kreisen herrschte allerdings die Meinung, „unsere moderne Gesellschaft sei im Vergleich mit früheren Geschlechtern wesentlich irreligiös" (W. Beyschlag, „Religion und die moderne Gesellschaft", in: *Deutsche Revue über das gesamte nationale Leben der Gegenwart* XI, 1886, 3. Bd., 75-83, 173-183, hier: 75, der dieser Ansicht jedoch widerspricht).

[5] Nipperdey, „Religion und Gesellschaft: Deutschland um 1900", 605, bezeichnet diese Phänomene mit dem Begriff „vagierende Religiosität"; vgl. auch ders., *Deutsche Geschichte 1866-1918*, Bd. I, 521. In Theologenkreisen wurde der religiöse Pluralismus durchaus diagnostiziert und als Konkurrenz für die christliche Religion betrachtet; vgl. etwa Hachmeister, „Kann Religion durch Kunst ersetzt werden?", in: *Protestantische Monatshefte* 14, 1910, 169-184, hier: 169: „Das religiöse Leben der Gegenwart ist mannigfach bewegt. [...] Unser Christentum, das als Religion sich den ersten Platz unter unserm Geistesleben errungen hatte, sieht sich jetzt von einer Reihe von Mächten umringt, die ihm den Vorrang streitig machen wollen."

religiöse Weihen oder avancieren gar zum Gegenstand religiöser Verehrung und bekommen eine erlösende Funktion, ohne sich selbst als religiös verstehen oder traditionelle religiöse Themata verarbeiten zu müssen.[6] Im Gefolge Wagners und Nietzsches tritt die künstlerische und literarische Avantgarde an, Religion durch Kunst zu ersetzen. Franz Marcs Bilder etwa wollen Symbole einer „Religion der Zukunft" sein. Des weiteren floriert die Mystik und inspiriert Literaten wie Stefan George, Rainer Maria Rilke, Richard Dehmel, Hugo von Hofmannsthal, Frank Wedekind, Maurice Maeterlinck, Rudolf Kaßner u.a. Der Verleger Eugen Diederichs, der mit seinem Programm einer „religiösen Kultur" das Christentum in eine undogmatische Geistreligion transformieren will, bietet ein geeignetes Forum für neureligiöse Philosophie und Weltanschauung.[7] Diese neuen Formen von Religion sind zweifellos als „eine Antwort auf Krisengefühle der Zeit, auf die Verunsicherung durch Modernisierungsverluste, auf die Zweifel an den etablierten Sicherheiten, auf die Gefährdung der Personalität und der Kultur der Autonomie durch die 'ehernen Gehäuse' der modernen Zivilisation" zu verstehen.[8]

Im Laufe dieser Transformationsprozesse wird Religion nicht selten mit der Kunst, bestimmten Spielarten der Welt- und Lebensanschauung, ja der Kultur überhaupt ineinsgesetzt.[9] Bürgerliche Religiosität will das gesamte weltliche Leben geistig durchwirken, will jegliche Art kultureller Betäti-

---

[6] Vgl. L. Hölscher, „Bürgerliche Religiosität im protestantischen Deutschland des 19. Jahrhunderts", in: W. Schieder (Hg.), *Religion und Gesellschaft im 19. Jahrhundert*, (Schriftenreihe des Arbeitskreises für moderne Sozialgeschichte Bd. 54) Stuttgart 1993, 191-215, hier: 211ff.

[7] O. Kiefer, „Religiöse Bewegungen der Gegenwart", in: *Ethische Kultur. Wochenschrift für sozial-ethische Reformen* XI, Nr. 35, 1903, 274-275, hier: 275, hält es für „ein recht erfreuliches Zeichen, daß eine sich von Monat zu Monat vermehrende Schar von aufrichtig 'religiös' gesinnten Geistern sich unter der Führung des verdienten Diederichschen Verlages in Leipzigs (sic!) eint, um die Richtung zu pflegen, die, echt germanisch, allein eine wirkliche religiöse Regeneration hervorrufen kann und hervorrufen wird: die gefühlsmäßige Versenkung ins All, den 'Mystizismus'". Zur Kulturkritik und Kulturpolitik des Eugen-Diederichs-Verlags vgl. G. Hübinger, „Kulturkritik und Kulturpolitik des Eugen-Diederichs-Verlags im Wilhelminismus. Auswege aus der Krise der Moderne?", in: H. Renz und F. W. Graf (Hg.), *Umstrittene Moderne. Die Zukunft der Neuzeit im Urteil der Epoche Ernst Troeltschs*, Gütersloh 1987, 92-114.

[8] Nipperdey, *Deutsche Geschichte 1866-1918*, Bd. I, 527.

[9] Zur Vorgeschichte des Diskurses zum Verhältnis von Kunst und Religion ein Jahrhundert zuvor vgl. jetzt den von Wolfgang Braungart, Gotthart Fuchs und Manfred Koch herausgegebenen Sammelband *Ästhetische und religiöse Erfahrung der Jahrhundertwenden*, Bd. 1: um 1800, Paderborn u.a. 1997. Daß zum Hintergrund der Diskussion wesentlich das Religionskonzept Schleiermachers gehört, zeigt der Beitrag von Ernst Müller, „Religion als 'Kunst ohne Kunstwerk. F. D. E. Schleiermachers Reen 'Über die Religion' und das Problem ästhetischer Subjektivität", a.a.O., 149-165.

gung religiös verstehen. Beispielsweise behauptet schon Richard Rothe, nicht nur die Kirche sei als eine religiöse Gemeinschaft zu betrachten, sondern ebenso „die Familie ..., das Kunstleben, das wissenschaftliche Leben, das gesellige Leben, das öffentliche Leben und die Einheit dieser aller, der Staat".[10] Entsprechend wird um die Jahrhundertwende im Rahmen der wissenschaftlichen Verhältnisbestimmungen von Religion zu anderen gesellschaftlichen Teilbereichen eine große Nähe zwischen, zum Teil sogar eine Kongruenz von Religion und Kunst behauptet.[11] Die häufig zu vernehmende Forderung, Religion durch Kunst zu ersetzen, wird durchaus in dem Sinne gewürdigt, daß der Funktionsverlust von Religion durch Leistungen der Kunst zu kompensieren versucht werde.[12] Ebenso häufig spricht man sich allerdings, zumal in Theologenkreisen, dagegen aus.[13] In jedem Fall aber wird ein „enges Band zwischen Religion und Kunst" konstatiert.[14]

II.

Bei den Verhältnisbestimmungen von Religion und Kunst um 1900 fällt nun auf, daß, wie immer die gegenwärtige Beziehung beider Größen bestimmt wird, nicht selten vom religiösen Ursprung der Kunst die Rede ist. So ist etwa zu lesen, daß „das religiöse Gefühl ... den Kunsttrieb ausgebildet" habe.[15] Der Grund dafür bestehe darin, daß die Kunst das der Religion kongeniale Darstellungsmittel sei, denn religiöse Inhalte könnten nur in Bildern und Symbolen ausgedrückt werden.[16] Andere Autoren sehen den

---

[10] Richard Rothe, „Die gegenwärtige Lage und Aufgabe der deutsch-evangelischen Kirche" (1871), zit. nach Hölscher, „Bürgerliche Religiosität", 213.

[11] Vgl. etwa A. Mayer, „Religion als Kunst", in: *Religion und Geisteskultur* 3, 1909, 282-290, hier: 290: „Kunst und Religion erscheinen [...] als einander stellvertretend".

[12] Vgl. etwa Hachmeister, „Kann Religion durch Kunst ersetzt werden?", 169: Die Bewegung, die Religion durch Kunst ersetzen will, „ist z. T. von solchen getragen, die den Einfluß der Religion, zum mindesten in der Form, in der sie vielfach auftritt, schwinden sehen, die aber anderseits den Menschen nicht ohne Ideale, ohne Erhebung, ohne Verklärung seines Erdendaseins den Weg gehen lassen möchten. Weil die Religion eben versage, müsse man nach anderem suchen, was diesem Zweck besser dienen könne." Vgl. auch G. Lasch, „Religion und Kunst", in: *Monatsschrift für Gottesdienst und kirchliche Kunst* 11, 1906, 245-51, 280-84, hier: 247: Kunst „will heute die Erziehung der Persönlichkeit in die Hand nehmen und ihr Quietive schaffen, die bis jetzt nur die Religion geboten hat."

[13] Vgl. etwa Hachmeister, „Kann Religion durch Kunst ersetzt werden?", W. Nithack-Stahn, „Religion und Kunst", in: *Die Christliche Welt. Evangelisches Gemeindeblatt für Gebildete aller Stände* 22, Nr. 19, 1908, 457-464, hier: 461ff.

[14] F. Daab, „Kunst und Religion", in: *Eckart. Ein deutsches Literaturblatt* V, 1910/11, 1-6, hier: 3.

[15] Ebd., 3.

[16] Vgl. Ebd., 4.

Ursprung der Kunst im religiösen Kult: „Die erste künstlerische Bethätigung fällt ... mit der Entstehung des ceremoniellen Gottesdienstes zusammen."[17] Erst im Laufe der Kulturgeschichte habe sich die Kunst zu einem selbständigen Faktor entwickelt. Volle Autonomie von religiösen Inhalten erreiche sie erst in der Renaissance. Rudolf Eisler zufolge übe Religion seit jeher auf die Kunst eine Wirkung aus. Ursprünglich sei Kunst „Bestandteil des *religiösen Kultus*, aus dem sie eine Reihe von Motiven erhält", und noch „heute gibt die Religion der Kunst mannigfache Impulse, auch da, wo die letztere nicht mehr unmittelbar dem Kultus dient".[18] Auch in der Altorientalistik, deren Interesse wesentlich um Kunst und Religion kreiste, war die Annahme vom religiösen Ursprung der Kunst geläufig und sogar vorherrschend.[19]

Dieser ursprünglich enge Zusammenhang wird nicht zuletzt in der klassischen Soziologie behauptet. Émile Durkheim etwa vertritt bereits in seinem Buch *De la division du travail social* eine Differenzierungstheorie, derzufolge am Anfang alles Soziale zugleich religiös gewesen sei.[20] Im Laufe der gesellschaftlichen Entwicklung hätten sich dann die politischen, wirtschaftlichen und wissenschaftlichen Funktionen von der religiösen Funktion gelöst. Entsprechend bezeichnet es Durkheim in seinem religionssoziologischen Hauptwerk *Les formes élémentaires de la vie religieuse* als „un fait connu", „que les jeux et les principales formes de l'art semblent être nés de la religion et qu'ils ont, pendant longtemps, gardé un caractère religieux".[21] Als Grund gibt er an, daß die Welt der religiösen Dinge eine teilweise imaginäre Welt darstelle und sich deshalb für freie Geistesschöpfungen eigne. Darstellenden Riten sei – darin den dramatischen Darstellungen ähnlich – jeder Nützlichkeitszweck fremd: „elles font oublier aux hommes le monde réel, pour les transorter dans un autre où leur imagination est plus à l'aise; elles distraient."[22] Im übrigen entstehe bei der intellektuellen Tätigkeit religiöser Symbolisierung ein Überschuß, „qui cherche à s'employer en œuvres sup-

---

[17] J. Gaulke, „Das Religionsproblem und die Kunst", in: *Die Gegenwart*, Nr. 16, 1902, 246-250, hier: 246.
[18] R. Eisler, *Soziologie. Die Lehre von Entstehung und Entwicklung der menschlichen Gesellschaft*, Leipzig 1903, 128.
[19] Vgl. dazu den Beitrag von Eva Cancik-Kirschbaum in diesem Band.
[20] Vgl. É. Durkheim, *De la division du travail social*, 11. Aufl. Paris 1986, 143: „A l'origine, elle [sc. la religion, VK] s'étend à tout; tout ce qui est social est religieux; les deux mots sont synonymes."
[21] É. Durkheim, *Les formes élémentaires de la vie religieuse*, 7. Aufl. Paris 1985, 544.
[22] Ebd., 543.

plémentaires, superflues et de luxe, c'est-à-dire en œuvres d'art".²³ Kunst und Religion stehen also der Ansicht Durkheims zufolge aufgrund ihrer ähnlichen Funktion in'großer Nähe. Beide lassen die Menschen die reale Welt vergessen, indem sie sie in eine andere Welt führen, in der sich ihre Imaginationen entfalten können und sie von den Mühen des Alltags entlasten. *Primär* sei diese Funktion jedoch von der Religion ausgebildet worden, so daß sich die Kunst nur als aus der Religion abgeleitet verstehen läßt.

Auch Max Weber bezeichnet die ursprüngliche Beziehung zwischen Kunst und Religion in seiner systematischen Religionssoziologie als „die denkbar intimste"²⁴ und zeigt enge Zusammenhänge zwischen magisch-religiösen Kulthandlungen und den dadurch bedingten spezifisch künstlerischen Ausrucksformen auf.²⁵ „Idole und Ikonen aller Art, die Musik als Mittel der Ekstase oder des Exorzismus oder apotropäischer Kulthandlungen, als heilige Sänger, als Zauberer, die Tempel und Kirchen als größte künstlerische Bauten, die Paramente und Kirchengeräte aller Art als Hauptobjekte der kunstgewerblichen Arbeit machen die Religionen zu einer unerschöpflichen Quelle künstlerischer Entfaltungsmöglichkeit."²⁶ In der 'Zwischenbetrachtung' analysiert Weber – ähnlich wie bereits vor ihm Jacob Burckhardt, worauf Hartmann Tyrell hinweist²⁷ – das Verhältnis von Religion und Kunst im Hinblick auf 'funktionale Differenzierung'. In Konkurrenz treten Religion und Kunst, sobald sich Religion zu einer ethischen Erlösungsreligion entwickle und andererseits die Kunst ihre Eigengesetzlichkeit entfalte. Nachdem die Religion aufgrund ihrer Intellektualisierung und Rationalisierung entweder eine weltflüchtige Haltung eingenommen oder aber sich selbst aufgelöst habe, übernehme die Kunst „die Funktion einer gleichwohl wie gedeuteten, innerweltlichen *Erlösung*: vom Alltag und,

---

[23] Ebd., 545.
[24] Vgl. *Wirtschaft und Gesellschaft. Grundriss der verstehenden Soziologie*, 5., rev. Aufl. Tübingen 1976, 365; siehe dazu auch den Beitrag von Klaus Lichtblau in diesem Band sowie W. Gephart, „Religiöse Ethik und ästhetischer 'Rationalismus'. Zur Soziologie der Kunst im Werk Max Webers", in: *Sociologia Internationalis* 31, 1993, 101-121, insb. 113ff., und H. Tyrell, „Potenz und Depotenzierung der Religion – Religion und Rationalisierung bei Max Weber", in: *Saeculum* 44, 1993, Heft 2-4, 300-347, hier: 331-336; zu Webers Musiksoziologie vgl. Chr. Braun, *Max Webers „Musiksoziologie"*, Laaber 1992.
[25] Vgl. ebd., 248ff.
[26] Ebd., 365.
[27] Tyrell, „Potenz und Depotenzierung der Religion", 335; zu Burckhardt siehe *seine Weltgeschichtlichen Betrachtungen*, 1978, 75ff., 114f.

vor allem, auch von dem zunehmenden Druck des theoretischen und praktischen Rationalismus".[28]

Nicht nur von der Kunst, auch von der gesamten Kultur wird ein religiöser Ursprung behauptet. Zahlreiche Autoren der Jahrhundertwende sind der Auffassung, daß sich die moderne Kultur zwar in autonome Bereiche differenziert hat, daß sie aber allesamt in der Religion wurzeln.[29] In geistes- und wissenschaftsgeschichtlicher Hinsicht stellt sich mit diesem Befund die Frage, aus welchen Quellen sich die Auffassung vom religiösen Ursprung der Kunst und ihrer im Lauf der Kulturgeschichte allmählichen Emanzipation von der Religion speist. Zur Beantwortung dieser Frage legt sich der Blick in evolutionstheoretisch gehaltene Kulturgenealogien des 19. Jahrhunderts nahe, in denen der Religion ein prominenter Platz zukommt.

III.

Das 19. Jahrundert steht nicht nur im Zeichen der nach dem Zeitalter der Aufklärung wiederentdeckten und neu angeeigneten Geschichte, sondern es ist auch das Jahrhundert der Ursprungstheorien. Forscher unterschiedlichster Provenienz trachten danach, den Phänomenen auf den Grund zu gehen; und zwar nicht nur systematisch, sondern vor allem in historischer Absicht: Es gilt, ihre Anfänge in der Geschichte zu rekonstruieren. Im Bereich des Kulturellen und Sozialen gehören zu den bevorzugten Gegenständen, auf welche diese Sichtweise angewendet wird, die Sprache(n), die Religion(en) sowie die (rechtlichen, familialen und ökonomischen) Institutionen. Doch damit nicht genug: Im Rahmen der allgemeinen Menschheits- und Kulturgeschichte sollen diese Bereiche zudem in eine Abfolge gebracht werden. Es geht um nichts weniger als um die Beantwortung der Fragen: Was ist und wo liegt der Ursprung der Kultur?

Nach den Sprachforschungen Herders, Hamanns, Wilhelm von Humboldts, Jacob Grimms und Lazar Geigers wird allerdings deutlich, daß der Versuch, *den* historischen Ursprung der Kultur 'entdecken' zu wollen, zwangsläufig scheitern muß.[30] Der absolute Anfang der Kulturgeschichte ist

---

[28] M. Weber, „Zwischenbetrachtung: Theorie der Stufen und Richtungen religiöser Weltablehnung", in: ders., *Gesammelte Aufsätze zur Religionssoziologie*, Bd. 1, Tübingen 1920, 555. Zu den vier verschiedenen Arten des grundsätzlichen Spannungsverhältnisses von religiöser Ethik und Ästhetik vgl. Gephart, a.a.O., 115.
[29] Vgl. etwa L. Andreas-Salomé, „Religion und Cultur. Religionspsychologische Studie", in: *Die Zeit*, Nr. 183 vom 2. April 1898, 5-7, hier: 5.
[30] Vgl. dazu H. Steinthal, *Der Ursprung der Sprache im Zusammenhange mit den letzten Fragen des Wissens*, 4., abermals erw. Aufl. Berlin 1888. Mit dem durch die Deszendenztheorie

nicht zu rekonstruieren. Diese Einsicht hält jedoch viele Forscher nicht davon ab, so nah wie möglich an den Ursprung der Kultur 'heranzukommen'. Im Bereich institutionengeschichtlicher Arbeiten auf der Basis eines entwicklungsgeschichtlichen Paradigmas sind etwa Henry Maine's *Ancient Law* (1861), Johann Jakob Bachofens *Mutterrecht* (1861), John Ferguson McLennans *Primitive Marriage* (1865) sowie sowie Lewis Henry Morgans *Ancient Society, or Researches in the Lines of Human Progress from Savagery through Barbarism to Civilization* (1877) anzuführen. Auch die Ansätze im Rahmen des ökonomischen Historismus basieren auf evolutionär gehaltenen Stufentheorien; zu nennen sind etwa die Arbeiten von Karl Lamprecht, Kurt Breysig, Georg von Below, Karl Bücher und Eduard Meyer. Vor allem aber kommen entwicklungsgeschichtliche Ursprungstheorien in der Religionsforschung zur Anwendung.[31]

Das genealogische Verfahren im Sinne einer Rekonstruktion des historischen Anfangs hat vielfältige wissenschaftsgeschichtliche Wurzeln. Den wohl größten Einfluß auf seine Konjunktur in der zweiten Hälfte des 19.

Darwins ausgelöste „Umschwung in der Naturwissenschaft [erhielt] leicht begreiflicher Weise auch die Frage vom Ursprung der Sprache einen neuen Anstoß", ebenso wie die „gesammte Urgeschichte des Menschengeschlechts" (ebd., 134). Diese wissenschaftsgeschichtliche Entwicklung habe eine Zäsur in der Sprachwissenschaft zur Folge gehabt. Lazar Geiger „wollte nicht untersuchen, welches der Ursprung der Sprache etwa gewesen sein konnte, sondern welches er wirklich gewesen ist" (Steinthal, *Der Ursprung der Sprache*, 1868, V). Die ältere Sprachforschung dagegen, wie sie noch Herder und Humboldt vertraten, wollte „nur die Lage des menschlichen Bewusstseins zeichnen, bei welcher Sprache entstand und entstehen musste. ... Es handelte sich dabei um ein Kapitel der Metaphysik. Dabei blieb der Ursprung als historische Tatsache ganz unberührt" (*Der Ursprung der Sprache im Zusammenhange mit den letzten Fragen des Wissens*, 350). Steinthal selbst geht von einer Parallele zwischen Phylo- und Ontogenese aus und will auf dieser Basis „empirische Psychologie" betreiben (vgl. ebd. sowie seine *Einleitung in die Psychologie und Sprachwissenschaft*). Von daher meldet er Vorbehalte gegen eine darwinstisch inspirierte historische Sprachforschung an: „So sicher mir der Gedanke der Descendenz überhaupt (als Hypothese) ist: so wenig ist es heute schon möglich, ihn zu einer Tatsache, betreffend das Werden und die erste Entwicklung des Menschengeschlechts, zu gestalten. Dazu fehlen noch die ersten sichern Ausgangspunkte. Immer noch sind die Grundfragen nicht mit Sicherheit zu beantworten" (*Der Ursprung der Sprache im Zusammenhange mit den letzten Fragen des Wissens*, 355). Steinthal warnt davor, „zu glauben, dass die Etymologien oder primitivsten Wörter, die ich etwa aufstelle, mehr seien als Beispiele zur Erläuterung der Allgemeinheiten, dass sie die wirklichen Urtatsachen darstellen. Mag wer will glauben, er könne den Urmenschen als eine Wirklichkeit ertappen und zeichnen, sehen und hören – ich leugne für's erste diese Möglichkeit, wie ich sie immer geleugnet habe. Ich will nicht zeigen, wie die Sprache geworden ist, sondern nur, welche Gesetze in ihrem Werden wirksam waren. Meine Beispiele [...] sollen erläutern, aber nicht beweisen und sind keine Urgeschichte" (ebd., 359).
[31] Zum religionsgeschichtlichen Evolutionismus im Kontext unterschiedlicher Paradigmata der Religionsforschung um 1900 vgl. H. G. Kippenberg, „Rivalry among Scholars of Religions. The Crisis of Historicism and the Formation of Paradigms in the History of Religions", in: *Historical Reflections/Reflexions Historiques*, Vol. 20, 1994, No. 3, 377-402.

Jahrhunderts aber hat die Evolutionstheorie Darwins. Bereits wenige Jahre nach der Veröffentlichung von *On the Origin of Species*[32] formuliert McLennan die Grundidee des kulturgeschichtlichen Evolutionismus: „In the sciences of law and society, old means not old in chronology, but in structure: that is the most archaic which lies nearest to the beginning of human progress considered as a development, and that which is most modern which is farthest removed from that beginning."[33] Edward Burnett Tylor ist dann der erste, der – wenn auch nicht in direkter Analogie, so doch in Kenntnis der Darwinschen Evolutionstheorie – der Religionsgeschichte ein evolutionistisches Konzept zugrundelegt.[34] In seinem zweibändigen Werk *Primitive Culture* von 1871 entfaltet der Autor seine Theorie des Animismus, mit der er den eigentlichen Schlüssel zur Genese der Religion gefunden zu haben meint.

Was die Methode angeht, so habe die Wissenschaft von der Kultur auf eine doppelte Weise zu verfahren. Zum einen müsse klassifiziert werden, und zum anderen seien die klassifizierten Phänomene in einen Zusammenhang der Abfolge zu bringen. Dabei zieht Tylor immer wieder Vergleiche zu naturwissenschaftlichen Vorgehensweisen, etwa innerhalb der Botanik und der Zoologie. In bezug auf die Entwicklungsgeschichte macht er auf die offene Frage in den Naturwissenschaften aufmerksam, „whether a theory of development from species to species is a record of transitions which actually took place, or a mere ideal scheme serviceable in the classification of species whose origin was really independent".[35] Diese Ungeklärtheit gelte jedoch für den Gegenstand der Ethnologie nicht, „for development in culture is reco-

---

[32] Ch. Darwin, *On the Origin of Species by meansof Natural Selection, or the Preservation of Favoured Races in the Struggle für Life*, London 1859 (dtsche. Übers.: *Über die Entstehung der Arten im Tier- und Pflanzenreich durch natürliche Züchtung, oder Erhaltung der vervollkommneten Rassen im Kampfe ums Dasein*, nach der 2. Aufl. übersetzt und mit Anmerkungen versehen von H. G. Bronn, Stuttgart 1860).

[33] J. F. McLennan, *Primitive Marriage. An Inquiry into the Origin of the Form of Capture in Marriage Ceremonies*, Chicago 1970 (Orig. 1865), 6; zit. nach Kippenberg, „Rivalry among Scholars of Religions", 380 (FN 7).

[34] Vgl. Edward B. Tylor, *Primitive Culture. Researches into the Development of Mythology, Philosophy, Religion, Language, Art, and Custom*, 2 Bde. London 1871; im folgenden benutze ich die vierte Auflage von 1903. Im Vorwort zur zweiten Auflage räumt Tylor Darwin und Spencer zwar eine große Bedeutung für die „theory of development or evolution" sowie einen hohen Stellenwert im „modernen Denken" ein. Fehlende formale Hinweise auf die Schriften der beiden Autoren begründet er allerdings mit der Eigenständigkeit seiner Arbeit, „arranged on ist own lines, coming scarcely into contact of detail with the previous works of these eminent philosophers" (*Primitive Culture*, VII).

[35] Ebd., 14.

gnized by our most familiar knowledge".³⁶ Der technische Fortschritt etwa biete Beispiele für eine *evidente* Entwicklungsgeschichte.³⁷ In diesem Zusammenhang führt Tylor eine Klasse von Fakten an, der er „survivals" nennt. Damit sind diejenigen Phänomene gemeint, „which have been carried on by force of habit into a new state of society different from that in which they had their original home".³⁸ Deshalb könnten sie als Belege und Beispiele für einen älteren Zustand der Kultur gelten, aus dem heraus ein neuerer sich entwickelt habe. Dabei sei die Entwicklung allerdings nicht immer und unbedingt als ein Fortschritt zu sehen. „Progress, degradation, survival, revival, modification, are all modes of the connexion that binds together the complex network of civilisation."³⁹ Nur von einem ideellen Standpunkt aus führe der Zivilisationsprozeß zu einer höheren Organisation des Individuums und der Gesellschaft, an dessen Ende die Verwirklichung der Kultur- Menschheitsideale stehe.⁴⁰ In der Empirie umfasse die kulturelle Entwicklung sowohl Progression als auch Degeneration.⁴¹ Evolutionismus kann also nur bedeuten, daß man einen späteren kulturellen Zustand aus einem früheren ableitet. Einzig kausal-genetische Rückschlüsse sind erlaubt; die Annahme einer *causa finalis* dagegen ist kein Bestandteil des an die soziokulturelle Entwicklungsgeschichte angelegten und empirisch gehaltenen evolutionistischen Konzepts.

Was nun den Ursprung und die Entwicklung von Religion angeht, so hält es Tylor theoretisch für nicht ausgeschlossen, daß es einen kulturellen Zustand ohne Religion gegeben habe. Empirisch sei dieser Zustand allerdings – darin vergleichbar mit der Annahme einer Kultur ohne Sprache – nicht zu erschließen. Tylor bestreitet, daß es gegenwärtig primitive religionslose Kulturen gebe. Dies tut er, indem er als eine Minimaldefinition von Religion den Glauben an spirituelle Wesen (belief in Spiritual Beings) angibt.⁴² Diese ursprüngliche Religionsform, die er Animismus nennt, müsse nicht unbedingt den Glauben an eine oberste Gottheit, die Anbetung von Idolen oder bestimmte Riten umfassen. Sie stelle vielmehr ihre Basis dar, von der aus sich weitere religiöse Stadien entwickelten.

---

[36] Ebd., 15.
[37] „Such examples of progression are known to us as direct history" (ebd., 15).
[38] Ebd., 16.
[39] Ebd., 17.
[40] Vgl. ebd., 27.
[41] Darauf weist auch Kippenberg, „Rivalry among Scholars of Religions", 379f., hin.
[42] Vgl. ebd., 424.

Im Unterschied zu Tylor wendet Herbert Spencer die Darwinsche Evolutionstheorie explizit auf den Bereich des Sozialen an und trägt damit zu ihrer Verbreitung und Popularisierung in geistes-, kultur- und sozialwissenschaftlichen Diskursen bei. Anders als Tylor nimmt er den Ahnen- und Totenkult als den Ursprung aller Religionen an.[43] Spencer zitiert zunächst ethnologische Belege für die Auffassung, „dass die religiösen Ideen civilisirter Menschen nicht angeboren sind",[44] und folgert daraus, „dass sie einen natürlichen Ursprung haben müssen".[45] Als den „Urquell aller Religionen" macht er – wie bereits im ersten Teil seiner *Sociologie* – die Ahnenverehrung bzw. „Geisterversöhnung" aus,[46] die sich im Verlauf der Religionsgeschichte zum Fetischismus (bzw. Totemismus) entwickelt habe.[47] In diesem Prozeß seien alle Götter durch Apotheose entstanden: „Ursprünglich ist der Gott weiter nichts als der irgendwie höher stehende lebende Mensch, dessen Macht und Kraft für übermenschlich gehalten wird."[48] Zusammenfassend formuliert Spencer: „So enthüllt uns also die vergleichende Sociologie einen gemeinsamen Ursprung für jedes wesentliche Element des religiösen Glaubens. Die Vorstellung von Geistern finden wir zusammen mit den daraus hervorgehenden, sich vermehrenden und weiter bildenden Ideen auf der ganzen Erde verbreitet [...]. So besitzen wir also eine reiche Fülle von Beweisen für die natürliche Entstehung der Religionen."[49] Zudem erkläre die Geistertheorie „die Entstehung der priesterlichen Functionen und ihren ursprünglichen Zusammenhang mit der Stellung des weltlichen Herrschers"[50] und die Entstehung der kirchlichen Einrichtungen insgesamt.[51]

---

[43] Vgl. H. Spencer, *Principien der Sociologie*, 4 Bde., Stuttgart o.J. (1877ff.).
[44] *Principien der Sociologie IV*, 4.
[45] Ebd., 6.
[46] Ebd., 8.
[47] Vgl. ebd., 16ff.
[48] Ebd., 22.
[49] Ebd., 24f.
[50] Ebd., 70.
[51] Vgl. ebd., 71ff. Neben den beiden prominenten religionsgeschichtlichen Entwürfen sind noch weitere Ansätzen anzuführen, die auf evolutionstheoretischen Prämissen basieren. Beispielsweise veranlassen die Berichte von Südseereisenden und -missionaren über die Mana- und Tabuvorstellungen polynesischer Gesellschaften Robert Ranulph Marett, einen Schüler Tylor's, dazu, in der Vorstellung einer allgemeinen Beseeltheit oder Machtgeladenheit von natürlichen Dingen und Personen die dem Animismus vorausgehende ursprüngliche religiöse Phase zu sehen, die er Präanimismus nennt; vgl. R. R. Marett, „Pre-animistic Religion (1900)", in: ders., *The Threshold of Religion*, New York 1909, 1-28. Dieses Theorem ist von Weber, *Wirtschaft und Gesellschaft*, 246, aufgenommen worden. Ebenfalls im Zeichen des Evolutionismus steht die große Arbeit James George Frazers, *The Golden Bough. A Study in Comparative Religion* an, die an die Ideen McLennans anschließt und zuerst (1890) zweibändig, 1900 dreibändig und schließlich in der dritten Auflage (1911-1915) zwölfbändig erschienen ist. Wissenschaftsge-

IV.

Im Rahmen einiger der evolutionär gehaltenen religionsgeschichtlichen Entwürfe wird auch das Verhältnis von Kunst und Religion thematisiert. Dabei vermeiden es die Autoren allerdings, den modernen Begriff der Kunst auf frühe Kulturen anzuwenden. Gegenstand ihrer Untersuchungen sind vielmehr einzelne künstlerische Handlungen und deren Produkte, die als Vorläufer des von heute aus gesehen ausdifferenzierten Bereichs der Kunst gelten können. Das ist nur konsequent und vor dem Hintergrund des evolutionistischen Paradigmas auch gar nicht anders möglich, geht es doch um die Frage der gesellschaftlichen und kulturellen Differenzierung einer zunächst undifferenzierten gesellschaftlichen Ordnung.

Im Unterschied zum prominenten Evolutionisten Tylor, der sich Äußerungen über das Verhältnis von Kunst und Religion enthält, leitet Spencer die Entwicklung der Kunst explizit und an zentralen Stellen aus dem religiösen Bereich ab. Im Kapitel über „Professionelle Einrichtungen" bestimmt er überhaupt als die Quelle aller gesellschaftlichen Differenzierung das Priestertum. Ursprünglich seien politische und religiöse Handlungen kongruent. Sobald sich aber beide Bereiche differenzieren, nehme ganz besonders „der Kreis kirchlicher Handlungen die Keime der professionellen Thätigkeit mit sich" und entwickele sie schließlich.[52] Zu den Professionen, die allgemein das Leben steigern, zählt Spencer Tänzer, Musiker, Dichter, Maler und Bildhauer, also Professionen der Künste. Alle genannten Tätigkeiten seien aus religiösen Handlungen hervorgegangen.

Während nach der Trennung von Tanz und Musik in zwei Professionen der Tanz säkularisiert worden sei, bleibe die Musik für lange Zeit Teil der religiösen Ehrfurchtsbezeugung.[53] Im Gegenüber zur Entstehung der einfachen populären Musik konstatiert Spencer, „dass die höheren Entwick-

---

schichtlich interessant ist, daß denjenigen Theorien über den Ursprung der Religion, die von einer Komplexitätssteigerung ausgehen, bereits zeitgenössisch widersprochen wurde. So faßt etwa der schottische Schriftsteller und Privatgelehrte Andrew Lang das von A. W. Howitt (*On the Organisation of Australian Tribes*, Melbourne 1889) gesammelte Material zu einer Theorie zusammen, nach der der Glaube an „Höchste Wesen" selbst bei den (vermeintlich) primitivsten Völkern, wie z.B. den australischen Stammesgesellschaften, zu finden sei; vgl. A. Lang, *The Making of Religion*, London 1898. Ebenfalls in diesem Zusammenhang zu erwähnen ist die Urmonotheismustheorie von Pater Wilhelm Schmidt; vgl. *Der Ursprung der Gottesidee*, 12 Bde., 1912-1955.
[52] Spencer, *Principien der Sociologie IV*, 220. Zur Terminologie sei bemerkt, daß Spencer religiöse Institutionen generell als „kirchliche" bezeichnet und damit nicht nur die christlichen Kirchen meint.
[53] Ebd., 250.

lungsarten der Musik aus der künstlich durchgearbeiteten Gottesdienstordnung hervorgingen und lange Zeit hindurch Productionen der Classe der Priester waren, und dass sich aus dieser Classe oder den halbweltlichen Gliedern derselben schliesslich die Componisten und Vertreter der weltlichen Musik ausschieden".[54] Mit den Anfängen des Tanzes und der Musik seien auch die Anfänge der Dichtkunst, der Schauspielkunst und des Dramas verbunden gewesen.[55] Entsprechend seien auch letztere aus der Religion hevorgegangen. Die dichterischen Werke entstünden aus heiligen Dichtungen,[56] und das Drama habe „mit Darstellungen heiliger Gegenstände durch priesterliche Darsteller" begonnen.[57] Ihr gemeinsamer Ursprung liege in den Anbetungsdiensten: Aus all den „ursprünglich zum Anbetungsdienste gehörenden Keimen entstanden schliesslich die verschiedenen Professionen der Dichter, Schauspieler, Dramatiker und die Unterabteilungen derselben".[58] Schließlich ist Spencer zufolge auch die Verbindung zwischen Architektur, Skulptur und Malerei ursprünglich sehr eng. Ihre gemeinsamen Wurzeln lägen ebenfalls in der Ahnenverehrung.[59] So beschäftigte sich die Malerei auf ihren ersten Entwicklungsstufen mit heiligen Gegenständen, „und der Priester war, wenn nicht selbst der Ausführende, doch der die Ausführenden Beaufsichtigende und Anleitende".[60]

Als Ergebnis des Durchgangs durch evolutionär gehaltene kulturgechichtliche Entwürfe um die Jahrhundertwende ist festzuhalten, daß dort, wo die Beziehungen zwischen Kunst und Religion verhandelt werden, ein genetisches Ableitungsverhältnis behauptet wird. In der Folge wird es auch in nicht primär evlolutionstheoretisch gehaltenen Forschungen zu einer Selbstverständlichkeit, einen religiösen Ursprung der Kunst anzunehmen, wovon die eingangs zitierten Autoren Zeugnis ablegen. Allerdings gibt es um die Jahrhunertwende auch Diskussionsstränge, die eine unilineare evolutionäre Ableitung der Kunst aus der Religion bestreiten und das Verhältnis zwischen beiden Größen statt dessen systematisch bestimmen. Dieser Sachverhalt führt uns auf Theorien, die eine Alternative zum älteren Evolutionismus vertreten.

---

[54] Ebd., 255.
[55] Vgl. ebd., 257.
[56] Vgl. ebd., 262.
[57] Vgl. ebd., 271f.
[58] Ebd., 362.
[59] Vgl. ebd., 330, 350.
[60] Ebd., 350.

V.

Zu den Resultaten der kulturgeschichtlichen Entwürfe auf der Basis eines evolutionstheoretischen Paradigmas zählt die Einsicht, daß die moderne Gesellschaft eine in verschiedene Teilbereiche differenzierte ist. Bekanntlich gehört diese Erkenntnis ebenso zu den Fundamenten soziologischer Theoriebildung seit ihren Anfängen.[61] Allerdings besteht nicht in jedem Falle eine fraglose Allianz zwischen Evolutions- und soziologischer Differenzierungstheorie. Während Émile Durkheims *De la division du travail social* und insbesondere *Les formes élémentaires de la vie religieuse* explizit auf evolutionstheoretischen Ansätzen basieren und mit ihnen weitgehend kongruent sind, steht Max Weber einer unilinearen evolutionären Perspektive überwiegend kritisch gegenüber. „Seine Antwort auf die Krise des Evolutionismus war die Desaggregation der Entwicklungsgeschichte in eine mehrdimensionale Analyse."[62] Gegenüber Konzeptionen, welche die Kulturgeschichte in einer eindimensionalen Stufenfolge beschreiben, zerlegt er die Entwicklungsgeschichte in verschiedene Stränge. Von der allgemeinen soziokulturellen Evolution, die im Unterschied zu den klassischen Evolutionstheorien mit *theoretisch konstruierten* Stufen konzipiert wird, unterscheidet er spezifische Entwicklungsgeschichten als Sonderformen der Rationalisierung, das historische Kontinuum der mediteranen und europäischen Geschichte sowie die historische Soziologie mit ihren soziokulturellen Modellen und Erfahrungsregeln.[63] Was die allgemeine soziokulturelle Evolution angeht, so betont Weber in seiner Rechtssoziologie, daß die von ihm „theoretisch konstruierten Rationalitätsstufen in der historischen Realität weder überall gerade in der Reihenfolge des Rationalitätsgrades aufeinander gefolgt, noch auch nur überall, selbst im Okzident, alle vorhanden gewesen sind oder auch nur heute sind".[64] Da es keine „objektiven" Gesetze gebe, müsse der Verlauf

---

[61] Vgl. H. Tyrell, „Anfragen an die Theorie der gesellschaftlichen Differenzierung", in: *Zeitschrift für Soziologie* 7, 1978, 175-193, und N. Luhmann, *Die Kunst der Gesellschaft*, Frankfurt a.M. 1995, 215: „Zu den wenigen Konstanten in der hundertjährigen akademischen Geschichte der Soziologie gehört die Annahme, daß die moderne Gesellschaft durch ein besonderes Ausmaß und durch eine eigentümliche Form sozialer Differenzierung zu kennzeichnen sei." Soziologiegeschichtlich siehe jetzt U. Schimank, *Theorien gesellschaftlicher Differenzierung*, Opladen 1996, sowie, darauf bezugnehmend und ergänzend, H. Tyrell, „Anmerkungen zur Geschichte der Theorie sozialer Differenzierung", unveröffentl. Manuskript, Bielefeld 1997.
[62] G. Roth, „Max Webers Entwicklungsgeschichte und historische Soziologie", in: ders., *Politische Herrschaft und persönliche Freiheit. Heidelberger Max Weber-Vorlesungen 1983*, Frankfurt a.M. 1987, 283-305, hier: 284.
[63] Vgl. ebd., 292ff.
[64] *Wirtschaft und Gesellschaft*, 505.

der Kulturentwicklung durch ein im „Licht der großen Kulturprobleme"[65] stehendes Interesse konstruiert werden. Entstehung und Verlauf der ethischen Weltreligionen sowie der Sonderweg des Christentums und sein Niedergang gehören für Weber zu den kulturbedeutsamen Phänomenen seiner Zeit. Vielleicht aus diesem Grund steht er im Falle der Religionsgeschichte trotz seiner ansonsten gehegten Vorbehalte gegenüber dem älteren Evolutionsmus den Stufentheorien vergleichsweise nahe. Dem religionssoziologischen Kapitel in *Wirtschaft und Gesellschaft* zufolge nimmt die religionsgeschichtliche Entwicklung ihren Ausgang in der Magie, durchläuft die Stadien des Präanimismus und Animismus, der lokalen und funktionalen Gottheiten sowie politischen Götter und erreicht schließlich das Niveau der ethischen Weltreligionen. In der okzidentalen Entwicklungsgeschichte steht die Religion in diesem Stadium – wie in der „Zwischenbetrachtung" beschrieben – in einem Konflikt mit anderen eigengesetzlichen Wertsphären, der schließlich zu ihrem kulturellen Bedeutungsverlust führt.[66] Im Falle Webers kann also die diagnostizierte moderne funktionale Nähe von Kunst und Religion, ihr daraus resultierendes Konkurrenzverhältnis sowie die Übernahme der religiösen Funktion durch die Kunst als der Ausgangspunkt oder gar das Motiv angesehen werden, um ein entwicklungsgeschichtliches Ableitungsverhältnis zwischen beiden Größen anzunehmen.

Gegenüber der von den Autoren der skizzierten evolutionstheoretischen Ansätze gehegten Überzeugung, daß ihre Kulturgeschichte einen echten, zeitlich ablaufenden historischen Prozeß widerspiegle,[67] hat sich in den Sozial- und Kulturwissenschaften um die Jahrhundertwende eine Skepsis breitgemacht, „den Ursprung" der Kultur und kultureller Bereiche tatsächlich in einem zeitlichen Sinn rekonstruieren zu können. Statt dessen werden bestimmte anthropologische, psychische, soziale und kulturelle Dispositionen – funktionale Theorien sprechen heute von Bezugsproblemen – ausgemacht, aus denen etwa Religion und Kunst hervorgegangen seien, und auf die Angabe eines historischen Anfangs verzichtet. Bereits Wilhelm Dilthey hat sich in seiner *Einleitung in die Geisteswissenschaften* von 1883

---

[65] Max Weber, „Die 'Objektivität' sozialwissenschaftlicher und sozialpolitischer Erkenntnis", in: ders., *Gesammelte Aufsätze zur Wissenschaftslehre*, 2. Aufl. Tübingen 1951, 146-214, hier: 214.
[66] Vom älteren Evolutionismus setzt sich Weber jedoch dadurch ab, „indem er zeigte, wie die Weltreligionen einen hohen Grad von Rationalisierung zu verschiedenen Zeiten und an verschiedenen Orten errungen hatten" (Roth, a.a.O., 294).
[67] Vgl. G. Childe, „Die Evolutionstheorie in der Ethnographie", in: G. Altner (Hg.), *Der Darwinismus*, (Wege der Forschung Bd. CDIL) Darmstadt 1981, 303-317, hier: 309.

gegen geschichtsphilosophische Spekulationen einer Soziologie gewandt, wie sie Comte und Spencer vertraten.[68] Statt vom Singulären auf vermeintlich allgemeine Entwicklungsgesetze zu schließen, komme es vielmehr darauf an, die verschiedenen 'Kultursysteme' – und so auch Kunst und Religion – in ihrer gegenseitigen Wechselwirkung, also hinsichtlich ihrer Differenzierung im Nebeneinander, zu analysieren.[69] In diesem Sinne argumentieren dann auch Georg Simmel, dessen soziologisches Konzept maßgeblich von Dilthey angeregt worden ist[70], und Wilhelm Wundt.[71]

Zwar verarbeitet Simmel – insbesondere in seinem Frühwerk – evolutionäre Ansätze (vor allem denjenigen Spencers). So ist bei ihm zu lesen: Alle in der Moderne eigenständigen Gebilde wie Recht, Wissenschaft, Wirtschaft, Moral, Kunst und eben auch Religion „treten zunächst gleichsam versuchsweise, keimhaft, in Verwebung mit anderen Formen und Inhalten auf; aber in diesen unausgebildeten Stadien müssen wir sie aufsuchen, um sie in ihren höchsten und selbständigen zu begreifen".[72] Anhand von Beobachtungen der antiken Gesetzgebungspraxis hegt Simmel die Vermutung, „daß die nothwendige Ordnung der Gesellschaft vielfach von einer ganz undifferenzirten Form ausgegangen wäre, in der die moralischen, die religiösen, die juristischen Sanktionen noch in ungeschiedener Einheit geruht hätten".[73] Am Ende des Differenzierungsprozesses stünden sich dann autonome Zweckreihen gegenüber, die je einer Eigengesetzlichkeit folgten: „[D]as Kunstwerk fragt nur nach seiner Vollendung an dem Maßstab rein künstlerischer Forderungen, die wissenschaftliche Forschung nur nach der Richtigkeit ihrer

---

[68] Vgl. W. Dilthey, *Einleitung in die Geisteswissenschaften. Versuch einer Grundlegung für das Studium der Gesellschaft und ihrer Geschichte*, (Wilhelm Diltheys Gesammelte Schriften, 1. Bd.) hrsg. von Bernhard Groethuysen, Lepizig und Berlin 1923; zur Kritik an geschichtsphilosophischen Spekulationen sowie an der Soziologie Comtes und Spencers vgl. 86ff.

[69] A.a.O., 42 et passim. Insofern gehört Dilthey zu den Schöpfern der Theorie der sozialen Differenzierung, worauf bereits A. Hahn, „Verstehen bei Dilthey und Luhmann", in: *Annali di Sociologia* 8, 1992, I, 421-441, hier: 428f., hingewiesen hat. Zu Dilthey als einem Klassiker der soziologischen Differenzierungstheorie vgl. jetzt ausführlich H. Tyrell, „Anmerkungen zur Geschichte der Theorie sozialer Differenzierung", 28ff.

[70] Vgl. dazu zuletzt K. Ch. Köhnke, *Der junge Simmel in Theoriebeziehungen und sozialen Bewegungen*, Frankfurt a.M. 1996, insb. 380ff.

[71] Als ein weiteres Beispiel ist der Bremer Religionswissenschaftler Thomas Achelis zu nennen; vgl. „Der Ursprung der Religion als sozialpsychologisches Problem", in: *Archiv für Religionswissenschaft* 1-2 (1898-99), 188-190, sowie dessen *Sociologie*, Leipzig 1899.

[72] „Zur Soziologie der Religion" (1898), in: *Aufsätze und Abhandlungen 1894-1900*, hg. von H.-J. Dahme und D. Frisby, (Georg Simmel-Gesamtausgabe Bd. 5) Frankfurt a.M. 1992, 266-286, hier: 267.

[73] Ebd., 270.

Ergebnisse, das wirtschaftliche Produkt nur nach seiner zweckdienlichsten Herstellung und seiner einträglichsten Verwertung."[74]

Wenn Simmel auch Anleihen bei der Evolutionstheorie macht, wendet er sich dennoch gegen den Versuch, den absoluten Ursprung von Religion im Sinne eines historischen Anfangs und schon gar die eine Quelle der Kultur zu rekonstruieren. Seine differenzierungstheoretische Perspektive sieht von der Ursprungsfrage im Sinne einer historischen Entstehungstheorie auf phylogenetischer Ebene ab und schränkt den Geltungsbereich der soziologischen Analysen ein: „Den historischen Hergang der Religionsschöpfung können sie nicht beschreiben, sondern nur eine ihrer vielen Quellen aufweisen".[75] Simmel betont, daß der „Ursprung" von Religion in ihrer Wirksamkeit liege, also funktional zu bestimmen ist und somit an keinen historischen Moment gebunden sei. Religion ist „als seelische Wirklichkeit ja kein fertiges Ding, keine feste Substanz, sondern ein lebendiger Prozeß, den, bei aller Unerschütterlichkeit überlieferter Inhalte, doch jede Seele und jeder Augenblick selbst hervorbringen muß".[76] Den Grund für die besondere Wirkung der Religion sieht Simmel gerade in der Anforderung, „das religiös Gegebne fortwährend in den Fluß des Gefühles zu ziehen".[77] Die Einschränkung der genetischen Erklärungskraft aus soziologischer Perspektive kehrt sich bei näherem Blick in ihr gerades Gegenteil um. Indem Religion nicht nur als ein einmal entstandenes und fortan nur noch tradiertes Produkt, sondern als ein stets emergierender Sachverhalt zu verstehen ist, gibt „es in diesem Sinne wirklich 'Ursprünge' der Religion ..., deren Auftreten und Wirksamkeit lange nach der Zeit des 'Ursprunges' der Religion liegt".[78]

Seiner Differenzierungstheorie entsprechend sind in Simmels Schriften auch keine Äußerungen im Sinne einer klaren und unilinearen Ableitung der Kunst aus der Religion zu finden. Statt dessen konstatiert er ein *prinzipiell wechselseitiges* Zweck-Mittel-Verhältnis beider Größen. Beispielsweise weist er auf die einheitsbildende Funktion gegenseitiger Beeinflußungen für die Seele als dem Kern der Persönlichkeit hin: „Indem die Religion [...] der

---

[74] „Vom Wesen der Kultur" (1908), in: *Aufsätze und Abhandlungen 1901-1908*, Bd. 2, hg. von A. Cavalli und V. Krech, (Georg Simmel-Gesamtausgabe Bd. 8) Frankfurt a.M. 1993, 363-373, hier: 369.
[75] „Zur Soziologie der Religion", 284. Entsprechend kommentiert er auch die gängigen Ursprungstheorien folgendermaßen: „[G]anz irrig ist jede dieser Theorieen sicher nur dann, wenn sie *den* Ursprung, berechtigt aber, wenn sie *einen* Ursprung der Religion anzugeben behaupted" (ebd., 266).
[76] Ebd., 284f.
[77] Ebd., 285.
[78] Ebd., 285.

Kunst solche Dienste leistet, [...] gibt sie der Seele die Möglichkeit, mit der Ergänzung der einen Welt aus der andern sich selbst als den Einheitspunkt beider zu fühlen, als die Kraft, die einen dieser Ströme aus dem andern speisen kann, weil jeder für sich aus ihr entspringt."[79] Religion und Kunst ziehen sich gegenseitig an und stoßen sich zugleich ab. Als Gemeinsamkeit des religiösen und des künstlerischen Verhaltens führt er an, „daß das eine wie das andre seinen Gegenstand in eine Distanz, weit jenseits aller unmittelbaren Wirklichkeit hinausrückt – um ihn uns ganz nahe zu bringen, näher, als je eine unmittelbare Wirklichkeit ihn uns bringen kann".[80] Aufgrund dieser tiefen „Formgleichheit, aus der heraus die Religion allenthalben als der Vorläufer der Kunst, die Kunst allenthalben als die Erregerin religiöser Stimmung auftritt",[81] kann die Kunst auch so häufig Motive der christlichen Religionsgeschichte verarbeiten.[82] Simmels Ausführungen zufolge stehen Kunst und Religion also nicht in einem klaren Ableitungsverhältnis. Gegenüber der Annahme eines religiösen Ursprungs der Kunst behauptet er eine Beziehung wechselseitiger Stimulanz und ein prinzipielles Konkurrenzverhältnis, das aus der großen funktionalen Nähe resultiere.

Das umfassendste kulturgeschichtliche Unternehmen, das sich von den klassischen evolutionistisch gehaltenen Entwürfen abgrenzt, ist die zehnbändige *Völkerpsychologie* von Wilhelm Wundt.[83] Sein gesamtes Werk ist

---

[79] „Das Christentum und die Kunst" (1907), in: *Aufsätze und Abhandlungen 1901-1908*, Bd. 2, a.a.O., 264-275, hier: 275.

[80] Ebd., 264; vgl. auch „Aus dem nachgelassenen Tagebuch", in: *Fragmente und Aufsätze aus dem Nachlaß und Veröffentlichungen der letzten Jahre*, hg. und mit einem Vorwort versehen von Gertrud Kantorowicz, München 1923, 1-46, hier: 8: „Kunst und Religion haben das Gemeinsame, daß sie ihren Gegenstand in die größte Distanz rücken, um ihn in die größte Nähe zu ziehen." Aufgrund der funktionalen Nähe weisen beide Bereiche auch Parallelen in der emotionalen Dimension auf: „Der Affekt gegenüber der Schönheit und der Kunst ist nicht weniger primär als der religiöse und deshalb so wenig wie dieser durch Auflösung in anderwertig vorkommende Bewußtseinswerte zu beschreiben; obgleich, da beide den ganzen Menschen in Erregung setzen, noch alle die anderen Bewegtheiten der Seele sich auf ihren Ruf einfinden: Aufschwung und Demut, Lust und Leid, Expansion und Zusammenraffung, Verschmelzung und Distanz gegenüber ihrem Gegestand. Eben dies hat so oft verleitet, sie auf die Bejahung und die Verneinung, auf die Mischung und den Gegensatz dieser großen Potenzen des sonstigen Lebens zurückzuführen" (*Schopenhauer und Nietzsche. Ein Vortragszyklus* [1907], in: *Philosophie der Mode* [1905] *Die Religion* [1906/²1912] *Kant und Goethe* [1906/³1916] *Schopenhauer und Nietzsche* [1907], hg. von M. Behr, V. Krech und G. Schmidt, [Georg Simmel-Gesamtausgabe Bd. 10] Frankfurt a.M. 1995, 167-408, hier: 302f.).

[81] „Das Christentum und die Kunst", 265f.

[82] Vgl. dazu die Ausführungen in „Das Christentum und die Kunst", 266ff.

[83] W. Wundt, *Völkerpsychologie. Eine Untersuchung der Entwicklungsgesetze von Sprache, Mythus und Sitte*, 10 Bde. Leipzig 1900 bis 1920. Ich zitiere die einzelnen Bände nach folgenden Ausgaben: 1. Bd.: *Die Sprache*, 1. Teil, 2., umgearb. Aufl. 1904; 2. Bd.: *Die Sprache*, 2. Teil, 4., unveränd. Aufl. 1922; 3. Bd.: *Die Kunst*, 4. Aufl. 1923; 4. Bd.: *Mythus und Religion*, 1.

von dem Versuch bestimmt, naturwissenschaftliche Einzelforschung mit idealistischer Philosophie zu verbinden und auf dieser Grundlage – unter Einschluß von Moral und Religion – ein einheitliches Weltbild zu entwerfen. Als den Zweck der Philosophie bestimmt er – ähnlich wie bereits Hermann Lotze – die „*Zusammenfassung der Einzelerkenntnisse zu einer die Forderungen des Verstandes und die Bedürfnisse des Gemüthes* befriedigenden Welt- und Lebensanschauung".[84] Im letzten Band der Völkerpsychologie, *Kultur und Geschichte*, faßt der Autor die Ergebnisse der vorangegangenen Untersuchungen, die sich über zwei Jahrzehnte erstrecken, zusammen. Sein Ansatz zeichnet sich durch die Kritik an „philosophischen Geschichtskonstruktionen" aus, auf deren Basis man „statt den verschiedenen Quellen des geschichtlichen Lebens nachzugehen, womöglich aus einer einzigen alle andern abzuleiten bemüht ist".[85] In diesem Sinne hat Wundt auch bereits im ersten Teil des Buches über die Gesellschaft Durkheims Theorie kritisiert, derzufolge der Ursprung der Gesellschaft in der Religion, und ihre Wurzel wiederum im Totemismus liege. „So erweist sich dieser Versuch, aus den ursprünglich gegebenen Formen des menschlichen Zusammenlebens alle einzelnen Erzeugnisse der menschlichen Gemeinschaft, Sitte, Religion, Recht usw., abzuleiten, als ein Unternehmen, das diese mit dem reinen Gesellschaftsbegriff operierende Soziologie wiederum in eine konstruktive Gesellschaftsphilosophie zurückverwandelt."[86]

Statt dessen behauptet Wundt eine „Interferenz der Motive"[87] und eine „vielseitige Verbindung der verschiedenen Kulturfaktoren".[88] Entsprechend dieser Überzeugung könne eine irgendwie, sei es historisch, sei es systematisch geordnete Stufenfolge der Kulturen nur aus dem Zusammenhang aller Kulturfaktoren gebildet werden. „Die Grundbestandteile der Kultur bilden nie und nirgends ein deutlich nachweisbares Nacheinander, sondern nur ein Nebeneinander, dessen einzelne Inhalte darum auch durchgängig in Wechselwirkungen stehen."[89] Die augenfälligsten Beispiele dafür böten das Verhältnis des Kultischen zum Ästhetischen. Es seien insbesondere die ästhetischen Motive der bildenden Kunst, „die sich von den magischen und reli-

---

Teil, 3. Aufl. 1920; 5. Bd.: *Mythus und Religion*, 2. Teil, 3. Aufl. 1923; 6. Bd.: *Mythus und Religion*, 3. Teil, 3., neubearb. Aufl. 1922; 7. Bd.: *Die Gesellschaft*, 1. Teil, 1917; 8. Bd.: *Die Gesllschaft*, 2. Teil, 1918; 9. Bd. *Das Recht*, 1918; 10. Bd.: *Kultur und Geschichte*, 1920.
[84] W. Wundt, *System der Philosophie*, Leipzig 1889, 2.
[85] Bd. 10: *Kultur und Geschichte*, 36.
[86] Bd. 7: *Die Gesellschaft*, 1. Teil, 27.
[87] Ebd., 46.
[88] Ebd., 48.
[89] Ebd.

giösen Begleiterscheinungen allmählich loslösen, um entweder andere Verbindungen einzugehen oder zu selbständigen Gemütserregungen zu werden".[90] Die Kultur schließe von Anfang an alle ihre Formen (Sprache, Mythus, Religion, Recht, Kunst und Sitte) ein. Diese seien nirgends voneinander isolierbare Bestandteile, sondern zusammengehörige Faktoren.[91] Die menschliche Kultur in ihren Anfängen begegne uns „niemals einzeln, etwa bloß als Sprache oder bloß als dauerndes Zusammenleben oder als erste Regung von Religion oder von Kunst ..., sondern [als] alles dieses zumal. Denn eben das ist das Kriterium beginnender Kultur, daß sie nicht als Einzelkultur, sondern überall nur als geistige Gesamtkultur vorkommt."[92] Entsprechend kämen Anfänge der Kultur nach jeder Richtung vor: „Insbesondere sind es nach der Seite der musischen Künste Gesang und Tanz, als Vorstufe der Religionen Zauberbräuche, als Betätigungen bildender Kunst einfache geometrische Ornamente, seltener Tierbilder, die uns bei den Primitiven begegnen."[93] Allen evolunisitisch ausgerichteten kulturgeschichtlichen Entwürfen, die einen religiösen Ursprung der Kultur konstatieren, hält Wundt entgegen: Auch wenn dem religiösen Kultus in der Kulturgeschichte eine wichtige Stellung zukomme, sei die Kultur nicht aus einem einzigen ursprünglichen Motiv hervorgegangen.[94]

So vehement sich Wundt gegen monokausale Ursprungstheorien von Kultur wendet, will er doch die kulturelle Entwicklung nachzeichnen. Wie bereits der Untertitel der *Völkerpsychologie* andeutet, liege ihre Aufgabe darin, „die allgemeinen Entwicklungsgestze des menschlichen Bewußtseins, wie sie in den Erzeugnissen des Zusammenlebens, in Sprache, Mythus und Religion, Gesellschaft und Sitte zutage treten, und wie sie nicht minder in der Kunst sich offenbaren, psychologisch zu deuten".[95] Dieser Aufgabe entsprechend muß Wundt auch Aussagen über die Genese der Kulturfaktoren machen. In bezug auf die Eigenart der ästhetischen Werte behauptet der Apperzeptionspsychologe, „daß sie zwar, wie alle Wertgefühle, Erzeugnisse un-

---

[90] Ebd.., 48f.
[91] Vgl. ebd., 50.
[92] Ebd., 72.
[93] Ebd., 73. Der Ethnologe Konrad Theodor Preuß nimmt die „Zauberei", die eine „unmittelbare Folge der über den Instinkt hinausgehenden Lebensfürsorge" sei, als Ursprung der Kultur an. Aus ihr seien „ohne Sprung" sowohl Religion als auch Kunst hervorgegangen; vgl. K. Th. Preuß, „Der Ursprung der Religion und Kunst", in: *Globus. Illustrierte Zeitschrift für Länder- und Völkerkunde* Bd. 86, 1904, 321-327, 355-363, 375-379, 388-392, und Bd. 87, 1905, 333-337, 347-350, 380-384, 394-400, 413-419; hier: Bd. 87, 333.
[94] Vgl. Wundt, *Völkerpsychologie*, Bd. 7: *Die Gesellschaft*, 97.
[95] Bd. 3: *Die Kunst*, 178.

seres Selbstbewußtseins, daß sie aber zugleich unmittelbare Projektionen der in uns lebendig gewordenen Wertgefühle in die Objekte sind. [...] In diesem Sinne erscheint uns der Gegenstand belebt und beseelt; aber nicht wir erscheinen als belebend und beseelend, sondern diese Eigenschaften liegen in dem ästhetischen Objekt ganz so selbständig, wie wir unseres eigenen seelischen Lebens bewußt sind."[96] Vom genetischen Gesichtspunkt aus ist dieser Vorgang von Anfang an mit einer Fülle anderer Motive verknüpft, von denen er sich erst in einer langen Entwicklung allmählich löst. Vor allem zwei Faktoren betätigen diese assimilative Kraft: neben dem Zaubermotiv auch das Religiöse, „mit dessen subjektiver Qualität das Ästhetische fortan die größte Verwandtschaft bewahrt".[97] Sowohl die Kunst als auch die religiösen Gemütsbewegungen und ihre Äußerungen in Kultushandlungen gehen aus dem Mythus hervor. Aufgrund der gemeinsamen Wurzel trete die Kunst „in die engste Wechselwirkung mit der Religion, deren Entwicklung sie ebenso als Ausdrucks- wie Steigerungsmittel der religiösen Gefühle begleitet".[98]

Gemäß der Annahme von der Wechselwirkung der einzelnen Kulturfaktoren untereinander geht Wundt an zahlreichen Stellen der *Völkerpsychologie* den wechselseitigen Beeinflussungen von Kunst und Religion nach:
- Religion habe einen gewichtigen Einfluß auf die Entwicklung der Stilformen in der Architektur ausgeübt: „Wie der Übergang des einfachen Grabhügels und des Wohnhauses in die von einem religiösen Kult umgebene Begräbnisstätte und in den Tempel der erste Schritt zur Entstehung eines idealen Stils gewesen ist, so bezeichnet jede bedeutsame Veränderung in dem religiösen Leben und Fühlen abermals einen Wendepunkt in der Entwicklung der Stilformen".[99]
- Gleiches gilt für die Stilentwicklung in Plastik und Malerei. Im Bereich der bildenden Kunst nähmen die mythologischen und religiösen Ideen in den entscheidenden Momeneten der Kunstentwicklung die erste Stelle ein.[100]
- Auch die musischen Künste seien in ihren Anfängen religiös geprägt gewesen. „Mimus, dann Epos und Drama fallen anfänglich ganz, Lied Tanz und Musik mindestens zum größten Teil dem mythologischen und religiösem Gebiete zu."[101] Die Mittel für die Entwicklung vom ek-

---

[96] Ebd., 171.
[97] Ebd.
[98] Ebd., 6.
[99] Ebd., 323.
[100] Vgl. ebd., 365.
[101] Ebd., 375.

statischen Tanz zur Disziplinierung der Bewegungen seien der Zauberkultus und der daraus hervorgehende religiöse Kultus gewesen.[102] Der mimische Tanz führe in allen seinen wichtigeren Formen auf einen religiösen Ursprung zurück.[103]
- Die musikalische Entwicklung führe vom mythischen Denken zur harmonischen Begleitung religiöser Dichtung. Das Lied habe seinen Ursprung im Zaubergesang, der sich allmählich zum Hymnus zur Ehre der Götter entfaltet habe.[104] Die ersten Regeln, denen sich die Melodie unterworfen habe, seien aus dem religiösen Kultus hervorgegangen.[105]
- Tragödie, Komödie und Satyrspiel haben ihren Ursprung in den Dionysosfesten,[106] und die Tragödie im besonderen habe sich aus dem ernsten religiösen Mimus heraus entwickelt.[107]

Überhaupt stehe zwischen der ursprünglichen Phantasie in der sinnlichen Anschauung und der Phantasie in der Kunst die mythenbildende Phantasie.[108] Und weil Mythus und Religion von Anfang an „auf das innigste verwebt sind",[109] haben Religion und religiöser Kultus insgesamt einen gewichtigen Anteil an der Entwicklung der Kunst in allen ihren Bereichen.[110]

VI.

Den Hintergrund für diese vom älteren Evolutionismus abweichende bzw. ihn modifizierende Sicht, wie sie – freilich mit unterschiedlichen Nuancierungen und Absichten – bei Weber, Simmel und Wundt zutage tritt, stellt eine wissenschaftsgeschichtliche Entwicklung dar, innerhalb derer empirische

---

[102] Vgl. ebd., 476.
[103] Vgl. ebd., 501.
[104] Vgl. ebd., 534.
[105] Vgl. ebd., 539.
[106] Vgl. ebd., 572ff.
[107] Vgl. ebd., 594.
[108] Vgl. Bd. 5: *Mythus und Religion*, 2. Teil.
[109] Bd. 6: *Mythus und Religion*, 3. Teil, 513. Bei der Entwicklung vom Mythus zur Religion stelle der Kultus ein äußeres Merkmal zur Identifizierung des Übergangs dar. Er ist „zwar an sich selbst noch nicht für einen religiösen Inhalt der Handlungen entscheidend, aber für die Kennzeichnung vor allem der früheren Stufen der Religion unerläßlich" (ebd., 519).
[110] Trotz des konstatierten Wechselwirkungsverhältnisses aller Kulturfaktoren und der Annahme ihrer Gleichursprünglichkeit hat man gelegentlich den Eindruck, die von Wundt gegebenen Beispiele müßten zur Annahme eines Primats der Religion vor der Kunst führen. Um so erstaunlicher mutet die Aussage im letzten Band der *Völkerpsychologie* an, daß Kunst, Wissenschaft und Religion zwar das Gebiet der geistigen Kultur ausmachten und zusammengehörten, die Kunst jedoch eine Vorrangstellung innehabe. „Die Kunst bildet den Anfang einer das geistige Leben in seinem gesamten Zusammenhang spiegelnden Tätigkeit, die sich noch durchaus in sinnlichen Formen bewegt" (Bd. 10: *Kultur und Geschichte*, 394).

Forschungen in Geschichte, Kultur- und Sozialwissenschaft sowie Psychologie auf der einen Seite und erkenntnistheoretische Reflexionen auf der anderen Seite zu synthetisieren versucht wurden und die im Neukantianismus kulminiert. So sehr sich die einzelnen Ansätze, die unter diesem philosophiegeschichtlichen Begriff subsumiert werden, voneinander unterscheiden, ist ihnen doch der Versuch gemeinsam, die kantische Erkenntnistheorie mit Forschungsergebnissen der empirischen Wissenschaften, allen voran denen der Psychologie, zu vereinen. Während evolutionstheoretische Ansätze die Kulturgeschichte in einer differenzierungs*geschichtlichen* Perspektive sehen, bietet der Neukantianismus ein alternatives Konzept an, nämlich eine *erkenntnistheoretisch* gehaltene Differenzierung. Ausgehend von der anthropologischen Prämisse, daß sich der menschliche Geist aus den drei Funktionen Denken, Fühlen und Wollen zusammensetzt, werden als wissenschaftliche Disziplinen Logik, Ästhetik und Ethik mit ihren Gegenständen Erkenntnis, Kunst und Moral behandelt. Diese Sichtweise hat wiederum Folgen für die Verhältnisbestimmung von Religion und Kultur im allgemeinen sowie von Religion und Kunst im besonderen.

Was zunächst das Verhältnis von Religion und Kultur, deren Einheit durch die drei Bewußtseinsfunktionen konstituiert und philosophisch reflektiert wird, angeht, so fragen die neukantianischen Ansätze mit besonderem Nachdruck, „ob das Kulturfaktum Religion zugleich ein besonderes Wertgebiet bilde und wie gegebenenfalls sein Verhältnis zu anderen Gebieten zu bestimmen sei".[111] Die Antworten fallen freilich unterschiedlich aus. Wilhelm Windelband etwa geht von der religionsphilosophischen Aufgabe aus, „die Stellung auszuweisen, welche die Religion in dem zweckvollen Zusammenhange der Funktionen des vernünftigen Bewußtseins einnimmt".[112] Gegenstand der Religionsphilosophie sei „die *wirkliche Religion* [...] in ihrer ganzen, allumfassenden Wirklichkeit, mit der sie allen Sphären des Lebens angehört und sich doch zugleich als ein Eigenes und Neues darüber zu erheben scheint".[113] Sie umspanne die Gesamtheit der psychischen Funktionen, erstrecke sich aber ebenso in Handlungen, etwa als Kultpraxis und Gottesdienst, stelle sich als Organisation dar und sei schließlich – in der Beziehung zu Gott – ein metaphysisches Leben. Deshalb könne die Religionsphilosophie keiner der drei philosophischen Grunddisziplinen Logik, Ästhetik

---

[111] W. Jaeschke, Artikel „Religionsphilosophie", in: *Historisches Wörterbuch der Philosophie*, Bd. 8, hg. von J. Ritter und K. Gründer, Darmstadt 1992, 748-763, hier: 754f.
[112] W. Windelband, „Das Heilige (Skizze zur Religionsphilosophie)", in: ders., *Präludien*, 3., verm. Aufl. Tübingen 1903, 414-450, hier: 295.
[113] Ebd., 296.

und Ethik allein zugeordnet oder als deren Anhang behandelt werden.[114] Religion sei an derjenigen Stelle zu verorten, die dem logischen, dem ethischen und dem ästhetischen Bewußtsein gemeinsam ist. Das Gemeinsame der psychischen Funktionen aber sei „jene *Antinomie des Bewußtseins*, welche in dem Verhältnis zwischen dem Sollen und dem Müssen, zwischen den Normen und den Naturgesetzen zutage tritt".[115] Daher stehe die Religion neben den Kulturfunktionen der Menschheit: Wissenschaft, Moral, Recht, Geschichte und Kunst als „die vielleicht größte Kulturmacht". „Ihren Zweck, ihre Norm, ihr Ideal" nennt Windelband „das Heilige".[116] Die Religion wirke zwar in alle Kulturfunktionen hinein, gehe in ihnen jedoch aufgrund ihres „überweltlichen Inhalts" nicht auf. In diesem Sinn versteht Windelband das übermenschliche und -weltliche Heilige als „Ergänzung und Fundierung der anderen Kulturgebiete".[117]

Am deutlichsten gegen evolutionstheoretische Ansätze und die Religionsgeschichte, die den Begriff der Religion durch Induktion zu gewinnen suchen, wendet sich Hermann Cohen. Er will die Verbindung von der Einheit des Systems der Philosophie zur Einheit des Kulturbewußtseins herstellen[118] und konstatiert gegenüber empirsch-induktiven Verfahren der Begriffsgewinnung: „Die Tatsachen können niemals und nirgends den Begriff hervorbringen, der selbst vielmehr ihr eigenes geistiges Band – nein, schlechthin ihre geistige Erschaffung ist."[119] Der Begriff könne nur als Idee gefunden, also *a priori* erzeugt werden.[120] Auch der Begriff der Religion sei nur auf deduktivem Wege, also nicht mit den Mitteln der Religionsgeschichte, zu erzeugen. Die Religionsgeschichte habe nicht zuletzt deshalb Konjunktur, weil sie in einem ernsthaften Gegensatz zu aller bisherigen Art stehe, das Faktum der Religion zu erhellen, namentlich zur Metaphysik. Allerdings gehe die Religionsgeschichte nicht bloß nicht von Gott und

---

[114] Vgl. ebd., 297.
[115] Ebd., 300.
[116] Vgl. ebd., 297.
[117] Ebd., 359.
[118] Vgl. Cohen, *Der Begriff der Religion im System der Philosophie*, Gießen 1915, 133.
[119] Cohen, *Der Begriff der Religion*, 5.
[120] Vgl. ebd., 6f.: „Wo immer das Problem des Begriffs entsteht, da ist nichts anderes die Frage als der Sinn und der Wert eines Ursprünglichen, eines Ewigen, eines über alle Entwicklungsmöglichkeiten Hinausragenden, das nur Prinzip sein kann und Prinzip sein muß, ebensosehr für alle Erforschung der Erfahrung in ihren Tatsachen, wie für alles Erdenken ihrer Probleme. Es ist überall dieselbe Frage: ob die Forschung des *a priori* ein leerer Wahn ist, oder ob ohne sie alle Forschung ein blindes Suchen bleibt. Es ist überall nur die eine Frage: ob der *Begriff* nur als *Idee* gefunden werden kann, ob die Idee ein Trugbild, (sic!) ist und die Induktion allein den Begriff zu entdecken vermag."

nicht von den Göttern aus, „sondern *sie erweitert den Begriff des Göttlichen durch eine Erweiterung des Seelischen über das gesamte Gebiet der Natur- und Menschenwelt hinaus*".[121] Diese Vorgehensweise könne nicht zur Bildung eines Religionsbegriffs führen: „[W]o alles Menschliche und alles Göttliche in dem Begriffe alles Seelischen zusammengefaßt ist, da kann nichts Spezifisches übrigbleiben für den Begriff der Religion: die in *Seelenkultus* über- und untergegangen ist."[122] Jenseits der Alternative von Metaphysik und Religionsgeschichte bestimmt Cohen den Begriff der Religion transzendentalphilosophisch: „Von der Faktizität gehen wir aus und fragen daraufhin nach ihrem Rechte."[123] Auf der Basis diesen erkenntnistheoretischen Verfahrens beantwortet Cohen die Frage nach der Stellung der Religion im System der Philosophie sowie nach ihrer Beziehung zu den anderen Funktionen des Geistes. Religion findet in diesem System jedoch nicht eigentlich einen eigenständigen Platz.[124] Allerdings bietet es die Grundlage für die Absicht Jonas Cohns, „Religionsphilosophie als Kulturphilosophie" bzw. „Wertphilosophie" zu konzipieren.[125] Er sieht in der Religion eine den anderen Wertgebieten immanent bleibende „teleologische Ergänzung" durch ihre Abschlußleistung;[126] Georg Mehlis zufolge hilft das Wissen um das Göttliche dem Mangel des Endlichen ab;[127] im übrigen will er die Religionsphilosophie als „höchste Wertwissenschaft"[128] durch eine Analyse des re-

---

[121] Ebd., 4.
[122] Ebd., 5.
[123] Ebd., 8.
[124] Vgl. Cohen, a.a.O., 10: „Das Kultur*faktum* der Religion an sich bildet keine hinlängliche Instanz für die transzendentale Anfrage, weil die *Ethik* die erste Auskunft, die erste und die unumgängliche, zu erteilen hat. Und die *Einheit des Systems* weist auch keine Lücke auf, welche die Religion ausfüllen könnte, weder für die Glieder des Systems, die durch die Ethik befriedigt sind, noch für die den den Kulturinhalt erzeugenden *Richtungen des Bewußtseins*, welche durch *Erkenntnis, Wille* und *Gefühl*, alle drei in *Reinheit* begriffen, erschöpft zu sein scheinen." In diesem Sinne würdigt P. Spieß, „Die Religion und das Kulturbewußtsein", in: *Zeitschrift für Theologie und Kirche* 20, 1910, 232-244., hier: 232f., zwar die Erkenntnis der Marburger Schule, „daß die Religion für das Werden und den Zusammenhang echter Kultur [...] einen gewichtigen Faktor bedeute", kritisiert aber zugleich, daß Religion in der Systematik Cohens innerhalb der Methodik des Kulturbewußtseins keine Stelle finde. „Wohl weiß Cohen in geschichtlicher Pietät und Treue die Kulturbedeutung der Religion als eines zur Sittlichkeit erziehenden geschichtlichen Faktors zu würdigen, aber vor dem Forum reiner, allgemeingültiger Erkenntnis kann sich die Religion in ihrem Recht nicht legitimieren."
[125] J. Cohn, *Religion und Kulturwerte*, (Philosophische Vorträge Nr. 6) Berlin 1914., 4; vgl. auch Jaeschke, „Religionsphilosophie", 754.
[126] Vgl. Cohn, a.a.O., 9f. und 18.
[127] Vgl. G. Mehlis, *Einführung in ein System der Religionsphilosophie*. Tübingen 1917, 132 und 103.
[128] R. Richter, *Religionsphilosophie*, Leipzig 1912, 111.

ligiösen Bewußtseins als Religionsphilosophie „von unten" ergänzen.[129] Heinrich Rickert konstatiert, daß Religion ein eigenes Wertgebiet sei, das zwar in großer Nähe zu Kunst und Sittlichkeit stehe, durch die Annahme des Göttlichen jedoch über beide hinausgehe.[130]

Im Rahmen dieser allgemeinen kulturphilosophischen Erwägungen wird auch das Verhältnis von Religion und Kunst thematisiert. Seinem religionsphilosophischen Konzept gemäß geht Wilhelm Windelband den Beziehungen der Religion zu den psychischen Funktionen nach. Im Zusammenhang mit dem religiösen Handeln, das sich z.B. im Kultus realisiert, kommt er auf den symbolischen Charakter des Religiösen zu sprechen. Symbolisch seien religiöse Handlungen deshalb, weil „sie neben ihrem unmittelbaren empirischen Inhalt noch etwas Anderes, Höheres bedeuten".[131] Weil aber die „sinnliche Form der in der Körperwelt auftretenden Gestaltungen und Bewegungen ... mit dem ideellen Inhalt des religiösen Bewußtseins in der Kulthandlung zu untrennbarer Einheit" verschmelze,[132] sei mit dem symbolischen Charakter religiöser Handlungen zugleich ihr ästhetischer Charakter verbunden. Aus diesem Umstand resultiere die Beziehung zwischen Kunst und Religion, die sich von beider Beginn an durch die ganze Kulturgeschichte hindurchziehe. „Die Verknüpfung mit dem künstlerischen Bedürfnis der Selbstdarstellung ist dem religiösen Leben gerade deshalb eigen, weil es mitten im Empirischen und Endlichen das Transzendente und Unendliche zu gestalten bestimmt ist."[133]

Hermann Cohen zufolge erhält die Religion zwar ihre Eigenart durch den Zusammenhang mit der Ethik. Dennoch kanstatiert er enge Beziehungen zwischen Kunst und Religion. Alle „Gebiete der Kunst berühren diese Grenze. Früher als *Herrensitze* errichtet die Baukunst *Göttertempel*. Und dieselbe Priorität vollzieht sich in der *Plastik*. Nicht allein *Homer* hat den Griechen ihre Götter gegeben, sondern auch *Phidias* ist an ihrer Entwicklung beteiligt, wennschon das *Epos* sie erschaffen haben mag. Aber auch das *Drama*, ja sogar auch die *Lyrik* ist eine Mitschöpferin der Religion; dafür genügt der Gedanke an die Psalmen".[134] Der Zusammenhang sei deshalb so intim, weil wie die Kunst sich auch die Religion auf das Gefühl berufe. Re-

---

[129] Vgl. Mehlis, *Einführung*, 55; vgl. auch Jaeschke, „Religionsphilosophie", 759.
[130] Vgl. H. Rickert, *System der Philosophie*, Bd. 1: *Allgemeine Grundlegung der Philosophie*, Tübingen 1921, 339-341.
[131] Windelband, „Das Heilige", 327.
[132] Ebd., 330.
[133] Ebd.
[134] Cohen, *Der Begriff der Religion*, 17.

ligion habe durch die Liebe zu Gott und zum Menschen an dem Grundgefühl Anteil, das auch der Ausgangspunkt für die Kunst sei. Alles „Streben über das Endliche, Sinnliche der Natur und der Menschenwelt hinaus, alle Sehnsucht nach dem Unendlichen gehört diesem Gefühl an und regt sich unter seinem Schwingen: wie hätte es da vermieden werden können, daß auch aus dem Gesichtspunkte des Gefühls die Berührung von Religion und Ästhetik zur Kollision führte?"[135] Der Konflikt zwischen beiden Gebieten sei deshalb unvermeidlich, weil zum System der Philosophie der Leitgedanke gehöre, daß jedes Systemglied „durch eine *reine Richtung des erzeugenden Bewußtseins* bestimmt und vertreten wird".[136] Weil aber die „Beziehungen zwischen Religion und *Kunst* ... primitive und unerschütterliche" seien, erweise sich eine „systematische Regulierung des Bewußtseins der Ästhetik gegenüber" als notwendig.[137]

VII.

Der Gang durch die Wissenschaftsgeschichte um 1900 zeigt, daß die vorherrschende Annahme über den religiösen Ursprung der Kunst ihre wesentliche Quelle im Evolutionismus hat. Daneben sind jedoch auch Stimmen zu vernehmen, die eine direkte und unilineare Ableitung der Kunst aus der Religion bestreiten. Diese Positionen gründen in der von Kant inspirierten Erkenntnistheorie, die sich gegen eine induktive Herleitung von Begriffen – so auch denjenigen der Kunst und der Religion – richten. Statt dessen legen sie reflexionstheoretisch gewonnene Begriffe an die historische Wirklichkeit an und behaupten die Gleichursprünglichkeit von Erkenntnis, Religion, Kunst und Moral.

Eine erkenntnistheoretische Perspektive muß freilich nicht zwangsläufig unvereinbar mit einer historisch-empirischen sein, wie sie von den evolutionstheoretischen Ansätzen vertreten wird. Im Gegenteil setzten sich philosophisch reflektierte Forschungen wie diejenigen Wundts und neukantianische Ansätze mit dieser Spannung auseinander.[138] Zur Beantwortung der

---

[135] Ebd., 41.
[136] Ebd.; vgl. auch S. 18: „*Dasselbe Gefühl kann ... nicht zwei Probleme der Systematik vertreten.*"
[137] Ebd., 85.
[138] Georg Simmel beispielsweise hat diese Spannung zu lösen versucht, indem er die transzendentalphilosophische Frage nach den Bedingungen der Möglichkeit von Erkenntnis auf den Bereich der Geschichte überträgt; vgl. „Die Probleme der Geschichtsphilosophie", in: ders.: *Kant / Die Probleme der Geschichtsphilosophie (Zweite Fassung 1905/1907)*, hrsg. von Guy Oakes und Kurt Röttgers (Georg Simmel-Gesamtausgabe Bd. 9) Frankfurt a.M. 1997, 227-419.

auch heute noch kulturgeschichtlich und -soziologisch relevanten Frage nach dem Verhältnis von Kunst und Religion steht man allerdings in einem gewissen Maß vor einer Alternative: entweder ein kausal-genetisches Ableitungsverhältnis zu konstatieren und auf empirischem Wege zu belegen oder auf der Basis von relexionstheoretisch gewonnenen Begriffen die prinzipielle Eigenständigkeit von Kunst und Religion zu behaupten und die Kulturgeschichte im Hinblick auf deren Realisierungen in Reinform sowie deren Vermischungen und wechselseitige Beeinflussungen zu analysieren.

Vor dieser Alternative steht auch das evolutionäre Konzept der gesellschaftlichen Differenzierung, das ein klassisches Stück soziologischer Theoriebildung seit ihren Anfängen ist. Es will von Anfang an immer zweierlei zugleich sein: „Theorie der gesellschaftlichen Entwicklung *und* Strukturtheorie der modernen, nämlich 'hochdifferenzierten' Gesellschaft".[139] Aus dieser doppelten Aufgabenstellung resultiert das Vorgehen, von den differenzierten Teilbereichen der modernen Gesellschaft aus auf einen historischen Differenzierungsprozeß zu schließen. Aus dieser Sicht nimmt die Entwicklung ihren Ausgang bei 'funktional-diffus' bzw. 'undifferenziert-multifunktional' strukturierten Gesellschaften. Mit dem Rückschluß auf den Ausgangszustand der Entwicklung aus der Sicht der funktional differenzierten Moderne ist allerdings ein doppeltes Problem verbunden:[140] Einerseits ist es methodisch bedenklich, Problemlagen 'primitiver' Gesellschaften vom heutigen Differenzierungsniveau aus zu rekonstruieren und anzunehmen, daß 'primitive' Gesellschaften auf vergleichbare Bezugsprobleme antworten wie funktional-differenzierte Gesellschaften. Andererseits ist unklar, ob es sich um positive Aussagen über 'primitive' Gesellschaften handelt, oder ob ihnen nur der Charakter einer methodologischen Hypothese zukommt.

Auf das Thema Kunst und Religion übertragen, bleiben auch die gegenwärtigen Theorien gesellschaftlicher Differenzierung die Antwort schuldig, wie das Verhältnis beider – in 'primitiven' Gesellschaften noch als undifferenziert verstandenen – Größen zu bestimmen ist. Streng genommen, muß man – analog der Annahme von der 'funktional-diffus' strukturierten 'primitiven' Gesellschaft – von 'funktional-diffusen' Problemlagen ausgehen. Entsprechend kann im Vorstadium funktionaler Differenzierung nur

---

In kulturgeschichtlicher und kulturphilosophischer Perspektive stellt m.E. Ernst Cassirers *Philosophie der symbolischen Formen* den elaboriertesten Versuch dar, die neukantianische Erkenntnistheorie mit der geschichtlichen Dimension zu verknüpfen.
[139] Tyrell, „Anfragen an die Theorie der gesellschaftlichen Differenzierung", 176.
[140] Vgl. zum folgenden ebd., 179.

entweder Kunst innerhalb des Religiösen oder Religion innerhalb der Kunst verortet werden. Im einen Fall wäre Religion ursprünglich für das zuständig gewesen, was heute als die beiden Bezugsprobleme von Religion und Kunst gelten; im anderen Fall läge die Zuständigkeit zunächst bei der Kunst. Wie der Beitrag von Eva Cancik-Kirschbaum in diesem Band jedoch zeigt, läßt sich durchaus von einer relativen Autonomie von Kunst und Religion und demgemäß von verschiedenen gesellschaftlichen Problemlagen bereits in Hochkulturen, und das heißt: vor dem Stadium funktionaler Differenzierung, sprechen.

Des weiteren impliziert der mit der Theorie funktionaler Differenzierung verbundene Gedanke der funktionalen Spezialisierung die *konkurrenzlose* Etablierung der funktionsspezifischen Teilsysteme.[141] Gerade das ist aber in bezug auf Kunst und Religion nicht (immer und ohne weiteres) der Fall. Wie der Blick in die Kulturgeschichte sowie in die Beiträge des vorliegenden Bandes zeigt, kommt es (aufgrund der funktionalen Nähe von Kunst und Religion?) immer wieder zu 'wellenförmigen' Fusions- und Absetzungsbewegungen; von einem unilinearen Differenzierungsprozeß und der konfliktfreien Etablierung von Kunst und Religion als autonomer gesellschaftlicher Teilbereiche kann folglich nicht die Rede sein. Noch heute also bleibt eine Verhältnisbestimmung von Kunst und Religion unter dem Aspekt funktionaler Differenzierung problematisch und bedarf intensiver Relexionsanstrengungen und historischer Forschung. Aber das steht bzw. soll auf einem anderen Blatt stehen.

---

[141] Vgl. ebd., 183.

Klaus Lichtblau

„Innerweltliche Erlösung vom Rationalen" oder „Reich diabolischer Herrlichkeit"?

Zum Verhältnis von Kunst und Religion bei Georg Simmel und Max Weber

Wenn gemeinhin von „Kunstreligion" die Rede ist, so denken wir in erster Linie an jene spezifisch frühromantische Vermischung von Kunst und Literatur mit dem genuin religiösen Erleben, wie es um 1800 in Friedrich Schlegels Konzeption einer „progressiven Universalpoesie" bzw. in der maßgeblich vom jungen Schelling geprägten Programmschrift einer „neuen Mythologie" zum Ausdruck kommt. Und auch Schleiermachers Versuch, der modernen Kunst zugleich die Funktion einer symbolischen Veranschaulichung von religiösen Erlebnisinhalten zuzusprechen bzw. die Religion nun ihrerseits in einem ästhetischen bzw. poetologischen Sinne als „Sinn und Geschmack fürs Unendliche" zu bestimmen, ist nur vor dem Hintergrund der für die deutsche Frühromantik charakteristischen Verschmelzung der verschiedensten Wertsphären innerhalb eines Systems der unendlichen Übergänge zwischen den vormals strikt getrennten Bereichen wie der Kunst und der Religion zu verstehen.[1] Wenn also um 1900 im Zeichen einer „neuen Romantik" bzw. „Neuro-Mantik" erneut Bestrebungen festzustellen sind, mit verschiedenen Erscheinungsformen der Kunst der Jahrhundertwende zugleich eine Ästhetisierung des religiösen Empfindens bzw. eine Sakralisierung des modernen Kunstgenusses zu verbinden, so muß gefragt werden, ob es sich hierbei ebenfalls um ein Modell der gleitenden Übergänge zwischen ursprünglich völlig disparaten Erscheinungsformen des menschlichen Erlebens handelt oder aber nicht viel eher um den Versuch, gewisse „Korrespondenzen" bzw. „Wahlverwandtschaften" zwischen den künstlerischen und religiösen Ausdrucksformen der „modernen Seele" gerade vor dem Hintergrund einer *funktionalen Differenzierung* bzw. „operativen Geschlossenheit" der einzelnen gesellschaftlichen Teilsysteme zum Gegenstand einer

---

[1] Vgl. A. Halder, Art. „Kunstreligion", in: Joachim Ritter/Karlfried Gründer (Hrsg.), *Historisches Wörterbuch der Philosophie*, Bd. 4, Basel 1976, Sp. 1458-1459; ferner Jan Rolfs, „Sinn und Geschmack für Unendliche – Aspekte romantischer Kunstreligion", in: *Neue Zeitschrift für systematische Theologie und Religionsphilosophie* 27 (1985), S. 1-24 (hier S. 4-11).

kulturtheoretisch reflektierten Gegenwartsanalyse zu machen. Denn die in den Werken der soziologischen Klassiker wie Georg Simmel, Max Weber und Emile Durkheim zum Ausdruck kommende Analyse der epochalen Eigenart der kulturellen Moderne beruht ja ihrerseits ganz wesentlich auf der Einsicht, daß sich die spezifischen Erfahrungsgehalte des modernen Lebens nur dann einer genuin soziologischen Analyse zugänglich machen lassen, wenn zugleich berücksichtigt wird, daß die für sie konstitutive Form der kulturellen Vergesellschaftung gerade durch eine strikte Ausdifferenzierung und wechselseitige Abschließung ihrer einzelnen „Wertsphären" gekennzeichnet ist.[2]

In welchem Sinne kann also für die Zeit um 1900 von der Existenz einer *zeitspezifischen* Erscheinungsform der Kunstreligion gesprochen werden, welche zugleich diese epochalen Erfahrungsgehalte der Moderne berücksichtigt? Und in welcher Form wird bei den Gründungsvätern der deutschsprachigen Tradition der Kultursoziologie nun ihrerseits das Spannungsverhältnis zwischen Kunst und Religion zum Thema? Und zwar dergestalt, daß wir trotz der insbesondere im Werk von Georg Simmel und Max Weber zum Ausdruck kommenden neukantianischen Unterscheidung zwischen den jeweiligen „Eigengesetzlichkeiten" der einzelnen gesellschaftlichen bzw. kulturellen Wertsphären dennoch davon ausgehen können, daß auch sie selbst um eine typologische Bestimmung des logischen Ortes der um 1900 erneut im Zeichen eines „romantischen" Empfindens verkündeten modernen „Kunstreligion" bemüht waren? Ich möchte im folgenden eine Antwort auf diese für das Thema dieses Sammelbandes zentralen Frage geben, indem ich zunächst auf einige charakteristische Erscheinungsformen der *ästhetischen Kultur* der Jahrhundertwende eingehe, die deutlich machen sollen, auf welche empirischen Befunde die im Werk von Simmel und Weber anzutreffenden kunsttheoretischen und religionssoziologischen Gegenwartsanalysen Bezug nehmen, bevor ich mich dann in einem zweiten Schritt ihren entsprechenden Ausführungen über das Spannungsverhältnis zwischen

---

[2] Zu der für diese soziologische Tradition grundlegenden Theorie der funktionalen Differenzierung moderner Gesellschaften siehe insbesondere die einschlägigen Arbeiten von Hartmann Tyrell, „Anfragen an die Theorie der gesellschaftlichen Differenzierung", in: *Zeitschrift für Soziologie* 7 (1978), S. 175-193; Renate Mayntz u.a., *Differenzierung und Verselbständigung. Zur Entwicklung gesellschaftlicher Teilsysteme*, Frankfurt a.M./New York 1988; Hans van der Loo/Willem van Reijen, *Modernisierung. Projekt und Paradox*, München 1992, S. 81ff. sowie Uwe Schimank, *Theorien gesellschaftlicher Differenzierung*, Opladen 1996. Hinsichtlich der entsprechenden religionssoziologischen Grundlagendiskussion der Jahrhundertwende siehe ferner die einzelnen Beiträge in Volkhard Krech/Hartmann Tyrell (Hrsg.), *Religionssoziologie um 1900*, Würzburg 1995.

Kunst und Religion bzw. eine spezifisch ästhetische Form der Kompensation der mit den Paradoxien und Pathologien der Moderne verbundenen Erfahrungsgehalte des menschlichen Lebens zuwende, die einstmals Gegenstand einer religiösen Deutung der damit verbundenen Sinnproblematik waren, nun aber offensichtlich zugleich auch zum Gegenstand eines genuin ästhetischen Wertempfindens werden konnten.

Albert Kalthoff hat in seiner 1905 beim Eugen Diederichs Verlag erschienenen Untersuchung über „Die Religion der Modernen" darauf hingewiesen, daß die spezifischen Erfahrungsgehalte des ästhetischen und literarischen Modernismus der Jahrhundertwende offensichtlich nicht nur das spezifisch religiöse Empfinden der Zeit zu imprägnieren begannen, sondern daß unter dem Eindruck der Verkündung eines „neuen Menschen", wie sie unter anderem in den Werken von Friedrich Nietzsche, Richard Wagner, Ellen Key, Dostojewski, Tolstoi und Maurice Maeterlinck zum Ausdruck kommt, die moderne Kunst und Literatur sich nun offensichtlich selber anmaßten, anstelle der Religion ein spezifisches „Erlösungsbedürfnis" zu artikulieren und mit den zweifelhaften Mitteln eines ästhetisch-literarischen Schein-Surrogates zu befriedigen. Die Antikirchlichkeit des modernen Kunstempfindens sei in diesem Zusammenhang aber nur die Kehrseite einer zunehmenden *Individualisierung* aller Lebensbereiche gewesen, in der das religiöse Erlösungsbedürfnis, dem einstmals der Charakter des Überpersönlichen und Allgemeinsten schlechthin zugesprochen wurde, nun selbst zu einem rein privaten Anliegen mit entsprechenden persönlichen Stilisierungen des religiösen Empfindens avancierte. Kalthoff selbst zollte aber immerhin den „Modernen" so weit selbst seinen Tribut, daß er in der dadurch bewirkten „Vielgestaltigkeit des religiösen Lebens" in der Gegenwart mit seiner „unendliche(n) Feinheit der Mischungen und Abtönungen im Seelenleben" nicht nur das Zeichen eines Verfalls des religiösen Lebens schlechthin sah, sondern zugleich auch die Möglichkeit einer Renaissance des religiösen Empfindens, welche nun ihrerseits von dieser Privatisierung und Ästhetisierung des modernen Erlösungsbedürfnisses profitierte. Denn schließlich sei zwar die überkommene *dogmatische* Gestalt der Religion dem modernen Geschmacksempfinden zuwider geworden, nicht aber die Erfahrung des Religiösen als eine alle Lebensbereiche durchdringende Macht schlechthin. Deshalb meinte Kalthoff zugleich die Feststellung treffen zu können, daß eine solche individualistische Form der Religion nun ihrerseits immer mehr den „verborgenen Mittelpunkt" bilde, dem die ganze moderne Literatur zustrebe und daß heute mithin kaum ein Buch mit tieferem Gehalt gefunden werden könne, „in dem nicht religiöse Töne angeschlagen werden" bzw. zumindest „anklingen und durchklingen".[3]

Wie stark sich diese religiöse Form der Aufladung der modernen künstlerischen Produktion um die Jahrhundertwende auch bereits für die zeitgenössischen Beobachter mit einer gleichsam „ewigen Wiederkehr" von genuin *romantischen* Stimmungs- und Erfahrungsgehalten verband, wie sie bereits in der kulturellen Lage um 1800 anzutreffen sind, wird auch in dem ebenfalls bei Eugen Diederichs erschienenen Buch über „Moderne Religion" von Heinrich Meyer-Benfey aus dem Jahre 1902 deutlich, das eine vergleichende Betrachtung der Werke von Schleiermacher und Maeterlinck zum Gegenstand hat. Meyer-Benfey machte in diesem Zusammenhang nämlich die Feststellung, daß nach der Vorherrschaft eines durch die modernen Naturwissenschaften geprägten Weltbildes das religiöse Empfinden um 1900 eine „ebenso unerwartete wie imposante Erneuerung" erfahren hatte, die sich nun gegen einen solchen platten „Materialismus" richtete und jetzt einer „mystisch-naturpantheistischen" Stimmung Platz gemacht habe. Gerade diese neue Stimmungslage befriedige sich aber nicht nur an den Erzeugnissen der modernen Kunst und Literatur, sondern habe auch neuen Formen der Gemeinschaftsbildung den Weg geebnet, die das Christentum entweder in seiner ursprünglichen Gestalt wiederherzustellen bestrebt waren oder es „den Forderungen der Gegenwart gemäß umgestalten" und mit dem „modernen Geist" versöhnen bzw. gar zu einer „neuen Einheit" verschmelzen wollten.[4] Diese auch in zahlreichen anderen literarischen Dokumenten aus dieser Zeit anzutreffende Beobachtung deckt sich zugleich mit der Feststellung des österreichischen Kunsthistorikers Alois Riegl, der bereits um 1899 die Feststellung machte, daß die moderne künstlerische Produktion durch eine spezifische *Stimmungskunst* gekennzeichnet sei, in der sich das unstillbare Bedürfnis des modernen Menschen nach Eintracht und Harmonie Ausdruck verschaffe, welches gleichsam in einem kompensatorischen Sinne auf das durch „Kampf, Zerstörung, Mißklang" geprägte moderne Leben bezogen sei und dabei zumindest so etwas wie eine „Ahnung der Ordnung und Gesetzlichkeit über dem Chaos" vermittle. Riegl sah solcherart von „erlösender Stimmung" nun sowohl im Naturerlebnis als auch in der zeitgenössischen Kunst gegeben, wobei er insbesondere die Bedeutung der Reformation und der durch sie geprägten protestantischen Länder für die

---

[3] Albert Kalthoff, *Die Religion der Modernen*, Jena/Leipzig 1905, S. 10.
[4] Heinrich Meyer-Benfey, *Moderne Religion. Schleiermacher. Maeterlinck*, Leipzig 1902, S. 8-9.

Entstehung einer solchen Form von „Stimmungskunst" im Gefolge der „Trennung von Glauben und Wissen" meinte hervorheben zu müssen und zugleich die Nähe zwischen „Stimmung" und „Andacht" im Sinne der Konjunktur einer spezifischen *religiösen Stimmung* betonte. Eine durch die zersetzende Wirkung der modernen Einzelwissenschaften wie der Psychophysik, Ethnologie und der Sozialwissenschaften geprägte und insofern „geistig tief erregte Zeit" müsse deshalb gerade von der Kunst eine „Erlösung" von jenen Problemen des modernen Lebens erhoffen, wie sie mit dem Siegeszug des naturwissenschaftlichen Weltbildes und eines entsprechend geprägten Lebensstiles verbunden sind. Denn neben der Religion selbst beinhalte in einer solchermaßen „entzauberten" Welt nur noch die zeitgenössische Kunst ein Glücksversprechen im Hinblick auf eine mögliche Überwindung jener Gegensätze und Konflikte des modernen Lebens, wie sie auch zum zentralen Thema der modernen Sozialwissenschaften geworden sind.[5]

Riegl formulierte in diesem berühmten Aufsatz über „Die Stimmung als Inhalt der modernen Kunst" mit wenigen Worten ein Thema, welches auch zum zentralen Anliegen der entsprechenden kunsttheoretischen und religionssoziologischen Überlegungen von Georg Simmel und Max Weber werden sollte. Insbesondere Simmel selbst hatte dabei schon sehr früh, nämlich erstmals 1895 innerhalb der modernen bürgerlichen Kultur einen symptomatischen „Gegenweltsbedarf" lokalisiert, den zu befriedigen sich um die Jahrhundertwende gerade spezifische Erscheinungsformen der modernen Kunst anschickten.[6] Simmels eigene Ausführungen über eine solche „Kunstreligion" stehen dabei in einem spannungsreichen Verhältnis zu seinen zahlreichen Untersuchungen über bestimmte alltagsästhetische Erscheinungsformen des modernen Lebens, die Simmel teils der Eigenart der modernen kunstgewerblichen Produktion zurechnete, teils aber auch als legitimen Gegenstand einer *soziologischen Ästhetik* betrachtete. Unter welchen

---

[5] Alois Riegl, „Die Stimmung als Inhalt der modernen Kunst", in: *Graphische Künste* 22 (1899), S. 47–56.

[6] Siehe hierzu auch die entsprechenden Ausführungen bei Volkhard Krech, „Zwischen Historisierung und Transformation von Religion: Diagnosen zur religiösen Lage um 1900 bei Max Weber, Georg Simmel und Ernst Troeltsch", in: Krech/Tyrell (Hrsg.), *Religionssoziologie um 1900*, a.a.O., S. 313ff. Dieser spezifische „Gegenweltbedarf" der bürgerlichen Kultur der Jahrhundertwende ist auch Gegenstand einer entsprechenden Studie von Thomas Nipperdey. Vgl. Nipperdey, *Wie das Bürgertum die Moderne fand*, Berlin 1988, bes. S. 85ff.; ferner ders., *Deutsche Geschichte 1866–1918*, Bd. I: *Arbeitswelt und Bürgergeist*, München 1990, S. 692ff. Zu einer stärker „ideologiekritisch" orientierten Beschreibung dieses spezifisch bürgerlichen „Gegenweltbedarfs" siehe auch Richard Hamann/Jost Hermand, *Epochen deutscher Kultur von 1870 bis zur Gegenwart*, Bd. 4: *Stilkunst um 1900*, Frankfurt/M. 1977, S. 121ff.

Voraussetzungen kommt aber der Kunst zugleich eine *erlösende Funktion* hinsichtlich der Probleme des modernen Lebens zu? Und welche Erscheinungsformen der Kunst hatte Simmel eigentlich im Auge, als er dieser eine solche „erlösende Funktion" zusprach, die ihm zufolge ja zugleich eine „tiefere Analogie" zu dem genuin religiösen Erlösungsbedürfnis beinhaltet?

Nun, offensichtlich sind es weder die ästhetisch gestalteten Objekte des alltäglichen Lebens selbst noch der schnelle Wechsel zwischen den einzelnen Strömungen innerhalb der künstlerischen und literarischen Moderne, denen Simmel eine solche „versöhnende" bzw. gar „erlösende" Funktion zusprach. Letztere beiden Erscheinungsformen der modernen ästhetischen Kultur bringen ja ihrerseits eine spezifische „Unruhe" bzw. „Unbefriedigtheit" des modernen Lebens zum Ausdruck, die Simmel als Eigenart seiner Zeit schlechthin ansah und im Hinblick auf die er überhaupt erst einen spezifischen *innerweltlichen* „Erlösungsbedarf" diagnostizierte. Sein eigenes „Stilbild der Moderne", wie er es im letzten Kapitel seiner 1900 erschienenen „Philosophie des Geldes" ausgearbeitet hatte, zehrt ja seinerseits von jener explosiven Kraft der kulturellen Moderne, derzufolge keine einzige singuläre Erscheinungsform des modernen Lebens mehr den Anspruch auf Allgemeingültigkeit stellen kann, sondern selbst nur eine jeweils partikulare Ausdrucksform der Signatur der Zeit beinhaltet. Simmels Versuch, mit genuin ästhetischen Mitteln, d.h. in diesem Fall mit räumlichen, zeitlichen und raumzeitlichen „Symbolisierungen" bzw. „Analogien" wie der *Distanz*, dem *Rhythmus* und der *Symmetrie* gleichsam in Gestalt einer ästhetischen Metaphysik bzw. einer unausgesprochenen negativen Theologie dennoch so etwas wie eine Ahnung von jenem Absoluten zu vermitteln, welches die Moderne jetzt gewissermaßen mit einem „umgekehrten Vorzeichen" verkörpert, beruht ja seinerseits auf der Erfahrung einer unhintergehbaren Fragmentierung der Erfahrungsgehalte des modernen Lebens, die sich offensichtlich nur noch in Form eines solchen ästhetischen „Stilbildes" auf eine paradoxe Art und Weise veranschaulichen läßt und deshalb gerade *keine* Versöhnung der Konflikte des modernen Lebens beinhaltet. Seine entsprechende Analyse des modernen Lebensstils bestätigt insofern jene um 1900 weit verbreitete Diagnose der ästhetischen und kulturellen Moderne, derzufolge sich diese Epoche gar nicht mehr durch das traditionelle Modell einer *historischen* Sukzession der verschiedenen künstlerischen Stilrichtungen beschreiben läßt, sondern nurmehr in Gestalt einer synchronischen Überlagerung von unterschiedlichsten Strömungen charakterisierbar ist, die sich nun gegenseitig den Anspruch auf „Zeitgemäßheit" streitig machen.[7]

Gerade in diesem um die Jahrhundertwende sich zuspitzenden „Stilpluralismus" kommt aber zugleich eine spezifische Erfahrung von *Modernität* bzw. ein grundlegender „Widerspruch der Werte" zum Ausdruck, den Nietzsche bereits 1888 in seiner berühmten Streitschrift über den „Fall Wagner" beschrieben hatte und demzufolge die moderne *Unentschiedenheit* bzw. „Unerlöstheit" gerade dadurch gekennzeichnet ist, daß der Mensch nun gewissermaßen zwischen zwei Stühlen sitzt und in einem Atemzug gleichermaßen ja und nein sagt, ohne sich wirklich für eine der zur Verfügung stehenden Wertalternativen entscheiden zu können.[8] Dieser „Widerspruch der Werte" innerhalb der modernen Weltanschauung läßt sich übrigens nicht zuletzt auch an der seit 1890 einsetzenden breiten Nietzsche-Rezeption in Deutschland selbst verdeutlichen, in deren Gefolge Nietzsches „aristokratischer Radikalismus" und illusionsloser Pessimismus nun seinerseits zunehmend einer rein materialistisch orientierten Fortschrittsgläubigkeit und den egalitären Ansprüchen der parlamentarischen Demokratie sowie der sozialistischen Agitation antipodisch gegenübergestellt wurde. Aber auch innerhalb der „ästhetischen Opposition" gegenüber den sozialen und kulturellen Folgen des fortschreitenden Industrialisierungsprozesses läßt sich ein ähnlich breites Spannungsverhältnis zwischen einer sich noch prinzipiell dem modernen naturwissenschaftlichen Weltbild verpflichtet fühlenden *naturalistischen* Form der Kunst und Literatur einerseits sowie einem sich nun selbst als „neuidealistisch" bzw. „neuromantisch" verstehenden Kunstverständnis andererseits feststellen. Die zögerliche Akzeptanz und Durchsetzung der verschiedenen Strömungen der ästhetischen und literarischen Moderne in Deutschland muß insofern vor dem Hintergrund der erfolgreichen Propagierung eines Kunstideals gesehen und relativiert werden, das sich kritisch gegen zentrale Erscheinungsformen der kulturellen Moderne als solche

---

[7] Siehe hierzu insbesondere die ausführliche Analyse des modernen Lebensstils in Simmels „Philosophie des Geldes" aus dem Jahre 1900, in: ders., *Gesamtausgabe*, Bd. 6, Frankfurt/M. 1989, S. 617ff. Vgl. ferner die einschlägigen, auf Simmels Ästhetik des modernen Lebens bezogenen Arbeiten von David Frisby, *Sociological Impressionism. A Reassessment of Georg Simmel's Social Theory*, London 1981; ders., *Fragmente der Moderne. Georg Simmel – Siegfried Kracauer – Walter Benjamin*, Rheda-Wiedenbrück 1989 sowie ders., *Simmel and Since. Essays on Georg Simmel's Social Theory*, London/New York 1992, bes. S. 64ff. u. 135ff.; siehe auch Klaus Lichtblau, „Ästhetische Konzeptionen im Werk Georg Simmels", in: *Simmel Newsletter* 1 (1991), S. 22-35; ferner ders., *Kulturkrise und Soziologie um die Jahrhundertwende. Zur Genealogie der Kultursoziologie in Deutschland*, Frankfurt a.M. 1996, S. 178ff.

[8] Vgl. Nietzsche, „Der Fall Wagner. Ein Musikanten-Problem" (1888), in: ders., *Sämtliche Werke. Kritische Studienausgabe*, München 1980, Bd. 6, S. 52f.

richtete und nun einen entsprechenden „Gegenweltbedarf" vor dem Hintergrund einer verstärkten Zuwendung zu den in den „klassischen" Werken von Dürer, Rembrandt, Schiller und Goethe repräsentierten „zeitlosen" ästhetischen Normen geltend zu machen versuchte.[9]

Charakteristisch für diese „Gleichzeitigkeit des Ungleichzeitigen" innerhalb der ästhetischen Kultur der Jahrhundertwende ist zum Beispiel der vom heutigen Standpunkt aus nicht mehr ohne weiteres nachvollziehbare Erfolg von Julius Langbehns Buch „Rembrandt als Erzieher" in den neunziger Jahren, in welchem der „Rembrandt-Deutsche" ein bevorstehendes „Kunstzeitalter" proklamierte, das sich fortan dem Ideal einer an Rembrandt und Goethe orientierten ästhetischen Erziehung des deutschen Volkes verpflichtet fühlte und dabei den „demokratisierenden", „nivellierenden" und „atomisierenden" Geist des 19. Jahrhunderts durch eine Rückbesinnung auf die eigene kulturelle Überlieferung im Sinne einer ins Mythologische erhobenen Wertschätzung des „germanischen Individualismus" überwinden helfen sollte.[10] Bezeichnend ist in diesem Zusammenhang ferner, daß der gegenüber allen ästhetischen Modernismen höchst aufgeschlossene österreichische Kunsthistoriker Hermann Bahr bereits 1891 eine definitive „Überwindung des Naturalismus" festzustellen können glaubte – zu einem Zeitpunkt also, zu dem sich diese Kunstrichtung überhaupt erst innerhalb einer breiteren deutschsprachigen Öffentlichkeit durchzusetzen begann.[11]

---

[9] Siehe in diesem Zusammenhang neben den bereits zitierten Untersuchungen von Thomas Nipperdey insbesondere die auf eine entsprechende Auswertung der zentralen Rundschauzeitschriften im deutschen Kaiserreich bezogene empirische Studie von Birgit Kulhoff, *Bürgerliche Selbstbehauptung im Spiegel der Kunst. Untersuchungen zur Kulturpublizistik der Rundschauzeitschriften im Kaiserreich (1871-1914)*, Bochum 1990, bes. S. 73ff.; ferner Torsten Bügner/Gerhard Wagner, „Die Alten und die Jungen im Deutschen Reich. Literatursoziologische Anmerkungen zum Verhältnis der Generationen 1871-1918", in: *Zeitschrift für Soziologie* 20 (1991), S. 177-190; Hans Joachim Eberhard, *Intellektuelle der Kaiserzeit. Ein sozialpsychologischer Streifzug durch Naturalismus, Antinaturalismus und Frühexpressionismus*, Frankfurt a.M./Bern/New York/Paris 1991; Wolfgang J. Mommsen, „Kultur und Politik im deutschen Kaiserreich", in: ders., *Der autoritäre Nationalstaat. Verfassung, Gesellschaft und Kultur im deutschen Kaiserreich*, Frankfurt a.M. 1990, S. 257-286; sowie ders., *Bürgerliche Kultur und künstlerische Avantgarde 1870-1918. Kultur und Politik im deutschen Kaiserreich*, Frankfurt a.M./Berlin 1994, S. 41ff.

[10] Vgl. Julius Langbehn, *Rembrandt als Erzieher. Von einem Deutschen*, Leipzig 1890; Diese ursprünglich anonym erschienene Streitschrift ist bereits 1891 in 37. Auflage erschienen und stellte neben der beginnenden Nietzsche-Rezeption Anfang der neunziger Jahre *das* Medienereignis schlechthin im deutschen Sprachraum dar. Siehe hierzu auch die ausführliche Untersuchung von Bernd Behrendt, *Zwischen Paradox und Paralogismus. Weltanschauliche Grundzüge einer Kulturkritik in den neunziger Jahren des 19. Jahrhunderts am Beispiel August Julius Langbehn*, Frankfurt a.M./Bern/New York 1984.

[11] Siehe hierzu Hermann Bahr, *Zur Überwindung des Naturalismus. Theoretische Schriften 1887-1904*. Ausgewählt, eingel. u. erläutert v. Gotthart Wunberg, Stuttgart 1968, S. 33ff.

Und auch Max Weber hatte noch 1910 in einer Diskussionsbemerkung anläßlich des Ersten Deutschen Soziologentages in Frankfurt am Main auf eine klassenspezifische „Ungleichzeitigkeit" aufmerksam gemacht, derzufolge zumindest noch die deutsche Arbeiterklasse ihre literarischen Bedürfnisse eher in den Werken von Friedrich Schiller als „bei moderner naturalistischer Kunst" zu befriedigen versuchte, obgleich gerade dem Naturalismus oft eine innere weltanschauliche Verwandtschaft mit dem Sozialismus unterstellt wurde.[12] Wie widersprüchlich und schillernd also auch immer das Erscheinungsbild der ästhetischen Kultur der Jahrhundertwende war – zumindest eines bleibt durch zahlreiche zeitgenössische Äußerungen aus den verschiedensten Richtungen belegt und somit relativ unbestritten: nämlich daß spätestens um 1900 eine genuin ästhetische Weltanschauung den Siegeszug des durch die modernen Naturwissenschaften geprägten Weltbildes zu überlagern begann und dabei das kulturelle Selbstverständnis dieser Zeit auf eine nun notwendig gewordene Auseinandersetzung mit dem spezifischen Geltungsanspruch eines übergreifenden *ästhetischen Diskurses* verwies. Genau diese zeitdiagnostische Einschätzung kommt auch in folgender Feststellung von Karl Lamprecht aus dem Jahre 1902 zum Ausdruck, welche zugleich auf einen eigentümlichen „Epochenwandel" innerhalb der deutschen Kultur der Jahrhundertwende verweist: „Um die Mitte des 19. Jahrhunderts noch Herrschaft der Naturwissenschaften und des Historismus, Unterwerfung der Kunst unter eine philosophische Ästhetik, eine Wissenschaft, die der Kunst selbst oft recht fern stand – jetzt, seit Ende des 19. Jahrhunderts Sieg der Kunst und die Wissenschaften in Gefahr, den normativ durchgebildeten Erfahrungen der Kunst und den praktischen Vorschriften einer ästhetischen Sittenlehre zu unterliegen: das ist der Wechsel."[13]

Ähnlich wie Hermann Bahr und Karl Lamprecht hatte auch Georg Simmel recht früh diesen fundamentalen Wandel innerhalb des wilhelminischen Zeitgeistes von einer eher dem Naturalismus und dem Historismus verpflichteten Zeitgeist hin zu einer neuen ästhetischen Weltanschauung wahrgenommen und anhand von charakteristischen Erscheinungsformen wie dem modernen Kunstgewerbe und einem symbolistischen bzw. neoidealistischen Kunstempfinden beschrieben. Obgleich er sich ursprünglich selbst den naturalistischen Bestrebungen innerhalb der modernen Kunst

---

[12] Vgl. Max Weber, *Gesammelte Aufsätze zur Soziologie und Sozialpolitik*, Tübingen 1924, S. 452.
[13] Karl Lamprecht, *Deutsche Geschichte*, Ergänzungsband I: *Zur jüngsten deutschen Vergangenheit*, 1. Band: *Tonkunst – Bildende Kunst – Dichtung – Weltanschauung* (1902), 4. Aufl. Berlin 1922, S. 451.

verpflichtet fühlte und von dieser Position aus Julius Langbehns Proklamation eines neuen künstlerischen Zeitalters zunächst abwehrend gegenüberstand, wurde Simmel unter dem Eindruck seiner intensiven Auseinandersetzung mit dem Werk Nietzsches seit 1895 nun selbst zum zentralen Repräsentanten dieser im Geiste der großen klassischen deutschen und niederländischen Kunst stehenden neuen ästhetischen Weltanschauung.[14] Hatte Simmel um die Jahrhundertwende diesem neuen ästhetischen Selbstverständnis zunächst noch in Gestalt seiner Analysen der entsprechenden Werke von Arnold Böcklin, Stefan George und Auguste Rodin Ausdruck verliehen, so überwiegen seit 1905 ganz eindeutig diejenigen Schriften, in denen er sich nun direkt mit dem großen künstlerischen Erbe der klassischen deutschen und niederländischen Kunst und Literatur auseinandersetzte. Zentrale Motive, die Simmel in diesem Zusammenhang selbst als Repräsentanten einer spezifisch modernen Kunstreligion ausweisen, lassen sich allerdings bereits seinen frühen Arbeiten über Böcklin und George entnehmen. Sie stehen dabei von Anfang an in einem spannungsreichen Verhältnis zu jenen Erfahrungsgehalten des modernen Lebens, welche er als legitimen Gegenstand einer *soziologischen Ästhetik* betrachtete. So beschrieb er bereits in einem Aufsatz über „Böcklins Landschaften" aus dem Jahre 1895 spezifische Eigentümlichkeiten von Böcklins Bilder, die Alois Riegl einige Jahre später als Signum der modernen Kunst schlechthin verstanden wissen wollte.[15] Denn auch Simmel sah in Böcklins Landschaftsmalerei die künstlerische Wiederherstellung einer Einheit, die durch das moderne naturwissenschaftliche Weltbild verloren gegangen sei und nun aufgrund der Produktivität der künstlerischen Persönlichkeit in einem genuin artistischen Sinne, d.h. der Wirklichkeit selbst nicht zu entnehmenden Art und Weise im Kunstwerk neu zustande gekommen ist. Indem Böcklin die Dinge „rein nach ihrer inneren Notwendigkeit und Bedeutsamkeit", d.h. gleichsam *sub specie aeternitatis* betrachte, bringe diese „Überzeitlichkeit" seiner meist durch mythologi-

---

[14] Zur Bedeutung der Nietzsche-Rezeption für die weitere Entwicklung von Simmels Werk siehe auch Klaus Lichtblau, „Das 'Pathos der Distanz'. Präliminarien zur Nietzsche-Rezeption bei Georg Simmel", in: Heinz-Jürgen Dahme/Otthein Rammstedt (Hrsg.), *Georg Simmel und die Moderne. Neue Interpretationen und Materialien*, Frankfurt/M. 1984, S. 231-281.

[15] Zur Stellung des Werkes von Böcklin innerhalb der kunstwissenschaftlichen Diskussion der Jahrhundertwende und der damit verbundenen kulturpolitischen Kontroversen siehe auch Julius Meier-Graefe, *Der Fall Böcklin und Die Lehre von den Einheiten*, Stuttgart 1905; Ingrid Koszinowski, *Böcklin und seine Kritiker. Zu Ideologie und Kunstbegriff um 1900*, in: Ekkehard Mai/Stephan Waetzold/Gerd Wolandt (Hrsg.), *Ideengeschichte und Kunstwissenschaft. Philosophie und bildende Kunst im Kaiserreich*, Berlin 1983, S. 279-292 sowie Peter Ulrich Hein, *Transformation der Kunst. Ziele und Wirrkungen der deutschen Kultur- und Kunsterziehungsbewegung*, Köln/Wien 1991, S. 165ff.

sche Motive geprägten Bilder eine spezifische „unhistorische" Empfindungsweise zum Ausdruck, die auch bereits Nietzsche in seiner zweiten „Unzeitgemäßen Betrachtung" als Eigentümlichkeit der *Jugend* beschrieben hatte und die nun einer ganzen neuen künstlerischen Bewegung den Namen gab. Zugleich vermittelten Böcklins Bilder aufgrund der zeitlosen Entrücktheit ihrer Motive „aus allen bloßen Relationen" ein spezifisches Gefühl der „Freiheit" und ermöglichten in Gestalt der Kunstrezeption den Prozeß einer „Erhebung" und der „Abstraktion", dem Simmel eine spezifisch *kathartische* Funktion zuschrieb und deren „lösende" bzw. „erlösende Wirkung" er fortan als Wesen aller „höheren Kunst" ansah. Denn nur diese allein ermögliche noch im Unterschied zu den prinzipiell unaufhebbaren *realen* Gegensätzen und Konflikten des praktischen Lebens jene vom modernen Menschen nach wie vor ersehnte *coincidentia oppositorum*, die innerhalb der jüdisch-christlichen Überlieferung einstmals als Wesen der transzendenten Gottheit angesehen wurde und die nun gerade aufgrund der spezifischen Bedürfnislage der „modernen Seele" dem auratischen Kunstwerk abverlangt wird. Die traditionelle theologische „Leitdifferenz" von *Immanenz* und *Transzendenz* wird also von Simmel fortan auf die inselhafte Stellung eines jeden großen Kunstwerks innerhalb des kontinuierlich fließenden Lebensprozesses projiziert, wobei er diese „Verneinung des Wirklichen" im selbstgenügsam gewordenen Kunstwerk aber nicht im Sinne des Prinzips eines *l'art pour l'art*, sondern zugleich als ein „positives Verhältnis" zum Leben bzw. als ein *l'art pour la vie* verstanden wissen will. Aus diesem Grund sei deshalb auch die Alternative „realistisch oder nicht realistisch?" prinzipiell falsch gestellt.[16]

In seiner kunstphilosophischen Studie über die Lyrik Stefan Georges aus dem Jahre 1901 hat Simmel diesen sakralen Bedeutungsgehalt jeder großen Kunst weiter präzisiert. Nun wird noch stärker als bisher die Eigenart der menschlichen Seele betont, selbst eine spezifische Einheitsform zu verkörpern, die gegenüber dem raumzeitlichen „Nebeneinander" in der natürlichen Welt überhaupt erst so etwas wie eine „Einheit des Mannigfaltigen" zu stiften vermag. Die „mit nichts vergleichbare Einheit des Kunstwerks" wird jetzt als Ausdruck der menschlichen Seele beschrieben, die sich im Unterschied zu der arbeitsteiligen Differenziertheit des menschlichen „Geistes"

---

[16] Vgl. Simmel, „Böcklins Landschaften" (1895), in: *Zur Philosophie der Kunst*, Potsdam 1922, S. 7-16; ders., „L'Art pour l'Art" (1914), ebd., S. 79-86.; siehe ferner Simmel, „Zum Problem des Naturalismus", in: *Fragmente und Aufsätze. Aus dem Nachlaß und Veröffentlichungen der letzten Jahre*, hrsg. mit einem Vorwort von Gertrud Kantorowicz, München 1923, S. 267-304.

bzw. Intellekts in der inneren Geschlossenheit und Zeitlosigkeit des Kunstwerkes widerspiegele und gerade in solcherart künstlerischer Produktion ihre adäquate Ausdrucksgestalt finde. Die bereits dem kulturtheoretischen Teil von Simmels „Philosophie des Geldes" zugrunde liegende grundbegriffliche Differenz zwischen „Geist" und Seele" wird nun zur eigentlichen Erklärung dafür herangezogen, warum sich der moderne Mensch in seinen übrigen, auf Prozessen der Arbeitsteilung beruhenden kulturellen Objektivationen nicht mehr wiederfinden könne und deshalb die kulturelle Höherentwicklung nicht mehr unmittelbar mit der inneren Steigerung des menschlichen Seelenlebens in Deckung zu bringen ist. Auf diesem „Weg der Seele zu sich selbst", die fortan den Umweg über die Welt der objektiven Kultur zu vermeiden habe, erweisen sich aber auch das kulturelle und das künstlerische Ideal als nicht mehr identisch. Denn während kulturelle Höherentwicklung nach wie vor mit fortschreitender sozialer Differenzierung und Arbeitsteilung identisch geltend kann, ist die in sich ruhende Seele gleichsam immer schon bei sich angekommen und bedarf nurmehr eines äußeren *Symbols*, um diese Art von Autarkie und Autonomie gleichsam im Spiegel vorgeführt zu bekommen.[17]

Dieser Spiegel ist aber unter den spezifischen Bedingungen der Moderne für Simmel mit dem Wesen des großen Kunstwerkes schlechthin identisch. Indem das Kunstwerk eine Eigenschaft verkörpert, die sonst nur noch der menschlichen Seele selbst zukommt – nämlich eine beseelte Form der „Einheit aus Einzelheiten" zu sein, die sich von der übrigen Welt abgrenzt und deren insulare Stellung im Falle des Kunstwerkes am adäquatesten durch den *Bildrahmen* symbolisiert wird, der es von seiner Umgebung abhebt –, wird es so zur Ausdrucksform eines irreduziblen Persönlichkeitskern des künstlerischen Genies, die in Gestalt des *Werkes* so etwas wie eine zeitlose Kommunikation zwischen dem Kunstschaffenden und den Kunstrezipienten bzw. eine Anschauung der einzelnen Seele in einer seinerseits seelenhaften Einheit ermöglicht. Simmel grenzt aus diesem Grund auch die ästhetische Betrachtung eines Kunstwerkes von seinem rein genetischen

---

[17] Vgl. Simmel, „Stefan George. Eine kunstphilosophische Studie" (1901), in: *Zur Philosophie der Kunst*, S. 29-45; ders., „Der Bildrahmen" (1902), ebd., S. 46-54; „Philosophie des Geldes", S. 61ff.; „Der Begriff und die Tragödie der Kultur" (1911), in: Georg Simmel, *Philosophische Kultur. Über das Abenteuer, die Geschlechter und die Krise der Moderne. Gesammelte Essais.* Mit einem Nachwort von Jürgen Habermas, Berlin 1983, S. 183-207. Siehe hierzu ferner Klaus Lichtblau, „Die Seele und das Geld." Kulturtheoretische Implikationen in Georg Simmels „Philosophie des Geldes", in: Friedhelm Neidhardt/M. Rainer Lepsius/Johannes Weiß (Hrsg.), *Kultur und Gesellschaft* (= Kölner Zeitschrift für Soziologie und Sozialpsychologie, Sonderheft 27), Opladen 1986, S. 57-74.

bzw. historisch-psychologischen Verständnis strikt ab. Zugleich macht er aber darauf aufmerksam, daß der „Begriff einer das Werk tragenden Persönlichkeit" seinerseits nur das Konstrukt eines einfühlsamen Kunstbetrachters ist, der selbst allererst im Wege der Komtemplation bzw. „Kunstandacht" jenen Zusammenhang zwischen den verschiedenen Teilen eines Kunstwerkes herstellt, „der es für uns zur Einheit macht". Simmels eigene späteren Künstlermonographien über Goethe und Rembrandt dürfen deshalb auch keinesfalls mit einer biographischen Betrachtung dieser beiden Künstlerpersönlichkeiten verwechselt werden. Ihm geht es nämlich in beiden Fällen vielmehr nur um die „Idee" bzw. um das entsprechende künstlerische „Urphänomen", das es erlaubt, einer Reihe von Werken einen einheitlichen Namen im Sinne einer *fiktiven* persönlichen „Kristallisation des inneren Gesetzes der gegebenen Erscheinung" zu geben. Dergestalt wird aber das Kunstwerk dann selbst zur Analogie für die „Persönlichkeit Gottes" bzw. schlichter gesprochen: zum „Gefäß" für die letzten überhaupt vorstellbaren „Persönlichkeitswerte".[18]

Simmels eigene Äußerungen über das Wechselverhältnis zwischen Kunst und Religion bzw. über die um 1900 anzutreffenden verschiedenen Erscheinungsformen einer spezifisch *modernen* „Kunstreligion" müssen also vor dem Hintergrund jener Individualitätsproblematik gesehen werden, wie sie Simmel als Eigenart der personalistischen Gottesauffassung des Christentums angesehen hatte und die seit dem 17. Jahrhundert in einer auf sie bezogenen spezifischen Form der subjektiven Frömmigkeit auch künstlerisch zum Ausdruck kommt. Sein Versuch, eine spezifisch humane Form der menschlichen Selbstbehauptung vor den Zwängen der industriekapitalistisch bewirkten Mechanisierung und Nivellierung des modernen Lebens in verschiedenen zeitgenössischen Erscheinungsformen einer ästhetischen Stilisierung des persönlichen Lebens zu identifizieren, stellt insofern einen bewußten Brückenschlag zu jener „protestantisch-germanischen" Anschauung von Individualität dar, wie sie Simmel sowohl in einer rein auf das subjektive Seelenleben als auch auf das künstlerische Werk von Rembrandt und Goethe bezogenen kunst- und religionsphilosophischen Betrachtungsweise des spe-

---

[18] Vgl. Simmel, „Stefan George", a.a.O., S. 45; „Der Bildrahmen", a.a.O. Zur entsprechenden Analogie mit dem ebenfalls konstruktiven Charakter der „Persönlichkeit Gottes" siehe auch den gleichnamigen Aufsatz von Simmel in ders., „Philosophische Kultur", S. 154ff. sowie die diesbezüglich weiterführenden Überlegungen bei Volkhard Krech, „Religion zwischen Soziologie und Philosophie. Entwicklungslinien und Einheit des Religionsverständnisses Georg Simmels", in: *Simmels Newsletter* 2 (1992), S. 124-138.

zifisch „modernen" Erlösungsbedarfs gegeben sieht.[19] Gerade Rembrandt und Goethe werden ihm zufolge insofern zu Repräsentanten einer Form von Religiosität, welche sich nicht mehr kontrafaktisch gegenüber der bestehenden Welt definiert, sondern gerade innerhalb des *alltäglichen Lebens* selbst so etwas wie eine Ahnung von der unmittelbaren Repräsentation des Absoluten im Individuellen und der Existenz von spezifisch „formalen Ewigkeitswerten" innerhalb des menschlichen Erlebens bzw. in der in ihm zum Ausdruck kommenden „Frömmigkeit" vermittelt. *Frömmigkeit* ist Simmel zufolge dabei eine subjektive Einstellung gegenüber der Welt, die im Prinzip jedes beliebige Objekt zum Gegenstand haben kann. Denn diese entzünde sich unter den Bedingungen der Moderne nicht mehr in einer „objektiv frommen Welt", sondern das moderne Individuum ist unter bestimmten Voraussetzungen gerade in einer *objektiv indifferenten Welt* „als Subjekt fromm".[20] Simmel zeigt am Beispiel der von Rembrandt dargestellten Menschen gleichsam exemplarisch und in einer paradoxen Weise auf, daß diese sogar „in dieser Frömmigkeit leben würden, auch wenn kein Gott existierte oder geglaubt würde".[21] Das „Wunder" der Rembrandtschen Kunst und letztendlich aller großen Kunst besteht ihm zufolge insofern gerade darin, sich von einem spezifischen Inhalt der natürlichen Welt zu lösen und diesen gleichsam nurmehr zum Symbol einer übergreifenden Betrachtung der *Ganzheit* des Lebens bzw. als Anweisung auf eine sie *immanent* transzendierende Richtungsumkehrung des menschlichen Seelenlebens zu begreifen.

Diesen Prozeß der Selbsttranszendierung des Lebens hat Simmel in seinen späteren Schriften als „Weg der Seele zu sich selbst" und in Abgrenzung zu Nietzsches Willensmetaphysik als „große Achsendrehung des Lebens" bzw. „Wendung zur Idee" beschrieben und mit der Formel eines „Mehr-als-Leben" charakterisiert.[22] Innerhalb dieser Richtungsumkehrung des elementaren Lebensprozesses werden aber zugleich die von Simmel wiederholt betonten *formalen* Parallelen zwischen der Kunst und der Religion eindrucks-

---

[19] Siehe hierzu auch die ausführliche Analyse der kunsttheoretischen Schriften Simmels von Felicitas Dörr, *Die Kunst als Gegenstand der Kulturanalyse im Werk Georg Simmels*, Berlin 1993, bes. S. 61ff. Zum „protestantisch-germanischen" Charakter von Simmels späteren kunstphilosophischen und kunsthistorischen Arbeiten vgl. ferner die entsprechenden Hinweise bei Beat Wyss, „Simmels Rembrandt", in: Georg Simmel, *Rembrandt. Ein kunstphilosophischer Versuch*. Eingeleitet von Beat Wyss, München 1985, S. VII-XXI.
[20] Georg Simmel, *Rembrandt. Ein kunstphilosophischer Versuch*, Leipzig 1916, S. 146.
[21] Ebd., S. 163.
[22] Vgl. Simmel, *Lebensanschauung. Vier metaphysische Kapitel*, München/Leipzig 1918, S. 20ff. u. 38ff. sowie Lichtblau, „Das 'Pathos der Distanz'", a.a.O., bes. S. 259ff.

voll bestätigt. Denn beide beruhen auf einem analogen „räumlichen Gleichnis" von *Nähe* und *Distanz* gegenüber dem Leben, wobei jene Distanz im Sinne des „Jenseits" zumindest im Falle der Religion eine mögliche „mystische Einswerdung" gerade *nicht* ausschließe. Dieses Doppelverhältnis von Immanenz und Transzendenz gegenüber der Wirklichkeit kennzeichne aber zugleich auch die gesellschaftliche Stellung der Kunst. Denn schließlich ist auch sie selbst „das Andere des Lebens, die Erlösung von ihm durch seinen Gegensatz".[23] Das *Wunder der Kunst* besteht Simmel zufolge nämlich darin, „daß sie Werte und Reihen des empirischen Lebens, die sonst beziehungslos und unversöhnt nebeneinanderliegen, als zueinander gehörig und Glieder einer Einheit schauen läßt".[24] Insofern liege das „Erlösende in der Hingabe an ein Kunstwerk" darin, „daß sie einem in sich ganz Geschlossenen, der Welt Unbedürftigen, auch dem Genießenden gegenüber Souveränen und Selbstgenugsamen gilt. ... In diese, um uns und alle Verflechtungen der Realität unbekümmerte Welt eintretend, sind wir gleichsam von uns selbst und unserem, in diesen Verflechtungen ablaufenden Leben befreit. Zugleich aber ist das Erlebnis des Kunstwerks doch in unser Leben eingestellt und von ihm umfaßt; das Außerhalb unseres Lebens, zu dem uns das Kunstwerk erlöst, ist doch eine Form dieses Lebens selbst".[25]

Diese spezifisch *innerweltliche* Erlösung von den Gegensätzen des modernen Lebens ist aber gerade der entscheidende Grund dafür, warum innerhalb der Moderne nun die Kunst selbst eine Funktion zu übernehmen vermag, die vormals nur den großen Erlösungsreligionen zukam. Mit dem Bedeutungsverlust der „absoluten Realität des *Transzendenten*", den Simmel in diesem Zusammenhang anläßlich des „mystisch-romantischen Spiels" mit dem Unverfügbaren bei „gewissen geistig hochstehenden Kreisen" seiner Zeit gegeben sieht, bestätige sich aber gerade die unaufhebbare Existenz eines fundamentalen menschlichen Bedürfnisses nach *Erlösung*, das Simmel trotz der von ihm geteilten Diktum Nietzsches vom „Tod Gottes" nach wie vor als ein genuin religiöses kennzeichnet bzw. das er als dasjenige beschreibt, „das bisher duch religiöse Erfüllungen befriedigt worden ist"[26] und nun aufgrund gewisser „psychologischer Verwandtschaften" zwischen dem

---

[23] Simmel, „Das Christentum und die Kunst" (1907), in: *Brücke und Tür. Essays des Philosophen zur Geschichte, Religion, Kunst und Gesellschaft*, Stuttgart 1957, S. 129-140 (hier S. 130).
[24] Simmel, „Der siebente Ring" (1909), in: *Zur Philosophie der Kunst*, S. 74-78 (hier S. 78).
[25] Simmel, „L'Art pour l'Art", a.a.O., S. 84.
[26] Simmel, „Das Problem der religiösen Lage" (1911), in: *Philosophische Kultur*, S. 168-182 (hier S. 169).

künstlerischen und dem religiösen Erleben den Gegenstand einer sich selbst in religiösen Begriffen beschreibenden Kunstproduktion und -rezeption bilde. Der spezifisch *fragmentarische* Charakter aller menschlichen Existenz, welche durch unaufhebbare Gegensätze, Konflikte und den Kampf als elementare Bewegungsform gekennzeichnet ist, motivierte Simmel deshalb zugleich dazu, innerhalb der Geschichte der genuin *religiösen Kunst* nach Beispielen für eine befriedigende Lösung des zentralen Gegensatzes zwischen dem Individuellen und dem Allgemeinen bzw. der Form und dem Leben zu suchen, die Simmel auch in den verschiedenen Bestrebungen zur Entwicklung einer spezifisch modernen Kunstreligion zum Ausdruck kommen sah. Scheiterte ihm zufolge noch die religiöse Kunst Michelangelos gerade daran, daß es diesem nicht gelang, „die erlösende Vollendung des Lebens im Leben selbst zu finden" und somit „das Absolute in die Form des Endlichen zu gestalten", weshalb seine künstlerische Bewältigung dieses Gegensatzes von Endlichkeit und Unendlichkeit letztendlich auch als „unerlöst" bzw. „nirwanaähnlich" gelten müsse[27], so gelinge es Rembrandt demgegenüber erstmals innerhalb der europäischen Kunstgeschichte, die „Diesseitigkeitswerte" und die „Jeneitigkeitswerte" in eine „neue Nähe" zu bringen und dergestalt das Religiöse innerhalb der Darstellung konkreter Menschen und ihres alltäglichen Lebens selbst künstlerisch zu veranschaulichen. Nicht die *Darstellung des Religiösen*, sondern die *religiöse Darstellung* sei dabei für Rembrandts Kunst entscheidend. Denn nicht die Inhalte sind es, die den religiösen Charakter seiner Kunst gewährleisten, sondern die Form seiner Darstellung selbst, die sich nicht am Einzelnen, sondern allein am Ganzen des Dargestellten bzw. in Gestalt einer „allgemeinen stilistischen Geste der Produktion" erweist.[28] Zugleich werde dabei deutlich, daß hier nicht mehr die Religion selbst in einem *objektiven* Sinne, sondern allein noch in einem „funktionellen Sinne" bzw. als *Religiosität* des subjektiven Seelenlebens erfaßt ist, d.h. „unter Ausschaltung alles kirchlich Traditionellen und seines jenseitigen Inhaltes".[29] Indem Rembrandt so gerade den *individuellen* Menschen in seiner ganzen *Alltäglichkeit* zum Gegenstand einer künstlerisch-religiösen Darstellung macht, gelingt ihm aber zugleich eine Versöhnung zwischen Immanenz und Transzendenz, Individualität und Allgemeinheit sowie Leben und Form, die Simmel zugleich als Aufgabe einer spezifisch modernen Form der Kunstreligion ansah und die in der leuchtenden Gestalt

---

[27] Vgl. Simmel, „Michelangelo" (1910-11), in: *Philosophische Kultur*, S. 119ff.
[28] Vgl. Simmel, „Rembrandt", S. 141ff. (bes. S. 169ff.).
[29] Ebd., S. 173.

des unvergleichlichen „Urphänomens" *Goethe* ihren bisher unerreichten und deshalb zugleich auch noch für die Gegenwart vorbildlichen Höhepunkt gefunden habe. Denn gerade Goethe bestätigt Simmel zufolge eindrucksvoll mit künstlerischen Mitteln sowie in Gestalt seiner eigenen Art der Lebensführung jenes uralte christologische Paradox, „daß einer der größten und exzeptionellsten Menschen aller Zeiten genau den Weg dieses Allgemein-Menschlichen gegangen ist" und insofern gerade im Leben selbst den Gegensatz zwischen Kunst und Religion bzw. Kunst, Religion und Leben in Form einer individuellen Erscheinung von gleichwohl allgemeinster Bedeutsamkeit zur Versöhnung bzw. Aufhebung gebracht habe.[30] Insofern sei der „geistige Sinn der Goetheschen Existenz" zugleich die perennierende Antwort auf eine zentrale Frage, die sich Simmel zufolge um 1900 sogar noch weiter radikalisiert hatte und nun die Notwendigkeit einer entsprechend gearteten „Kunstreligion" auch innerhalb eines breiteren bildungsbürgerlichen Publikums deutlich werden ließ.

Max Webers Auseinandersetzung mit der modernen „Erlebniskunst" und der um 1900 erneut einsetzenden Verehrung des großen künstlerischen Genies, welche im wilhelminischen Deutschland nicht nur innerhalb der durch Stefan George und seinen Anhängern verkörperten „ästhetischen Opposition" gegenüber dem fortschreitenden Prozeß der gesellschaftlichen Rationalisierung und Intellektualisierung zum Ausdruck kommt, sondern auch in der bildungsbürgerlichen Hinwendung zu den klassischen Werken von Dürer, Rembrandt, Goethe und Schiller seinen Niederschlag findet, stellt bei genauerem Hinsehen zugleich einen kritischen Dialog mit den von Simmel vertretenen kunstphilosophischen Auffassungen dar. Im Unterschied zu den entsprechenden Auffassungen seiner engsten Freunde und Fachkollegen wie Georg Simmel, Werner Sombart und Ernst Troeltsch kann Max Webers Verhältnis zu den spezifischen Erscheinungsformen einer modernen „Kunstreligion" nämlich als eindeutig *negativ* bezeichnet werden. Zwar hatte auch Weber in seinen nach der Jahrhundertwende erschienenen Schriften zunehmend der Aufwertung des Ästhetischen zu einer eigenständigen „Kulturmacht" und zu einem zentralen Bestimmungsfaktor des „modernen Lebensstils" seinen Tribut geleistet, obgleich er von seinen persönlichen weltanschaulichen Überzeugungen her dieser Proklamation eines neuen „künstlerischen Zeitalters" bis an sein Lebensende äußerst skeptisch gegenüberstand. Seine prinzipielle Aufgeschlossenheit gegenüber zahlreichen Er-

---

[30] Simmel, *Goethe*, 2. Aufl., Leipzig 1913, S. 264.

scheinungsformen der modernen Kunst, Literatur und Musik sind inzwischen hinreichend belegt und auch seine entsprechenden persönlichen Vorlieben bekannt. Dennoch sprach er sich äußerst polemisch gegen all jene Versuche aus, die dem Bereich der ästhetischen Erfahrung zugleich eine unmittelbare Bedeutung im Hinblick auf die praktische Lebensführung abzugewinnen können meinten.[31] Sein durch die Tradition des *asketischen Protestantismus* geprägtes Menschen- und Weltbild veranlaßte ihn vielmehr bereits früh zu einer scharfen Kritik an allen zeitgenössischen Bestrebungen, nun auch noch das eigene Leben zu einem „Kunstwerk" zu gestalten, was ihm selbst bei einer Persönlichkeit wie Goethe als höchst problematisch erschien. Denn schließlich war gerade der „auf der Höhe seiner Lebensweisheit" stehende Goethe der zentrale Kronzeuge Webers dafür, daß mit der Vorherrschaft der durch die moderne Berufsethik geprägten Form von „Facharbeit" die modern-bürgerliche Form der Lebensführung unwiderruflich mit dem Verzicht auf die „faustische Allseitigkeit" und einem „entsagenden Abschied von einer Zeit vollen und schönen Menschentums" einherging, welcher nur um den Preis einer entwicklungsgeschichtlichen Regression der bürgerlichen Kultur bzw. der Gefahr der *Stillosigkeit* rückgängig gemacht werden könne.[32] Konsequenterweise hatte Weber denn auch wiederholt die spezifisch

---

[31] Webers Auseinandersetzung mit der ästhetischen und literarischen Moderne ist erst in den letzten Jahren zum Gegenstand ausführlicher Untersuchungen gemacht worden. Entsprechende Hinweise befinden sich bereits bei Arthur Mitzman, *The Iron Cage. An Historical Interpretation of Max Weber*, New York 1970, S. 256ff., der unter anderem Webers Verhältnis zu Georg Lukács und zum George-Kreis behandelt. Vgl. ferner Wolf Lepenies, *Die drei Kulturen. Soziologie zwischen Literatur und Wissenschaft*, München 1985, S. 339ff. u. 357ff., der neben Webers Verhältnis zum George-Kreis auch gemeinsame Motive im Werk von Max Weber und Thomas Mann anspricht. Letzteres Thema wird auch ausführlich behandelt in den beiden Monographien von Harvey Goldman, *Max Weber and Thomas Mann. Calling and the Shaping of the Self*, Berkeley/Los Angeles/Oxford 1988 sowie ders., *Politics, Death, and the Devil. Self and Power in Max Weber and Thomas Mann*, Berkeley/Los Angeles/Oxford 1992. Zahlreiche Belege zu Webers Verhältnis zur ästhetischen Kultur der Jahrhundertwende enthält auch die Arbeit von Lawrence Scaff, *Fleeing the Iron Cage. Culture, Politics, and Modernity in the Thought of Max Weber*, Berkeley/Los Angeles 1989, bes. S. 79ff., 102ff. u. 215ff. Viele weiterführende Hinweise zu diesem Thema verdanken wir ferner den einschlägigen Untersuchungen von Christoph Braun, *Max Webers „Musiksoziologie"*, Laaber 1992 und Edith Weiller, *Max Weber und die literarische Moderne. Ambivalente Begegnungen zweier Kulturen*, Stuttgart 1994, welche den derzeitigen Forschungsstand zu diesem Themenbereich am umfassendsten widerspiegeln.

[32] Vgl. Max Weber, „Die protestantische Ethik und der 'Geist' des Kapitalismus." Textausgabe auf der Grundlage der 1. Fassung von 1904/05 mit einem Verzeichnis der wichtigsten Zusätze und Veränderungen aus der 2. Fassung von 1920, hrsg. u. eingel. v. Klaus Lichtblau u. Johannes Weiß, Bodenheim 1993, S. 153; ders., *Gesammelte Aufsätze zur Religionssoziologie*, Bd. I, Tübingen 1920 S. 203 (im folgenden zitiert als GARS I); sowie ders., „Wissenschaft als Beruf", in: ders., *Gesammelte Aufsätze zur Wissenschaftslehre*, 6. Aufl. Tübingen 1985, S. 591.

moderne „Jagd nach dem Erleben", die „Romantik des intellektuell Interessanten" sowie jene „ästhetischen Dämmerstimmungen", welche „heute wieder so gern durch musikalische und optische Mystifizierung erzielt werden", als Ausdruck einer überholten *Gefühlskultur* und insofern als ein typisches *Dekadenzphänomen* interpretiert.[33]

Ähnlich wie sein Fachkollege und Freund Ernst Troeltsch hatte auch Weber bezüglich des Wechselverhältnisses zwischen Kunst und Religion im Rahmen einer übergreifenden Betrachtung der universalgeschichtlichen Entwicklung der großen Erlösungsreligionen zwischen einer die künstlerische Enfaltung *hemmenden* und einer sie *fördernden* Einwirkung des religiösen Lebens auf die Entstehung von spezifisch *formalästhetischen* Ausdruckswerten unterschieden, um zugleich den logischen bzw. typologischen Ort der verschiedenen Erscheinungsformen einer spezifisch modernen Kunstreligion anzugeben. Denn auch Troeltsch hatte bereits 1906 in seinem Vortrag über „Die Bedeutung des Protestantismus für die Entstehung der modernen Welt" darauf hingewiesen, daß bezogen auf die europäische Sonderentwicklung dem Protestantismus seit Beginn der Frühen Neuzeit nicht nur eine negative Beziehung zur künstlerischen Sphäre zugesprochen werden kann, wie sie in Gestalt des calvinistischen Bildersturmes am deutlichsten zum Ausdruck kommt, sondern ihm zugleich auch eine positive Einwirkung auf die Enfaltung des subjektiven Gefühlslebens und der mit ihm verbundenen künstlerischen, literarischen und musikalischen Erfahrungsgehalte zukommt, die zugleich als Vorwegnahme der modernen ästhetischen Kultur der Jahrhundertwende interpretiert werden könne. Gleichwohl wies auch Troeltsch entschieden darauf hin, daß die in den pietistischen, mystischen und spiritualistischen Kreisen des Protestantismus anzutreffende Aufwertung des „Traulich-persönlich-Individuellen" und die Entfaltung des „innerlich-persönlichen Lebens" innerhalb der in diesen Kreisen begünstigten Entwicklung der religiösen Kunst und Musik keine grundlegende Einschränkung des insbesondere im „Altprotestantismus" und im angelsächsischen Puritanismus anzutreffenden „Sinnenfeindschaft" zu bewirken vermochte. Bezogen auf die Frage nach der Entstehung der modernen Welt und der mit ihr verbundenen modernen ästhetischen Kultur habe nämlich gerade der Altprotestantismus und der Puritanismus das spezifisch künstlerische Empfinden noch nicht zu einem Motiv der Weltanschauung, der Metaphy-

---

[33] Max Weber, „'Kirchen' und 'Sekten' in Nordamerika", in: *Christliche Welt*, Jg. 20, Nr. 25 (21.6.1906), Sp. 582; *Wissenschaftslehre*, S. 519; „Politik als Beruf", in: ders., *Gesammelte politische Schriften*, 4. Aufl. Tübingen 1980, S. 546.

sik und der Ethik erhoben. Daher beinhalte die moderne Kunst denn auch überall das „Ende der protestantischen Askese und damit ein seinem Wesen entgegengesetztes Prinzip". Troeltsch kam deshalb auch zu der Schlußfolgerung, daß der Klassizismus und die Romantik diesen asketischen Erscheinungsformen des Protestantismus im Grunde fremd geblieben seien und daß insofern erst das Auftreten von John Ruskin und die „Ästhetisierung des modernen England" das *Ende des Puritanismus* eingeleitet hätten.[34]

Troeltsch spielte in diesem Vortrag auf eine zentrale „These" über das Verhältnis von asketischer Lebensreglementierung und künstlerischer Weltauffassung an, die Max Weber in seiner zwischen 1904 und 1905 erschienenen berühmten Studie über die Protestantische Ethik und den „Geist" des Kapitalismus systematisch entfaltet hatte. Denn auch Weber war nicht nur an den eindeutig *repressiven* Auswirkungen der calvinistischen Berufsethik auf das Sinnenleben, sondern zugleich auch an der Frage nach der möglichen Entstehung von genuin *formalästhetischen* Erscheinungsformen der puritanischen Art der Lebensführung interessiert. Er hatte dabei die spezifische Dynamik, die sich aus solchen „Wahlverwandtschaftsverhältnissen" zwischen der *Form* und dem *Geist* des modernen kapitalistischen Wirtschaftslebens ergeben, hinsichtlich der Entstehung von spezifischen „formalästhetischen Werten" auch dahingehend umschrieben, daß es ihm in seiner Protestantismusstudie zugleich um eine Klärung der Frage ging, „in *welchem Sinne* man allenfalls von 'Anpassung' (der verschiedenen Kulturelemente aneinander) in diesen Zusammenhängen reden könne"[35] und diese Fragestellung dabei zugleich auf einen kunst- und kulturgeschichtlichen Bereich übertragen, der Auskunft darüber gibt, wie sich solche „sinnadäquaten" Beziehungen bis in die konkrete künstlerische Gestaltung von epochenspezifischen Problemkonstellationen zurückverfolgen lassen. So stellte Weber in einem Schreiben an den Kunsthistoriker Aby Warburg aus dem Jahre 1907 fest, daß sich die „unsterbliche" Eigenart des Florentiner Bürgertums zur Zeit der Renaissance gerade durch jenes Spannungsverhältnis zwischen der Wirtschafts*form* und dem ethischen Lebensstil ergebe, welches aus dem Fehlen einer entsprechenden Berufsethik zu erklären sei, wie sie Weber in seiner Protestantismusstudie beschrieben hatte: „Und daß sich dies im Ringen mit künstlerischen Problemen nachweisen läßt, das ist es, was mich

---

[34] Ernst Troeltsch, „Die Bedeutung des Protestantismus für die Entstehung der modernen Welt", in: *Historische Zeitschrift* 97 (1906), S. 53ff. (hier S. 55).
[35] Max Weber, „Die protestantische Ethik II. Kritiken und Antikritiken", hrsg. v. Johannes Winckelmann, 2. Aufl. Hamburg 1972 (im folgenden zitiert als PE II), S. 53.

so freudig überrascht hat."³⁶ Weber hatte dort am Beispiel der religiösen Kunst Rembrandts und der Auswirkungen des englischen Puritanismus auf das allgemeine Kulturleben aber auch bereits den umgekehrten Fall beschrieben – nämlich was sich ergibt, wenn dieser asketische Lebensstil und eine ihm adäquate Wirtschaftsform im *positiven* Sinne aufeinanderstoßen und so wechselseitigen Einfluß auf ihre weitere Entwicklung nehmen. So betonte Weber in bezug auf den angelsächsischen Puritanismus nicht nur die Vernichtung des unbefangenen „triebhaften" Lebensgenusses und eine Tendenz zur Uniformierung des alltäglichen Lebensstils, sondern auch die Verwerfung aller „Sinnenkunst", d.h. das „Ausscheiden des Erotischen und der Nuditäten" aus dem Bereich der Kunst und Literatur sowie eine spezifische Vernachlässigung der bildenden Kunst und des Volksliedes und einen grundsätzlichen „Absturz" der musikalischen Kultur, wie er bei den angelsächsischen Völkern bis in die Gegenwart festzustellen sei.³⁷ Am Beispiel Rembrandts könne man dagegen den umgekehrten Fall studieren, nämlich „inwieweit dem asketischen Protestantismus positive, die Kunst befruchtende, Wirkungen zuzuschreiben sind."³⁸

Weber hat diese aus dem kategorialen Bezugsrahmen seiner Untersuchung über „Die protestantische Ethik und der ›Geist‹ des Kapitalismus" aus dem Jahre 1904-05 sich ergebenden kunstsoziologischen Überlegungen selbst jedoch nicht weiter verfolgt, sondern im Rahmen seiner späteren religionssoziologischen und universalgeschichtlichen Untersuchungen den eigentümlichen Status der ästhetischen Sphäre innerhalb der modernen okzidentalen Kultur völlig neu zu bestimmen versucht. Zwar greift er auch in

---

[36] Brief an Aby Warburg v. 10. September 1907, in: Max Weber Gesamtausgabe, Abteilung II, Bd. 5: *Briefe 1906-1908*, hrsg. v. M. Rainer Lepsius u. Wolfgang J. Mommsen, Tübingen 1990, S. 390f.; vgl. auch die implizite Bezugnahme auf Aby Warburg in PE II, S. 53.

[37] Vgl. Die protestantische Ethik und der „Geist" des Kapitalismus, S. 139 ff.; GARS I, S. 184ff. Zu den negativen Auswirkungen des asketischen Protestantismus auf die weitere Entwicklung der Kunst, Literatur und Musik siehe auch die weiterführenden Überlegungen von Werner Stark, der hierbei die im Schatten des alttestamentlichen Bilderverbotes stehende grundsätzliche „Abwendung vom religiösen, und damit auch vom künstlerischen, Symbolismus" als eigentliche Ursache für die zum Teil extreme Kunstfeindschaft und die „verhältnismäßige Schwäche des Kunstschaffens in den kalvinistischen Ländern" ansah. Vgl. ders., „Die kalvinistische Ethik und der Geist der Kunst", in: Justin Stagl (Hrsg.), *Aspekte der Kultursoziologie*. Aufsätze zur Soziologie, Philosophie, Anthropologie und Geschichte der Kultur, Berlin 1982, S. 87-96, hier: S. 88 u. 92.

[38] *Die protestantische Ethik und der 'Geist' des Kapitalismus*, S. 141; GARS I, S. 186. Weber bezog sich mit diesem Urteil insbesondere auf die zeitgenössische Rembrandt-Studie des Kunsthistorikers Carl Neumann. Zur Rembrandt-Diskussion der Jahrhundertwende siehe auch die ausführliche Untersuchung von Johannes Stückelberger, *Rembrandt und die Moderne. Der Dialog mit Rembrandt in der deutschen Kunst um 1900*, München 1996; ferner Beat Wyss, *Simmels Rembrandt*, a.a.O.

dem älteren Fragment seines Beitrages zum „Grundriß der Sozialökonomik" wie auch in der „Zwischenbetrachtung" zu seinen „Gesammelten Aufsätzen zur Religionssoziologie" nun auf evolutionstheoretische bzw. jetzt nicht mehr ausschließlich negativ bewertete „entwicklungsgeschichtliche" Konstruktionen zurück.[39] Sein eigentliches Ziel in diesen späteren Schriften ist es jedoch, die historische Entstehung sowie die strukturelle Eigenart einer spezifisch modernen Form von *Kunstreligion* zu erklären, um eine Antwort darauf zu geben, warum gerade die Kunst ähnlich wie auch die erotische Sphäre für den modernen großstädtischen, durch den okzidentalen Rationalismus und Intellektualismus geprägten Menschen zunehmend die Funktion einer *innerweltlichen Erlösung* vom „Alltag" und den Fesseln eben dieses Rationalismus annehmen konnte. Weber versuchte dabei zugleich jener Proklamation eines neuen „künstlerischen Zeitalters" und der seit der Jahrhundertwende festzustellenden Hinwendung zu einer subjektivistischen Kultur der „Innerlichkeit" in weiten Teilen des deutschen Bildungsbürgertums Rechnung zu tragen, wie sie unter anderem auch in der „Wiederverzauberung der Welt" durch eine Verherrlichung der großen genialen Künstlerpersönlichkeiten und der Auratisierung des subjektiven Kunstgenusses zum Ausdruck kam. Im Rahmen eines theoretischen Modells, welches die „Spannungen" und „Konflikte" zwischen den einzelnen kulturellen „Wertsphären" in idealtypischer Weise „herauspräpariert", wird von ihm nun die Eigenart der Entwicklung des ästhetischen „Erlebens" in einem universalgeschichtlichen Zusammenhang reflektiert und dabei auch in direkter Weise mit dem Geltungsanspruch des genuin religiösen Lebens innerhalb der verschiedenen Stadien der gesamtgesellschaftlichen „Rationalisierung" konfrontiert.[40]

In seinen religionssoziologischen Untersuchungen hob Weber zunächst den ursprünglich engen Zusammenhang zwischen den magisch-religiösen

---

[39] Siehe hierzu auch die instruktiven Überlegungen von Guenther Roth, „Max Webers Entwicklungsgeschichte und historische Soziologie", in: ders., *Politische Herrschaft und persönliche Freiheit. Heidelberger Max Weber-Vorlesungen 1983*, Frankfurt/M. 1987, S. 283ff.

[40] Vgl. Weber, *Wirtschaft und Gesellschaft. Grundriß der verstehenden Soziologie*, 5. Aufl. Tübingen 1972, S. 348ff. u. 365ff.; ders., „Zwischenbetrachtung. Stufen und Richtungen der religiösen Weltablehnung", in: *Archiv für Sozialwissenschaft und Sozialpolitik* 41 (1915), S. 387-421; diese berühmte „Zwischenbetrachtung" wurde ferner in erweiterter Form abgedruckt in: GARS I, S. 536-573. Siehe hierzu auch die entsprechenden Hinweise bei Sam Whimster, „The Secular Ethic and the Culture of Modernism", in: Scott Lash/Sam Whimster (Hrsg.), *Max Weber, Rationality and Modernity*, London 1987, S. 259-290; Lawrence Scaff, *Fleeing the Iron Cage*, a.a.O., S. 93ff. u. 186ff. sowie Werner Gephart, „Religiöse Ethik und ästhetischer 'Rationalismus'. Zur Soziologie der Kunst im Werk Max Webers", in: *Sociologia Internationalis* 31 (1993), S. 101-121.

Kulthandlungen einerseits und der dadurch bedingten Entwicklung von spezifisch künstlerischen Ausdrucksformen wie der Musik, dem Tanz und den Stilbildungen im Bereich der bildenden Kunst andererseits hervor. *Magische Kunst* ist für ihn dabei der Inbegriff einer Überlagerung der urwüchsigen „naturalistischen" Weltauffassung durch eine Welt der Zeichen, Symbole und Bedeutungen, welche durch bestimmte *Stereotypierungen* und *Stilisierungen* des „symbolischen Handelns" dem Gemeinschaftsleben in einem kultischen Sinne zugänglich gemacht werden sollen.[41] Weber betont in diesem Zusammenhang sowohl die „Stilisierung durch Traditionsbildung" als auch die positive Förderung der „künstlerischen Entfaltungsmöglichkeiten", welche ursprünglich durch die enge Beziehung zwischen der *religionsgeschichtlichen* und der *kunstgeschichtlichen* Entwicklungsdynamik gegeben waren. Im Rahmen seiner universalgeschichtlichen Forschungsperspektive ist Weber dabei insbesondere an einer Klärung jenes übergreifenden gesellschaftlichen Rationalisierungs- und Intellektualisierungsprozesses interessiert, welcher innerhalb der okzidentalen Moderne zur *Ausdifferenzierung der Kunst* als einer vom Bereich der religiösen Überlieferung völlig unabhängigen und eigensinnigen Wertsphäre geführt hat.

Daß Weber bezüglich des Bereichs der Kunst dabei den Begriff der „Rationalisierung" offensichtlich in einer anderen bzw. weitergehenden Bedeutung gebraucht als im Sinne eines rein „technischen Fortschrittes" der künstlerischen Ausdrucksmittel, wie er ihn insbesondere in seinen musikgeschichtlichen Untersuchungen beschrieben hatte, wird allein schon daran deutlich, daß er nun den Bereich des Ästhetischen zusammen mit der erotischen Sphäre den spezifischen Eigengesetzlichkeiten der Systeme des *zweckrationalen Handelns* als genuin „arationale" bzw. *antirationale* Lebensmächte gegenüberstellt und mit den „Irrationalitäten der außerreligiösen Gefühlssphäre" gleichsetzt.[42] Seine gedanklich konstruierte Typologie der möglichen Konflikte zwischen den einzelnen Lebensordnungen beinhaltet insofern ein gesamtgesellschaftliches Differenzierungsmodell, in dem die einzelnen „Wertsphären" in einer recht unterschiedlichen Art und Weise ihrem je eigenen „Gebot der Konsequenz" folgen und sich zunehmend unabhängig von einer Rücksichtnahme auf die anderen Lebensordnungen und „Lebensführungsmächte" machen. Um diese allmähliche Entfaltung und Bewußtwerdung der inneren *Eigengesetzlichkeit* der ästhetischen Sphäre im

---

[41] Vgl. *Wirtschaft und Gesellschaft*, S. 248ff.; ferner Max Weber, *Die rationalen und soziologischen Grundlagen der Musik* (1921), Neuaufl. Tübingen 1972, S. 26.
[42] Vgl. GARS I, S. 554; *Wirtschaft und Gesellschaft*, S. 362.

Gegensatz zu den genuin „rationalen" Formen der Lebensführung terminologisch korrekt zum Ausdruck zu bringen, bietet es sich deshalb an, den von Weber im Hinblick auf die diversen Prozesse einer Verinnerlichung und reflexiven Bewußtwerdung der einzelnen Wertsphären ebenfalls häufig verwendeten Begriff der *Sublimierung* innerhalb des Bereichs des *ästhetischen Erlebens* gegenüber dem Begriff der Rationalisierung vorzuziehen. So kann zumindest eine unmittelbare Gleichsetzung jener ästhetischen Form von „Rationalität", wie er sie am Beispiel der *musikgeschichtlichen* Entwicklung veranschaulicht hatte, mit dem übergreifenden Prozeß der Steigerung des Eigensinns der ästhetischen Sphäre im Rahmen seiner *religionssoziologischen* Analyse der möglichen Konflikte zwischen den einzelnen Lebensordnungen vermieden werden.[43]

Die Entfaltung der „Eigengesetzlichkeit" der Kunst steht dabei in einem engen Zusammenhang mit der historischen Entstehung von „intellektualistischen Zivilisationen", welche grundsätzlich dazu neigen, die ursprüngliche Bedeutsamkeit des *Inhalts* und den *gemeinschaftsstiftenden* Charakter der Kunst zugunsten einer Konzentration auf die spezifischen ästhetischen *Form*werte zu vernachlässigen. Mit dieser Konstituierung der Kunst zu einem „Kosmos immer bewußter erfaßter selbständiger Eigenwerte" tritt sie aber zunehmend in einen Gegensatz zu jeder rationalen religiösen Ethik, welche die künstlerische Form bewußt zugunsten des Inhaltes ihrer heilsgeschichtlichen Überzeugung vernachlässigt.[44] Im schlimmsten Fall steigert sich dieser prinzipielle Gegensatz zwischen der künstlerischen Formung und der Erlösungsreligiosität sogar zu einem Spannungsverhältnis, in welchem das *ästhetische Erleben* und Genießen der Formwerte der Kunst in ein direktes Konkurrenzverhältnis zu dem spezifisch *religiösen Erleben* tritt. Der universalgeschichtliche Prozeß der Rationalisierung und „Entzau-

---

[43] Zu dieser sich bezüglich der Eigenart der „ästhetischen Evolution" anbietenden terminologischen Unterscheidung zwischen *Rationalisierung* und *Sublimierung* siehe auch Howard L. Kaye, Rationalization as Sublimation: On the Cultural Analysis of Weber and Freud, in: *Theory, Culture & Society*, Jg. 9 (1992), Heft 4, S. 45-74, ferner Gephart, „Religiöse Ethik und ästhetischer 'Rationalismus'", S. 117. Der vor dem Hintergrund von Webers Freud-Lektüre zu sehende Begriff der 'Sublimierung' von genuin ästhetischen und erotischen Erfahrungsgehalten entspricht im übrigen sachlich genau dem, was Georg Simmel am Beispiel des Geldes sowie der 'modernen Seele' als einen Prozeß der *Läuterung* im Sinne einer immer reinlicheren Scheidung von vormals miteinander bis zur Ununterscheidbarkeit vermengten Sinnsphären bezeichnet hatte. Vgl. hierzu auch Hannes Böhringer, „Spuren von spekulativem Atomismus in Simmels formaler Soziologie", in: Hannes Böhringer/Karlfried Gründer (Hrsg.), *Ästhetik und Soziologie um die Jahrhundertwende: Georg Simmel*, Frankfurt a.M. 1976, S. 105-117 sowie Lichtblau, „Die Seele und das Geld", a.a.O.

[44] Vgl. GARS I, S. 555.

berung der Welt" hat mithin eine Aufwertung des ästhetisch-expressiven Bereiches zur Folge, die sich unter den Bedingungen der okzidentalen Moderne schließlich zu einem spezifischen „Gegenweltbedarf" verdichtet, in welchem sich zugleich der Anspruch auf eine mögliche Befreiung von den Zwängen der theoretischen und praktischen Erscheinungsformen des modernen Rationalismus und Intellektualismus widerspiegelt.

Weber setzt sich in diesem Zusammenhang insbesondere mit der Entstehung von spezifisch zeitgenössischen Erscheinungsformen einer modernen *Kunstreligion* auseinander, welche auf der spezifischen „Irrationalität" des *subjektiven Erlebens* beruht. Einerseits ist für ihn diese „Jagd nach dem 'Erlebnis' – dem eigentlichen Modewort der deutschen Gegenwart – in sehr starkem Maß Produkt abnehmender Kraft …, den 'Alltag' innerlich zu bestehen", das er zugleich als einen „Verlust an Distanz – und also an Stil und Würdegefühl" bewertet; ein „Fortschritt" im Sinne einer entsprechenden „Differenzierung" des subjektiven Erlebens ist ihm dabei „zunächst *nur* in dem intellektualistischen Sinn der Vermehrung des zunehmend *bewußten* Erlebens oder der zunehmenden Ausdrucksfähigkeit und Kommunikabilität" identisch.[45] Andererseits betont Weber zugleich den genuin „inkommunikablen" bzw. „inkommunikativen Charakter" jeder modernen *Erlebniskunst*, welche nun ähnlich wie das „erotische Erlebnis" in eine gefährliche Konkurrenzsituation zum genuin *religiösen Erleben* tritt.[46] Die spezifisch moderne „Eigengesetzlichkeit" der Kunst besteht ihm zufolge nämlich zum einen darin, daß sie im Sinne eines „verantwortungslosen Genießens" dazu neigt, „ethisch gemeinte Werturteile in Geschmacksurteile umzuformen", deren „Inappellabilität" die Diskussion gerade ausschließt. Zum anderen liege der insbesondere auch von Georg Lukács unterstrichene „luziferische Charakter" der modernen *Erlebniskunst* darin begründet, daß diese ähnlich wie das genuin *mystische Erlebnis* das trügerische Versprechen einer innerweltlichen *Erlösung* vom Alltag impliziert, welche auf der „psychologischen Verwandtschaft der künstlerischen mit der religiösen Erschütterung" beruhe. Weber hat in diesem Zusammenhang aber zugleich darauf aufmerksam gemacht, daß ein als „Eigenwert" empfundener subjektiver Kunstgenuß notwendig in einen schroffen Widerspruch zu dem Universalitätsanspruch der jeder „echten" Erlösungsreligion zugrundeliegenden Brüderlichkeitsethik treten und in deren Bezugsrahmen deshalb auch nur als eine „vorge-

---

[45] *Wissenschaftslehre*, S. 519.
[46] Zu dieser 'inneren Verwandtschaft' zwischen dem ästhetischen, erotischen und religiösen 'Erleben' vgl. GARS I, S. 554ff.

täuschte" und „verantwortungslose Surrogatform" des religiösen Erlebens bewertet werden mußte.[47] Die Grenzen der modernen Autonomieästhetik sind so zugleich identisch mit einer grundsätzlichen Infragestellung der geheimen „Lieblosigkeit" und „Unbrüderlichkeit" eines solchen „Kultus des Ästhetentums", wie sie vom Standpunkt einer rigorosen ethisch-religiösen Stellungnahme zur Welt vorgenommen wird: „Die Tatsache, daß es Kunstwerke gibt, ist der Aesthetik gegeben. Sie sucht zu ergründen, unter welchen Bedingungen dieser Sachverhalt vorliegt. Aber sie wirft die Frage nicht auf, ob das Reich der Kunst nicht vielleicht ein Reich diabolischer Herrlichkeit sei, ein Reich von dieser Welt, deshalb widergöttlich im tiefsten Innern und in seinem tiefinnerlichst aristokratischen Geist widerbrüderlich. Danach also fragt sie nicht: ob es Kunstwerke geben *solle.*"[48]

Aufgrund dieser prinzipiellen Unversöhnlichkeit zwischen den Forderungen der *Ethik* einerseits und der *Ästhetik* andererseits diagnostizierte Weber deshalb auch die Existenz eines unlösbaren *Konfliktes* zwischen den einzelnen Wertordnungen, in welchem sich der „ewige Kampf" der Götter in einer spezifisch modernen Form widerspiegele. Sein Verweis auf Nietzsche und Baudelaire, denen zufolge „etwas schön sein kann nicht nur: obwohl, sondern: in dem, worin es nicht gut ist", macht ferner deutlich, daß Weber die Autonomie des Ästhetischen auch gegenüber jenen fundamentalistischen Kritikern der Moderne zu verteidigen versuchte, welche unter Berufung auf eine radikale *Gesinnungsethik* das „Projekt der Moderne" im Sinne einer Ausdifferenzierung der Eigengesetzlichkeit der einzelnen kulturellen Wertsphären grundsätzlich in Frage stellten.[49] Zugleich wies Weber aber darauf hin, daß im Gefolge der „Entzauberung der Welt" auch all jenen Versuchen zu mißtrauen sei, die darauf ausgerichtet sind, so etwas wie eine

---

[47] Ebd., S. 555f.; Zur „luziferischen Konkurrenz" zwischen der modernen ästhetischen Kultur und einer genuin religiösen Brüderlichkeitsethik, auf die zu dieser Zeit insbesondere der im Weber-Kreis verkehrende Budapester Philosoph Georg Lukács hinwies, siehe auch Marianne Weber, *Max Weber. Ein Lebensbild*, Tübingen 1926, S. 474. Vgl. hierzu ferner die entsprechenden Ausführungen bei György Márkus, „Die Seele und das Leben. Der junge Lukács und das Problem der 'Kultur'", in: Agnes Heller u.a., *Die Seele und das Leben. Studien zum frühen Lukács*, Frankfurt/M. 1977, S. 99ff.; Werner Jung, *Wandlungen einer ästhetischen Theorie – Georg Lukács' Werke 1907 bis 1923. Beiträge zur deutschen Ideologiegeschichte*, Köln 1981; Ernst Keller, *Der junge Lukács. Antibürger und wesentliches Leben. Literatur- und Kulturkritik 1902-1915.* Frankfurt/M. 1984, S. 83ff.; Michael Grauer, *Die entzauberte Welt. Tragik und Dialektik der Moderne im frühen Werk von Georg Lukács*, Königstein (Ts.) 1985, S. 15-82; Mary Gluck, *Georg Lukács and his Generation 1900-1918.* Cambridge, Mass./London 1985, S. 134ff. sowie Ute Luckhardt, *Aus dem Tempel der Sehnsucht. Georg Simmel und Georg Lukács: Wege in und aus der Moderne*, Butzbach 1994, bes. S. 133ff.

[48] „Wissenschaft als Beruf", S. 600; vgl. *Wirtschaft und Gesellschaft*, S. 366.

[49] Vgl. „Wissenschaft als Beruf", S. 603ff.

„monumentale Kunstgesinnung" im Dienste einer größeren Gemeinschaft zu erzwingen. Ein – zeitlich und sachlich begrenzter – ästhetischer Ausweg aus den „Zwängen der Rationalisierung" war für ihn deshalb auch nur noch in Form einer *intimen*, nicht mehr aber einer *monumentalen* Kunst möglich. Denn nur innerhalb der „kleinsten Gemeinschaftskreise, von Mensch zu Mensch, im Pianissimo" sah Weber noch die Möglichkeit gegeben, etwas von jener intensiven Leidenschaft zu erfahren, die vormals auch große Gemeinschaften zusammenzuschweißen vermochte.[50] Sowohl eine ästhetische „Wiederverzauberung" der Welt als auch eine rigorose ethisch-religiöse Infragestellung des spezifischen Eigenwertes der ästhetischen Erfahrung war für Weber unter den Bedingungen der Moderne trotz aller grundsätzlicher Bedenken gegenüber einer hypertroph gewordenen Verherrlichung des Ästhetentums denn auch nurmehr um den Preis eines „irrationalistischen" Rückfalls in eine entwicklungsgeschichtlich längst überholte Form des „Gemeinschaftshandelns" bzw. der „kulturellen Vergesellschaftung" vorstellbar.

Georg Simmels und Max Webers Werk verkörpern mithin zwei recht unterschiedliche Strategien im Umgang mit der durch die Proklamierung einer spezifisch „modernen" Kunstreligion bewirkten Irritationen eines sich selbst erst akademisch etablierenden Faches, welches das Prinzip der funktionalen Differenzierung und der damit verbundenen „operativen Geschlossenheit" der einzelnen gesellschaftlichen Teilsysteme bzw. kulturellen Wertsphären bis heute als eine zentrale Grundannahme seines eigenen disziplinären Selbstverständnisses ansieht. Daß solcherart Abschließung bzw.

---

[50] Ebd., S. 612. Insofern ist es schlichtweg irreführend, wenn Stefan Breuer den spezifischen „Gegenweltbedarf" des deutschen Bürgertums der Jahrhundertwende als einen „ästhetischen Fundamentalismus" zu charakterisieren versucht und dabei nicht nur den für Max Weber selbst, sondern gerade auch für Simmels eigenes kunstphilosophisches Selbstverständnis zentralen Unterschied zwischen „intimer" und „monumentaler" Kunst zumindest bezogen auf Simmel völlig unberücksichtigt läßt. Für eine „monumentale" Kunstgesinnung im Sinne des späteren „ästhetischen Fundamentalismus" des George-Kreises lassen sich nämlich gerade Simmels eigene Schriften über George nur bei völliger Verkennung ihres eigentlichen Bedeutungsgehaltes als „Beleg" heranziehen. Vgl. demgegenüber Stefan Breuer, *Ästhetischer Fundamentalismus. Stefan George und der deutsche Antimodernismus*, Darmstadt 1995, S. 169ff. (hier bes. S. 181f.). Wie sich um die Jahrhundertwende dabei „gerade in der Öffentlichkeit die am Beispiel der Musik entwickelte, private und verinnerlichte Rezeptionsweise durchsetzte, die ja bis heute gilt", zeigt eindrucksvoll eine entsprechende Fallstudie von Karl Schawelka. Vgl. ders., „Klimts Beethovenfries und das Ideal des 'Musikalischen'", in: Jürgen Nautz/Richard Vahrenkamp (Hrsg.), *Wiener Jahrhundertwende. Einflüsse – Umwelt – Wirkungen*, Wien/Köln/Graz 1993, S. 559-575 (hier S. 575). Schawelka gibt uns zugleich den entscheidenden Hinweis für eine kunstgeschichtliche Einordnung von Max Webers Gegenüberstellung von „monumentaler" und „intimer Kunst": „Nicht die Kategorie des Gesamtkunstwerks, sondern die im Ausstellungsraum durch die Hinweise im Werk selbst erreichte *private Kunstkontemplation* liefert den entscheidenden Unterschied" (ebd.).

"Sublimierung" der innerhalb der modernen Kunst und Religion geronnenen Kulturinhalte aber nicht notwendig zu einer unüberbrückbaren Grenzziehung führen muß, sondern allererst die Möglichkeit eines funktionalen Vergleichs ihrer jeweiligen Eigenart garantiert und insofern auch produktive Wechselwirkungen zwischen den formal getrennten, erlebnishaft dagegen jedoch oft "verwandten" Bereichen gerade nicht ausschließt, ist eine Erfahrung, welche nicht nur die erstmals in der deutschen Frühromantik proklamierte Form der modernen Kunstreligion kennzeichnet, sondern auch eine auf sie bezogene soziologische Reflexion, wie sie um 1900 von den beiden zentralen Gründergestalten der deutschsprachigen Tradition der Kultursoziologie namhaft vertreten worden ist. Insofern stellt der frühromantische Vorgriff auf die moderne Erlebnisgesellschaft und die mit ihr verbundene Kultur der Innerlichkeit nicht nur eine zentrale Erscheinungsform der neueren Frömmigkeitsgeschichte dar, sondern zugleich auch ein wirkungsgeschichtliches Potential, dessen Produktivität sich gerade auch unter spezifisch fachgeschichtlichen Gesichtspunkten einer kultursoziologischen Selbstreflexion des mit dem Signum der Modernität gekennzeichneten Zeitalters erweist. Wäre es deshalb nicht an der Zeit, auch die Frage nach den *heutigen* Erscheinungsformen dieses produktiven Wechselwirkungsverhältnisses zwischen Kunst und Religion unter spezifisch *kultursoziologischen* Gesichtspunkten zu stellen?

Philippe Despoix
Dichterische Prophetie und polytheistisches Erzählen.
Zu Max Webers impliziter Bestimmung des literarischen Mediums

Max Weber hat, wenn auch in fragmentarischer Form, eine Kunstsoziologie hinterlassen, die nach wie vor größte Aufmerksamkeit verdient. Sie behandelt die Kunstformen unter zwei komplementären Gesichtspunkten: dem der Veränderungen in Material und Technik und dem der spezifischen Prozesse ästhetischer Wertung. Zum ersten gehört die Entwicklung des Kunstmittels als Gegenstand einer *empirischen* Kunstgeschichte oder -soziologie, zum zweiten das ästhetische Interesse selber – als ihr Apriori –, das als Gegenstand einer „*Kultur*philosophie" konstruiert wird.[1]

Wir kennen zwar einen Text von Weber über die „rationalen und soziologischen Grundlagen der Musik" sowie parallele, wenn auch knappe, Ausführungen über die Architektur und die bildenden Künste,[2] aber es findet sich in seinen Schriften keine unmittelbare theoretische Äußerung zur „Literatur" als solcher. Vermutlich liegt der Grund v.a. in der außerordentlichen Komplexität der allerersten Aufgabe einer entsprechenden Soziologie der literarischen Produktion, welche eine Studie für sich beanspruchen würde: nämlich in der Herausstellung des *technischen Mittels* der jeweiligen Formen von „Literatur". Die Determinierung der materiellen Produktionsweise literarischer Zeugnisse stünde tatsächlich hier im Vorfeld der Frage:

---

[1] Vgl. „Der Sinn der Wertfreiheit der soziologischen und ökonomischen Wissenschaften" (1917), in: *Gesammelte Aufsätze zur Wissenschaftslehre*, 3. Aufl., Tübingen 1968, S. 519 ff. [=GAW]. Diese doppelte Herangehensweise erlaubt es, eine „anormative Ästhetik" zu fundieren, die allein von der Existenz von Kunstwerken ausgeht, um das Problem der Bedingung der Möglichkeit des ästhetischen Wertes zu stellen: „Es gibt Kunstwerke, wie ist das (sinnvoll) möglich?" fragt Weber im Anschluß an Lukács' zum größten Teil im Heidelberger Kreis entstandener *Philosophie der Kunst* von 1912-1914, vgl. „Wissenschaft als Beruf" (1919), GAW, S. 610.

[2] Vgl. „Der Sinn der Wertfreiheit ...", GAW, S. 519 ff.; ferner: „Vorbemerkung", in: *Gesammelte Aufsätze zur Religionssoziologie*, Bd. I, 6. Aufl., Tübingen 1978, S. 2 f. [= RS]; vgl. auch „Religionssoziologie", § 11, sowie: „Die rationalen und soziologischen Grundlagen der Musik", in: *Wirtschaft und Gesellschaft*, Bd. II, 3. Aufl., Tübingen 1947 [= WuG], als erster Baustein einer geplanten aber nie ausgeführten Soziologie der Kunst.

Was ist die literarische Tätigkeit für eine gegebene Gesellschaft? Ein einzelner Satz aus der „Vorbemerkung" der *Gesammelten Aufsätze zur Religionssoziologie* erlaubt das Problem genauer zu erläutern: „Produkte der Druckerkunst gab es in China. Aber eine gedruckte: eine nur für den Druck berechnete, nur durch ihn lebensmögliche Literatur: 'Presse' und 'Zeitschriften' vor allem, sind nur im Okzident entstanden."³

Der charakteristische Unterschied der abendländischen Kultur im Bereich der literarischen Produktion wird erst durch die besondere Aufwertung eines Mediums, des Gedruckten, definiert. Gewiß gebraucht Weber den Begriff „Literatur" im „wertfreien" Sinn, unabhängig von jedem ästhetischen Urteil. Aber die Konsequenzen dieser Bemerkung sind nicht weniger von Bedeutung für die Problematisierung einer literarischen Ästhetik. Mit dem Aufkommen der Tagespresse entsteht eine „Veralltäglichung" des Lesens, die das Geschriebene im sozialen Raum neu verankert. So berechtigt die Tatsache, daß die Mehrzahl der großen Prosawerke des 19. Jahrhunderts als Fortsetzungsromane in Zeitungen veröffentlicht wurden, nicht nur die soziale Wirkung von Literatur, sondern auch die Entfaltung der modernen Roman*form* selber zu erörtern.⁴

Von der Tragweite solcher Phänomene für Weber zeugt sein Vorschlag auf dem ersten deutschen Soziologentag (1910), eine empirische Untersuchung über die Presse durchzuführen, eine umfangreiche vergleichende Studie, die er als eine der dringlichsten Aufgaben der neuen Disziplin vorstellt. Mit der Auswirkung der durch die Presse veränderten Lesegewohnheiten entsteht eine „gewaltige Verschiebung der ... ganzen Art, wie der moderne Mensch von außen her rezipiert... Wie werden die objektiven überindividuellen Kulturgüter beeinflußt, was wird an ihnen verschoben, was wird an Massenglauben, an Massenhoffnungen ..., an 'Lebensgefühlen', an möglicher Stellungnahme für immer vernichtet und neu geschaffen ?"⁵

Die „Soziologie des Zeitungswesen" sollte programmatischerweise erkunden, inwiefern die Presse insgesamt dazu beiträgt, dem modernen Men-

---

³ RS I, S. 3; die „Literatur" als Gedrucktes nimmt in der Rekonstruktion des westlichen Rationalisierungsprozesses den Platz zwischen der „Kunst" und der „Universität" ein, die zum systematischen Fachbetrieb der Wissenschaft und zum „Fachmenschentum" als Grundlage des modernen Staates führt.
⁴ Weber spricht ausdrücklich von „Massenproduktionen von Preßinhalten, von der Sport- und Rätsel-Ecke bis zum Roman", in: „Geschäftsbericht" [des ersten Deutschen Soziologentags], *Schriften der Deutschen Gesellschaft für Soziologie*, Bd. I, 1910, S. 49 [= SDGS]; Reprint in: *Gesammelte Aufsätze zur Soziologie und Sozialpolitik*, Tübingen 1924, S. 431 ff. [= GSS]; vgl. ferner im Bezug auf A.Dumas, Tolstoj und Dostojewski, S. 467.
⁵ Vgl. „Geschäftsbericht", SDGS I, S. 51.

schen Gestalt zu verleihen. Diese Fragestellung zeigt eindeutig, wie in der Aufwertung eines neuen „literarischen Mediums" für den Soziologen implizit eine ganze Kulturform, eine mögliche „Stellung zur Welt" mit im Spiel ist.

Spannung zwischen ästhetischer und religiöser Wertsetzung

Wie werden aber etwa die ästhetischen Wertungsprozesse als solche dargelegt? Weber hat diese Frage kaum im Fall der modernen Literatur – darüber später –, wohl aber anhand der heiligen Texte der „Weltreligionen" indirekt behandelt. An einer zentralen Stelle der „Zwischenbetrachtung" seiner Religionssoziologie geht er konstruktiv-typologisch auf die Affinität zurück, die zuerst zwischen magischer Religiosität und ästhetischer Sphäre besteht, sich aber dann zu einem komplexen Spannungsverhältnis entwickelt: „Für die religiöse Brüderlichkeitsethik ... ist die Kunst als Trägerin magischer Wirkungen nicht nur entwertet, sondern direkt verdächtig. Die Sublimierung der religiösen Ethik und Heilssuche einerseits und die Entfaltung der Eigengesetzlichkeit der Kunst andererseits neigen ja schon auch an sich zur Herausarbeitung eines zunehmenden Spannungsverhältnisses. Alle sublimierte Erlösungsreligiosität blickt allein auf den Sinn, nicht auf die Form, der für das Heil relevanten Dingen und Handlungen ... Indessen die Entfaltung des Intellektualismus und die Rationalisierung des Lebens verschieben diese Lage. Die Kunst konstituiert sich nun als ein Kosmos immer bewußter erfaßter selbständiger Eigenwerte. Sie übernimmt die Funktion einer, gleichviel wie gedeuteten, innerweltlichen Erlösung: vom Alltag und, vor allem, auch von dem zunehmenden Druck des theoretischen und praktischen Rationalismus. Mit diesem Anspruch tritt sie in direkte Konkurrenz zur Erlösungsreligion."[6]

Diesen Wertkonflikt zwischen religiösem Anspruch und künstlerischer Formung untersucht Weber für die „literarische Technik" der biblischen Tradition anhand der Umwandlung des alten „prophetischen Orakel" zur sogenannten „Schriftprophetie". Obwohl sie schon in der späten Periode des antiken Judentums in Erscheinung tritt, kommt der Schriftprophetie – als neuem Typus des Prophezeiens – erst im Zusammenhang mit der Entwicklung des Christentums zur Weltreligion entscheidende Bedeutung zu. Nach dem Soziologen besteht eines der wichtigsten Ergebnisse der paulinischen Mission tatsächlich darin, das Heilige Buch der Juden bewahrt und als sol-

---

[6] RS I, S. 555.

ches der späteren europäischen Kultur überliefert zu haben. Auch wenn sie die christliche Heilsbotschaft zur Grundlage hat – so entwickelt er in *Das Antike Judentum* –, knüpft die Lehre des Paulus doch an die jüdische religiöse Erfahrung des Exils an: „Ohne die höchst besondersartigen Verheißungen des unbekannten großen Schriftstellers der Exilzeit, der die prophetische Theodizee des Leidens Jes. 40-55 verfaßt hat, insbesondere die Lehre vom lehrenden und schuldlos freiwillig als Sühnopfer leidenden und sterbenden Knecht Jahwes wäre trotz der späteren Menschensohn-Esoterik die Entwicklung der christlichen Lehre vom Opfertod des göttlichen Heilands ... nicht denkbar gewesen."[7]

In Bezug auf eine ästhetische Wertung drückt sich mit der angesprochenen Figur des Gottesknechtes, dessen Ansehen „unmenschlich entstellt" ist, die Idee einer radikalen Entgegensetzung des „Heiligen" und des „Schönen" aus. Am deutlichsten ist in dieser Hinsicht das „Vierte Lied" des Deutero-Jesaja:

> „'Wer glaubte dem, was wir vernahmen? Wem ward der Arm Jahwes enthüllt?'
> Er wuchs empor vor uns wie ein Reis, wie eine Wurzel aus dürrem Erdreich.
> Keine Gestalt besaß er, noch Schönheit; [wir schauten,] und es war kein Anblick, daß wir sein begehrten.
> Verachtet war er und von den Menschen gemieden, ein Mann von Schmerzen, leiderfahren; wie einer, vor dem man sein Angesicht verhüllt, verabscheut, von niemand beachtet.
> Aber wahrlich, unsere Krankheiten hat er getragen, unsere Schmerzen hat er auf sich geladen; doch wir hielten ihn für einen Geschlagenen, den Gott getroffen und gebeugt hat. Er ward durchbohrt um unserer Sünden willen, zerschlagen für unsere Missetaten. Zu unserem Frieden lag die Strafe auf ihm; durch seine Striemen ist uns Heilung geworden.
> Wir alle irrten umher wie die Schafe, jeder ging seine eigenen Wege. Aber Jahwe ließ ihn treffen die Schuld von uns allen."[8]

Es gibt wahrscheinlich keinen Text in der Bibel, wo die literarische Prophetie der Exilzeit sich so deutlich als eine Umkehrung der „magischen" Religiosität darstellt. Der Gottesknecht wird nicht nur *nicht* begehrt (in seiner Übersetzung wählt Luther ausdrücklich das Wort „häßlich" in Bezug auf ihn), sondern man wendet sich vor seiner Erscheinung ab wie angesichts von Personen, die durch eine Schmach befleckt sind. Angedeutet ist hier ein „Ta-

---

[7] RS III, S. 7.
[8] Jesaja 53 (1-6), nach: *Die Heilige Schrift des Alten und Neuen Bundes*. Deutsche Ausgabe mit den Erläuterungen der Jerusalemer Bibel, (Herder), Freiburg-Basel-Wien 1968; Buber seinerseits übersetzt: „Nicht Gestalt hatte er, nicht Glanz, daß wir ihn angesehen hätten, nicht Aussehen, daß wir sein begehrt hätten...", in: *Bücher der Kündung* (Die Schrift. Verdeutscht von Martin Buber gemeinsam mit Franz Rosenzweig. Bd. 3), Heidelberg 1985.

bu" im magischen Sinne, wonach ein Kontakt oder ein einfacher Blick genügt, um die Befleckung zu übertragen. Der Kern einer solchen Vorstellung liegt darin, jede Identifikation und folglich jedes Mitleid mit der „unreinen" Person zu unterbinden, indem die *aisthesis*, die dazu führen könnte, ausgeschlossen wird. Wo die Befleckung oder die Krankheit für die polytheistischen Kulturen das hervorstechende Zeichen göttlicher Ungnade war,[9] deutet der Deutero-Jesaja das Moment der visuellen Wahrnehmung von Leiden und Abstoßendem um, indem er ihm einen heiligen Charakter – als Zeichen von Erwähltheit – verleiht. Während der Schriftsteller des Exils eine ästhetisch „negative" Empfindung (Ekel oder Abscheu) mit der Erlösungsfunktion des Gottesknechtes verknüpft, gerät er zweifellos in Spannung mit dem grundsätzlich „anästhetischen" Gesetz des Judentums, das mit dem „Bildverbot" jede Koppelung von Göttlichem und Sichtbarem prinzipiell ausschaltet. Dafür kann er aber eine neue „Ethik" entwerfen, die – „anthropologisch" gesehen – auf der Identifikation mit dem Leiden beruht, eine Haltung, ohne welche die Juden den Platz eines „Pariavolkes" nicht hätten annehmen, noch sich später die christliche Brüderlichkeitsethik hätte entwickeln können.

Ethische Prophetie als lyrische Dichtung

Diese „Relativierung" der allein um die Gebote zentrierten Ethik bezieht Weber im wesentlichen auf die Verwandlung gelebter Offenbarung im Zusammenhang mit dem babylonischen Exil zurück. Besonders klar festzustellen ist dieser Wandel in der prophetischen Aktivität bei Hesekiel. Zu Beginn seiner Berufung ist er ein ausgeprägter „Unheilsprophet", der in seinen Visionen die Belagerung und Zerstörung Jerusalems vorhersagt. Nach dem *historischen* Fall Jerusalems aber erfährt er – Weber unterstreicht es – im Unterschied zur ersten Phase seiner Tätigkeit keine Ekstase mehr: Hesekiel unterliegt keinen Visionen und hört nicht mehr die Stimmen, nach denen er seine früheren Orakel gab. Die ganze Hoffnung des Propheten setzt auf eine rational organisierte „Theokratie", die ein Bild der zukünftigen Gesellschaft zeichnet. Seine Prophetien haben die Form einer direkt geschriebenen, stark intellektuellen utopischen Konstruktion angenommen: die sogenannte Thora Hesekiels. Für den Soziologen Weber verkörpert Hesekiel den ersten

---

[9] Z.T. auch bei den Juden selber: vgl. RS I, S. 242.

"*schriftstellernden* Propheten" im eigentümlichen Sinn des Wortes und stellt typologisch den Übergang zum „Priester" dar.[10]

Das Phänomen der „Schriftprophetie" kennzeichnet also einen Wandel der „literarischen Technik", der eine weitgehende Differenzierung im Gebrauch des Schriftmediums zugrunde liegt. Es handelt sich um eine *schriftliche* Schöpfung auf der Ebene der Ausdrucksform selber: was geschrieben wird, ist nicht länger göttliche *Stimme*, wie sie sich unmittelbar in der unkontrollierten Ekstase offenbart hatte, oder die eigene Deutung der mysteriösen Visionen des Propheten, sondern das Produkt intellektueller Rationalisierungen. Einst im wesentlichen öffentliche *Rede*, politisches Orakel, das zur Handlung aufruft, wirkt die Prophezeiung in dieser späteren Phase gänzlich über das *Schriftmedium*, d.h. über die Lektüre und die Interpretation eines theologischen Konstrukts.

Die Umkehrung der „literarischen Technik" im Vergleich zum *spontanen* Charakter der „vorexilischen Prophetie" kann stärker nicht herausgestellt werden. Weber hebt insbesondere die Tatsache hervor, daß das prophetische Orakel der vorexilischen Zeit – oft im Zustand der Trance – unter starker Emotion ausgedrückt, sogar gesungen wurde: „Die an sich große Macht der Rhythmik wird [hier] noch überboten durch die Glut der geschauten Bilder, die immer konkret, anschaulich, gedrungen, schlagend, erschöpfend, oft von ganz unerhörter Herrlichkeit und Furchtbarkeit, zu dem Grandiosesten gehören, was in dieser Hinsicht die Weltdichtung hervorgebracht hat, und nur da unplastisch werden, wo die persönlichen Großtaten des unsichtbaren Gottes ... in unbestimmten Zukunftsbildern aus der vagen Vision herausgestaltet werden mußten ... [Diese Emotion] stammt eben nicht aus dem Pathos dieser psychopathischen Zuständlichkeiten als solcher, sondern aus der stürmischen Gewißheit der gelungenen Erfassung des Sinnes dessen, was der Prophet erlebt hatte: ... was Jahwe mit diesem Wachträumen oder Gesicht oder dieser ekstatischen Erregungen gemeint und ihm in verständlichen Worten zu sagen befohlen hatte."[11]

Für den Soziologen besteht die Einmaligkeit der vorexilischen Prophetie vor allem in ihrem streng „ethischen" Charakter – d.h. in dem Ausschluß jedes magischen oder ritualistischen Elements – sowie in ihrem innerweltlichen Missionismus: ihre Botschaft hat stets den Sinn, die religiöse Tradition

---

[10] Vgl. Hes. 40-48 und: RS III, S. 380 f.; ferner: Hesekiel als „priesterlicher Theoretiker", WuG, S. 253.

[11] RS III, S. 305; zu den prophetischen „Visionen" vgl.: Jeremia 1 (11), Jesaja 6 (6), Amos 7-9, Nahum 2 (12), Sacharja 1 (7), 2-3.

der Juden, in einer Situation, wo sie außer Kraft gesetzt erscheint, wieder zu bestätigen. Als tradierter *Text* existiert diese Form der Prophezeiung erst als ein Produkt des – häufig von Jüngern vorgenommenen – Aufschreibens einer mündlich offenbarten, spontanen Rede. Im wesentlichen poetischer Rhythmus und metaphorische Vision ist sie *keine* genuin geschriebene Form wie die spätere Schriftprophetie. Dieser zumeist öffentliche Orakeltypus, in dem das Charisma der Propheten zum Ausdruck kommt, stellt einen Höhepunkt des religiösen Handelns dar, denn es ist eine Offenbarung, die, im Moment einer historischen Gefahr, die Thora als einziges und unerschütterliches Gesetz erneut bekundet. Dem Inhalt nach fordert diese Art Prophetie in der Regel nichts anderes als das tägliche Einhalten der Gebote, ohne welches das äußerste Unglück über die Gemeinschaft kommen würde.[12]

Dieser religiösen, zugleich „politisch" gefärbten Wertung der vorexilischen Prophetie entspricht für Weber ein ebenso überragender ästhetischer Wert. Den erhabenen Charakter dieser Dichtung sieht er gerade an die Spannung gebunden, die zwischen in Trance erlebten Halluzinationen und ihrer wörtlichen *Interpretation* herrscht. Erfolgen die Deutungen des Propheten im Rahmen eines Gesetzes, das als erstes jede Heiligung des Bildhaften verbietet, so müssen seine Visionen, als Metaphern des göttlichen Willens, ihre sichtbare Eigenheit verlieren. Sie sind nur noch als Botschaft Gottes *lesbar*, ihre Wirksamkeit ist von ihrem unmittelbar anschaulichen „ästhetischen" Charakter abgekoppelt, was eben eine Übertragung ins lyrische Wort notwendig macht. Allein das geschriebene Gesetz des strengen judaischen Monotheismus verleiht diesen spontanen Erleuchtungen eine feste Bedeutung. Man kann hier von der apriorischen Auferlegung einer rein sprachlichen Signifikanz sprechen. Und unter dem Gesichtspunkt der „literarischen Technik" fungiert in der Tat für Weber die prophetische Offenbarung als diejenige Handlung, die sich am deutlichsten einer rein „poetischen" Tätigkeit annähert.[13] Radikal von der Magie und dem Ritualismus der Priesterreligion gelöst, ist im Rahmen einer streng ethischen Tradition die alte Prophetie ei-

---

[12] Zum Vorwurf der „Gesetzlosigkeit" vgl.: Jes. 1 (11 f.), Jer. 1 (16), Hes. 4-7, Amos 2 (4), Nahum 1 (14), Sacharja 1 (6).

[13] Für Weber stellt der mündliche Charakter der Poesie eine Konstante dar: „... vielleicht die hieroglyphische und chinesische Poesie ausgenommen, bei welcher der optische Eindruck der Schriftzeichen, ihrer künstlerischen Struktur wegen, als integrierender Bestandteil zum wirklichen Vollgenuß des poetischen Produkts gehört, aber im übrigen ist jede Art von poetischem Produkt von der Art und Weise der Struktur der Schrift so gut wie ganz unabhängig." in: WuG II, S. 852.

ne religiös bewährte Deutungstechnik der geschichtlichen Aktualität; zugleich – und das Paradox ist nicht gering – bildet sie die Quelle der eindrucksvollsten dichterischen, insbesondere lyrischen Passagen in der biblischen Überlieferung.

Schrifttätigkeit und messianische Umdeutung

Genau diese konsequente Entkoppelung von ästhetischer und religiöser Sphäre, die die Konzeption einer vom alleinigen Gott geschenkten Thora auszeichnet, wird vom Messianismus des babylonischen Exils umgewertet. Im Kontrast zum älteren prophetischen Orakel stellt die literarische Schriftprophetie des Exils eine konsequente Apotheose der Armut, des Leidens und der Erniedrigung dar. Sie ist nach Weber am Ursprung der einzigen rationalen Theodizee, die es den Juden ermöglicht hat, die Stellung eines „Pariavolkes" auf sich zu nehmen.[14] Dies impliziert aber, die Gebotsethik selbst des traditionellen Judentums durch eine Ethik des Leidens zu ergänzen, deren ästhetische Folge eine Aufwertung des Abstoßenden sein wird. Der für das Spätjudentum einzigartige Charakter der messianischen Schriftprophetie ist an einen Typus religiöser Botschaft gebunden, der die Sphäre des Ästhetischen nicht mehr ausschließen will, sondern sie sich anzueignen sucht, indem ihr Wert umgedeutet wird: das Kunstvolle ist götzenhaft, *also* ist das Häßliche heilig.[15] Was – religiös gesehen – ein Ausschluß jeder Bildhaftigkeit war, wertet die Schriftprophetie als Negation des Schönen um, was eine radikale Ablehnung der *aisthesis* d.h. ein Verwerfen der „Form" war, wird zur Verneinung ihres möglichen „Sinns". In seiner Opposition zum traditionellen judaischen „Anästhetismus" tendiert der Messianismus des Exils „antiästhetisch" zu werden. Mit folgender Konsequenz: in dem Maße, wie die utopischen Bilder der Schriftprophetie eine religiöse Wirkung für sich beanspruchen, schwächt sich ihr eigentlich poetischer Charakter ab.[16]

Die ausgeprägte Entwicklung einer solchen „gegenästhetischen" Position bildet den Grund dessen, was für Nietzsche zum Skandal des Christentums wurde. Es ist eindeutig, daß Weber hier dessen grundlegender Analyse folgt. Man erinnert sich, wie im *Antichrist* – unmittelbar vor der Forderung nach einer Umwertung der christlichen Werte – der Nietzscheanische An-

---

[14] Vgl. zur Theodizee des Leidens: RS I, S. 244 ff., RS III, S. 384 ff.
[15] Dies stellt eine Umwertung der Vorbedingung selbst des monotheistischen Gesetzes dar, die im ersten Gebot verankert ist: „Du sollst keine anderen Götter haben neben mir. Du sollst dir kein Bildnis noch irgendein Gleichnis machen..." Ex. 20 (3-4).
[16] Vgl. RS III, S. 305, sowie z.B. Hez. 40-48.

griff gegen Paulus in der Denunzierung seines Geschmacks am Abscheulichen und Häßlichen gipfelt.[17]

Die paulinische Religion hatte den Gottesknecht zum Vorbild Jesus gemacht: dadurch eröffnet sie durch die Liebe zum Leidenden und Häßlichen den Weg für eine Ästhetik der Passion.[18] Erste Spuren davon finden sich schon im 3. Jahrhundert bei Tertullian, der gegen die gnostischen Häresien die Kontinuität zwischen der Botschaft Christi und der des Gottes der Hebräer behauptet. Bei ihm verklärt sich der Kampf gegen die antike Kunst – besonders gegen das Theater und die Spiele – ausdrücklich in ein „Schauspiel" der Kreuzigung und des Jüngsten Gerichts.[19]

Die Passionsgeschichte Christi wird buchstäblich zum Grundelement der Wirkungsmacht der neuen Religion. Nicht mehr prophetische Bestätigung der Tradition ist diese Geschichte viel eher eine Zeugenschaft (martyria), ein Bericht, der um ein „nicht metaphorisierbares" Element organisiert ist, das ihm seine Bedeutung a posteriori zuweist: um den Anblick des gekreuzigten Körpers. Mit dem Kreuzesbild wird ab dem Mittelalter dieser im Zentrum des Ritus stehen. Die religiöse Bedeutung dieses Berichts zu teilen heißt an einem „Kult" teilzunehmen, der – in der Eucharistie – um die „symbolische" Vereinigung mit dem Leib Christi gipfelt.

Damit ist der Hauptgegenstand der christlichen Kunst vorgegeben. Der ungeheure historische Erfolg dieser Weltreligion zeigt sich u.a. auch darin, daß sie das Symbol der Erlösung für alle Künste geltend machen konnte. Die Passion – oder das Kreuz – ist von der Musik über die bildenden Künste bis zur Architektur der vorgeschriebene Stoff geworden. Durch eine berichtende Geschichte, deren einzigartiger „ästhetischer" Charakter genau in

---

[17] Vgl. F. Nietzsche, *Der Antichrist*, § 51: „Alles Wohlgeratene, Stolze, Übermütige, die Schönheit vor allem tut ihm in Ohren und Augen weh... 'Was *schwach* ist vor der Welt, was *töricht* ist vor der Welt, das *Unedle* und *Verachtete* vor der Welt hat Gott erwählet': das war die Formel, in *hoc signo* siegte die *décadence*. – Gott am Kreuze – versteht man immer noch die furchtbare Hintergedanklichkeit dieses Symbols nicht?"

[18] Vgl. [Paulus] 1.Kor. 1 (27 f.), sowie Jacob Taubes Genealogie der Ästhetik des Kreuzes, in: „Die Rechtfertigung des Häßlichen in urchristlicher Tradition", *Poetik und Hermeneutik*, Bd. III, 1972, insb. S. 181: „Jesaia 53 bleibt in der antiken Kirche das wichtigste Zeugnis für den 'häßlichen' Christus." Reprint in: *Vom Kult zur Kultur. Bausteine zu einer Kritik der* historischen *Vernunft*, München 1996, S. 114 ff.

[19] Vgl. Tertullian: *De spectaculis*, § 29: „... Daß du die Götter der Heidenvölker mit Füßen trittst, ... Dämonen vertreibst, ... Heilungen bewirkst, daß du dich um Erleuchtungen bemühst und daß du für Gott lebst: Das sind die Genüsse, das sind die Schauspiele [*spectacula*] der Christen: Sie sind heilig, ewig und unentgeltlich. In ihnen finde du deine Circusspiele ... Und so sehen bei uns die Wettkämpfe aus, in denen wir die Siegeskrone erhalten. Willst du aber noch Blut? Dann hast du das Blut Christi."

dem kulminiert, was der Kult als Gottesopfer erklärt, hat sich der ganze Bereich der Kunst der Religion untergeordnet.

Wir haben hier einen ausgeprägten Fall dafür, wie ein Wechsel des Mediums göttlicher Offenbarung und ihrer menschlicher Tradierung, die mit einer Umwertung des ästhetischen Blicks einhergeht, dazu führen kann, den Sinn der religiösen Erfahrung ganz zu erneuern. Zwischen der „literarischen" Schöpfung der vorexilischen Prophetie und derjenigen des Evangeliums, das sich auf den späten jüdischen Messianismus wesentlich stützt, hat sich die Ordnung des religiösen Diskurs ganz umgeformt: Darin kann man den Übergang von einer Kultur, die vorrangig um den charismatischen „Propheten" zentriert ist, zu einem Gefüge erblicken, in welchem der institutionalisierte „Priester" die entscheidende Rolle spielen wird. Man weiß, daß diese beiden Hauptfiguren der Weberschen Soziologie auf entgegengesetzte Idealtypen der Religiosität verweisen: die „Ethik" und den „Ritualismus". Dem entspricht auf der Ebene der „literarisch medialen Technik" die Polarität zwischen der Immanenz des prophetischen Wortes der Thora gegenüber – als Quelle dessen lyrischen, erhabenen Metaphorik – und der Transzendenz des geopferten Körpers als zentrales, wenn auch negativ „ästhetisches" Element eines religionsstiftenden Berichts.

Moderne Dichtung und Prophetentum – Tolstoj

Die Folgen der Umwälzung der antiken Werte durch das Christentum sieht Weber bis in die Dichtung der Moderne am Werke. Die deutlichste Äußerung dazu findet sich im Vortrag *Wissenschaft als Beruf*, in dem Deutero-Jesaja ebenfalls zitiert wird: „Wenn irgend etwas, so wissen wir es heute wieder: daß etwas heilig sein kann nicht nur: obwohl es nicht schön ist, sondern: weil und insofern es nicht schön ist, – in dem 53. Kapitel des Jesaiasbuches und im 22. Psalm finden wir die Belege dafür; – und daß etwas schön sein kann nicht nur: obwohl, sondern: in dem, worin es nicht gut ist, das wissen wir seit Nietzsche wieder, und vorher finden wir es gestaltet in den 'Fleurs du mal' ..."[20]

Die Moral der Vornehmheit, die Nietzsche der „Gegenästhetik" des Christentums entgegenhält, ist ein Urteil, das von der Sphäre der Kunst aus getroffen wird. Die „Umwertung der Werte", die die moderne Kunst im ganzen vornimmt, sieht Weber aber von den messianischen Vorstellungen insofern abhängig, als sie deren säkularisierte Inversion darstellt. Im Bereich

---

[20] „Wissenschaft als Beruf", GAW, S. 603 f.

des Literarischen hat die Moderne spätestens seit Sade nicht aufgehört, den Tod Gottes zu verkünden und, sei es durch Profanierung, dessen Verlust beklagt. Die Opferung des Sohnes war für die christlichen Epochen die Gewähr der ungeteilten Kraft der göttlichen Gnade. Erscheint kein „Heiland" mehr – der den Gottesvater in seiner Anwesenheit bestätigen konnte – so bleibt die Form, die im Opfer Schrecken und Heiliges miteinander verband, zwar bewahrt, aber ihre Bedeutung kehrt sich aufs neue um. Sie verlagert sich von der religiösen in die künstlerischen Sphäre: wo das Abscheuliche der Kreuzigung die väterliche „Güte" versicherte, wird nun das „Böse" zum Garanten des Ästhetischen.[21] Daraus leitet sich für Weber der paradigmatische Charakter der Dichtung Baudelaires ab, ihr Lob des Abscheus, der Verwesung, ihre Verbindung zur Sexualität und Perversion. Die Ästhetik des Häßlichen als literarische Maxime der Moderne wird zugleich als ein Versuch der Umwertung des christlichen Erbes verstanden, ohne sich noch von den vom Monotheismus geschaffenen Strukturen befreien zu können.

Als Konsequenz hiervon wird die Sphäre des Sichtbaren, insbesondere das rauhe Straßenbild und die Wirrnis der modernen Großstadt zur ersten Inspirationsquelle für die Dichtung. Für Weber sind es Rilke und George, die nach Baudelaire am weitesten in diese Richtung ausschreiten. Diese vom Standpunkt der ästhetischen Wertung erneute Umwandlung eröffnet bislang ungekannte Möglichkeiten: sie schärft die Empfindsamkeit für die sogenannten „formal-ästhetischen Werte", die mit dem Aufkommen der modernen Technik verknüpft sind, und die für alle neuen Kunstformen von außerordentlicher Relevanz werden.[22]

Auf dem Gebiet der modernen Prosa hingegen ist Webers Aufmerksamkeit auf die skandinavische und insbesondere auf die russische Literatur gerichtet. Man weiß, daß Tolstoj und Dostojewskij zu den Autoren gehören, deren Prosa im Heidelberg-Kreis mit Vorliebe diskutiert wurde: wenn

---

[21] Die ästhetische Wendung zum Häßlichen wird von der puritanischen Kultur vorbereitet, vgl. RS I, S. 185: „Daß die 'Renaissance des Alten Testaments' und die pietistische Orientierung an gewissen, letztlich auf Deuterojesaja und den 22. Psalm zurückgehenden schönheitsfeindlichen christlichen Empfindungen in der Kunst dazu beigetragen haben muß, das Häßliche als künstlerisches Objekt möglicher zu machen und daß auch die puritanische Ablehnung der Kreaturvergötterung dabei mitspielte, liegt nahe."

[22] Vgl. „Diskussionsrede zu W. Sombart Vortrag über Technik und Kultur": „Ich glaube, daß eine Lyrik, wie etwa die Stephan Georges: – ein solches Maß von Besinnung auf die letzten, von diesem durch die *Technik* unseres Lebens erzeugten Taumel uneinnehmbaren Festungen rein künstlerischen Formgehalts gar nicht errungen werden konnte, ohne daß der Lyriker die Eindrücke der modernen Großstadt, die ihn verschlingen und seine Seele zerrütten und parzellieren will, – und mag er sie für sich in den Abgrund verdammen, – dennoch voll durch sich hat hindurchgehen lassen." in: SDGS I, S. 99; Reprint in: GSS, S. 449 ff.

auch weniger als spezifisch literarischer Gegenstand denn als Anlaß für systematische Auseinandersetzungen über Moral und mystische Religiosität.²³ Während für Weber die *Form* die Eigenheit des Ästhetischen ausmacht und er unter diesem Gesichtspunkt gelegentlich die dichterischen Werke seiner Zeit einer formalen Analyse unterzieht,²⁴ so scheint sein Interesse an den großen russischen Romanen in erster Linie von „ethischen" Inhalten geleitet.

Die Konfrontation mit Tolstoj spielt hier eine ganz entscheidende Rolle. Wie für Nietzsche hat er ihn als Moralisten gelesen. In der Tat wird der russische Schriftsteller nahezu ohne Ausnahme von dem Soziologen ins Feld geführt, wenn es darauf ankommt, den Typus des „Gesinnungsethikers" zu vergegenwärtigen. Die moralische Gestalt des alten Mannes nach seiner religiösen „Bekehrung" in den Jahren 1880-82 gebietet Weber dabei die gleiche Achtung wie der frühe Autor von *Krieg und Frieden*. Als typischer Repräsentant der russischen Kultur erweckt Tolstoj so weit sein Interesse, daß der Soziologe über den Schriftsteller sogar ein Buch geplant hat. Die Absicht bleibt zwar unausgeführt, aber die darin vorgesehenen Themen werden später mehrfach, insbesondere im Vortrag *Wissenschaft als Beruf*, wiederaufgegriffen.²⁵

Weber sieht in Tolstoj einen unnachgiebigen Verfechter des Individualismus, einen Menschentypus, der seine Ideale bis zur *letzten* Konsequenz führt, weil seine Botschaft der Gewaltlosigkeit allein kraft des eigenen Beispiels wirken sollte. Daß er am Ende seines Lebens auf alle irdischen Güter verzichtet, gewinnt hier für den Soziologen entscheidende Bedeutung.²⁶ Dieser letzte Rückzug des russischen Schriftstellers gilt ihm als einzige Möglichkeit, der Gesinnung der Bergpredigt Würde zu verleihen und bestätigt, wie sehr diese sich doch nur als eine individuelle und v.a. *elitäre* Ethik praktizieren läßt. Als religiöser „Virtuose" steht Tolstoj auf der Seite der *„exemplarischen Prophetie"* – für den Soziologen ein typisch „östliches" Phäno-

---

²³ Zu Tolstoj und Dostojewski als Vorbild intellektueller Religiosität vgl. WuG, S. 296.

²⁴ Vgl. z.B. Webers Analyse der Dichtung Rilkes, in: Marianne Weber, *Max Weber. Ein Lebensbild*, München 1989, S. 463.

²⁵ Vgl. den Brief an Robert Michels (vom 4. August 1908), in: *Max Weber Gesamtausgabe* II/5 [Briefe 1906-1908], Tübingen 1990, S. 615 f.; und v.a.: „Zwischen zwei Gesetzen" (1916), in: MWG I/15, S. 93 ff.; zu Webers-Tolstoj Rezeption und zum Hinweis auf deren Bedeutung für die „Zwischenbetrachtung" vgl. Edith Hanke, *Prophet des Unmodernen. Leo N. Tolstoi als Kulturkritiker in der deutschen Diskussion der Jahrhundertwende*, Tübingen 1993, S. 168 ff. sowie meine eigene Arbeit: *Ethiques du désenchantement. Essais sur la modernité allemande au début du siècle*, Paris 1995, S. 32 ff.

²⁶ Diese Haltung ruft er all denen in Erinnerung, die sich – wie z.B. die deutschen Pazifisten während des Krieges – auf Tolstoj berufen, um ihre Ablehnung der Gewalt *politisch* zu legitimieren; vgl. „Zwischen zwei Gesetzen", MWG I/15, S. 97.

men. Der Inhalt seiner Botschaft ist eigentlich „akosmisch", der Gott der Liebe und der Gewaltlosigkeit, den sie ankündigt, ist der modernen Welt fremd. Daher kann Weber diesem neuen Aufflammen einer gewaltfreien Ethik keine innerweltliche, politische Kraft zuerkennen.[27] Das Tolstojsche prophetische Wort transzendiert für ihn in keiner Weise die Kunst des Essayisten und des Schriftstellers.

Auf den ersten Blick verwundert es in der Tat, wie stark in der Weberschen Auseinandersetzung mit Tolstoj das ästhetische Urteil im Hintergrund bleibt. Gewiß liegt es in der Logik der Soziologenhaltung, die „ethische" Diskussion und die „ästhetische" auseinanderzuhalten. Dennoch gibt Weber einen indirekten Hinweis auf seine eigene literarische Einschätzung, wenn er im erwähnten Vortrag Tolstojs die radikale Entgegensetzung zwischen dem Dasein des traditionellen Bauern und dem des modernen Menschen, dessen Tod von absoluter Sinnlosigkeit gestempelt ist, in Erinnerung ruft und sagt: „Überall in seinen späten Romanen findet sich dieser Gedanke als Grundton der Tolstojschen Kunst."[28] Der Soziologe scheint doch implizit anzuerkennen, daß der russische Autor gegen Ende seines Lebens den rein „ästhetischen" Bereich verlassen und v.a. „ideologische" Romane geschrieben hat. Er ist sich durchaus dessen bewußt, daß die Tolstojsche Ethik, die zuerst ausschließlich im Medium seiner Prosakunst Ausdruck fand, in der Folge der religiösen Krise des Schriftstellers eine grundlegende Umwertung erfahren hat. Am Ende steht sie der Kunst als eigenem Wert feindlich gegenüber. Tolstojs polemische Pointen gegen L'art pour l'art, gegen Nietzsche oder seine heftige Kritik Shakespeares liefern dafür reichliche Belege.[29]

Exemplarische Prophetie als Erzählung

Diese Spannung innerhalb des Tolstojschen Werkes faßt in paradigmatischer Weise die ganze Paradoxie des für Weber so bedeutsamen Konflikts politischer, religiöser und ästhetischer Werte zusammen. So läßt sich begreifen, daß in *Politik als Beruf* gerade die *literarische* Gestalt des Plato Karatajew dem Soziologen dazu dienen kann, die „exemplarische Prophetie" als Typus

---

[27] Die entscheidende diagnostische Formulierung Webers über die Moderne in *Wissenschaft als Beruf*: „Der Prophet, nach dem sich so viele unserer jüngsten Generation sehnen, ist eben *nicht* da" (GAW, S. 609) ist unmittelbar kontrapunktisch zur Tolstojschen Position entwickelt.
[28] GAW, S. 595.
[29] Vgl. L. Tolstoj, *Was ist Kunst?*, Jena 1911; Reprint in: *Ästhetische Schriften*, Berlin 1968.

angemessen darzustellen: „Die großen Virtuosen der akosmistischen Menschenliebe und Güte, mochten sie aus Nazareth oder aus Assisi oder aus indischen Königsschlössern stammen, haben nicht mit dem politischen Mittel: der Gewalt, gearbeitet, ihr Reich war 'nicht von dieser Welt', und doch wirkten und wirken sie in dieser Welt, und die Figuren des Platon Karatajew und der Dostojewskischen Heiligen sind immer noch ihre adäquatesten Nachkonstruktionen."[30]

Nebenfigur des vierten Buches von *Krieg und Frieden* ist Karatajew einer der gefangenen Bauern, deren Leben Pierre Besuchow eine Zeitlang teilen muß. Die Begegnung mit Plato Karatajew bildet die entscheidende Episode seiner Gefangenschaft. Tolstoj läßt sie an die ungeheure Hinrichtungsszene anschließen, der Pierre beiwohnt, ohne noch zu wissen, daß er selber begnadigt ist. In eine dunkle Kirche gebracht hat er als erstes die *Stimme* Karatajews wahrgenommen. Diesem begegnet Pierre in der Gestalt eines eindrucksvollen Erzählers. Tolstoj macht aus ihm eine fast überzeitliche Figur, eine Bauernnatur, die ihr eigenes Alter nicht kennt. Unkundig des Lesens und Schreibens, halb Christ, halb Heide, weiß Karatajew durch seine volkstümlichen Sprüche und Erzählungen seine Hörer zu bannen, auch wenn er keine Vorstellung davon hat, wie er seine Geschichten, einmal angefangen, zu Ende bringen soll. Genaugenommen besitzt er keine andere Überzeugungskraft als die seiner freien Erzählart. Eher als sein Leben als solches – Karatajew entspricht keinem Typus des Heiligen –, erscheint seine Kunst des spontanen Vortragens außerordentlich. Und tatsächlich sind in dem Roman alle bezeichnenden Momente der Begegnung mit Karatajew an den Erzählvorgang selbst gebunden.

Die „Parabel" des unschuldigen Kaufmanns, die letzte Geschichte, die Karatajew am Vortag seines Todes vorträgt, steht wie ein Symbol dafür ein. Es geht um einen Kaufmann, der für ein Verbrechen, das er nicht begangen hat, ins Zuchthaus gesteckt wurde. Das wesentliche Moment dieser Geschichte beginnt, wo sich die Gefangenen gegenseitig ihr Leben zu erzählen anfangen:

> „'Ich, meine lieben Brüder', sagte [der Kaufmann], 'leide Strafe für meine Sünden und für die Sünden der Menschheit. Ich habe keinen Menschen gemordet und habe kein fremdes Gut genommen; ich habe immer meinen bedürftigen Mitmenschen von dem Meinigen gegeben. Ich war Kaufmann ... und besaß großen Reichtum.' So und so, und er erzählte ihnen, wie alles hergegangen war, alles der Reihe nach. 'Ich beklage mich nicht über mein Schicksal', sagte er.

---

[30] „Politik als Beruf", in: *Gesammelte Politische Schriften*, 3. Aufl., Tübingen 1971, S. 557.

'Gott hat mich heimgesucht. Nur um meine Frau und die Kinder tut es mir leid', sagte er. Und da brach der alte Mann in Tränen aus. Nun traf es sich zufällig, daß unter den Anwesenden auch eben jener Mensch war, der den [Gefährten des Kaufmanns] ermordet hatte. 'Wo ist das gewesen, Großväterchen?' sagte er. 'Wann, in welchem Monat?' So fragte er ihn über alles aus. Und da wurde ihm weh ums Herz. Er ging so auf den alten Mann zu, und auf einmal, baff, warf er sich ihm zu Füßen. 'Um meinetwillen bist du ins Unglück geraten, lieber Alter', sagte er. 'Ich sage die reine Wahrheit, Kinder', sagte er, 'dieser Mann leidet völlig unschuldig. Ich selbst ... habe jene Tat begangen und dir, während du schliefst, das Messer unter den Kopf geschoben. Verzeih mir, Großväterchen, ... um Christi willen.' ... Und da sagte der alte Mann: 'Gott wird dir verzeihen; wir sind alle vor Gott Sünder', sagte er. 'Ich leide für meine Sünden.' Und er weinte bitterlich. Und denke dir, mein lieber Falke – sagte Karatajew: dieser Mörder zeigte sich selbst bei der Obrigkeit an. ... Er legte ihnen alles dar; sie schrieben ein Papier und schickten es an den gehörigen Ort. ... Die Sache ging bis zum Zaren. Endlich kam ein Befehl ...: der Kaufmann solle freigelassen werden .... 'Wo ist der alte Mann, der unschuldig bestraft worden ist?' ... Da suchten sie nun. – Karatajews Unterkiefer zitterte. – Aber Gott hatte ihn schon erlöst; er war gestorben."[31]

In dieser von Karatajew zuletzt erzählten Parabel hat Weber wahrscheinlich den angemessenen Ausdruck einer paradoxen „Theodizee" der Tolstojschen Gesinnung gesehen. Sowohl vom Standpunkt der ästhetischen Form als auch von dem der religiösen Bedeutung stellt diese Erzählung einen genauen Gegenpol zum „Lied vom Gottesknecht" der biblischen Überlieferung dar. Das Leiden – sowie auch im ganzen Roman: die Greuel des Krieges – ist zwar hier Hauptgegenstand der Erzählung, wird aber niemals auf einer theologischen Ebene bewertet. Nur durch den Zufall der Zusammenkunft und unter dem Eindruck der Erzählung gibt sich der wahre Mörder zu erkennen, aber dies hat keine Folgen. Denn das „Heil" ist jenseits der menschlichen Gerichtsbarkeit und „nicht von dieser Welt". Aber auch zwischen dem Leid des unschuldigen Kaufmanns und einer möglichen „gemeinschaftlichen" Erlösung wird jede kausale Beziehung abgestritten. Anstelle einer rationalisierenden Theodizee des Leidens tritt hier eine individuelle und „arationale" des Lebens. Der Kaufmann willigt in sein Schicksal als Ausdruck der göttlichen Bestimmung ein. „Das Leben lieben heißt Gott lieben", diese bedingungslose Bejahung des Geschehens macht die „virtuose Ethik" des Platon Karatajew aus.[32]

Später im Roman kommen Pierre in den entscheidenden Augenblicken seiner weiteren Existenz die Aussprüche und Sprichwörter Karatajews wie-

---
[31] L. Tolstoj, *Krieg und Frieden* (IV. Buch, III. Teil, § XIII), übers. v. Hermann Röhl, Frankfurt/M. 1982, Bd. IV, S. 224 ff.
[32] Vgl. ebd., IV. Buch, III. Teil, § XV.

der ins Gedächtnis. Der „Held", der Pläne zur Ermordung Napoleons ersonnen und alle Grade der Verzweiflung durchschritten hat, erfährt eine innerliche Wiedergeburt, als er, *ohne irgend etwas auszulassen*, seine erlebte Kriegsgeschichte Natascha erzählt. Erst durch ein noch unbewußtes Angleichen an den „Erzähler" kann er Karatajew zu seinem Vorbild machen, und zweifellos ist – literarisch gesehen – diese „Bekehrung" die glaubwürdigste im Werk Tolstojs. Gewiß ist das Heiratsidyll, mit dem die Geschichte Pierres abbricht, nicht frei von Ironie – vor allem ihr Schlußpunkt: der Kriegsruhm, von dem sein Neffe, dessen Ziehvater er geworden ist, träumt. Aber bedeutend bleibt, daß erst die Erfahrung des Karatajew *als* „Erzähler" ihn befähigte, das Leben zu bejahen.

„Exemplarisch" ist die Figur Karatajews also weniger als „religiöser Virtuose", der durch seine Lebensführung ein Heil jenseits dieser Welt verkündet, denn als narrative Instanz, die dem gesamten literarischen Vorhaben Tolstojs in *Krieg und Frieden* zugrundeliegt. Die Funktion des Erzählers verweist hier polemisch bei dem russischen Schriftsteller auf ein Vermögen lückenloser individueller Erinnerung. Die Inszenierung des Karatajews macht genau das Moment aus, durch welches die Tolstojsche Alternative zur offiziellen Geschichtsschreibung – wohl das erklärte Ziel des Werkes – zu einer adäquaten *formalen* Ausführung gelangt.[33]

So wie die „Liebe" Karatajews „distanziert und ohne Mitleid" – hier im Unterschied zu den „Dostojewskijschen Heiligen" – dargestellt wird, so kann die Parabel vom unschuldigen Kaufmann nicht mehr auf die symbolhafte, d.h. religiöse Wirkung eines Menschentodes hin organisiert werden.[34] Hier setzt in *Krieg und Frieden* die von jeder religiösen Botschaft befreite Geschichte das spezifisch „Ästhetische" am Erzählen ein: der Schrecken vor der Gewalt wird hier – wie auch das Schöne – *als solcher* behandelt, und der Effekt dieses literarischen Verfahrens ist v.a. ein „kathartischer", eine „inner-

---

[33] Vgl. ebd., Epilog, II. Teil.

[34] Das Verhältnis Karatajews zu den sog. Dostojewskijschen „Heiligen" – wie Sonja, Fürst Myschkin oder dem Starez Ssossima (vgl. RS II, S. 223) als Vorbild des Aljoscha Karamasoff –, die Weber ebenfalls heranzitiert, ist eines der strukturellen Komplementarität. Man kann zeigen, daß in den *Brüder Karamasoff* – insbesondere durch die nahe dialogische Beziehung zu Iwan – die Figur des Aljoscha, der sich in der geplanten Fortsetzung des Romans zum Terroristen wandeln sollte, ästhetisch sowie auch religiös Punkt für Punkt dem Tolstojschen „Erzähler" Karatajew entgegensetzt ist. Folgende Oppositionen lassen sich v. a. feststellen: Erzähltes vs. Dialog; Bekehrung zum Leben vs. Scheitern derselben und Wahn; teilnahmslose Liebe vs. identifikatorisches Mitleid; kathartische Erinnerung der Gewalt vs. Einsatz des Opfers; letztlich: Pantheismus vs. Gnostizismus.

weltliche Erlösung" von der außeralltäglichen Erfahrung, die die Greuel des Krieges darstellt.

Wo im literarischen Messianismus einzig der als heilig interpretierte *Sinn* galt, muß man bei dem russischen Schriftsteller viel mehr von der vorrangigen Wirkung der künstlerischen *Form* sprechen – einer Erzählweise, die einen großen Teil der modernen Epik charakterisieren wird. Auffällig ist, daß jene Erzählkunst mit dem Pantheismus des frühen Tolstoj in dem Maße einhergeht, als er sich dem transzendenten Gott des strengen Monotheismus entgegenstellt. Dem entspricht nicht nur Webers plastisches Bild vom Wertkonflikt als einem modernen Kampf der Götter, sondern auch, seitens der Literaturwissenschaft, Erich Auerbachs These, nach welcher sich – stilistisch gesehen – genuin epische Tradition und alttestamentliche Berichtweise gegenüberstehen.[35] Aus der Notwendigkeit religiöser Sinngebung entlassen, kann das Erzählen sich zur immanenten Erinnerung des Erfahrenen entfalten. „Sein Leben, seine Würde: sein *ganzes* Leben erzählen zu können", wäre in der Tat die Maxime des Erzählers: Walter Benjamin – ein aufmerksamer Leser Webers – wird daraus in seinem Essay über Nikolai Leskov die Konsequenzen ziehen.[36]

Lyrischer Vortrag des prophetischen Orakels als Bestätigung der Tradition – geschriebenes *Zeugnis* eines Opfers als Gründungstext einer Weltreligion – lückenlose *Erzählung* eines außerordentlichen Lebens als Grundlage epischer Form: diese drei Idealtypen „literarischer" Tätigkeit kann man aus der Weberschen Soziologie extrapolieren. Ihnen entspricht innerhalb der religiösen Sphäre drei typische Formen der Prophetie: die ethische Sendung, die priesterliche Gesetzgebung und das exemplarische Verhalten. Als singuläre Aussagetypen weisen sie polare Differenzierungen einerseits der materiellen eintragenden Technik, andererseits der gegenseitigen Wertung von Ästhetischem und Religiösem auf. Somit erscheinen „literarische Medien" auch als grundlegende Komponente der Wertordnung und der möglichen entsprechenden Subjektivierungsformen.

Daß Weber sich nicht näher mit dem „Erzähler" – den Benjamin zu einer Schlüsselfigur des Literarischen machen wird – als solchem beschäftigt

---

[35] Vgl. *Mimesis. Dargestellte Wirklichkeit in der abendländischen Literatur* (1946), 4. Aufl., Bern 1967, S. 5 ff. insb. S. 24.
[36] Vgl. „Der Erzähler. Betrachtung zum Werk Nikolai Lesskows", in: *Illuminationen*, Frankfurt/M., 1977, S. 410; zur Nähe zwischen Tolstoj und Leskov, sowie Mnemosyne als Muse des Epischen, vgl. S. 394 und S. 399.

hat, sollte nicht über Gebühr erstaunen.[37] Der religiöse Prototyp, aus dem der Märchenerzähler ursprünglich hervorgeht, der „Zauberer" oder Schamane als „heiliger Sänger", nimmt in seinen vergleichenden religionssoziologischen Essays nur einen schmalen Platz ein: höchstens als ein von den großen Weltreligionen verdrängtes Element.[38] In erster Linie interessiert sich Weber für die der abendländischen Kultur eigene spezifische „Rationalisierung", die vom „epischen" Gesang zur „ethischen" Prophetie führt. Wenn die dreifache Differenzierung, die seine Religionssoziologie nach den Polen „Magie", „Ritualismus" und „Ethik" ausrichtet, sich nicht von vornherein in eine Teleologie einschreibt, bleibt doch die „Ethik" – als Rationalisierungstütze der Lebensführung – stets sein Orientierungspunkt.

Wenn Weber in dem Band über „Hinduismus und Buddhismus" das *Mahâbhârata* analysiert, sucht er auch in diesem Text vor allem das auf, was in die Richtung der exemplarischen Prophetie weist. Deshalb kann er vom alten Epos der brahmanischen Kultur sagen, es sei „zu einer unförmlichen ethischen Paradigmatik angeschwollen [und] ... nach Form und Inhalt ein Lehrbuch der Ethik an Beispielen, keine Dichtung mehr".[39] Seine Interpretation ist vor allem um die Dialoge der *Bhagavad-gîtâ* zentriert und läßt die spezifisch „epische" Struktur der gesamten Dichtung vergleichsweise außer acht.

Es gehört sogar zu den Aporien der Weberschen Kulturphilosophie, für die Moderne eine Diagnose des Polytheismus der Werte zu stellen, ohne dafür der bedeutsamsten literarischen Form, die die polytheistische Welt hervorgebracht hat, nämlich der epischen Erzählung, besondere Beachtung zu schenken. Für ihn bleibt das Epos mehr oder minder an einen Totenkult gebunden und kann daher nicht als Quelle einer praktischen Ethik dienen, die in Form von Gesetzen universalisierbar wäre. Solchen Gesetzen unterworfen zu sein, sei eben der Horizont – oder nach dem Wort Webers: das Schicksal – der abendländischen Kultur. Daß z.B. in der Spätantike durch die stoische Philosophie, aber auch in enger Verbindung mit dem sogenannten „griechischen Roman" eine neue „Ästhetik der Existenz" als Stil der Lebens-

---

[37] Anzunehmen ist in der Tat, daß der „Erzähler" bei Benjamin eine Übertragung ins Literarische des Weberschen „Zauberers" darstellt; ebenso läßt sich eine Entsprechung von „Prophet" bzw. „Priester" mit „Dichter" bzw. „Philologe" vornehmen.

[38] In Folge der religiösen Aufwertung der Schrift wird dem Zauberer am ehesten noch die Figur des „exemplarischen Propheten" entsprechen; dies gilt z.T. auch für die Agada-Tradition im Judentum – bei G. Scholem kehrt z.B. der Erzähler in der Gestalt des chassidischen Mystikers wieder, vgl u.a.: *Die jüdische Mystik in ihren Hauptströmungen*, Frankfurt/M. 1980, S. 384.

[39] RS II, S. 165; vgl. ferner S. 191 ff.

führung erwächst,[40] dies entgeht weitgehend den Weberschen Untersuchungen trotz des Interesses, das ein solcher innerweltlicher „Exemplarismus" bei ihm hätte wecken können.

Aber trotz der – bewußt – einseitigen Auswahl, die die Webersche Soziologie in ihrer Typologisierung vornimmt, erlaubt sie die Bedingungen zu reflektieren, unter denen die Techniken literarischer Analyse produktiv werden können. Hier liegt der Sinn der Suche nach Singularitäten in der „diskursiven" Organisation der Wertsphären, an der die „literarische" Funktion teilhat. Eine solche Funktion muß auch jeder Literaturtheorie undurchsichtig bleiben, die sich nicht in eine Perspektive vergleichender Kulturphilosophie stellt und selbstreferentiell bleibt.

Daß das „literarische" Werk nicht außerhalb des Mediums existiert, durch welches es gesellschaftlich aufgewertet wird; daß diese – rituelle, ethische oder eigentlich ästhetische – Wertsetzung ein Apriori historischer Bedeutung darstellt, eine Ordnung dessen, was durch das literarische Mittel „aussagbar" war – dies wird von der Weberschen Soziologie immer mitimpliziert. Deshalb ermöglicht sie, die Geschichtlichkeit literarischer Formen als Effekt differenzierender Wertungsprozesse zu begreifen. Was jede Kultur und jede Epoche in solchen Prozessen verhandelt, sind Art und Weise, sich realer Erfahrung zu stellen. In deren Formung durch „literarische Techniken" läßt sich aber das Andere nicht bloß sehen oder hören, sondern es *spricht*. Darum stellen wir uns gerne vor, die „literarischen" Medien bergen die deutlichsten Spuren des „Göttlichen". Gewiß war auch der Atheist Weber der Meinung, die höchste Kunst des Soziologen sei zu sagen, was für eine gegebene Gesellschaft das Göttliche ist.

---

[40] M. Foucault umreißt diese Idee in: *Le souci de soi*, Paris 1984, Kap.VI, S. 262 ff.; im sog. „griechischen Roman" (Chariton v. Aphrodisias' *Chaireas und Kallirrhoe*, Achilleus Tatios' *Leukippe und Kleitophon*, Heliodors *Äthiopische Geschichten*) hat die höchste Gottheit die Gestalt Fortunas angenommen.

II. Kunst und Religion in außereuropäischen Hochkulturen

Eva Cancik-Kirschbaum

Religionsgeschichte oder Kulturgeschichte?
Über das Verhältnis von Kunst und Religion im Alten Orient

Forschungsgegenstand der Altorientalistik sind die Kulturen des Vorderen Orients von der frühgeschichtlichen Zeit bis zum Ende des Hellenismus. Im Mittelpunkt steht Mesopotamien mit den Reichen Sumer, Akkad, Babylon und Assur, die zu den sogenannten „frühen Hochkulturen" gezählt werden. Die Kenntnis dieser Kulturen verdanken wir neben Berichten im Alten Testament und verschiedenen Quellen der klassischen Antike sowie sporadischen Funden, die seit dem 17. Jh. in Europa bekannt wurden, vor allem den Ausgrabungen, die seit der Mitte des 19. Jhs. systematisch durchgeführt werden.[1] Sie erbrachten neben Architektur und Denkmälern Zehntausende von Schriftdokumenten, überwiegend auf Ton geschrieben, daneben jedoch auch Inschriften auf Stein, Metall u.a. Angeregt durch diese Funde begann die Entzifferung der unter dem Namen Keilschrift bekannten Schriftsysteme, verbunden mit der Entdeckung und Erforschung der durch sie dargestellten Sprachen (Ergativsprachen wie z.B. das Sumerische, semitische Sprachen wie z.B. das Akkadische, indoeuropäische Sprachen wie z.B. das Hethitische, um nur einige zu nennen).[2]

Fragt man, in welcher Hinsicht eine vorklassische Altertumswissenschaft zum Thema „Kunst und Religion" im Rahmen einer kultursoziologischen Themenstellung beitragen könnte, so ergeben sich drei Betrachtungshorizonte:
1. Als historisch-empirische Wissenschaft versucht die Altorientalistik, aus den überlieferten Schriftquellen, Denkmälern und archäologischen Befunden Aussagen zur Stellung von Kunst und Religion in der jeweiligen Gesellschaft sowie ihrem Verhältnis zueinander zu gewinnen.
2. In ihrer Eigenschaft als Kulturwissenschaft kann die Altorientalistik in Hinblick auf ihre zeitspezifische Bedingtheit selbst zum Gegenstand

---
[1] M. T. Larsen, *The Conquest of Assyria: Excavations in an Antique Land 1840-1860*, London 1996.
[2] J. Friedrich, *Entzifferung verschollener Schriften und Sprachen*, Berlin/Göttingen/Heidelberg 1954, S. 27ff.

der Betrachtung werden. Welche methodischen Ansätze zur Analyse einer Kultur greift sie auf? Welche Rezeption erfahren ihre Ergebnisse wiederum außerhalb des Faches?
3. Ein Spezifikum des 19. und frühen 20. Jhs. ist das vielfältig motivierte Interesse an anderen, nicht-europäischen Völkern und Ländern; die Erschließung Afrikas, (Alt-)Amerikas, des Nahen und Fernen Ostens wurde nicht nur von Politik, Wirtschaft und Kirche sondern auch seitens der Wissenschaft mit Intensität betrieben. Auf diesem Hintergrund stellt sich die Frage nach dem Anteil der Altorientalistik (und anderer kulturwissenschaftlicher Disziplinen) an diesem Prozeß. Welche Rolle spielt beispielsweise die Konfrontation mit Kunst und Religion der Anderen für das gleichzeitige abendländische Verständnis von Kunst und Religion?

Die unter 1.-3. angedeuteten Fragestellungen sind jede für sich genommen umfangreich und greifen zum Teil weit über das Arbeitsfeld der Altorientalistik im engeren Sinne hinaus. Thema dieses Beitrags ist der unter 1. beschriebene historisch-empirische Bereich, wobei nicht die Denkmäler als „Anschauungsmaterial", sondern die Texte über sie Gegenstand der Darstellung sind.[3] Der erste Teil beschäftigt sich mit der altorientalistischen Forschungsgeschichte zum Thema „Kunst und Religion". Im zweiten Teil folgen Beispiele zur Situation von Kunst und Religion im Alten Orient aufgrund schriftlicher Quellen. Den Abschluß bilden Überlegungen zu Methodik und Ergebnissen.

1. „Kunst" und „Religion" als Themen altorientalistischer Kulturgeschichte

Die Kulturen Mesopotamiens übten eine ungeheure Faszination auf Intellektuelle, aber auch auf eine breite Öffentlichkeit in Europa und den Vereinigten Staaten aus.[4] Die Einleitung zu den „Assyrian Discoveries" von Ge-

---

[3] Eine glänzende Analyse erhaltener Kunstdenkmäler aus altbabylonischer Zeit und daraus ableitbarer Charakteristika dieser „Kunst" findet sich bei F. R. Kraus, *Vom mesopotamischen Menschen der altbabylonischen Zeit und seiner Welt*, Amsterdam/London 1973, S. 136ff.

[4] Zur Geschichte der Altorientalistik in Deutschland vgl. J. Renger, „Die Geschichte der Altorientalistik und der vorderasiatischen Archäologie in Berlin 1875 bis 1945", in: *Berlin und die Antike*, Hg. von W. Arenhövel u. C. Schreiber, Berlin 1979, 151-192. V. Haas, „Die junge Wissenschaft Assyriologie in der Schönen Literatur des 19. und 20. Jahrhunderts", in: W. Schuller (Hg.), *Antike in der Moderne* (Xenia – Konstanzer althistorische Vorträge und Forschungen 15), Konstanz 1985, S. 71-104. R. G. Lehmann, *Friedrich Delitzsch und der Babel-Bibel-Streit* (Orbis Biblicus et Orientalis Bd. 133), Freiburg/Göttingen 1994. B. Kucklick, *Puritans in Babylon. The Ancient Near East and American Intellectual Life, 1880-1930*, Princeton/New Jersey 1996, mit einem ausführlichen Verzeichnis älterer Literatur S. 235ff.

orge Smith aus dem Jahre 1875 spiegelt diese Stimmung wider: „The interest attaching to the valley of the Euphrates and Tigris is of the widest kind; and, excepting the land of Palestine, no other part of the globe can compare with it in the importance of its traditions, its history, and its monuments. It is the home of man's earliest traditions, the place where Eden was supposed to have been; some of the cities are stated to be older than the Flood; it is the land of the Deluge and of the tower of Babel, and it is the birthplace of the great race of Israel which has played so important a part in the religious history of the world. In Babylonia arose the first civilized state, and its arts and sciences became the parents of those of the Greeks, and through them also of our own."[5]

Mesopotamien erscheint in dieser Schilderung, die hier stellvertretend für viele andere steht, als Wiege der Zivilisation, der Religion und der Kultur (*arts and sciences*) des Abendlandes. Die im Orient entwickelten Grundlagen abendländischer Zivilisation erreichten den Okzident freilich durch Vermittlung, im Falle der Religion durch das alte Israel, im Falle der Kultur durch das antike Griechenland. Das spezielle wie das allgemeine Interesse jener Zeit an den Kulturen des alten Vorderen Orients läßt sich zugespitzt mit den beiden Begriffen „Kunst" und „Religion" umschreiben. Kunst steht dabei auch für die gezielte Suche nach Kunst(schätzen) (im abendländischen Sinne) für private und öffentliche Sammlungen. Dieses kunsthistorische Interesse für Sumerer, Assyrer und Babylonier, Hethiter und Phöniker ist noch heute sichtbar in den entsprechenden Abteilungen der großen Museen, deren Grundbestände im 19. und frühen 20. Jh. zusammengetragen wurden. Religion steht für das – wie Smiths Einleitung zeigt – keineswegs auf Theologen beschränkte religionshistorische Interesse an Ursprung und Wahrheitsgehalt der Überlieferungen im sogenannten Alten Testament.[6]

Die wissenschaftliche Erforschung der Sprachen und Kulturen des antiken Zweistromlandes profitierte von diesen Interessen; es gelang, eine eigenständige Disziplin an den Universitäten zu begründen. Der erste Lehrstuhl für semitische Sprachen in Deutschland wurde 1875 in Berlin mit dem Alt-

---

[5] G. Smith, *Assyrian Discoveries. An Account of Explorations and Discoveries on the Site of Nineveh, during 1873 and 1874*, London ²1875, S. 1f.
[6] Als Beispiel sei hier die Diskussion des alttestamentlichen Schöpfungsberichtes angeführt, vgl. dazu R.S. Hess, „One Hundred Fifty Years of Comparative Studies on Genesis 1-11: An Overview", in: R.S. Hess, D.T. Tsumura (Hgg.), *„I studied Inscriptions from before the Flood", Ancient Near Eastern, Literary, and Linguistic Approaches to Genesis 1-11*, Winona Lake/Ind. 1994, S. 3-26.

testamentler Ernst Schrader besetzt, andere Universitäten in Europa und den Vereinigten Staaten von Amerika folgten. Noch vor der Jahrhundertwende wurden in Berlin die Vorderasiatische Gesellschaft (1895) und die Deutsche Orientgesellschaft (1898) gegründet, wurde eine eigene Vorderasiatische Abteilung in den Königlichen Museen zu Berlin eingerichtet (1899). Wiewohl die ersten entzifferten Keilschrifttexte historischen Inhalts waren und auch in der Folgezeit die Zahl der administrativen, juristischen und historischen Urkunden bei weitem überwog, richtete sich das Interesse an den keilschriftlichen Quellen in erster Linie auf jene Texte, die zur Kenntnis der Religion beizutragen versprachen. Eine auf und gleichzeitig durch Religion zentrierte Sicht beherrscht die Re-Konstruktion des alten Vorderen Orients bis zur Mitte des 20. Jhs.[7]

Entsprechende Überlegungen finden sich bereits in den ersten Berichten über die Zivilisationen des Alten Vorderen Orients. Carsten Niebuhr, Teilnehmer einer „Orient-Expedition" in den sechziger Jahren des 18. Jhs. schreibt im März 1765 über die Ruinen von Persepolis: „Einige Reisende haben behaupten wollen, Tschil minâr sey ein Tempel, und andere daß hier der Pallast eines weltlichen Regenten gewesen. Meiner Meynung nach hat alles anfänglich einen Tempel vorstellen sollen. Denn anstatt daß man vor den großen egyptischen Tempeln, die mit diesem persepolitanischen vielleicht ein Alter haben, große Sphinxe findet, so sieht man hier, gleich bey dem Aufgange, andere erdichtete Thiere von erstaunlicher Größe. (...) Vielleicht also war das damalige geistliche Oberhaupt der Perser zugleich ein weltlicher Fürst: und so kann dieser Tempel, der nach und nach die Wohnung des Khalifen oder Pabstes ward (wenn ich das Oberhaupt der alten persischen Religion so nennen darf) bey veränderter Religion zuletzt auch die Residenz eines bloß weltlichen Königs geworden sein."[8] Noch bevor die Keilschrifttexte von Persepolis entziffert waren, hatte die Idee von der Religion als kulturellem Ursprung und Prinzip bereits die Interpretation von Bildkunst und Architektur geprägt. Diese Sehweise beherrscht auch die Darstellungen des 19. Jhs. und schien in den seit Mitte des 19. Jhs. lesbaren Texten und damit in Bereichen, die nicht unmittelbar durch die Denkmäler erschlossen wurden wie z.B. „Wissenschaft", „Literatur" und „Religion" nur Bestätigung zu finden.

---

[7] Interessante Beiträge hierzu in: A.C. Gunter (Hg.), *The Construction of the Ancient Near East* (Culture and History 11), Copenhagen 1992.
[8] *C. Niebuhrs Reisebeschreibung nach Arabien und anderen umliegenden Ländern, zweyter Band*, als Nachdruck hg. von D. Henze, Graz 1968, S. 122f.

Hermann Schneider leitet in seinem Werk über „Kultur und Denken der Babylonier und Juden" (1910) das Kapitel „Die Religion" folgendermassen ein: „Jede Darstellung der Kultur der Babylonier und Juden muß vor allen Dingen Religionsgeschichte geben. Von den frühesten Denkmälern der babylonischen Geschichte bis herab zu den Chaldäern, Persern und Juden beherrscht die Religion die ganze Breite der Kultur; nur der Eintritt neuer, barbarischer Völker schafft immer wieder Zwischenspiele, in denen eine nicht religiöse Kunst und Anläufe zu Wissenschaften, die außerhalb des religiösen Systems stehen, zur Geltung kommen; das Ende ist immer wieder die vollkommne Unterwerfung aller geistigen Regungen unter die Religion."[9] In dem Kapitel über „Kunst und Schrift. Wissenschaft. Literatur" verweist er auf diesen Ansatz mit anachronistischen Formulierungen wie „So tritt die Kunst in den Dienst der Kirche"[10] oder „Theologie ist die Mutter aller Weisheit".[11] Die Kulturen Mesopotamiens erscheinen Schneider bedingt, durchdrungen und beherrscht von Religion. Der Grad der religiösen Durchdringung ist jedoch nicht gleichbleibend. Paradoxerweise sind es *barbarische Völker*, die in das religiös dominierte System des Alten Orients Ansätze von freier, d.h nicht der Religion verpflichteter Kultur bringen. Diese Anregungen werden jedoch nach Schneider in Mesopotamien keineswegs aufgegriffen oder gar weiterentwickelt, sondern neutralisiert.

Alfred Jeremias benennt 1913 als Grundlage der mesopotamischen Kultur eine „wissenschaftliche und zugleich religiöse Theorie". Anders als Schneider sieht er die Präsenz dieser religiösen Theorie im Laufe der Zeit einem Prozeß der Abschwächung unterworfen. „Das gesamte euphratensische Kulturleben setzt eine wissenschaftliche und zugleich religiöse Theorie voraus, die nicht etwa nur in den Geheimlehren der Tempel ihr Dasein fristet, sondern nach der die staatlichen Organisationen geregelt sind, nach der Recht gesprochen, das Eigentum verwaltet und geschützt wird. Je höher das Altertum ist, in das wir blicken können, umso ausschließlicher herrscht die Theorie."[12]

Beiden angeführten Beispielen liegt dasselbe Konzept zugrunde; indem Religion als universelles und permanentes Phänomen konstituiert wird, kann sie als Ursache, Prinzip und schließlich auch Ziel von Kultur funktional bestimmt werden. Eine Motivation für solch einen Ansatz macht fol-

---

[9] H. Schneider, *Kultur und Denken der Babylonier und Juden. Entwicklungsgeschichte der Menschheit* Band 2, Leipzig 1910, S. 129.
[10] Schneider, a.a.O., S. 487.
[11] Schneider, a.a.O., S. 514.
[12] A. Jeremias, *Handbuch der altorientalischen Geisteskultur*, Berlin/Leipzig ¹1913, S. 6.

gende Bemerkung Schneiders deutlich: „Die babylonische Kultur drängt zum Gottesstaat, die jüdische Gemeinde verwirklicht ihn."[13] Bestätigung für die religionsdominierte Gesellschaft ergab sich wiederum durch scheinbar offensichtliche Parallelen zum mittelalterlichen Kirchenstaat. „Noch in höherem Maße als die Kirchen und Klöster des Mittelalters vereinigten die Tempel in sich alles, was die babylonische Kultur in geistigem und materiellem Können erzeugt hat."[14]

Ein entscheidender Schritt in der Altorientalistik war – nach der Entzifferung des Akkadischen – die Entschlüsselung des Sumerischen, jener Sprache, die hauptsächlich von der Bevölkerung des südlichen Mesopotamiens (Sumer) im 3. Jt. (und wohl auch schon früher) gesprochen und geschrieben wurde. Damit wurden nun Texte zugänglich, die weitaus älter waren als die bereits bekannten in akkadischer Sprache. Jedoch auch die Erschliessung von Hunderten von administrativen Texten und Wirtschaftsurkunden aus der Mitte des 3. Jts. v.Chr. schien die These von der religionsdominierten Gesellschaft zu bestätigen. A. Deimel publizierte 1931 in Rom eine Studie über die „Sumerische Tempelwirtschaft zur Zeit Urukaginas und seiner Vorgänger".[15] A. Falkenstein entwickelte in einem Aufsatz mit dem Titel „La cité-temple sumérienne" (Paris 1954) diese Konzeption weiter und die Termini „Priesterkönig" und „Tempelwirtschaft", beherrschten und beherrschen teilweise bis heute die historischen Darstellungen über Sumer.[16]

Weniger die abendländische Bedingtheit von Begriffen wie Kultur und Religion als vielmehr die konzeptionellen Vorgaben bei der Bewertung des Befundes führten aus religionsphänomenologischer, historischer, wirtschaftshistorischer, theologischer und auch altorientalistischer Sicht immer wieder zu dem Schluß, Mesopotamien sei der Innbegriff einer religionsdominierten Kultur. Durch den methodischen Ansatz wurde Kulturgeschichte zu Religionsgeschichte. Mit fortschreitender Erschließung der Quellen wurde die Einseitigkeit dieses Ansatzes deutlich; innerhalb der Altorientalistik wurde er jedoch kaum weiter diskutiert.

---

[13] Schneider, a.a.O., S. 129. Ähnlich motiviert war die These zum altorientalischen Sakralkönigtum, vgl. dazu W. Röllig, „Zum 'Sakralen Königtum' im Alten Orient", in: B. Gladigow (Hg.), *Staat und Religion*, Düsseldorf 1981, S. 114ff.
[14] H. Winckler, in: *Helmolts Weltgeschichte* III, S. 36 (zitiert nach A. Jeremias, *Handbuch der altorientalischen Geisteskultur*, S. 292).
[15] Vorarbeiten hierzu waren während der vorangehenden Jahre in verschiedenen Aufsätzen erschienen.
[16] A. Falkenstein, in: *Cahiers d'Histoire Mondiale* 1/4, 1954, S. 784-814.

2. „Kunst" und „Religion" in den altorientalischen Kulturen

Systematik und Universalitätsanspruch moderner westlicher Begriffe erweisen sich bei der Anwendung auf außereuropäische, zumal antike Kulturen fast immer als schwierig. Dies trifft in besonderem Maße auf den Begriff der „Religion" zu. Legt man zum Beispiel nach den Vorgaben der *comparative religion* den Grad der religiösen Durchdringung als Maßstab für den Entwicklungsgrad einer Kultur zugrunde, so sind nach folgendem Schema „(...) jene Kulturen als höhere, deren religiöse Produktion aufgewogen, wenn nicht übertroffen wird von der übrigen kulturellen Produktion (politisch-soziale Organisation, Technologie, Kunst etc.) (...)" und jene wiederum „(...) als niedere, wo alles *noch* Religion ist oder jedenfalls nur *sub specie religionis* aufgefaßt werden kann", zu betrachten.[17] Das Mesopotamien von Jeremias, Schneider, Winckler und anderen müßte dann als niedere Kultur eingestuft werden. Mit einer solchen Systematik wird man dem altorientalischen Befund ebensowenig gerecht wie mit dem oben beschriebenen Modell von Schneider u.a. Vorzuziehen ist vielmehr ein methodischer Ansatz, der in zwei Schritten vorgeht. Zunächst erfolgt die Erhebung des Befundes soweit als möglich materiell und begrifflich kulturinhärent. Erst im zweiten Schritt dürfen moderne Begriffe und Analysemodelle zur Interpretation herangezogen werden.

Im Alten Orient ist nun eine Situation gegeben, die zumindest auf der Ebene der Terminologie Probleme aufwirft. Der Altorientalist Benno Landsberger hat diese Situation 1926 als Fehlen einer „konzeptionellen Eigenbegrifflichkeit (conceptual autonomy)" beschrieben. Einer hochdifferenzierten Detailsprache stehen dort keine in unserem Sinne abstrakt klassifizierenden Begriffe gegenüber. Äquivalente für „Religion" oder „Kunst", die es – zumindest theoretisch – erlauben, ein jedes dieser Phänomene seperat zu betrachten, scheint es weder im Sumerischen noch im Akkadischen zu geben. Ein kurzer Abriß zur altorientalischen Terminologie soll dies verdeutlichen. Neben dem Bereich „Kunst" beziehe ich dabei, aufgrund zahlreicher Parallelen in Befund und Interpretation den Bereich der „Wissenschaft" in die Darlegung ein.

---

[17] Zum Verhältnis von Kultur und Religion vgl. den Beitrag von D. Sabbatucci, in: H. Cancik, B. Gladigow, M. Laubscher (Hgg.), *Handbuch religionswissenschaftlicher Grundbegriffe* I, Stuttgart 1988, S. 43-58, hier: S. 47.

2.1 Zur altorientalischen Terminologie in den Bereichen 'Kunst' und 'Wissenschaft'

Eine der modernen Begrifflichkeit vergleichbare terminologische Differenzierung zwischen Handwerk, Kunsthandwerk und schließlich Kunst ist für die sumerische oder akkadische Sprache nicht nachweisbar. Im Laufe des 6. Jts. v. Chr. entwickelt sich das Handwerk als eigenständiger Wirtschaftszweig neben der Landwirtschaft.[18] Der Kanon von Handwerksberufen, den die schriftliche Überlieferung seit dem Beginn des 3. Jts. v.Chr. dokumentiert, verbindet mit Handwerk jene „(...) spezialisierten Tätigkeiten, die sich auf das Verarbeiten von Holz, Ton, Metall, Stein und anderen Werkstoffen beziehen (...)."[19] Ferner wurde – zumindest zu Teilen – auch die Schreibkunst zum Handwerk gerechnet. Sumerisch giš.kin.ti ist ein seit der Mitte des 3. Jts. bezeugter Oberbegriff in der Bedeutung „Handwerk". Mit fortschreitender Differenzierung der einzelnen Berufszweige innerhalb des Handwerkes bilden sich Fachsprachen aus; so heißt es z.B. in einem Schultext: „Bist Du fähig, die akkadische(n) Spezialsprache(n), (wie z.B.) die Sprache des Silberschmiedes, die Sprache des Siegelschneiders zu sprechen und zu verstehen (...)?"[20] Die Schriftquellen belegen für alle Epochen eine enge Anbindung des Handwerks an die beiden wirtschaftlich mächtigsten Institutionen der Gesellschaft, Palast und Tempel, wobei der Tempel nicht als Zentrum der Religion sondern in erster Linie als Wirtschaftseinheit fungiert. Der Spezialisierungsprozeß hatte eine fortschreitende Untergliederung der einzelnen Berufszweige zur Folge.[21] Palast und Tempel sind gleichzeitig Auftraggeber, Produzent und Verteiler. Der Königspalast in der Stadt Ur im südlichen Mesopotamien unterhielt zum Ende des 3. Jts. eine Reihe von Werkstätten, die auf die Anfertigung von kostbaren Objekten spezialisiert waren. Genannt werden unter anderen ein „Haus der Statuenhersteller", ein „Haus der Goldschmiede", ein „Haus der Steinschneider", ein „Haus der Holzbearbeiter", ein „Haus der Schmiede".[22] Diese „Handwerker" stellten nicht nur Gegenstände des täglichen Bedarfes, sondern vor allem Luxus- und Prestigegü-

---

[18] H. Neumann, *Handwerk in Mesopotamien* (Schriften zur Geschichte und Kultur des Alten Orients 19), Berlin ¹1987, S. 23f.

[19] J. Renger, „Handwerk und Handwerker im alten Mesopotamien" in: *Altorientalische Forschungen* 23, 1996, S. 216f.

[20] Zitiert nach *Chicago Assyrian Dictionary* Bd. L, S. 213, s.v. lišānu 4.b).

[21] Neumann, *Handwerk*, S. 26-27.

[22] Vgl. im einzelnen Neumann, *Handwerk*, S. 35f., sowie für die entsprechenden akkadischen Begriffe in den nachfolgenden Epochen J. Renger, *Handwerk*, 214ff.

ter her.²³ Ihre antike Bezeichnung lautet um-me-a (sumerisch) / *ummânu* (akkadisch) „Fachmann" oder „Spezialist". Die Anwendung ein- und desselben Begriffes sowohl auf die „Handwerker" als auch auf die Angehörigen jenes Bereiches, den wir als „Wissenschaft" bezeichnen, zeigt, daß auch diese zunächst nichts anderes als ein „Handwerk" war. Indem wir bei Übersetzungen je nach Kontext als Entsprechung zu um-me-a/*ummânu* „Handwerker", „Künstler" und „Gelehrter" wählen, nehmen wir eine Differenzierung vor, die auf unserem eigenem kulturellen Hintergrund basiert. Wissenschaft als organisierte und systematisierte Suche, Sammlung und Weitergabe von Kenntnissen durch spezialisierte Individuen ist in Mesopotamien im Zusammenhang mit der Anwendung von Schrift entstanden.²⁴ Ein technisches Erkenntnisinteresse, die Optimierung von Verwaltungsvorgängen ist – zumindest nach heutiger Kenntnis – ausschlaggebend gewesen. Wissenschaft als eigenständiges kulturelles Segment setzt eine Institution voraus, die die entsprechende Spezialisierung einer Gruppe wirtschaftlich und organisatorisch ermöglicht. Dies sind in Mesopotamien, wie bereits am Beispiel des Handwerks gezeigt, in erster Linie Palast und Tempel. Die Grundlagen von Wissen und seine Anwendung wurden bis in die Mitte des 2. Jts. v. Chr. im é-dub-ba-a, einer unabhängigen Institution, vermittelt.²⁵ Der Lehrplan dieser Einrichtung ist gut bekannt, z.B. aus Schülerübungen: „Das Zählen (vergangener Tage), meine Kenntnis der Schreibkunst wird niemals verloren gehen; von nun an kann ich mich den Schreibtafeln, den Multiplikationen und Berechnungen widmen (...). Wenn ich bis zur vorgesehenen Zeit die Schule besucht haben werde, bin ich im Sumerischen, in der Schreibkunst, im Inhalt der Tafeln und in der Berechnung von Ergebnissen vollkommen. Ich kann Sumerisch sprechen. Ich kann Tafeln (zu folgenden Gebieten)

---

²³ Anders jedoch als in Griechenland oder Rom, sind keine Namen berühmter Meister wie z.B. Praxiteles überliefert.

²⁴ Zugrundegelegt wird hier ein Wissenschaftsbegriff, wie ihn J. Hoyrup formuliert hat, nämlich Wissenschaft als „socially organized and systematic search for and transmission of coherent knowledge in any domain". J. Hoyrup, *As regards Humanities ... I* (Preprint 15, MPIWG), Berlin 1994.
Großen Einfluß hatte ein Aufsatz von W. v. Soden über „Leistung und Grenze sumerischer und babylonischer Wissenschaft", in: *Die Welt als Geschichte 2*, 1936, S. 441-464 sowie S. 509-557. Vgl. dazu M. T. Larsen, „The Mesopotamian Lukewarm Mind. Reflections on Science, Divination and Literacy", in: F. Rochberg-Halton (Hg.), *Language, Literature, and History: Philological and historical studies presented to E. Reiner*, New Haven, Conn. 1987, S. 203-225.

²⁵ Vgl. A. Sjöberg, „The Old Babylonian Edubba", in: *Assyriological Studies* 20, 1975, S. 159-179. Die Bezeichnung é-dub-ba-a, etwa „Tafelhaus", ist erst seit dem 2. Jt. v.Chr. überliefert. Hinweise lassen jedoch darauf schließen, daß es diese Institution bereits um die Mitte des 3. vorchristlichen Jts. gab.

schreiben: die Tafel (der Maße) von 1 gur Gerste bis 600 gur, die Tafel (der Gewichte) von 1 Schekel bis 20 Silberminen; (die Tafel) über Eheverträge, mit denen man zu mir kommen kann, den Gesellschaftsverträgen; ich kann die geprüften Gewichte von einem Talent wählen; den Verkauf von Häusern, Feldern, Sklaven, die Kautionen über Silber, Pachtverträge über Felder, Verträge über die Pflege von Palmenhainen (...) sogar Tafeln mit Adoptionsverträgen, all dies weiß ich zu schreiben." In é-dub-ba-a wird den Schülern ein umfassendes pragmatisches Wissen vermittelt. Inwieweit dies im Rahmen einer bestimmten Weltanschauung geschah, ist noch zu untersuchen. Für die Überlieferung und Vermittlung von „Weisheit" (neben jenen oben skizzierten pragmatischen Kenntnissen) war vermutlich ebenfalls é-dub-ba-a zuständig.[26] So ist möglicherweise bereits und gerade auf der Ebene der Ausbildung eine konzeptionelle Dominanz von Religion zu negieren. Fritz Rudolf Kraus, ein ausgewiesener Kenner gerade der altbabylonischen Zeit, deutet dies an, indem er Wissenschaft und Religion als zwei auf gleicher Ebene angesiedelte Dimensionen beschreibt.[27]

Die Ausbildung in é-dub-ba-a eröffnete dem Absolventen je nach Stand der Ausbildung verschiedene Berufsfelder, vom einfachen „Schreiber" bis hin zum hochspezialisierten Schriftkundigen. Er konnte in den Dienst des Palastes, des Tempels, teilweise auch von Privatpersonen treten. Überdies galt der Besitz von entsprechendem „Wissen" als Auszeichnung. So nimmt es nicht wunder, daß Ende des 3. / Anfang des 2. Jts. (Blütezeit von é-dub-ba-a) umfassende Bildung und die Ausbildung in é-dub-ba-a ein beliebtes Motiv in Königshymnen sind. Auch im 1. Jt., in dem eine Institution wie é-dub-ba-a nicht bestand, sondern die Ausbildungsinhalte überwiegend innerhalb bestimmter Familien von Generation zu Generation weitergegeben wurden und später in Palast und Tempel vertieft wurden, gilt der Besitz von Wissen als Prestige. Der assyrische König Assurbanipal (668-627 v.Chr.) schildert seine Ausbildung mehrmals in der einleitenden Passage seiner Königsinschriften: „Das Werk (šipru) des Weisen Adapa eignete ich mir an, das verborgene Geheimnis der gesamten Schreibkunst (tupšarrūtu); die Zeichen von Himmel und Erde kann ich erkennen (...) „Wenn die Leber Spiegel des Himmels ist" [*Incipit der 16. Tafel einer Omenserie zur Leberschau*] mit gewandten Deutekundigen (apkallū) erörtern. Ich verstehe es, schwierige Re-

---

[26] C. Wilcke, „Göttliche und menschliche Weisheit im Alten Orient", in: A. Assmann (Hg.), *Weisheit. Archäologie der literarischen Kommunikation* III, München 1991, S. 259-270, bes. S. 268.

[27] F. R. Kraus, *Vom mesopotamischen Menschen der altbabylonischen Zeit und seiner Welt*, Amsterdam/London 1973, S. 330f.

ziproke und Produkte zu finden, die nicht leicht verständlich sind. Ich vermag kunstreiche (*naklu*) Texte zu lesen, worin das Sumerische dunkel, das Akkadische schwer zu deuten ist. Ich verstehe es, die Inschriften (...) auf Steinen [aus der Zeit] vor der Flut zu entziffern (...)."[28]

Wichtige Disziplinen mesopotamischer Wissenschaft im 1. Jt. v.Chr. sind Astronomie, Astrologie, Divination, Geographie, Mathematik, Mantik, Medizin, Pharmakologie, Rechtswesen, Sprachkunde, Theologie, Vermessungskunde. Form und Organisation von Wissen in umfangreichen Schriftwerken, die steter Systematisierung und Kanonisierung unterworfen waren, veranlaßten den Ausgräber von Babylon R. Koldewey zu der Bemerkung, Babylonien sei „das Land der Graphomanen".

Für das semantische Feld „Fachwissen, Kompetenz, Gelehrsamkeit" wird im Akkadischen *ummânūtu*, eine Abstraktbildung zu *ummânu* verwendet.[29] Häufiger noch als *ummânūtu* begegnet *ṭupšarrūtu*; es bedeutet konkret „Schreibkunst" (abgeleitet von sum. dub-sar „Tafel ritzen"), wird aber auch im übertragenen Sinne etwa wie *scholarship* oder Gelehrtheit gebraucht.[30] Daneben gibt es akkadisch *nēmequ* „Fachkenntnis, Kompetenz", das auf die Wurzel ʿmq mit der Bedeutung „tief sein" zurückgeht; daher scheint (uns?) dieses Wissen häufig die Konnotation „Weisheit" zu haben. Seit dem späteren 8. Jh. v.Chr. wird mit *nēmequ* offenbar nicht mehr nur spezifisches technisches Wissen, sondern auch der gesamte Kanon des tradierten Wissen der Gesellschaft bezeichnet.[31] Die Schwierigkeit, die semantischen Unterschiede von Begriffen wie *nēmequ*, *ṭupšarrūtu* und *ummânūtu* im Deutschen wiederzugeben, zeigt der Übersetzungsversuch folgender Passage aus einer Inschrift Assurbanipals: *anāku* ᵐᵈ*Aššurbanipal qerebšu āḫuz nēmeqi Nabû kullat ṭupšarrūti ša gimir ummâni mala bašû iḫzīšunu aḫīṭ* „Ich, Assurbanipal, eignete mir dort das (tiefe) Wissen (*nēmequ*) des Gottes Nabû an, sämtliche Schreibkunst (*ṭupšarrūtu*), die Lehren (*iḫzū*) aller Fachleute (*ummâū*), soviele es deren gab, erforschte ich".[32] Die Ausbildung exakter Wissenschaften bzw. Naturwissen-

---

[28] Assurbanipal L⁴, vgl. M. Streck, *Assurbanipal und die letzten assyrischen Könige bis zum Untergang Niniveh's*, II. Teil: Texte, Leipzig 1916, S. 254, Kol. I, Z. 13ff.; Ergänzungen nach R. Borger, *Beiträge zum Inschriftenwerk Assurbanipals*, Wiesbaden 1996, S. 187f.

[29] Zum Wortfeld „Wissen" im Sinne von „Weisheit" vgl. Wilcke, *Göttliche und menschliche Weisheit* (s.o. Anm. 26), S. 259f.

[30] A. Egberts, „Wetenschap in Egypte en Babylonie", in: *Phoenix – Ex Oriente Lux* 35/2, 1989, S. 4.

[31] H.D. Galter, „Die Wörter für 'Weisheit' im Akkadischen", in: I. Seybold (Hg.), *Meqor Ḥajim*, Festschrift für G. Molin, 1983, S. 89-105, v.a. 96f.

[32] M. Streck, *Assurbanipal* (s.o. Anm. 28), S. 4, Kol. I, Z. 31-33, dazu R. Borger, *Beiträge zum Inschriftenwerk Assurbanipals*, Wiesbaden 1996, S. 209. Eine englische Übersetzung ist z.B.: „I, Assurbanipal, acquired all the skill of Nabû, everything pertaining to the scribal art, I

schaften im Sinne von *science* scheint, nach heutiger Kenntnis, erst in der 2. Hälfte des 1. Jts. einzusetzen.[33]

Die Beschreibung von Bauwerken und Artefakten bezeugt mit einem reichen Vokabular eine differenzierte Wahrnehmung. Besonders interessant ist hier, neben Worten für schön, gut, glänzend usw., die Wurzel *nkl*. Die verbale Ableitung *nukkulu* bedeutet „kunstvoll fertigen", das Adverb *nakliš* „kunstvoll, kunstfertig", das Substantiv *nikiltu* „Kunstwerk". Der assyrische König Asarhaddon (680-669 v.Chr.) rühmt sich anläßlich der Erneuerung der Tempel: „Zimmerleute, Edelsteinarbeiter, Metallarbeiter und Steinschneider, fähige Fachleute *(mâr ummâni lēʾûti)*, Kenner des Spezialwissens *(mudê pirišti)*, ließ ich eintreten (...). Extrafeines Gold, Staub des Gebirges, den niemand noch zu kunstvollem Werk *(šipir nikilti)* verarbeitet hatte, Edelsteine (...) stellte ich in Menge bereit für die Stätten der großen Götter, meiner Herren und zum Schmuck *(tiqni)* ihrer grossen Göttlichkeit (...)."[34]

Auch wenn also kein Äquivalent zu modernen Begriffen wie „Kunst" oder „Wissenschaft" überliefert ist, deutet das differenzierte Repertoire beschreibender und klassifizierender Begriffe auf eine konzeptionelle Eigenständigkeit der beiden Bereiche.

2.2 Beispiele für Eigenständigkeit und Interaktion von Kunst, Wissenschaft und Religion

Man kann also davon ausgehen, daß auch in altorientalischen Gesellschaften verschiedene autonome Kulturbereiche existieren. Diese Sektoren sind über ein dichtes Netz von Beziehungen verbunden, im vorhergehenden Abschnitt wurde dies auf der semantischen Ebene gezeigt. Im folgenden nun soll versucht werden, über diese Beziehungen hinaus schematisch drei Konstellatio-

---

studied the lore of all the master scribes, as many as there are." CAD N/II S. 160 s.v. *nēmequ* b) 1'.

[33] F. Rochberg-Halton, „The Cultural Locus of Astronomy in Late Babylonia", in: H.D. Galter, B. Scholz (Hgg.), *Die Rolle der Astronomie in den Kulturen Mesopotamiens* (Grazer morgenländische Studien Bd. 3), Graz 1993, S. 31-45, v.a. 32. Rochberg-Halton geht hier besonders auf den Anteil des Tempels an dieser Entwicklung ein, z.B. S. 32: „(...) the evidence for the late Babylonian temple as the principle institution that supported scholarship and, intentionally or not, produced 'science' in the period just after ca. 500 B.C. At issue here is how the emergence of science is to be defined, to what cultural context it belonged, and when we recognize its appearance."

[34] Zitiert nach R. Borger, *Die Inschriften Asarhaddons Königs von Assyrien* (Archiv für Orientforschung Beiheft 9), Graz 1956, S. 83, Z. 29-32.

nen zu beschreiben, die charakteristisch sind für das Verhältnis der Sektoren zueinander.[35]

1) Kunst in profanem Kontext;
2) Kunst in sakralem Kontext;
3) Religion als Thema von Kunst und Wissenschaft.

Möglichkeit, Bedarf und Bewußtsein für Kunst in nicht-sakralen Räumen ist sichtbar in Dekor und Ausstattung von Privathäusern, öffentlichen Gebäuden und Palästen; Texte berichten darüber in Beschreibungen von Bauten und Denkmälern, Tributlisten und Inventaren. Dabei geht es nicht nur um materiellen Wert und Funktionalität der Gegenstände, sondern – wie die Wortwahl in den Texten deutlich macht – auch um die besondere Qualität ihrer Verarbeitung. So heißt es in einer Inschrift des Königs Sargon II. (721-705 v.Chr.): „Acht paarweise aufgestellte Löwen aus leuchtender Bronze zu 4610 vollwichtigen Talenten, die durch das Werk des Gottes Ninagal kunstreich gefertigt wurden *(ippatqūma)* und von strahlendem Glanz erfüllt sind. Vier gleichgroße Zedernsäulen mit einem Umfang von je einem *nindanu*, Erzeugnisse des Amanus-Gebirges, setzte ich fest auf die Löwen und legte Querträger als Bekrönung ihrer Tore darauf. Bergwidder aus massivem Berggestein als erhabene Lamassu-Dämonen verfertigte ich kunstreich *(nakliš aptiqma)* und ließ sie (ausgerichtet) nach den vier Winden ihr jeweiliges Türschloß bewachen. Auf großen Kalksteinplatten bildete ich die von mir eroberten Ortschaften ab, umgab damit den unteren Teil ihrer Mauern (und) machte sie (dadurch) zu einer Sehenswürdigkeit *(ana tabrāti).*"[36] Zum Abschluß der Beschreibung des Palastes von Nebukadnezzar II. (604-562 v.Chr.) heißt es: „Jenes Haus stellte ich zum Beschauen *(ana tabrāti)* her, zum Anschauen *(ana dagālum)* für die Gesamtheit der Leute füllte ich es mit strotzender Pracht *(lulû).* Üppigkeit, Fruchtbarkeit, Glanz königlicher Majestät umgeben seine Seiten."[37] Die exakte Beschreibung (Pracht, Glanz, Strahlen usw.) und die funktionale Bestimmung des Rezeptionshorizontes *ana tabrāti* (wörtl. „zum Gegenstand des Schauens") zeigen, daß die aesthetische Wirkung ein fest einkalkulierter Bestandteil von Architektur und Dekor und damit Raum und Bewußtsein für Kunst gegeben war.

Sakralarchitektur, Kultobjekte, Kultgeräte bis hin zur Ausstattung der Priester sind ebenfalls Gegenstand künstlerischer Gestaltung; offenbar liegen

---

[35] D. Sabbatucci, HrwG I (s.o. Anm. 17) S. 56.
[36] Z. 70-79a aus einer Inschrift auf einem Stierkoloss, zitiert nach A. Fuchs, *Die Inschriften Sargons II. aus Khorsabad*, Göttingen 1994, S. 305f.
[37] St. Langdon, *Die neubabylonischen Königsinschriften* (Vorderasiatische Bibliothek 4), Leipzig 1912, S. 118, Col. II, Z. 52-55.

hier dieselben Kriterein wie im profanen Bereich zugrunde. Die Kunst tritt in den Dienst der Religion. In einer Bauinschrift Asarhaddons (680-669 v.Chr.) für den Assurtempel heißt es: „Jenes Haus baute ich auf und vollendete es von seinem Fundamente bis zu seinem Zinnenkranz. Zum Anschauen *(ana barā'e)* stattete ich es [gemeint ist: den Tempel, E.C.-K.] mit verschwenderischer Pracht aus. Mit Balken aus Zedern- und Zypressenholz (...), deren Duft lieblich ist, bedachte ich es. Türen aus Zypressenholz überkleidete ich mit einem goldenen Überzug und befestigte sie in seinen Toren. Kapellen, Hochsitze, Symbolsockel und in Unordnung geratene Verzierungen (?) brachte ich wieder zurecht, restaurierte sie und ließ sie strahlen wie die Sonne."[38] Neben der visuellen Ebene (Pracht, Strahlen) wird mit dem Duft des verwendeten Holzes auch die sensorische Ebene der Wahrnehmung angesprochen. Hier entsteht ein aesthetisches „Gesamtkunstwerk". Daß der Schauwert nicht auf die Kostbarkeit des Materials und die technische Perfektion der Ausführung beschränkt ist, zeigt der – allerdings selten belegte – Begriff der Proportion *(minītu)*. „Alabaster-Statuen von Schutzgenien und Statuen des Überflusses, die aus einem Stück Stein gefertigt in ausgewogenen Proportionen (...)", heißt es in einer Inschrift des assyrischen Königs Sanherib (704-681 v.Chr.).[39] Kunstvolle Proportion kann in einem mythologischen Text für die Schönheit eines Gottes stehen; im Weltschöpfungsepos *Enuma eliš* (I, 93) wird der Gott Marduk als „Kunstvoll (gestaltet) waren seine Proportionen" beschrieben.

Verschiedene Aspekte von Religion sind seit der Frühzeit Thema in Kunst und Wissenschaft. Szenen aus dem Kult, Darstellungen von Göttern und Tempeln finden sich in fast allen Gattungen.[40] Theologische Spekulation, hochkomplizierte Auslegungen von Ritualen durch Verknüpfung mit mythologischen Überlieferungen sind Gegenstand der sogenannten Kultkommentare.[41] Dabei handelt es sich nicht um Kommentare im eigentlichen Sinne, also Erklärungen zu einem bestimmten Werk, sondern um eigenstän-

---

[38] Aus einer Bauinschrift des Assurtempels in Assur zitiert nach R. Borger, „Die Inschriften Asarhaddons Königs von Assyrien", in: *Archiv für Orientforschung*, Beiheft 9, Graz 1956, S. 5, Kol VI, Z. 1-20.

[39] Zitiert nach D. D. Luckenbill, *The Annals of Sennacherib* (Oriental Institute Publications 2), Chicago, Ill. 1924, S. 108 VI 65.

[40] Vgl. z.B. A. Matsushima, „A Problem in the Libation Scene of Ashurbanipal", in: H. I. H. Prince Takahito Mikasa (Hg.), *Cult and Ritual in the Ancient Near East* (Bulletin of the Middle Eastern Culture Center in Japan Bd. VI), Wiesbaden 1992, S. 91-104, mit zahlreichen Abbildungen.

[41] Grundlegend dazu A. Livingstone, *Mystical and Mythological Explanatory Works of Assyrian and Babylonian Scholars*, Oxford 1986.

dige Kompositionen, die zwei funktional und inhaltlich verschiedene Bereiche in Beziehung setzen: „Das Kohlefeuerbecken, das vor der Göttin Mullissu entzündet wird und das Schaf, das man auf das Kohlefeuerbecken legt (und) das Feuer verbrennt es: (das) ist der Gott Qingu, wie er im Feuer brennt."[42] Riten werden anhand von Analogie, Gleichsetzung und anderen Kategorien als Repräsentation mythologischer Ereignisse gedeutet.

Bereits diese Auswahl von Textstellen zeigt, daß Gestaltung, Wahrnehmung und Wirkung entscheidende Komponenten in der Beschreibung von Objekten (und auch Lebewesen) darstellen und damit die Möglichkeit für Kunst gegeben ist. Die zitierten Texte stammen aus dem 1. Jt. v.Chr., da die reiche und gut erschlossene Überlieferung dieser Epoche umfangreiches Belegmaterial zur Verfügung stellt. Jedoch lassen sich die entsprechenden Beobachtungen m.E. auch in Texten des späteren 3. und des 2. Jts. belegen.

3. Befund und Interpretation

Zweckfreiheit der Kunst und Autonomie des künstlerischen Schaffens werden häufig als Voraussetzung für die Entwicklung einer Aesthetik betrachtet, die Anerkennung eines eigenständigen Bereiches „Kunst" in einer Kultur davon abhängig gemacht. Das Museum, in dem Kunst um ihrer selbst willen gesammelt und zur Anschauung dargeboten wird, gilt als spezifische Institution dieses kulturellen Phänomens und als Signatur der Moderne. Auch dieses Vorverständnis hat in die Erforschung des Alten Orients gewirkt und Fehleinschätzungen hervorgebracht, deren Diagnose zur methodologischen Klärung beitragen kann. So vertrat der Archäologe Eckhart Unger die – in der Folgezeit vielfach übernommene – Ansicht, auch im Alten Orient habe es Museen gegeben. Sein Bändchen über „Assyrische und Babylonische Kunst" enthält ein Kapitel über „Antike Museen" (S. 62-68).[43] Nach Unger gab es im Palast Nebukadnezzars II. in Babylon ein „Schloßmuseum".[44] Es habe Funde aus den Ausgrabungen Nebukadnezzars und seiner Vorgänger, weiter Beutestücke und schließlich „(...) solche Denkmäler, die wahrscheinlich zum Schmucke des Schloßmuseums angefertigt und aufgestellt worden

---

[42] Zitiert nach der Bearbeitung von A. Livingstone, *Court Poetry and Literary Miscellanea* (=State Archives of Assyria Bd. III), Helsinki 1989, S. 93, Z. 9'-10'.
[43] E. Unger, *Assyrische und Babylonische Kunst*, Breslau 1927. Erschienen in der Reihe „Jedermanns Bücherei. Natur aller Länder / Religion und Kultur aller Völker / Wissen und Technik aller Zeiten, Abt. Bildende Kunst".
[44] E. Unger, *Babylon. Die heilige Stadt nach der Beschreibung der Babylonier*, Berlin/Glückstadt 1931, Kapitel XXIII „Das Schlossmuseum" (S. 224-228).

sind", enthalten.⁴⁵ Neben dem Schloßmuseum verweist Unger auf „alte Sammlungen von Kunstschätzen des Vorderen Orients (...) in den Tempeln, wo bisweilen (...) eine große Anzahl von Statuen und Weihgeschenken aller Art zusammengehäuft sind."⁴⁶ Betrachtet man die vier von Unger genannten Gruppen von Ausstellungsstücken, nämlich Antiquitäten, Kriegsbeute, Auftragsarbeiten und Weihgeschenke in ihrem tatsächlichen Kontext, so ergibt sich ein verändertes Bild.

Tatsächlich sind mesopotamische Herrscher gelegentlich im Rahmen ihrer eigenen Bautätigkeit auf Bildnisse von Vorgängern gestoßen. Von Nabonîd (555-539 v.Chr.) ist bekannt, daß er ein Bildnis des berühmten Akkadekönigs Naram-Sîn (2254-2218 v.Chr.) wiederherstellen und Opfer einrichten ließ. Dieses antiquarische Interesse ist jedoch nicht, wie Unger annahm, Ausdruck von Kunstliebhaberei; dagegen spricht schon die Versorgung der Statue mit Opfern. Sie ist vielmehr Teil eines legitimatorischen Konzeptes der Chaldäerdynastie, die ihre Ansprüche auf den babylonischen Thron durch Verweis auf eine ruhmreiche Vergangenheit sichtbar machen wollte.

Eine wichtige Funktion von Kriegsbeute, vor allem von Trophäen, liegt in der Dokumentation. Hauptcharakteristikum von Tropaia ist ihre Bindung an den Ereignishorizont und entsprechend ihre Symbolkraft. Unter den Tropaia findet man neben Kriegsgerät und Kriegsgefangenen auch Objekte, die „in besonderer Weise mit einem Repräsentanten oder einer Institution des unterlegenen Systems verbunden" sind.⁴⁷ Die sogenannte Gesetzesstele des Hammurabi von Babylon (1792-1750), die durch Elamer nach Susa verschleppt und dort in der Stadt aufgestellt wurde, zählt ebenso dazu wie der Kopf eines Elamerkönigs, den Assurbanipal zur Schau stellte: „Das abgeschlagene Haupt des Teumman stellte ich gegenüber dem Stadttore in Ninive öffentlich aus, damit das abgeschlagene Haupt des Teumman, des Königs von Elam, sehen lasse die Macht Assurs und der Ištar, meiner Herren."⁴⁸ Die Inschrift Assurbanipals nennt mit „Öffentlichkeit" und „Sehen lassen" die beiden zentralen Begriffe, durch welche die Funktion von Trophäen umgesetzt wird. Der Rezeptionshorizont hat sich jedoch auch bei solcher Ausstellung von „Kunstwerken" aus Kriesgbeute nicht prinzipiell verändert.

---

⁴⁵ Unger, a.a.O., S. 227.
⁴⁶ Unger, a.a.O., S. 62.
⁴⁷ J. Bär, *Der assyrische Tribut und seine Darstellung* (Alter Orient und Altes Testament 243), Neukirchen 1996, S. 6.
⁴⁸ M. Streck, *Assurbanipal* (s.o. Anm. 28), S. 125, Z. 57-61.

Als dauerhafte Weihgaben wurden in mesopotamischen Tempel Statuen, Stelen, Gefässe, Waffen, Instrumente und anderes mehr gestiftet.[49] Die Aufstellung solcher Objekte im Tempelbezirk oder im Tempel selbst ist ein entscheidender Aspekt der Weihung; die Gabe ist ein Geschenk an die Gottheit, ihre Sichtbarkeit mußte – zumindest für einen bestimmten Zeitraum – garantiert sein.[50] Doch nicht nur Sichtbarkeit sondern, wie bereits oben ausgeführt, auch das Aussehen wurde als wichtiges Kriterium berücksichtigt. Besonders interessant ist in diesem Zusammenhang eine Überlieferung zu Königsbildnissen der altbabylonischen Zeit (1. Drittel des 2. Jt. v.Chr.). Jahresnamen mehrerer Herrscher dieser Zeit kommemorieren die Aufstellung von Statuen im Tempel, jedoch nicht nur den Akt an sich, sondern ergänzt durch eine knappe Beschreibung der Darstellungsart: „(...) als „Fürst", „König", „jugendlicher Krieger", als „en", „im Gebet", „laufend", als „Anführer des Heeres", „grüßend", „bei der Opferschau", „mit einem Opferzicklein".[51]

Die letzte Gruppe Ungers, die Auftragsarbeiten, scheint das Prinzip *l'art pour l'art*, die reine Kunst zu vertreten. Die entsprechenden Schriftzeugnisse und Denkmäler verweisen jedoch, wenn überhaupt, funktional auf den Bereich der Dekoration und Ornamentik.

Eine Ansammlung von „Kunstwerken", zu der es aus verschiedenen Gründen kommen kann, ist, wie die Analyse der Bestände von Ungers altorientalischen Museen deutlich machen konnte, keineswegs immer eine Kunstsammlung. Zudem konnte inzwischen gezeigt werden, daß Ungers „Schloßmuseum" auf einer Fehldeutung des archäologischen Befundes beruht.[52] Aus Fehleinschätzungen dieser Art folgt jedoch nicht, daß den altorientalischen Kulturen die Existenz eines eigenständigen Bereiches Kunst und ihrer bewußten Wahrnehmung abzusprechen wäre. Denn gerade die Ebene der Wahrnehmung erscheint in allen Beispielen (auch den unter 2. angeführten) als konzeptionelles Moment.

---

[49] D. O. Edzard, „Die Einrichtung eines Tempels im älteren Babylonien. Philologische Aspekte", in: *Le Temple et le Culte. Compte Rendu de la 20. Rencontre Assyriologique Internationale (1972)*. Hg. v. E. van Donzel u.a., S. 156-163, v.a. 162f. zu den Weihgaben.
[50] P. Callmeyer, Artikel „Museum" in: *Reallexikon der Assyriologie* Bd. 8, 1995, S. 453f., mit weiterer Literatur. Von Zeit zu Zeit werden die Weihgeschenke abgeräumt um Platz zu schaffen; man verwahrte sie dann entweder in Schatzhäusern oder begrub sie – als Eigentum der Gottheit – innerhalb des Tempelbezirkes.
[51] Zitiert nach Edzard, *Einrichtung* (s.o. Anm. 49) S. 162.
[52] E. Klengel-Brandt, „Gab es ein Museum in der Hauptburg Nebukadnezars II. in Babylon?", in: *Staatliche Museen zu Berlin – Forschungen und Berichte 28*, 1990, S. 41-46.

Zum Abschluß dieser Ausführungen zur Differenzierung von Kunst und Religion im Alten Orient läßt sich folgendes Ergebnis formulieren: Auch wenn eine abstrakt klassifizierende Begrifflichkeit nicht zur Verfügung steht, erweist m.E. der hohe Grad der semantischen Differenzierung die konzeptionelle Eigenständigkeit der Bereiche „Kunst" und „Wissenschaft" und damit die prinzipielle Möglichkeit einer Unabhängigkeit von Religion. Das von Jeremias, Schneider, Winckler und anderen vertretene Modell von der religionsdominierten Gesellschaft läßt sich in dieser Form nicht aufrechterhalten. Jeweils im einzelnen bleibt zu prüfen, welche Interaktionen, möglicherweise Dominanzen der jeweiligen Bereiche bestehen.

Die Verwendung moderner Begriffe wie Kunst oder Religion ist nicht an sich methodisch falsch, ebensowenig wie die Beschränkung auf eine antike Terminologie eine Garantie für die Richtigkeit der Interpretation bieten kann. Es kommt darauf an, Befunde an ihrem historischen Ort und aus der Gesamtheit der historischen Faktoren zu erheben. Um Distanzen, Differenzen und Entwicklungen zu ermessen, sind mit methodischer Vorsicht angewandte moderne Begriffe und Theorien unentbehrlich. Altorientalistik und Kultursoziologie können hier gemeinsam zu einer Kulturgeschichte beitragen, die nicht notwendigerweise Religionsgeschichte ist.

Peter Pörtner
Saigyô – ein japanischer Dichter zwischen Kunst und Religion

> Die Feststellung des ursprünglichen
> Zustands bleibt also jedesmal
> eine Sache der Konstruktion.
> S. Freud
>
> To understand a text
> means to weave it into
> your own mode of existence.
> R. Fischer

Das vormoderne Japan hat sehr ernst gemacht mit der Erkenntnis, daß die *Flucht* eine Grundbestimmung des Seins und das *Flüchtige* eine ästhetische Grundkategorie ist. Man wußte: das Sein *ist* nur, indem es *flieht*, das Schöne ist nur *schön* als *Flüchtiges*. Man erlebte das Sein so, wie Hegel es definierte, als Werden im Vergehen. Der Widerspruch, daß die Menschen das Vergehen wollen müssen, um überhaupt sein zu können, war hier eine unhintergehbare Grunderfahrung. Der Buddhismus, für den das Sein ja nur die sichtbare Seite des Nichts ist, lieferte dieser Erfahrung ihre néantologische Begründung; Myôe (1173-1232) spricht sie mit geradezu erschütternder Deutlichkeit aus:

> *tsune naranu*
> *yo no tameshi dani*
> *nakariseba*
> *nani ni yosoete*
> *aware shiramashi*
>
> Wenn wir nicht einmal
> das Beispiel dieser unserer
> flüchtigen Welt kennten
> wie wüßten wir dann vom Herz-
> zerreißenden der Dinge

Myôe, der im Sinne des Kegon-Buddhismus, für den der Kosmos aus einer unendlichen Zahl von Welten besteht, die sich gegenseitig durchdringen, an die Einheit von Verblendung und Erleuchtung glaubte, sah in der Flucht der schönen Dinge eine Lehre: *aware*, der zwiespältige Schmerz, klärt auf.

Im *aware* – wenn dieses Wort hier erlaubt ist: – „lichtet" sich die Vergänglichkeit. Im *aware* bekommt das Vergehen, mujô, einen, wenn auch wieder nur flüchtigen, menschlichen Sinn. *aware* ist das Medium, über das sich die Welt dem Menschen mitteilt:

> *aware shire to*
> *ware o susumuru*
> *yo wa nare yo*
> *matsu no arashi mo*
> *mushi no naku ne mo*
>
> Ist es die Nacht die
> mir zuruft: Erkenne den
> Schmerz in den Dingen?
> Ist's der Wind in den Kiefern?
> Das Surren der Insekten?

Die beiden extremen Versinnbildlichungen der Grunderfahrung der Vergänglichkeit sind: die passagere Hütte, *kariio*, auf der einen Seite und auf der anderen die immobile Herberge, *yado*; die ein Strom von Gästen „durchfließt". Das fragile, tragbare *Gehäuse* versus stabile *Relaisstation*. Der Einsiedler hier und der Wanderer oder Gast da. Die Hütte und die Herberge sind auf je eigene Weise zwei extreme Topoi der Vergänglichkeit. Die Hütte ist ein aus Reisig zusammengebundenes (*musubu*) Obdach, das jederzeit demontiert und an einen anderen Ort transportiert werden kann. Überspitzt könnte man sagen, das Leben in einer Hütte akkumuliert Fluchtpotentialität, das Wohnen in einer *kariio* bedeutet gestundete Flucht. Zugleich ermöglicht das portable Gehäuse einer Hütte, eines Zeltes aber auch, überall zu Hause, also *immer* auf der Flucht oder *am selben Ort* ziellos unterwegs zu sein. In Marcel Prousts *Suche nach der verlorenen Zeit* beneidet Swann die Forschungsreisenden um die hedonistischen Qualitäten ihrer portablen Behausungen. Swann verabscheut die Vorstellung, eingeschlossen zu sein „dans l'édifice de ses relations," und wünscht sich statt dessen „une de ces tentes démontables comme les explorateurs en emportent avec eux. Pour ce qui n'en tait pas transportable ou échangeable contre un plaisir nouveau, il l'eût donné pour rien, si enviable que cela parût à d'autres." Das deutsche Wort „Hütte" „*hängt wurzelhaft zusammen mit* haus *und* haut" und bezeichnet zunächst „*einen zufluchtsort, bedeckten schutzort im freien, für solche die sich dort zur ausübung ihres berufes aufhalten*", aber wird in der Bibelsprache – überraschenderweise – auch im Sinne von „*wohnung im jen-*

seits" gebraucht: „ich wil wonen in deiner hütten ewiglich" (Psalm 61).[1] Herbergen hingegen sind Häuser des kurzfristigen Verharrens, die den Wanderer – von Relais zu Relais – von seinem Ziel ent-fernen. Auch das deutsche Wort „Herberge" hat, wie viele andere, bei denen man es auf den ersten Blick nicht vermutet, einen militärischen Urspung, es „*bezeichnet zunächst den ort wo ein heer lagert*"; später geht es „*in die allgemeine bedeutung hospitium, casa, tabernaculum über, und gilt im mhd. überhaupt von einem orte oder hause, in welchem fremde für die nacht unterkunft finden*". In der Herberge schläft der Wanderer, träumt vielleicht. Wir werden über die große Bedeutung des Traums in Zusammenhang unseres Themas noch sprechen müssen. Der Wanderer träumt vielleicht und ist somit schon wieder auf der Flucht. Denn die Träumerei, sagt Gaston Bachelard, „flieht das nahe Objekt, und sogleich ist sie weit weg, anderswo, in dem Raum des Anderswo." Traum ist eine Flucht ins „Alibi".

Die Dichterinnen und Dichter der höfisch geprägten Heian-Epoche (792-1192) nannten die Hinfälligkeit als eine notwendige Bedingung des Schönen *mono no aware*, das Herzzerreißende der Dinge. Die Vergänglichkeit, die Transkurrenz aller Dinge (*mujô*), galt ihnen als ein Synonym des Seins, auf das der Mensch mit dem Gefühl für die Hinfälligkeit aller Existenz (*mujô-kan*) antwortet. Das „Ding", *mono*, in *mono no aware* ist ein „Etwas", das gleichzeitig lockt und abschreckt und durch diese Ambivalenz fasziniert. Ganz ähnlich beschrieb Rudolf Otto in seinem berühmten Buch das „Heilige" als ein Kombinat aus *tremendum* und *fascinosum*; *mono no aware* meint also zugleich den Reiz des Objekts und die Reaktion, den emotionalen und ästhetischen Respons des schauenden Subjekts, die Antwort eines wahrnehmenden Bewußtseins auf die „pathoserzeugende Qualität der Dinge". Es bezeichnet also, wie etwa auch die wirkungsästhetische Kategorie der „Blüte" (*hana*) bei Zeami Motokiyo (1363-1443), dem Vollender und maßgeblichen Theoretiker des Nô-Theaters, eine mediale Sphäre, die Gegenstand *und* Betrachter umfaßt, eine Sphäre, die Gegenstand und Betrachter miteinander teilen.

Kobayashi Issa (1763-1827) hat, sechshundert Jahre nach Saigyô, in einem *haiku*, das er nach dem Tod seiner Tochter schrieb, diese Ambivalenz des *mono no aware* auf eine Formel gebracht, die sich liest wie ein poetischer Kommentar zu Hegels Bemerkung: „Die lebendigen Dinge haben das Vorrecht des Schmerzes." Kobayashi Issa schreibt:

---

[1] Vgl. Jacob und Wilhelm Grimm: *Deutsches Wörterbuch*, Stichwort „Hütte".

> Die Welt ist wie aus
> Tau gemacht. Sie ist wie Tau
> so flüchtig ... und doch ...

Das *sarinagara*, „und doch", der letzten Zeile besteht darauf, daß es nicht genug ist, im Sein nur eine Erscheinungsform der Flucht und im Schönen nur einen Index des Flüchtigen zu erkennen. Denn die Flucht und das Flüchtige können in dem Medium, das sie *sind*, selbst Form annehmen. Sie können innerhalb des Seins und des Schönen, deren Ermöglichungsgrund sie sind, selbst zum Gegenstand und zum Thema werden: Vergehen und Hinfälligkeit sind Grund und Wesen des Seins, können selbst aber im Rahmen des von ihnen bedingten Seins als Trauer, Liebe, Arbeit, in der Gestalt von Symposien, Gewerkschaften oder Parteiprogrammen sinnfällig werden.[2] Die Flucht und das Flüchtige treten auf diese Weise in das, was sie allererst ermöglichen, wieder ein, minimieren sich sozusagen zu Elementen des Systems, das sie selbst umfassen und tragen. Wenn dem nicht so wäre, könnte der Mensch als Dasein, das selbst nichts anderes als eine Dialektform der Flucht ist, nicht „auf der Flucht sein"; vor sich selbst, den anderen, dem Leben, dem Tod. Wie sagt Heidegger? – „Der Mensch ist *das* Weg." Wenn dem nicht so wäre, könnte auch das Schöne, das selbst nichts anderes als eine Dialektform des Flüchtigen ist, nicht so unermüdlich und vergeblich den Aufstand gegen das Hinfällige üben.

Die Zeit ist nach buddhistischer Vorstellung kein Behälter. Für den Buddhismus spielen sich die Ereignisse nicht in der Zeit ab. Zeit ist hier das Sichabspielen selbst. Zeit ist das Unerbittliche, *karma*. Oder moralisch gewendet: Die Zeit ist das Böse. Die Zeit ist das Böse an der Welt der Verblendung (*bonnô*), also der Welt, die die Menschen sich konstruieren und für wirklich halten. Das Böse ist keine Frage der *Beschaffenheit* der Welt. Das Böse liegt in der schlichten Tatsache, daß sie exisistiert. Ihre Existenz beweist, daß die Welt nicht gut sein kann. Gut ist nur das Ende der Zeit und damit des Seins, des Werdens im Vergehen. Eine private Vorform des Höchsten Guten, des Endes, des *nirvana*, ist die Einsicht, daß es sich mit der Zeit und der Welt so verhält. Und diese private Einsicht in das Unerträgliche wird *satori* genannt.

Die Begriffe *mujô* und *mono no aware* sollen hier aber nur daran erinnern, daß in ihnen religiöse und ästhetische Erfahrung, religiöses und ästhetisches Erleben untrennbar miteinander verbunden sind. Das war für Saigyô

---

[2] In einem systematisch vergleichbaren Zusammenhang nannte Niklas Luhmann „Fußbälle und Propheten" als Beispiel.

(1118-1190) ein großes Problem: Wie kommt es, da die Einsicht in die universale Vergänglichkeit, eine Einsicht, die es einem eigentlich doch leicht machen sollte, wenn man das Haus schon verlassen hat (*shukke*), auch die „Welt noch von sich zu werfen" (*yo o suteru*), ganz im Gegenteil das Bewußtsein verlockt, mit „bangem Liebessehen", wie man mit Faust sagen könnte, an der Welt zu hängen? Schon und auch der Kirchenvater Augustinus schreibt in *de vera religione*, daß der Mensch „von der Liebe und dem Schmerz der entstehenden und dahinschwindenden Dinge verwundet wird" (*transeutium rerum amor ac solor sauciatur*).

Bei Saigyô, für den die Kunst, das heißt die Dichtung, ein *Organon der Religion* ist, lautet diese Erfahrung – zum Beispiel – so:

> *kokoro naki*
> *mi ni mo aware wa*
> *shirarekeri*
> *shigi tatsu sawa no*
> *aki no yûgure*

> Ich dachte mein Sinn
> sei frei und doch und doch wie
> rührt es mich wenn an
> einem Abend im Herbst aus
> dem Moor eine Schnepfe steigt

Ein Gedicht, übrigens, das traditionellerweise für besonders yûgen-haltig, als von einem nur schwer bestimmbaren „geheimnisvollen Charme" beseelt, erachtet wird. Oder:

> *itsu ka ware*
> *kono yo no sora o*
> *hetataramu*
> *aware aware to*
> *tsuki o omoite*

> Wann wird er kommen
> der Tag da ich vom Himmel
> dieser Welt scheide
> wie rührt mich wie rührt mich der
> Mond wenn ich seiner gedenk

Im Vergleich dazu das Gedicht eines anderen berühmten Wandermönchs und -dichters, Ippen (1239-1289), der freilich in einer Zeit lebte, in der die Religion zusehends zur Lebenshilfe verflachte und die verschiedenen Schulen – unter ihnen die das sogenannte *nenbutsu*, das Rezitieren einfacher Gebetsfloskeln, als Mittel der Erleuchtung und Erlösung favorisierende Jishû-

Sekte Ippens – sich vor allem darum stritten, wer den sichersten Weg ins Paradies wüßte:

> *hana ga iro*
> *tsuki ga ḥikari to*
> *nagamureba*
> *kokoro wa mono o*
> *omowazarikeri*

> Betrachte ich die
> Farben der Blüten oder
> das Licht des Mondes
> dann ist mein Geist schon keines
> der Dinge mehr eingedenk

Ippens Gedicht erweist sich im Vergleich zu dem Gedicht Saigyôs als Bekennerlyrik mit einem unverhohlen dogmatischen Anspruch. Ippens kategorischen Ton sucht man bei dem Zweifler Saigyô vergeblich. Vielleicht schützte seine Sensibilität ihn jedoch nicht immer davor, in einen gezierten Ton zu verfallen:

> *hotoke ni wa*
> *sakura no hana o*
> *tatematsure*
> *waga nochi no yo o*
> *hito toburawaba*

> Legt mir wie andern
> Toten als Opferblumen
> Kirschblüten aufs Grab
> wenn ich als Buddha dereinst
> im Jenseits weilen werde

Folgendes Sterbegedicht Ippens ist überliefert:

> *Amida to wa*
> *mayoi satori no*
> *michi taete*
> *tada na ni kayou*
> *ikibotoke nari*

> In Amida
> enden die Wege
> von Illusion und Erleuchtung
> gibt es nur mehr den lebenden Buddha,
> seinem 'Namen' entsprechend[3]

---

[3] Übersetzung von Franziska Ehmcke.

Dies ist ein reines Glaubensbekenntnis, das sich gewisser artistischer Formen als rhetorischer Ausdrucksmittel bedient, während Saigyôs religiöse Erfahrung sich von der Kunstform, in der sie in Erscheinung tritt, prinzipiell nicht loslösen läßt. Ippens Gedichte sind lyrisch gefaßte Prosa. Saigyôs Dichtung versucht jedoch gerade das zu *zeigen*, was sich prosaischer Mitteilung entzieht. Das Surplus, das den Wert der Gedichte Saigyôs ausmacht, besteht paradoxerweise aus dem Teil der Information, den sie verweigern: „Und die fernen Lieder sind / Laut geword'nes Schweigen" (Friedrich Rückkert).

Für Saigyô war sogar das Bild der Hütte noch nicht transitorisch genug, um ein wahres Bild der unhintergehbaren Erfahrung der Flüchtigkeit sein zu können. Er beschreibt selbst seine Hütte *im Verfall*:

abaretaru
kusa no iori ni
moru tsuki o
sode ni utsushite
nagametsuru kana

In den Tränen auf
meinem Ärmel spiegelt sich
das Licht des Mondes
das durch das verfallene
Dach meiner Grashütte dringt

Eine noch feinere, fast als dialektisch zu kennzeichnende Beschreibung der paradoxen *conditio humana* mittels des Bildes der Hütte enhält folgendes *waka* Saigyôs:

izuku ni mo
sumarezuba tada
sumade aran
shiba no iori no
shibashi naru yo ni

Wenn nirgends ein Platz
zum Wohnen ist dann weile
ohne zu wohnen
in dieser stets welkenden
Welt der Hütten aus Gras

In Europa schrieb der Scholastiker Hugo von St. Viktor in seinem *Didaskalion*:

> *delicatus ille est adhuc, cui patria dulcis est;*
> *fortis autem iam, cui omne solum patria est;*
> *perfectus vero, cui mundus totus exilium est.*
>
> **Verwöhnt ist der, dem das Vaterland süß ist;**
> **stark aber der, dem die ganze Erde Vaterland ist;**
> **vollkommen jedoch nur, dem der ganze Erdkreis**
> **ein Exil, Ausland ist.**

Das Zeichenkompositum *shukke*, „einer, der das Haus verlassen hat", meint ursprünglich jemanden, der Haus und Familie hinter sich gelassen hat, um Buddha zu folgen; es wird in der alternativen japanischen Lesung *iede* aber zu einem Synonym für die japanischen pychopathologischen Termini *tonsô*, *tôsô* und *tôhi*, die alle „Fluchtverhalten" bezeichnen. Eine Schreibvariante des Schriftzeichens für *hai*, das den dem *haiku*-Schreiben und dem damit verbundenen eskapistischen Lebensstil verfallenen Literaten, *haijin*, charakterisiert, taucht in dem japanischen Terminus für Promanie oder Dromomanie, „Zwangswandern", „Fortlaufen" auf: *haikaiheki*. *Porio*-Manie kann verstanden werden als trotzige Antwort auf die *Aporien* des Lebens. Aber schon der Weltflüchtling, *tonseisha*, Saigyô verhehlte seine vertrackten, erlösungstheoretischen Selbstzweifel nicht. Er wußte, wie weit entfernt er war von der Erfüllung der Forderungen, die an einen buddhistischen Eremiten gestellt wurden, bereitet ihm seine Weltflucht doch durchaus Behagen, geistigen Komfort, ja Lust. Gefordert war hingegen: die eigenen Tugenden „zu verbergen", seine Sünden aber offenzulegen, Ruhm und Ehre aufzugeben, gute Taten ohne die Erwartung irgend eines Lohnes zu vollbringen und den Kontakt mit der Welt aufs äußerste zu reduzieren. Saigyô befragte unablässig die Redlichkeit der eigenen Lebensführung und die Paradoxien der Flucht, denen zu entfliehen nicht möglich ist. Vielleicht empfand er sogar Schuld; zumindest aber rechnete er – wie viele seiner Zeitgenossen – mit der Möglichkeit der Höllenstrafe:

> *koko zo tote*
> *akuru tobira no*
> *oto kikite*
> *ikabakari kawa*
> *ononokaruran*
>
> Wenn's heißt: Da wär'n wir!
> und sich mit lautem Krachen
> die Höllentore
> auftun was für ein Schreck was
> für ein Schauder wird das sein!

Zur Zeit, als er – dreiundzwanzigjährig – anfing, mit dem Gedanken zu spielen, die „Welt von sich zu werfen", war er anscheinend noch von der Möglichkeit, daß es gelingen könnte, überzeugt:

> *sora ni naru*
> *kokoro wa haru no*
> *kasumi nite*
> *yo ni araji tomo*
> *omoitsutsu kana*

LaFleur übersetzt:

> A man whose mind is
> At one with the sky-void steps
> Inside a spring mist
> And begins to wonder if, perhaps,
> He might step out of the world.

Aber schon als Saigyô den zurückgetreten Toba-Tennô um Entlassung aus seinen Diensten bittet, melden sich die ersten Zweifel:

> *oshimu tote*
> *oshimarenubeki*
> *kono yo kawa*
> *mi o sutete koso*
> *mi o mo tasukeme*

> So ängstlich hängt er
> an der Welt die er doch
> verabscheuen sollte
> retten könnt er sich nur
> wenn er sich gänzlich verwürfe

Später zieht Saigyô dann alle Register religiösen Raisonnements und dichtet:

> Wenn ein Mensch sich selbst
> verwirft wird er dann wirklch
> etwas verlieren
> Ist nicht eher verloren
> wer sich nicht verlieren kann

Und:

> Wenn einer der Welt
> entflohn ist doch weiter im
> Unverborgenen lebt
> bleibt er ganz so wie jeder
> Weltling inmitten der Welt

Und:

> Wo kommt er nur her
> der Rest von Blütenfarbe

> in meinem Herzen
> Dachte ich doch ich sei der
> Welt schon gänzlich entflohen

William LaFLeur rechnet in seinem Buch *The Karma of Words* die Texte Saigyôs unter solche, die uns helfen, „unsere Wahrnehmng der dichterischen Erfahrung und der Geschichte des menschlichen Denkens" zu erweitern; als ein „in vieler Hinsicht faszinierendes Gedicht"[4] zitiert er:

> *sue no yo no*
> *kono nasake nomi*
> *kawarazu to*
> *mishi yume nakuba*
> *yoso ni kakamashi*
>
> Selbst in der Endzeit
> der Welt bleibt er bestehen
> der Trost des Gedichts
> die mußt ich träumen um nicht
> außer der Wahrheit zu stehn

„An der Kreuzung zweier Herzwege steht kein Tempel für Apoll," schreibt Rainer Maria Rilke. Vielleicht kein Tempel für Apoll, aber Saigyôs Gedicht ist auf der Kreuzung zweier Herzwege entstanden, der Kreuzung der beiden Herzwege *Kunst* und *Religion*: Saigyô war von dem Priester Jakunen um einen Beitrag für eine Hundert-Gedicht-Sammlung gebeten worden; aber leider in einem ungünstigen Augenblick, denn Saigyô wollte gerade zu einer Wallfahrt zum Kumano-Schrein aufbrechen. Daher lehnte er – zunächst – ab. Auf dem Weg nach Kumano träumte er jedoch von einer Konversation, man könnte von einer *sacra conversazione* sprechen, zwischen Tankai, dem höchsten Priester des Kumano-Schreins und – einem Patriarchen der Dichtkunst – Fujiwara Shunzei (1114-1204). Tankai sagte in Saigyôs Traum zu Shunzei: „Alles in der Welt ist dem Wandel unterworfen, nur der Weg der Dichtung bleibt unverändert bis zum Ende der Zeit bestehen." Saigyô ergänzt: „Ich öffnete meine Augen und verstand." Und genau diesem Verstehen verdankt sich das oben zitierte Gedicht. Saigyô bezieht sich darin auf die zeitgenössische Diskussion um die Frage, ob man in der Epoche des *mappô* lebe, der buddhistischen Endzeit, in der das buddhistische „Gesetz" seine Wirkkraft weitgehend verloren habe. Das gesellschaftliche Chaos, das ihn umgab, hätte durchaus als empirischer Beweis dafür gelten können. Saigyô war offensichtlich kein Anhänger der *mappô*-Lehre. Signifikant und interessant ist

---

[4] LaFleur: 2.

aber, daß er die Frage nach dem Wert der Dichtung dennoch auf die Diskussion um den mappô-Gedanken bezieht, wodurch schon ganz äußerlich der religiöse und der ästhetische Bereich überblendet werden. Auffällig ist jedoch auch die gleichsam wahrheitseröffnende Bedeutung des Traums. In der Diktion der Zeit: *muchô mondô* übermitteln keine dunklen Botschaften, die erst dechiffriert oder dekodiert werden müssen. In ihnen vollzieht sich ein unmittelbarer Austausch zwischen Lebenden und Toten. Träume standen im Mittelpunkt der religiösen und philosophischen Spekulation der Zeit, weil die Erfahrung des Traums die Erfahrung des Wachens, der sogenannten Realität, zutiefst in Frage stellte. Die buddhistische Lösung war, den Unterschied einfach zu *planieren*: die Realität als eine Art/eine Spezies der Illusion, und die Illusion als eine Art/eine Spezies der Realität zu sehen. LaFLeur sagt: der Unterschied zwischen den beiden „pales to insignificance"[5]; allerdings nur im Vergleich zu einem Tertium: nämlich dem Zustand der Erleuchtung, dem ganz anderen. Aus der Perspektive der Erleuchtung liegt die Illusion gerade in der Unterscheidung zwischen Realität und Illusion, sie liegt in der Blindheit für das Kontinuum, das sie darstellen. Und der Name dieses Kontinuums ist *mujô*, Vergänglichkeit.

Die Literatur der Heian-Zeit überträgt die Faszination für diese Fragen nach Realität, Illusion und Erkenntnis in die konkrete Bildlichkeit der Dichtung. Saigyôs Beitrag zu dieser Diskussion findet sich extrem verdichtet in folgendem waka:

> *utsutu o mo*
> *utsutu to sara ni*
> *oboeneba*
> *yume o mo yume to*
> *nanika omowan*
>
> Auch was wirklich heißt
> scheint gar nicht wirklich warum
> also sollen wir
> in unseren Träumen nicht
> mehr als nur Träume sehen

Es geht Saigyô hier nicht um den „ontologischen Status" von Träumen, das wäre in Anbetracht der buddhistischen Diskussion um den Verblendungszusammenhang aller Existenz ja auch absurd, es geht ihm um den Ernst, die Seriosität des Traums. Eine lange buddhistische Tradition – denken wir nur an das *Nihon Ryôiki*, einer zu belehrenden Zwecken zusammengestellten

---

[5] LaFleur: 5.

Sammlung „merkwürdiger" Geschichten aus dem Anfang des 9. Jahrhunderts – bezeugte die Vertrauenswürdigkeit von Träumen; warum also hätte Saigyô seinem eigenen Traum mit Skepsis begegnen sollen? Zumal er seine Dichtung aufs schönste sanktionierte. Saigyô „kämpfte sein ganzes Leben lang" mit der Frage nach der „exact nature"[6], der genauen Beschaffenheit, der Beziehung zwischen Buddhismus und Dichtung. Erwartete man seit dem *Manyôshû*, der ältesten japanischen Gedichtsammlung aus dem 8. Jahrhundert, von Dichtern und Dichterinnen doch auch, daß sie – zum Beispiel – den Topos der „Liebe zwischen den Geschlechtern" nicht vernachlässigten. Aber dieses Dilemma wurde überflügelt von dem viel grundsätzlicheren: wie ließ sich religiöses Leben mit den literarischen Gepflogenheiten der Zeit vermitteln, mit dichterischem Austausch und Wettkampf (im *utaawase*)? Durften die, die die Welt verlassen (*shukke, tonseisha*) oder gar von sich geworfen (*yo o suteru*) zu haben behaupteten, an den Unterhaltungen des Staubes teilnehmen? War ein „Dichtermönch" nicht eine *contradictio in adjecto*? LaFleur schreibt: „Saigyô seems to have experienced a special agony in his attempt to resolve this problem." Po Chü-i (Haku Kyoi, 772-846) hatte mit seinem ambivalent geladenen Ausdruck *kyôgen kigo* wenigstens einen Anhaltspunkt geliefert, das Problem zu lösen: durch eine Art Um-Etikettierung: Wenn Dichtung das buddhistische Gesetz (*dharma, hô*) feiert, wird sie durch eine mysteriöse Transsubstantiation selbst zum *dharma*. Dies ist natürlich eine erschlichene Lösung, ein metaphysischer Schwindel; im Sinne des „to eat the cake and to have it". Plausibel wird sie nur unter einem religiösen Exponenten: als *mysterium fidei*; als Glaubenssache. Saigyô war sich jedoch *seiner* Glaubens-Sache *nie* so ganz sicher. Er wußte, daß die Dilemmata, die Paradoxalspannungen, die alles durchziehen, ertragen werden müssen. Er wußte, daß das Sein nur eine Koketterie des Nichts ist, wußte, daß die Schönheit unlösbar an das Vergehen gebunden ist, litt darunter, daß er dem Reiz des vergänglichen Irdischen nicht entsagen konnte, erfuhr, daß jede Flucht vor der Welt immer in der Welt endete und zweifelte daran, daß die „verrückten und verspielten Worte" als solche die Predigt des allumgreifenden Gesetzes sind. All diese Ambivalenzen und Antitendenzen sind gleichsam der Springquell der Saigyôschen Dichtung.

> *yukue naku*
> *tsuki ni kokoro no*
> *sumisumite*

---

[6] LaFLeur: 7.

hate wa ikani ka
naran to suran

Was soll noch werden
aus meinem ziellosen Sinn
wenn er verlockt vom
Mond sich dort oben ganz und
gar *rein-gewohnt* haben wird

Der Titel meines Beitrags hätte also nicht „Saigyô – zwischen Kunst und Religion" lauten dürfen. Denn die Beziehung von Kunst und Religion ist bei Saigyô *medial* – die Kunst ist für ihn Medium der Religion und die Religion Medium der Kunst. Für Saigyô ist, wie man – schon oben vorgeschlagen – in Abwandlung von F. W. J. von Schellings Rede von der Kunst als eines Organons der *Philosophie* sagen könnte, die Kunst Organon der *Religion*.

III. Kunst und Religion im spätmittelalterlichen Europa

Achatz von Müller
„Il viso per la pittura vive lunga vita".
Zur Sozialfunktion religöser Bildstiftungen im italienischen
Spätmittelalter

Spätestens in ihren Testamenten – so lautet ein bekannter Gemeinplatz[1] –
wandten sich die Kaufleute und Bankiers des Spätmittelalters der Sorge um
ihr Seelenheil zu und versuchten durch Stiftungen an religiöse Institutionen
und Arme Verzeihung und Fürbitte zu gewinnen. Eindrucksvolles Beispiel
für diese auf den Gnadenraum des Purgatoriums[2] setzende Haltung liefert
das berühmte Testament des Francesco di Marco Datini mit seiner Hinterlassenschaft für das Ospedale degli Innocenti im Prato.[3] Doch ein genauerer
Blick fördert auch andere Gesinnungen zu Tage als Restitution für Wuchersünde und „Seelenrettungsökonomie".

Unter den Wucherern, denen Dante Alighieri auf seiner Jenseitswanderung begegnet, erkennt er auch Rainaldo Scrovegni aus Padua – als Verdammten im Inferno:

> Aus Ihren Augen brachen ihre Schmerzen
> Sie kämpften überall mit ihren Händen
> Bald mit dem Damp, bald mit dem heißen
> Sande.
> ...
> Ein jeder trug am Halse einen Beutel
> Mit eignem Zeichen und mit eigner Farbe,
> Und dieser schien ihm eine Augenweide.
> ...
> Und einer, der mit einer dicken blauen
> Sau seinen weißen Sack bezeichnet hatte,

---

[1] Zu Testamenten vgl. A. Sapori, *L'interesse del denaro*, Firenze 1956. J. Chiffoleau, *La comptabilitè de l'au-delà*, Rom 1980. S. Epstein, *Wills and Wealth in Medieval Genoa*, Harvard 1985. Für Venedig: R.C. Mueller, „Sull'establishment bancario veneziano. Il banciere davanti a Dio (sec. XIV-XV)", in: G. Borelli (Hrsg.) *Mercanti e vita economica nella Repubblica Veneta (sec. XIII-XVII)*, Verona 1985.
[2] Die bestechende, aber nicht unwidersprochene These LeGoffs, *Die Geburt des Fegefeuers. Vom Wandel der Weltbilder im Mittelalter*, Stuttgart 1990, sieht die erhöhten Freiräume der Seelenrettung. Das Purgatorium ist aber auch ein symbolischer Markt, auf dem Fürbitte und Sühne miteinander verhandelt werden.
[3] I. Origo, *The merchant of Prato*, Harmondsworth 1979, S. 330ff.

> Der sagte: „Was willst du in diesem Graben?
> Scher dich hinweg..."
> (Inf. XVII, 46 ff.)

Rainaldo war geradezu sprichwörtlich bekannt. Der Paduaner Volksmund erzählt die Geschichte seines Todes mit jener bildlichen Deutlichkeit, die derartige Anekdoten über Generationen hinweg bewahrt. Er habe, so heißt es, in der Stunde des Todes noch nach dem Schlüssel für seine Geldtruhe gerufen, um sicher zu sein, daß niemand diesen „unbewachten Augenblick" für sich nutzen könne. Vorher aber sei er mit aller Überredungskunst darauf bedacht gewesen, seinen einzigen Sohn Enrico zu instruieren, auf keinen Fall Legate an Arme oder Geschädigte auszusetzen. „Perchè l'oro, al dir suo, era potenza, forza, salute."[4] Enrico war kein gehorsamer Sohn. Sein eigenes Testament weist einige bedeutende Legate an Arme und einzelne, wohl im bekannte bedürftige Personen auf. Die Begründung dafür sind die eigenen Wuchersünden und ausdrücklich die seines Vaters, Großvaters und Bruders: „per omnia mea maleablata et omnia maleablata quidam domini Ugolini avi mei ac patris mei domini Rainaldi Scrovegni nec non fratris mei quidam domini Manfredi Scrovegni...".[5]

Die entscheidende Wendung nimmt das Testament jedoch mit der Verfügung, einen Kirchenbau in Padua zu unternehmen – „solumodo volo et ordino in edificando et construendo domo arena predicta de bonis meis"[6] –, um die Strafen für Wuchersünden unmittelbar und allen sichtbar, aber auch als Investition für die Fürbitte abzubüßen.

Soweit entspräche alles – wenn auch aufwendiger – dem gewohnten Bild. Aber gerade der Aufwand der Kapelle bei der „Arena" in Padua, ihr Bildprogramm und der hier beschäftigte Künstler erregten nicht nur die besondere, noch andere Motive ins Blickfeld rückende Aufmerksamkeit der Zeitgenossen, sondern auch aller späteren Besucher Paduas. Die Arena-Kapelle, von Giotto in den wesentlichen Teilen ausgemalt, zählt bekanntlich zu den Attraktionen der Stadt.

---

[4] T. Casini, A.A. Barbi, A. Momigliano, *Commento in Dante*, I, Florenz 1974, S. 333; die Dante-Übersetzung ist diejenige von H. Gmelin, Stuttgart 1963. Nicht übersehen werden darf, dass Dante in Inf. XVII nur die adeligen Wucherer versammelt: Diese vornehmlich aus Florenz stammenden Wucherer – Buiamonte, Gianfigliazzi, Obriachi – werden wegen der Nichtachtung ihres Adels an dieser Stelle angetroffen. Über Wucher als Sünde wider die Natur läßt sich der Dichter an anderer Stelle aus: Inf. XI, 90ff.

[5] Endausfertigung des Testaments im Staatsarchiv Venedig, Procuratori di S. Marco, Misti, Busta 75, Com. Enr. Scrov. Ein Entwurf: Notai, ·Conc. Inf. Busta 32, quad. 13, Raffaino de Caresino Not. Der Text hier nach der Endausfertigung, fol. 1r.

[6] E. Scrovegni, *Testament*, a.a.O., fol. 4v f.

Zunächst jedoch reflektiert Enricos Testament eine Stiftungshaltung, deren Ertrag er selbst noch erleben wollte und sollte. Schon 1300 erwirbt er die Arena für den Bau seiner Kirche, gewinnt einen persönlichen Ablaß für seine Wuchersündenstrafen von seinem Landsmann Papst Benedikt XI. und eine Ablaßbulle für die Besucher seiner Stiftung „Virgo de Caritate" (1.3.1304). Schon zwei Jahre zuvor hatte er die kirchliche Baugenehmigung erhalten. Zwischen Ablaß und Weihe (März 1305) werden die meisten der Fresken Giottos entstanden sein.[7]

Giotto schien für Scrovegni der richtige Mann. Er war jung, modern und berühmt durch seine Arbeiten in Rom und Assisi. Denn es war keine zisterziensische Frugalität, die dem Stifter vorschwebte. Scrovegni hatte auch keine Zeit für lange Bußübungen. Tief war er in die Parteikonflikte der Stadt verstrickt – für die della Scala im nahen Verona gegen die Signori Paduas, die Carrara. Sein Engagement bringt ihn zwischen 1320 und 1328 in die venezianische Verbannung, von der aus er dennoch versucht Einfluß auf die Politik Paduas zu nehmen.

Die Grundintentionen seiner Haltung sind deutlich: er sucht Rangerhöhung, Anschluß an die „Signori". Den Makel auf dem Namen der Scrovegni – den Wucher – gilt es dabei zu tilgen. Das Programm der Bildausstattung schien dafür ebenso geeignet wie ihre Pracht. In achsialer Bildstringenz wird der Wucher in Giottos[8] elegantem Stil zum Thema gemacht. An der Stirnwand der Kirche, über dem Eingang erscheint im Motiv des Jüngsten Gerichts der Wucher doppelt thematisiert: in drei an ihren Geldbeuteln – man erinnere sich an Dantes Darstellung – strafend aufgehängten Gestalten, die ihre Höllenpein erdulden und an einem Judasbild, das sich als typologischer „Pfeiler" über der Szene des Strafgerichts erhebt. Auch Judas wird entsprechend der Tradition als Erhängter abgebildet, weist auf die Strafe für alle Wucherer bedeutsam hin. Ihm gegenüber an der Ostwand, neben dem Triumphbogen eine zweite Judasdarstellung: der Judaslohn. Das Motiv stammt aus den theologischen Kommentaren zur Wucherfrage. Es bezeichnet den Wucherer als Verräter an Christus, der um des Geldes willen zu einem neuen Judas wird. Im Gegenüber von Lohn und Strafe manifestiert sich ein Stück theologischer Wucherlehre, das den an der Westwand mit dem Modell seiner Stiftung abgebildeten Begründer der Kirche in einen ihrer bußfertigen Söhne

---

[7] E. Borsook, *The Mural Painters of Tuscany*, London 1968, S. 15ff. M. Imdahl, *Giottos Arenafresken*, München 1980. J.K. Hyde, *Padua in the Age of Dante*, New York 1966.
[8] Die Interessen und Praktiken Giottos im Leihgeschäft weist Davidsohn nach: Geschichte von Florenz, IV, 3, Berlin 1927, S. 228ff.

zu verwandeln scheint. Verdeutlicht wird dieser Zusammenhang durch das Motiv der Austreibung der Wechsler aus dem Tempel an der nördlichen Längswand, gleich neben dem Motiv des „Judaslohns". Auch der Stifter wird in der Kirche des Herrn – in der Gemeinde Christi – keine Geldhändler dulden.

Scrovegni war mit seiner Stiftung politisch nicht erfolgreich. Das aber hindert nicht daran, sie als Investition in soziale Rangerhöhung zu betrachten. Den Adel des Hauses Scrovegni wieder herstellen, die Paduaner Erinnerung an den Vater wenn nicht auslöschen, so doch überdecken, in die Machtelite vorstoßen – dies waren Ziele, für die sich ein solcher Bau lohnte. Die Widersprüchlichkeit von Programm und Ausstattung konnte sich dem gegenüber als überaus sinnvoll erweisen. Sie begründet sich in den segmentierten Wahrnehmungsebenen mittelalterlicher Text-, Bild- und Sachrezeption, die von den Produzenten symbolischer Codes in der Regel sehr wohl mitbedacht wurden.[9]

Die Kapelle stellte somit für ihren Stifter sowohl moralisches Kapital wie symbolisches dar. Er allein konnte auf dessen Konvertierbarkeit spekulieren. Daß er dabei keineswegs nur die Wirkung seiner Investitionen auf dieser Seite der Güter ins Kalkül zog, beweist sowohl sein florierendes Bankgeschäft in Venedig, dessen Fortune nur mit materiellem Kapital zu erhandeln war, als auch das Bildprogramm selbst: Die Darstellung der Invidia im Gespann mit Caritas als Laster-Tugend-Gegensatz im Bildprogramm einer Kirche, die der Caritas geweiht war, besaß ihre eigene Bedeutung. Hier versteckt sich wohlmöglich eine Anspielung auf den „Neid der Armen", zu denen Scrovegni bei aller Bemühtheit, das Odium des Wucherers abzuschütteln, auf keinen Fall gehören wollte. Er beglich die moralischen Schulden, die ihm von seinen Vorfahren hinterlassen worden waren, und die er selbst zeitweilig vergrößert hatte. Aber dies geschah nicht um die „Konten" allein auszugleichen, sondern um „Kapital" zu bilden. Wie genau und konsequent dieser Gedanke auch in einzelnen Motivdetails der Gesamtkonzeption vorbereitet wird, mag ein Blick auf die bekannte Invidia-Caritas-Gruppe verdeutlichen: In der untersten Bildzone der Kapelle ist das ewig anagogische Duell der Tugenden und Laster thematisiert: jeder der vier Kardinal- und drei spirituellen Tugenden stehen ihren Antagonismen aus der Reihe der sieben Todsünden gegenüber. Die Tugenden laufen an der Südwand der Kapelle auf den Triumphbogen zu, entsprechend der „Zug" der Laster an der

---

[9] Vgl. F. Ohly, *Vom geistigen Sinn des Wortes im Mittelalter*, Darmstadt 1966.

nördlichen Längswand. Von West nach Ost fortschreitend folgt den spirituellen Tugenden die „Quadriga virtutum". Im Zentrum der Eingangssequenz steht die Caritas, deren Bedeutung für die gesamte Stiftung nicht übersehen werden kann. Ist sie doch der „Virgo de Caritate" geweiht.

Die beiden Allegorien greifen daher auch gewiß nicht zufällig das Thema des Verhältnisses zwischen moralischen und materiellen Gütern mit besonderer Betonung auf. Caritas verteilt ihre Güter, symbolisiert in einem Teller voller Granatäpfel als Zeichen der Überfülle. Daß es himmlische Güter sind, die hierbei aufgehäuft werden, macht ihre Wendung nach oben deutlich. Dort nimmt eine „figura caelestis" an einem Tauschvorgang teil, den Dante als ein geheimnisvolles Vermehren der Güter durch ihr Teilen beschreibt:

> „Denn je mehr droben etwas unser nennen,
> Um so viel mehr ist einem jeden eigen,
> Und größre Liebe brennt in jenem Kreise."
> (H. Gmelin)

(„Ma se l'amor della spera suprema / Torcesse in suso il disiderio vostro, / Non vi sarebbe al petto quella tema: / *Chè per quanti si dice più li 'nostro', / Tanto possiede più di ben ciascuno, / E più di caritate arde in quel chiostro.*" Purg. 15, 52-57).

Zu Füßen der Caritas die Hinweise auf jene Güter, auf deren Kosten „tanto possiede più di ben ciascuno": Geldsäcke. Eben einen solchen umklammert die linke Hand der „Invidia". Höllenflammen umzüngeln die Figur, deren Haupt Zeichen tierhafter Stupidität entspringen und ihr traditionelles Symbol, die Schlange, sich gegen sie selbst kehrt. Ihr Gestus entspricht auch hier dem Danteschen Bild der Teilung, die nun aber nicht Vermehrung, sondern Verminderung zur Folge hat:

> „Dieweil sich unsrer Sehnsucht Blicke richten
> Auf Dinge, die durch Teilung sich vermindern,
> Bläst Neid den Blasebalg zu unsern Seufzern."
> (H. Gmelin)

(Perchè s'appuntano i vostri deiri / Dove per compagnia parte si scema, / Invidia muove il mantaco ai sospiri." Purg. 15, 49-51).

Scrovegni/Giotto sahen Invidia als Laster des Neides auf die materiellen Güter anderer. Der Geldsack zeigt dies ebenso deutlich an, wie die zeitgenössische Auffassung Dantes in der oben zitierten Passage sowie den Äußerungen des Guido del Duca in Purg. 14, 87 ff. Dantes Aussagen über das Wesen des Neides weisen entweder auf einen breiteren Konsens in den Vorstellungen der Zeit oder aber auf eine Beeinflussung des Dichters durch das ihm bekannte Bildprogramm der Kapelle hin. Für unsere Fragestellung erscheint die Differenz zwischen beiden Möglichkeiten unbedeutend. In jedem Fall helfen die Terzinen des Florentiners die Bilder zu verstehen. Vermehrung der moralischen Güter durch bewiesene Caritas, Abwendung vom durch den Geldsack mehrfach symbolisierten Wuchergeschäft, aber ebenso deutlich Zurückweisung eines möglichen Angriffs auf das eigene Vermögen wollte Scrovegni programmatisch verbunden sehen. Er zeigt sich bemüht, seine Konten – das moralische und das materielle – in Balance zu halten, ohne dabei in Gefahr zu laufen, allzu viel zu verlieren. Die nachlässig zu Füßen der Caritas hingeworfenen Geldbeutel verstärken zwar die Bedeutung ihres auf immaterielle Güter gerichteten Blickes, bieten aber auch eine gleichzeitig mitzudenkende zweite Betrachtungsebene: sie erweisen sich als semiotische Reminiszenzen des symbolischen Marktes, indem sie daran erinnern, daß die Vermehrung der moralischen Güter durch Teilung der materiellen erfolgt – wenigstens bei Männern wie Scrovegni.

Einen ganz anderen Typus von Kapellenstiftung haben die Florentiner seit dem Jahr 1485 vor Augen: die Sassetti-Kapelle in Sta. Trinità. Der Stifter – einer der engsten Geschäftsfreunde und -partner der Medici – hatte diese Stiftung eher notgedrungen vorgenommen. Die Familientradition hätte ihn nach Sta. Maria Novella gewiesen. Dort aber war sein Vorhaben, eine Kapellenstiftung und eigene Grablege zu Gunsten seines Namenspatrons Franciscus, naturgemäß auf Ablehnung gestoßen. Die in Sta. Maria Novella residierenden Dominikaner mochten sich auf eine solche Herausstellung des Patrons ihrer Hauptkonkurrenten denn doch nicht einlassen.[10]

Damit stand Sassetti vor einem schwierigen Problem: die Ehrenstellung der Familie, die bis zum Patronat über den Hochaltar der Dominikanerkirche reichte, aufgeben oder das eigene Programm zu Ehren des Namenspatrons durchsetzen? Die Antwort muß ihm schwer gefallen sein, denn noch in seiner „letztwilligen Verfügung" (1488) fordert er die Erben auf, die alten Rechte weiter einzufordern, zu denen u.a. die Ausstellung des Familienwap-

---

[10] A. Warburg, „Francesco Sassettis letztwillige Verfügung", in: Ders., *Ausgewählte Schriften und Würdigungen*, hrsg. von D. Wuttke, Baden-Baden 1979, S. 137ff. E. Borsook, J. Offerhaus, „Storia e leggende nella Capella Sassetti in Santa Trinità", in: *Scritti di storia dell'arte in onore di Ugo Procacci*, I, Mailand 1977, S. 289ff. M. Wackernagel, *Der Lebensraum des Künstlers in der florentinischen Renaissance. Aufgaben und Auftraggeber, Werkstatt und Kunstmarkt*, Leipzig 1938, S. 271ff. (Die amerikanische Ausgabe Princeton 1981 bietet einen erweiterten Literaturanhang.)

pens am Altar gehörte.[11] Dennoch entschied sich Francesco für seine eigenen Vorstellungen. In Sta. Trinità fand er Platz für eine eigene Kapelle mit Grablege und Freiheit für seine Bildauffassung. Als deren Hauptstück erweist sich durch Größe und „bellezza" der Malerei das Fresko Ghirlandaios, das die Bestätigung der Franziskanerregel zum Thema hat.[12]

Das Bild sticht aber nicht durch seine Schönheit und Größe ins Auge, sondern vor allem durch die Behandlung des Sujets. Ghirlandaios zentrales Bild in der Kapelle benutzt das vorgegebene religiöse Thema als Anlaß für ein Portrait der Familie des Auftraggebers. Die Art der Behandlung des Themas „Stifterportrait" bleibt allerdings ungewöhnlich. Denn nicht die Familie des Stifters allein integriert sich in das religiöse Hauptmotiv der „Bestätigung der Franziskanerregel", sondern noch eine zweite Familie, die der Medici. Am rechten Bildrand deutet der Stifter Francesco Sassetti auf seine drei gegenüber stehenden Söhne Teodoro, Cosimo und Galeazzo, links neben ihm sein jüngster Sohn, Federigo und ganz rechts sein älterer Bruder Bartolommeo (nach neuerer, aber keineswegs sicherer Zuschreibung: Antonio Pucci). Unmittelbar neben ihm und damit auch gemeinsam mit ihm sowohl durch Position wie Gestus hervorgehoben: Lorenzo de' Medici. Er läßt mit leichter Handbewegung die eigenen Söhne Piero, Giovanni und Giuliano aus dem „Untergrund" emporsteigen, begleitet von den Erziehern Poliziano (vorn) sowie Matteo Franco und Luigi Pulci.

Damit aber ist das eigentliche Thema des Bildes angesprochen: Die Sassetti stellen ihre „amicizia" mit den Medici dar. Der scheinbar belanglos-dekorative Hintergrund des Bildes wird in dieser Hinsicht hochbedeutsam. Links ist der Palazzo Vecchio zu erkennen, in der Zentralachse öffnet sich die Säulenhalle der Loggia dei Lanzi. Beide Bauwerke sind kommunale Herrschaftsarchitekturen. Sie bezeichnen den Zugang zur Macht in der Stadt. Die Bildinvestition Sassettis signalisiert seinen Anspruch in diesem Machtambiente einen Platz zu besitzen, somit der politischen Elite anzugehören.

Die Forschung hat in der Verlegung des Bildthemas von Rom in das urbane Ambiente des Stiers eines der vielen Zeichen erkannt, mit denen die florentinische Kommune und die sie tragenden Gruppierungen die Stadt als „neues Rom" stilisierten.[13] Die eigene Person und Familie als bedeutsame Repräsentanten und Träger dieses spezifischen Verwandlungsprozesses aus-

---

[11] Die Verfügung ist von Warburg ediert: a.a.O., S. 144f.
[12] A. Warburg, *Bildniskunst und florentinisches Bürgertum. Domenico Ghirlandaio in Santa Trinità*, Leipzig 1902.
[13] E. Borsook, J. Offerhaus, *Francesco Sassetti und Ghirlandaio at Santa Trinità, Florence. History and Legend in a Renaissance chapel*, Doornspijk 1982.

zugeben, wird Sassettis Stifterinteresse wesentlich mitbestimmt haben. Der bekannte „Bürgerhumanismus" seiner Heimatstadt, aber auch der ältere patriotische Ruhmdiskurs[14] boten ihm genügend Anknüpfungsmöglichkeiten. Das Fresko über dem Eingang der Kapelle, das die Tiburtinische Sybille vor einer Ansicht Roms Kaiser Augustus das Ende des heidnischen Zeitalters verkünden läßt, vermittelt bereits eine Ahnung davon, daß sich altes und neues Rom als typologische Signale gegenüberstehen sollten, die dem Prinzip der „renovatio" auch ein neues urbanes und soziales Moment an die Seite stellten. Worin dies bestand, ergab sich zweifelsfrei aus dem Bild- und Ausstattungsprogramm der Kapelle selbst, das nach dem Muster der seriellen Klimax immer neu, immer anders und immer deutlicher auf Florenz und die Sassetti-Medici-Verbindung hinweist. So wird in dem zweiten Zentralfresko Ghirlandaios die postume Wunderheilung eines römischen Notarssohnes – bezeichnenderweise eine „resurrectio", in welcher der Namenspatron des Stifters als wahrer „imitator Christi" den Tod bezwingt – ebenfalls von Rom an den Arno verlegt. Hier ist sogar das Sassetti-Quartier selbst dargestellt, nämlich die Piazza vor der Kirche, somit der Bezug auf Stiftung und Stifter geradezu aufdringlich eröffnet. „Römisch" geben sich auch die skulpierten Bildelemente über den Grabnischen des Stifters und seiner Ehefrau Nera. In vielfältiger Variation sticht hier neben antikisierenden Ornamenten, Puttenspielen und „pompa" das Motiv des Kentaurs „in ungehemmter echt antiker Gebärdensprache" (Warburg) hervor. Es ist eine Impresa des Stifters, die sich mit dem heraldischen Zeichen der Familie schmückt – eine überaus geschickte Mischung von Bekanntem und Unbekanntem, die zum Rätseln einlädt. Denn die Kentauren der Kapelle zielen mit Schleudern auf die unsichtbaren Feinde der Familie, womöglich auch des Staates. Die Schleuder erweist sich als ein echtes Kontraktionssymbol, in dem sich der Name der Stifterfamilie („Sasso") mit dem Zeichen des alttestamentlichen „Schutzpatrons" der Stadt trifft. Einen „David" nämlich hatte die Signoria bereits zu Beginn des Jahrhunderts aus der Werkstatt des Bildhauers Donatello bezogen (1415/16), der seitdem den Stadtpalast schmückte. Aber nicht nur die Signoria bezeugte der Generation Sassettis ihre „Liberta" mit Hilfe einer David-Skulptur, sondern eben auch jene Familie, die seit 1434 die Stadt beherrschte: die Medici. Nach ihrem Sieg über die konkurrierenden Albizzi und deren Klientel sowie die sonstigen realen und vermeintlichen Feinde der „parte Medici" bedurfte diese eines Sieges- und Friedenszeichens. Und nicht

---

[14] A. Frhr. von Müller, *Gloria bona fama bonorum. Studien zur sittlichen Bedeutung des Ruhmes in der spätantiken und mittelalterlichen Welt*, Husum 1977, S. 172ff.

nur der künstlerische Ruf Donatellos überzeugte den „Mäzen" Cosimo de' Medici, diesem den Auftrag zu einem weiteren „David" zu erteilen, sondern nicht weniger die Möglichkeit, damit so eng wie möglich an dessen Werk für die Kommune anzuknüpfen.[15] Sichtbar für alle Konkurrenten war damit der Herrschaftsanspruch der Familie zum Ausdruck gebracht worden, die nun die „Libertas" der Stadt – seit Sacchettis politischer Publizistik fast mit dem Gedanken der Freiheit von personaler Herrschaft nach dem Muster der mailändischen Visconti-„Tyrannei" identisch[16] – an ihr „Haus" band. Donatellos Bronzedavid erschütterte die Wahrnehmung der Florentiner dabei nicht nur als erste großfigurige Aktdarstellung seit der Antike, sondern gewiß ebenso als Allegorie der „pax Medicea", die der Ölzweig über der breiten Hutkrempe des Goliath-Besiegers verhieß, und doch dieser zugleich mit blutig-triefendem Riesenschwert über dem abgeschlagenen Haupt des Besiegten den Störer des Gewaltfriedens mit furchtbarer Strafe bedrohte. Das erschreckend schöne Bild konnte nur vordergründig als Investition der Herrscher in den „Bilder-Schatz" der Stadt gelten; mehr noch als diese war es einfach nur Trophae. Die Schleuder in der Bildersprache der Sassetti bot allerdings per se keine Davidsreminiszenz. Sie war Namensreminiszenz und in dieser Funktion auch älter als der „David Florentinus".[17] Erst in Francesco Sassettis Kapellenstiftung wurden die florentinischen Zusammenhänge herbeizitiert. Als Portalwächter der Kapelle fungiert nämlich eine Davidsfigur, die mit dem Bildelement der Schleuder und einer beziehungsreichen „subscriptio" auf Stadt und Stifterfamilie zugleich deutet. Göttlicher Segen für die Waffe des patriotischen Patrons der Florentiner Freiheit (und in gewisser Weise auch ihrer Unfreiheit) sollte auch der Familie gelten, die sich hier eine prätentiöse Ruhe- und Erinnerungsstätte schuf und deren Name sowie heraldisches Symbol eben diese Waffe assoziierten.[18] So durften nach der Kommune und der herrschenden Familie auch die Sassetti mit „ihrem" David aufwarten und ihren Medici-Patriotismus zur Schau stellen. Und dieser David war nun mit Sicherheit kein Beutestück wie jener usurpierte im Palazzo Medici. Vielmehr erschien er als ikonographisch komplexes Bildge-

---

[15] M. Hettling, „Der David von Florenz", in: *Journal für Geschichte*, 3 (1988), S. 46ff. V. Herzner, „David Florentinus", in: *Jahrbuch der Berliner Museen*, 20, 1978, S. 43ff.

[16] Dazu nach wie vor H. Baron, *Humanistic and political literature in Florence and Venice at the Beginning of the Quattrocento. Studies in Criticism and Chronology*, New York 1968, S. 38ff. 16a. A. Warburg, „Francesco Sassettis letztwillige Verfügung", S. 150.

[17] Diese lautet: „Tutanti puro patriam Deus arma ministrat." Die Überlieferung entstammt der Familientradition. Vgl. A. Warburg, ebenda, S. 159, A. 60.

[18] Abbildung bei A. Warburg, ebenda Taf. V b.

flecht, aus dem Familientradition, Florentiner Patriotismus und Ergebenheit für das herrschende „Haus" sprachen. Dies war eine gedankliche und materielle Investition, die schon am Eingang den Charakter der Gesamtstiftung wie in einem Brennglas bündelte. Und die Kentauren? Sie können als eine eigens für Francesco konzipierte „inventio" gelten. Noch ohne Schleuder begegnen sie uns als Devisenträgern auf seinem Exlibris, das er für seine heute der Biblioteca Laurenziana inkorporierte Handschriftensammlung anfertigen ließ.[19] Sie dienten dazu, Francescos äußeren Umgang mit der Antike sowie seine Gelehrsamkeit zu dokumentieren. Denn daß die Kentauren Mischwesen nicht nur aus tierischer und menschlicher Substanz seien, sondern als solche auch auf die Notwendigkeit der Verbindung von „vita activa" und „vita contemplativa" verwiesen, wußten die Florentiner aus den Äußerungen ihrer Frühhumanisten Boccaccio und Coluccio Salutati.[20] Dort erfuhren Leute wie Sassetti auch, daß der Kentaur Chiron als Heroenlehrer und animalisch-anthropomorphe Verbindung von chtonischer und olympischer Natur zum Sternbild des Schützen verewigt worden sei.[21] Als „Sagittarius" bot er sich somit Francesco recht gut für dessen Zwecke an, die tradierte Familienheraldik, die sich im Begriff und im Bild der Schleuder verband, mit einer humanistisch inspirierten Figuration seiner selbstbewußten Devise zu kombinieren. Diese lautete: „A mon pouvoir" und wirft damit nicht nur ein Schlaglicht auf den politischen und sozialen „Sinn" der Bildungsinvestitionen Francescos, sondern kann als persönliche subscriptio für seine gesamte ansehnliche Stiftertätigkeit betrachtet werden, die immerhin Marsilio Ficino zu seinem bekannten „Vale duplo felicior" an den Stifter veranlaßte.[22] Die bewegte „antichità" der Kentaurenmedaillons am Grab Sassettis oder als Ecksculpturen am Grab seiner Ehefrau, deren typologische und psychische Balancefunktion Aby Warburg so einfühlsam nachgezeichnet hat, lassen sich auch als Balancefigurationen zwischen Familieninteresse und patriotischer Investition verstehen. Der Blick von der patriotischen Wächtergestalt des Daivd über die Romverheißung der Eingangswand, die komplex-subtile Balancefiguration der Grabnischen bis hin zu den „neurömischen" Szenen der Franziskuslegende eröffnet somit sowohl das Spannungsfeld einer politischen Typologie zwischen „altem" und „neuem"

---

[19] Giovanni Boccaccio, *Genealogia Deorum*, hrsg. von V. Romano, Bari 1951, VIII, 8. Coluccio Salutati, *De laboribus Herculis*, hrsg. von B.L. Ullmann, Zürich 1951, III, 14-19.
[20] Salutati diskutiert die Frage allerdings ambivalent, weist aber auf die „Opinio communis" hin, die Chiron als Sagittarius betrachte: *De laboribus Herculis*, III, 6.
[21] Marsilio Ficino, *Opera omnia*, 2 Bde, 2. Aufl. Basel 1576, I, S. 799.
[22] Ebenda.

Rom als auch ein intensives Beziehungsgeflecht zwischen privater und öffentlicher Bildlichkeit. Im zentralen Bild der „Bestätigung der Franziskanerregel" erscheint sodann wie zur Auflösung aller hier präsentierten Rätsel jene Personengruppe, der unzweifelhaft die Investition symbolischer – kultureller – Güter zu verdanken ist, die aus der Kaufmannsstadt am Arno eine Metropole der Universalgeschichte, eine ROMA NOVA, entstehen läßt: die consorteria de' Medici um ihren Patron Lorenzo und ihren „Generalmanager" Francesco Sassetti, dessen Stiftung als sein Anteil an dieser Investition gelten will.

Die „lebensgroße" Aufführung der Personen verweist – worauf schon Warburg aufmerksam machte – auf die „ex-Voto"-Darstellungen des Florentiner Patriziats in Kirchen, d.h. die Darbringung von bekleideten Wachspuppen zum Dank für Rettung vor Krankheit, Mordanschlag, Geschäftsverlust oder moralischer Entgleisung. So erwähnt zum Beispiel ein Brief der Alessandra Strozzi, daß sich ihr Sohn Lorenzo entschlossen habe, nach einer Verletzung beim Pallone-Spiel – eine Art Tennis mit Faust und Hand – für seine Spiel- und Sportsünden sein Wachsbild der Kirche Sta. Annunziata zu stiften. Er kam damit nicht nur der Florentiner Sitte nach, sondern beruhigte auch die über seine Tennisleidenschaft stets besorgte Mutter. Aber vor allem konnte er – der Verbannte – sich auf diese Weise in die florentinische Gesellschaft einschmuggeln und seine Zugehörigkeit zu ihr, dem Patriziat, den „alten Familien", ohne Verbannungsmakel nachweisen. Daß auch an Verstorbene auf diese Weise erinnert wurde, macht Filippo Strozzi deutlich, wenn er für seinen jüngsten Bruder Matteo ebenfalls ein solches Bild in Auftrag gibt. Ausdrücklich fragt ihn die Mutter, „wie er es dann haben wolle", und bezeugt uns damit zugleich die Bedeutung der Auftraggeber für diesen Bildtypus.[23] Die Kirche Sta. Annunziata glich offenbar Ende des 15. Jahrhunderts einem Panoptikum, das dann allmählich abgeräumt werden mußte – Reste fanden sich noch im 18. Jahrhundert –, da weder die Statik des Baukörpers noch die Andacht der Gläubigen, die durch gelegentliche Stürze der inzwischen am Deckengebälk aufgehängten Wachspuppen beeinträchtigt wurde, den Votiv-Lasten gewachsen war.

Längst hatten die anderen Florentiner Kirchen diesen Brauch eingeschränkt, wenn auch Lorenzo de' Medici sein Bild nach der Pazzi-Verschwörung in drei Gotteshäusern anbringen ließ. Sassettis „diskrete" (Warburg) Anspielung an diesen magischen Brauch in Ghirlandaios Fresko

---

[23] Alessandra Strozzi, *Lettere*, S. 197.

verknüpfte somit die mit ihm verbundene rituelle Selbstdarstellung mit der Tradition des Stifterbildes. Das magische Sozialbild der Florentiner Elite, die sich in ihren Wachsbildern als rituelle Gruppe identifizierte[24], verwandelt sich in Sassettis Konzeption in ein „Clan-Bild".[25] Integration der Sassetti-Familie in die der Medici, Anerkennung der beherrschenden Stellung Lorenzos und Signal der Zugehörigkeit zu dieser engsten Elite der Florentiner Oberschicht ist die Botschaft des Freskos. Darauf verweisen auch die erwähnten anderen Ausstattungsstücke der Kapelle, in denen sich das von Lorenzo selbst propagierte antikisierende Detailpathos widerspiegelt.[26] Aber auch die bereits erwähnte „Balance" des Gesamtprogramms der Stiftung deutete auf Lorenzo und die durch ihn garantierte Stellung der Sassetti in der Stadt. Diese Balance, deren ästhetische und psychologische Komponenten Aby Warburg als dem Auftreten Savonarolas vorgelagerte „kritische Belastungsprobe" deutete[27], erscheint tatsächlich jedoch als symbolischer Spiegel eines materiellen Balanceaktes, zu dem sich die allmächtige Medici-Bank nach einigen unheilvollen Zeichen bequemen mußte. Gleichzeitig mit der Stiftung Sassettis entstand nämlich der letzte bedeutende Plan zur Rettung oder Sanierung des längst angeschlagenen Konzerns, als dessen Generalmanager Sassetti bereits seit den Zeiten Pieros de' Medici und daher oft mit weiterreichendem Einfluß, als es Lorenzo lieb sein konnte, tätig war.[28] Der Plan, der mit großer Wahrscheinlichkeit zwischen 1480 und 1485 entwickelt wurde, sah vor, daß das verzweigte, unübersichtliche und vor allem unkoordinierte System halb-autonomer, defizitüberwälzender Filialen durch zwei Holding-Gesellschaften zu ersetzen sei, deren eine mit Zentrum in Florenz die Filialen von Lyon und Pisa umfassen, während die andere die Groß-Filialen von Rom und Neapel in einer Hand zusammenschließen sollte. Florenz und Rom waren dazu ausersehen, die gleichrangigen Zentren dieser „nova banca Medicea" darzustellen. Sollte die typologische Achse Rom-Florenz und der auf sie projizierte Erneuerungsgedanke, den Sassettis Stiftung dokumentiert, nicht auch einen Reflex auf diese „renovatio" der Medici-Bank enthalten? Eine Erneuerung, die sich ebenfalls über die Achse Rom-

---

[24] Vgl. R. Trexler, *Public Life in Renaissance Florence*, Ithaca 1991, S. 123ff.
[25] Zum Begriff des Clans in mittelalterlichen Strukturen J. Heers, *Le Clan Familial au Moyen Age. Etude sur les strucutres politiques et sociales des milieux urbains*, Paris 1974.
[26] E. Gombrich, „Die Medici als Kunstmäzene. Ein Überblick über die Zeugnisse des 15. Jahrhunderts", in: Ders., *Die Kunst der Renaissance*, I, Norm und Form, Stuttgart 1985, S. 51ff; 184ff; S. 201ff.
[27] A. Warburg, „Francesco Sassettis letztwillige Verfügung", S. 153.
[28] R. de Roover, *The Rise and Decline of the Medici Bank 1397-1494*, Cambridge (Mass.) 1963, S. 367ff.

Florenz zu vollziehen hatte, und bei der Francesco Sassetti selbst die Rolle des Florentiner Holding-Chefs zugedacht war.

Als sein römisches Pendant sollte ebenfalls eine der treuen Stützen des Medici-Systems fungieren: Giovanni Tornabuoni. Er hatte schon seit 1455 Verantwortung für die dortige Filiale getragen und galt als ehrenhaft.[29] Daß auch er zur gleichen Zeit wie Sassetti, also im Jahrzehnt der Krisen und Pläne in der Medici-Consorteria, die Werkstatt Ghirlandaios mit der Ausmalung seiner Kapelle hinter dem Hauptaltar von Santa Maria Novella beauftragt und dort wie dieser „ex voto" im Kreis seiner männlichen Verwandten erscheint, ist kein Zufall. Auch der allen mäzenatischen Übertreibungen abgeneigte Chef der römischen Medici-Filiale konnte sich dem habituellen Zwang zu symbolischer Investition nicht entziehen, der sowohl vom Florentiner „Patriotismus" der herrschenden Gruppe als auch vom entropischen Charakter ihrer Geschäfte ausging. Dies galt umso mehr, als es offensichtlich zum „Stil" der Medici-Consorteria gehörte, die Stadt mit ihren Bildern zu überziehen. Das symbolische Kapital der Bilder, die von ihnen garantierte Fähigkeit zum Tausch konnte gerade von jener wirtschaftlichen und politischen Verbindung besonders genutzt werden, deren symbolische Investitionen das Stadt-„Bild" beherrschten. Wenn Giovanni seinem Patron Lorenzo de' Medici anläßlich der Erneuerung des Geschäftskontraktes zwischen ihnen schreibt: „Ich habe Gott im Himmel und Eure Magnifizenz auf Erden",[30] so läßt er weit jenseits bloßer Schmeichelei nicht nur feste „irdische" Bindungen erkennen, sondern bezeugt auch das Koordinatensystem der Consorteria. Diese ist keine Zweckgemeinschaft frei wirtschaftender Männer oder Firmen, sondern eine patronal gelenkte Sozietät, deren Wertorientierungen auf den Erhalt ihrer Bindungen, ihrer Ordnung gerichtet sind. Materielle Gewinne sind eher Mittel als Zweck. Sie entziehen sich weithin einer funktionalen Bestimmung, erscheinen vielmehr als konvertierbare Zeichen sozialer Macht. Daß Lorenzo de' Medici dem Rettungsplan am Ende nicht zustimmte, kann erst vor dem Hintergrund dieser Konzeption verständlich werden. Ökonomisch hätte der Rettungsplan „Medici-Sassetti-Tornabuoni" vieles für sich gehabt: Selbständige Verantwortung der Partner, Einbindung ihres Kapitalanteils, Verteilung der Risiken. Aber Lorenzo hätte zugleich auf ein gutes Stück seiner patronalen Stellung verzichten müssen. Diese Möglichkeit kam für ihn nicht in Frage. Sie hätte das für ihn kostbarste Gut angetastet, dessen Beschaffenheit zwar nicht den „Ruin"

---

[29] Ebenda, S. 222f.
[30] Ebenda, S. 224.

verlangte, aber auch schon längst nicht mehr – wie noch zu Cosimos Zeiten – allein auf der Basis materieller Akkumulation ruhte.

Lorenzo war Erbe einer höchst erfolgreichen Mischung materieller und symbolischer Güter, deren unbegrenztes gleichzeitiges Wachstum undenkbar schien. Seine soziale Strategie, den „Ruch" der materiellen Herkunft abzustreifen, die sich an so unendlich vielen Einzelzügen seiner mäzenatischen, politischen und familialen Haltung und Entscheidungen ablesen läßt[31], konnte daher eher noch als Regression zu den Anfängen der Medici-Erfolge einen potentiellen Verlust materieller Güter in Kauf nehmen – ein „Rücktausch" verbot sich gänzlich. Und geradezu willig folgen ihm seine treuesten „amici" darin, sich auf symbolische Invesititonen zu kaprizieren. Daran änderte auch ihre materielle Lage bezeichnenderweise nichts. Denn gerade Sassetti besaß nach den spektakulären Zusammenbrüchen der Filialen von Brügge und Venedig (1480) nur im beschränkten Maß vagierende Mittel, gewiß gar keine für überflüssige Ausgaben. Dies geht nicht nur aus larmoyanten Passagen über explodierende Schuldzinsen in Briefen an Lorenzo hervor, sondern auch aus seinem „libro segreto", das keiner Rhetorik bedurfte.[32]

Giottos Bildprogramm für Enrico Scrovegni in Padua lassen den Rekurs auf das Gemeinwohl als notwendig erscheinen, um den Kaufmann vom Verdacht käuflicher Ehre freizustellen. In der Sprache moralischer Ökonomie verwandelte er sich zur Investition in „wahre" Ehre. Für das Gemeinwohl mit Taten einzutreten, sollte die wohl überzeugendste Möglichkeit dieses Ehrrekurses gebildet haben. Aber Thomas von Aquin legt eben hier die Möglichkeiten eines „Mißverständnisses" nahe: Macht- und Gewinnstreben mochten sich durchaus als gemeinnützig verkleiden. Die Notwendigkeit, Gemeinnützigkeit zu demonstrieren hatte demnach das „moralische" Argument mitzuliefern.[33] Eben dafür bot sich das „Bild"[34] als

---

[31] Vgl. zusammenfassend E. Gombrich, „Die Medici als Kunstmäzene", a.a.O. A. Chastel, *Art et Humanisme et Florence au temps de Laurent le Magnifique*, Paris 1982.

[32] F.E. de Roover, „Francesco Sassetti and the Downfall of the Medici Banking House", in: *Bulletin of the Business Historical Society*, 18, 1943, S. 65ff; 63f.

[33] Thomas von Aquin, *De regimine principum*, I, cap. 15; II, cap. 3.

[34] Vgl. M. Baxandall, *Die Wirklichkeit der Bilder. Malerei und Erfahrung im Italien des 15.Jahrhunderts*, Frankfurt a.M. 1977, S. 186. Ders., *Patterns of Intention. On the Historical Explanation of Pictures*, New Haven u. London 1986. H. Belting, *Bild und Kult. Eine Geschichte des Bildes vor dem Zeitalter der Kunst*, München 1990. C. Ginzburg, *Erkundungen über Piero. Piero della Francesca, ein Maler der frühen Renaissance*, Berlin 1981. E.H. Gombrich, *Das symbolische Bild. Zur Kunst der Renaissance II*, Stuttgart 1986 (vor allem: Ziele und Grenzen der Ikonologie, S. 11ff.). A.E. Imhof, *Im Bildersaal der Geschichte oder ein Historiker schaut Bilder an*, München 1991. E. Kaemmerling (Hrsg.), *Ikonographie und Ikonologie. Theorien –*

besonders geeignetes Medium an. Galt es doch in der mittelalterlichen Tradition als stimulierender Kommunikationscode, der nach dem bekannten Diktum Gregors des Großen „selbst diejenigen, die keinen Buchstaben kennen, lesen läßt".[35] Daß diese Tradition auch in den „progressiven" ästhetischen Haltungen des italienischen Quattrocento nicht vergessen war, ist unschwer nachzuweisen. Aber hier erweiterte sich die Auffassung über die Kommunikationsstruktur des Bildes doch erheblich. Fra Michele da Carcano liefert 1492 eine von sachkundiger Seite[36] als „orthodox" bezeichnete Zusammenfassung der Bildfunktionen, die sowohl ihre didaktische wie emotionale Dimension in bekannter Weise wiedergibt als auch eine zuvor sehr viel weniger betonte Funktion hinzusetzt: „Drittens wurden sie (die Bilder) eingeführt in Anbetracht der Unverläßlichkeit unseres Gedächtnisses...weil viele Menschen nicht im Gedächtnis behalten können, was sie hören, wohl aber sicher erinnern, wenn sie Bilder sehen."[37] Mag hier noch die traditionale Bildtheorie eine wesentliche Rolle spielen, so zeigt sich in dem bedeutendsten Werk über diesen Gegenstand, in Albertis „Drei Büchern über die Malerei", eine ganz eigene Variante dieses Motivs. Für Alberti bewirkt das Bild „nicht nur, daß ferne Menschen uns nahe sind, sondern noch mehr, daß die Toten nach vielen Jahrhunderten noch zu leben scheinen". („non solo fa ... li huomini assenti essere presenti ma più i morti dopo molti secoli essere

---

Entwicklung – Probleme, Köln 1979. (Hier finden sich wichtige Beiträge von J. Bialostocki, E. Wind, R. Wittkower, D. Mannings, O. Bätschmann u.a. Vor allem: E. Panofsky, „Zum Problem der Beschreibung und Inhaltsdeutung von Werken der bildenden Kunst", S. 185ff.). E. Panofsky, *Meaning in the Visual Arts*, New York 1957. (Darin vor allem: Iconography and Iconology: An Introduction to the Study of Renaissance Art, S. 26ff.). R. Wohlfeil, „Das Bild als Geschichtsquelle", in: *Historische Zeitschrift*, 243, 1986, S. 91ff. T. Wohlfeil, „Methodische Erfassung eines Bildes als historische Quelle. Das Ehenheim-Epitaph in St. Lorenz zu Nürnberg", in: *Journal für Geschichte*, 4, 1987, S. 28ff. Michael Camille, *The Gothic idol: ideology and image-making in medieval art*, Cambridge 1992, S. 19ff. G. Boehm (Hrsg.), *Was ist ein Bild?* (2. Aufl.), München 1995, S. 7ff.

[35] Brief Gregors an Serenus von Marseille in: Patrologia Latina, 77, Sp. 1128f.
[36] M. Baxandall, *Die Wirklichkeit der Bilder*, S. 55ff.
[37] Zitiert ebenda, S. 56. Daß auch das visuelle Gedächtnis in der antiken und mittelalterlichen Tradition mnemotechnischer Didaxe eine Rolle spielt, wird damit nicht bestritten. Aber es ist dort stets Teil der Anschauung – des „Lesens" – selbst. Die explizite Ausdifferenzierung visueller Gedächtnisfunktionen erfolgt auf breiter Front erst in den Gedächtnis- und Bildtheorien des Spätmittelalters; vgl. dazu die Beiträge von H. Wenzel und L. Bolzoni, in: A. Assmann / D. Harth (Hrsg.), *Mnemosyne. Formen und Funktionen der kulturellen Erinnerung*, Frankfurt a.M. 1991, S. 57ff; 147ff.

quasi vivi.").³⁸ Das Bild schenkt „langes Leben": „Il viso per la pittura viva lunga vita".³⁹

Nun ist deutlich, daß Alberti mit dieser Wendung weniger auf die Gedächtnisfunktion als auf die „archivalische" Rolle des Bildes zielt. Aber die Rückverlegung dieses Triumphes über die Zeit in die Malerei selbst muß ihm als wesentlicher Schritt erschienen sein. Nur so „objektiviert" sich ihre Gedächtnisfunktion, die damit immer mehr als Werk des „Künstlers" gelten kann denn als Funktion des Kommunikationstypus, den sie zugleich darstellt. So erklärt sich auch, daß Alberti schließlich diese Art der Herstellung von Bildern – Malerei als ästhetisch reflektierende „Tugend"⁴⁰ – mit dem Begriff der „honestas" verbindet: „Aber wer könnte leugnen, daß es die Malerei ist, welche an allen öffentlichen und privaten, profanen und heiligen Gegenständen die ehrbarsten Anteile für sich in Anspruch nimmt, so daß mir scheint, kein Gut sei stets so hoch geschätzt worden von den Sterblichen wie sie." (Ma chi puo qui negare in tutte le chose publice et private, profani et religiose, la pictura ad se avere prese tutte le parti h o n e s t i s s – i m e tale che mi pare cosa niuna tanto sempre essere stata extimata da i mortali?").⁴¹ Öffentlichkeit, Gedächtnis und Ehre bot somit das Kommunikationssystem „Bild", wenn man dem präzisesten und mit den Interessen der Auftraggeber vertrautesten Theoretiker des Quattrocento folgt. Und nur wenig hindert uns, anzunehmen, daß ein guter Teil der ständisch mit Alberti verbundenen Familien ähnlich dachte, wenn auch gewiß nicht mit gleicher theoretischer Versiertheit. Die Sprache der Bilder – in der westlichen Tradition längst von jedem ikonodulen Verdacht befreit und doch schon auf der Schwelle zu neuen Ikonoklasmen⁴² – konnte also ihren Interessen und damit jedem Ehre befördernden „heiligen oder profanen" Sujet als Medium dienen. Der immer wieder problematisierte Aufstieg des Künstlers im italienischen (aber auch burgundischen) Spätmittelalter vollzog sich im Interessenshorizont dieser selbst zum Aufstieg angetretenen Gruppe und der neuen Dy-

---

³⁸ Leon Battista Alberti, *Kleine kunsttheoretische Schriften*, hrsg. v. H. Janitschek, Wien 1877, S. 45-163; 89. „Della pittura" wurde lateinisch 1435, die hier benutzte italienische Fassung ein Jahr später vollendet.
³⁹ Ebenda.
⁴⁰ Zum Verhältnis von „Tugend" (Talent und Fertigkeit) und „Arbeit", das sich im Verhältnis von „ars liberalis" und „ars minor" widerspiegelt, vgl. M. Warnke, *Hofkünstler. Zur Vorgeschichte des modernen Künstlers*, (2. Aufl.) Köln 1996, S. 64 und passim.
⁴¹ Alberti, Della pittura, S. 93.
⁴² H. Bredekamp, *Kunst als Medium sozialer Konflikte. Bilderkämpfe von der Spätantike bis zur Hussitenrevolution*, Frankfurt a.M. 1975, S. 231ff. Zuletzt N. Schnitzler, *Ikonoklasmus. Bildersturm. Theologischer Bilderstreit und ikonoklastisches Handeln während des 15. und 16. Jahrhunderts*, München 1996.

nasten in Städten und an Höfen – ihren wichtigsten „Mäzenen" –, die sich auf vielfältige Möglichkeiten der „Produktion von Ehre" kaprizierten. An diesem Punkt waren „Bürger" und höfische Auftraggeber einander sehr viel ähnlicher, als die klassischen Muster von „Tyrannei" und „Freiheit" wahrnehmen wollten. Aber nur so ist ihre im Prinzip ungebrochene Diskursfähigkeit wie der Künstleraustausch zwischen ihnen erklärbar.[43] Der Rekurs auf das Gemeinwohl war in der mit ihm verbundenen Notwendigkeit moralisch-autoritativer Unterfütterung in der Werkstatt des bildenden Künstlers somit nicht nur im übertragenen Sinn in „besten Händen". Er benötigte jedoch für seine „Veröffentlichung" einen bewährten, vom Parteienzwist freien und zugleich pathetischen öffentlichen Raum. Dieser sollte das Einzelinteresse der Auftraggeber präsentieren und zugleich sublimieren. Eben diese Verbindung bot die Privatkapelle, indem sie familiale Repräsentation in den Kultus der Gemeinde einbettete. Im Gewand der religiösen Bilder erschienen nun die Gesellschaft und die Politik der Stadt. Die ikonische Aura aus Heilsgeschichte und Erlösungserwartung verwandelte sie in soziales und politisches Charisma der um Einfluß und Macht ringenden Kapellenstifter.

---

[43] Zur Analogie von „borghesi" und „signori" sozialgeschichtlich: Ph. Jones, *Economia e società nell'Italia medievale*, Turin 1980. Kunstgeschichtlich: vor allem M. Warnke, der einen „Paradigmen-Wechsel" zu Gunsten der Höfe als sozialem Ort der Freisetzung der Künstlerpersönlichkeit propagiert, aber gleichzeitig auch auf die stetige Kommunikation zwischen Stadt und Hof verweist: *Hofkünstler*, a.a.O., S. 66ff; 99ff; 142ff.

Susanne Lanwerd

„Und sie haben sich die Unsterblichkeit ermalt"?[1]

Ein religionswissenschaftlicher Versuch über das Verhältnis von Kunst und Religion – am Beispiel Stefan Lochners

I. Zur Problematik der Rezeptionen spätmittelalterlicher Kunst

Die Religionswissenschaft, die sich als Teildisziplin der Kulturwissenschaft versteht, setzt implizit oder explizit einen funktionalistischen Religionsbegriff voraus. Es soll an dieser Stelle nicht auf den alten Streit eingegangen werden zwischen Positionen einer substantiellen oder einer funktionalistischen Religionsbestimmung; dem gegenwärtigen Stand der religionswissenschaftlichen Forschungen entsprechend kann vielmehr vorausgesetzt werden, daß ein „(Über-)Angebot an verschiedenen, alternativen, kooperierenden oder komplementären 'Sinnprodukten' offensichtlich, soweit die Verhältnisse historisch faßbar sind, immer bestanden" hat.[2] Vor diesem Hintergrund ergibt sich die Frage nach dem Bezug des religiösen Sinnsystems zu anderen gesellschaftlichen Deutungs- und Symbolsystemen, mit anderen Worten: auch die Frage nach dem Verhältnis von Kunst und Religion.

„Das Faszinierende der Kunst des Mittelalters hat einen Grund in ihrem Reichtum an Geheimnis. Ihr Sinn liegt selten auf der Hand. Was sie dem Auge, den anderen Sinnen bietet, hat den Reiz des lockenden Versprechens und hermetischen Verweigerns... Der schöne Vordergrund meint nicht allein sich selbst, er ist verschlossen und transparent zugleich auf einen Hintergrund, der als sein wahrer Grund den Vordergrund erst begründet...".[3]

Der „wahre Grund" und die Vermutung eines zu entschlüsselnden Geheimnisses verweisen auf die Intention dieses Interpretationsansatzes mittelalterlicher Kunst: die religiöse Bedeutung, ja mehr noch: die göttliche Inspi-

---

[1] „Meister Stephan zu Köln scheint also für jetzt die Krone der Meisterschaft davonzutragen... Mag übrigens der Ehrenmann, der dieses Bild schuf, geheißen haben wie er immer wolle, er hat sich die Unsterblichkeit ermalt" (Johanna Schopenhauer, *Ausflug an den Niederrhein und nach Belgien im Jahr 1828*, Reimar Hobbing Verlag 1987, 150.

[2] B. Gladigow, „Religionsgeschichte des Gegenstandes – Gegenstände der Religionsgeschichte", in: H. Zinser (Hg.), *Religionswissenschaft. Eine Einführung*, Berlin 1988, 6-37, hier: 23.

[3] F. Ohly, *Schriften zur mittelalterlichen Bedeutungsforschung*, Darmstadt 1977, 32ff.

ration, die sich in den Kunstwerken verberge, gilt es zu entdecken. Kritisch läßt sich schon hier anmerken, daß die Rückführung der Kunstwerke auf die göttliche Inspiration und die Annahme einer einzig religiösen Wirkung auf die Rezipienten das Kunstwerk selbst, d.h. ästhetisch-formale wie technische Gesichtspunkte, in den Hintergrund treten läßt.[4]

Vielversprechender, im Blick auf die Entstehung der Werke und ihre erst Jahrhunderte später erfolgte Rezeption, scheint ein anderer Ansatz zu sein: „Die Zweideutigkeit, die Unklarheit, die Schwierigkeit und Lückenhaftigkeit des Ausdrucks, der Verzicht auf allzu leicht verständliche und allzu unmittelbar genießbare Formen sind lauter Mittel zur Bewahrung der Dynamik der seelischen Vorgänge und zur Vermeidung ihrer Simplifizierung durch eine Statik, die ihr im Grunde fremd ist".[5]

Die Einbindung in einen religiösen Zusammenhang auf der einen Seite, auf der anderen Seite die Vermutung, der Künstler sei in der Lage, den mannigfaltigen Regungen der menschlichen Seele einen adäquaten Ausdruck zu verleihen, bilden die beiden Pole der einsehbaren Rezeption alter Werke und: sie weisen zugleich auf ihren Ursprung hin: das Interesse für die Kunst des 14. und 15. Jahrhunderts formulierte sich erstmalig in der Begeisterung der Romantiker für das nordische Mittelalter und insbesondere für die (vermeintlich) unmittelbare, schlichte, naive, doch überaus fromme Kunst dieser Zeit.

Das Mißverständnis, herrührend u.a. aus Wackenroders „Herzensergießungen eines kunstliebenden Klosterbruders" (1796), Kunstwerke der Renaissance dem Mittelalter zuzuschreiben, findet sich auch in Friedrich Schlegels Schriften; so erscheinen Raffael, Michelangelo, ihre Zeitgenossen und Vorgänger als „christliche Maler der besten Zeit".[6] Die Kritik an der Gegen-

---

[4] Vgl. hierzu Claudia Becker, „Germania und Italia. Die Bedeutung der präraffaelitischen Malerei in der Kunstauffassung Friedrich Schlegels", in: H. Pfotenhauer, (Hg.), *Kunstliteratur als Italienerfahrung*, Tübingen 1991, S. 222-241, hier: 224. Zu berücksichtigen bleibt indessen, daß die jahrhundertelange Präsenz der Bilder im kirchlichen Raum, die Tatsache, daß bestimmte biblische Figuren immer wieder auftauchen und gleichsam Variationen über ein Thema darstellen, mit ihrer Gebundenheit an die Liturgie zusammenhängen. In seiner „Geschichte des Bildes vor dem Zeitalter der Kunst" bemerkte Belting, daß das Bildgedächtnis an das liturgische Gedächtnis gekoppelt wurde und einer „Veranschaulichung und Konkretisierung der Inhalte der Liturgie" diente: „man relativierte die Bedeutung des einzelnen Bildes einerseits durch die Vielzahl der Bilder und andererseits durch deren Gleichwertigkeit im kirchlichen Gebrauch" (H. Belting, *Bild und Kult. Eine Geschichte des Bildes vor dem Zeitalter der Kunst*, München 1990, 258, 195).
[5] Arnold Hauser, *Philosophie der Kunstgeschichte*, München 1958, 114.
[6] F. Schlegel, „Über die deutsche Kunstausstellung zu Rom" (1819), in: *Kritische F. Schlegel Ausgabe Bd. 4*, Paderborn, München, Wien, 1959, S. 237-262, hier: 258.

wart, die sich durch eine Trennung von Kunst und Religion auszuzeichnen schien, führten Wackenroder, Schlegel u.a. dazu, neue Verbindungen zwischen Ästhetik und Religion (bis hin zur Religionsstiftung) zu formulieren. Diesem Interesse entsprechend arbeitete z.B. Schlegel mit einer historischen Verfallsthese, die der „neueren Schule der italienischen Malerei", gemeint sind Titian, Corregio, Andrea del Sarto u.a., „das Verderben der Kunst ursprünglich" anlastete.[7] Die Begegnung mit den Brüdern Sulpiz und Melchior Boisserée, die im Herbst 1803 in Paris stattfand und zu einer lebenslangen Freundschaft führte, ermöglichte Schlegel den Zugang und die Kenntnis deutscher und niederländischer Kunstwerke aus dem 14. und 15. Jahrhundert. Die durch den Frieden von Lunéville säkularisierten Kirchengüter hatten eine rege Sammlertätigkeit der Brüder Boisserée in Gang gesetzt, die gerade in Köln neben anderen Sammlern, z.B. Wallraf, zahlreiche Kunstschätze zusammentrugen. Auf diese Weise gelangte auch das sogenannte Dombild des Malers Stefan Lochner ab 1810 in den damals noch unvollendeten Kölner Dom. Aufgrund der militärischen Beutezüge der französischen Armee konnten darüber hinaus in Pariser Galerien Bilder Jan van Eycks, Memlings (damals noch 'Hemmelinks') und anderer Künstler besichtigt werden.

Interessant ist an diesem Vorgang die Bewegung, die, ausgehend von der Säkularisierung der Kirchengüter, zur religiösen Überhöhung gerade dieser Bilder, zumindest für einige gesellschaftliche Gruppen, führte. Es stellt sich die Frage, ob hier nicht der umgekehrte Prozeß einer Transformation von Religion in Kunst zu beobachten ist: wenn auch nicht mehr in einen kirchlich gebundenen, religiösen Zusammenhang gesetzt, sind diese Bilder nun einer kunsttheoretischen Überhöhung zur „neuen christlichen Kunst" ausgesetzt. Vielfach ist in diesen Zusammenhängen von einer „Sakralisierung der Kunst" die Rede und im Rahmen einer interdisziplinären Forschung wären hierzu folgende Thesen zentral:

1. Die Transformation der Religion in Kunst vice versa Kunst in Religion ist als ein dialektischer Prozeß zu deuten.
2. Die „Sakralisierung der Kunst" um 1800 ließe sich auch als Ausdruck eines Mißverständnisses: die eigene Autonomie einzig als Bedeutungs- und Funktionsverlust wahrzunehmen, interpretieren.[8]

---

[7] Becker, „Germania und Italia", 229.
[8] Dagegen betonte Hegel in seinen *Vorlesungen über die Ästhetik*, Bd. II, Frankfurt a.M., 1994, 235: „Das Gebundensein an einen besonderen Gehalt und eine nur für diesen Stoff passende Art der Darstellung ist für den heutigen Künstler etwas Vergangenes und die Kunst dadurch ein freies Instrument geworden, das er nach Maßgabe seiner subjektiven Geschicklichkeit

3. Mit den Sakralisierungsversuchen der Kunst kann ein Verzicht auf Bestimmungen der Ästhetik und ihrer Leistungen einhergehen, der ggf. mit der Reduktion der Ästhetik auf eine Theorie des Schönen, wie sie Alexander Gottlieb Baumgarten formulierte, zusammenhängt.

Wenngleich Schlegel, wie übrigens auch Sulpiz Boisserée, die Werke Lochners nicht mit dessen Namen in Verbindung brachte, erkannte er in ihnen und anderen Werken dieses Zeitraums vor allem eine Einheit von Kunst und Religion, die er als wiederzuerlangendes Ziel der Maler des 19. Jahrhunderts postulierte. Der Artikel „Über die deutsche Kunstausstellung in Rom, im Frühjahr 1819, und den gegenwärtigen Stand der deutschen Kunst in Rom" gibt Auskunft über Schlegels Sicht des Verhältnisses von Kunst und Religion. „Mit der gründlichen Kenntnis der altdeutschen Kunst muß auch das richtige Verständnis der christlichen Schönheit von selbst sich immer mehr entwickeln ..." (ebd., 259); Vollkommenheit in der Kunst finde sich dort, „wo die Idee und das Leben völlig eins sind in einem Werke" (ebd., 248). Dieses Einssein aber werde erst durch den Glauben des Künstlers ermöglicht, dessen Seele „selbst leuchtend und als Licht sichtbar" zu werden habe (ebd., 260). Schlegel umschrieb das Dombild Lochners als „Blume und Krone von Allem ... was je auf deutscher Erde gemahlt worden" sei, und den Künstler als „so recht im Übermaß himmlischer Liebe und in der ganzen Fülle der Gnade" stehend.[9]

Nun lassen sich anhand der Geschichte dieses Bildes (vgl. Abb. 1) einige Probleme aufzeigen, die jede Erörterung der Kunstwerke vergangener Jahrhunderte begleiten: Albrecht Dürer, der im Oktober 1520 in seinem Tagebuch notiert hatte: „item hab zwei Weißpfennig geben von der taffel aufzusperren, die maister Steffan zu Cöln gemacht hat", wird gemeinhin als die früheste Quelle angeführt, die das Bild und die Person Lochners in einen Zusammenhang setzte.[10] Nicht nur geriet diese Quelle bis in die zwanziger Jahre des 19. Jahrhunderts erneut in Vergessenheit, in dieser Zeit schrieb man das Werk einem anderen, anonymen Künstler zu; auch heute noch gibt es immer wieder Stimmen, die diese Zuordnung bezweifeln.[11]

---

in bezug auf jeden Inhalt, welcher Art er auch sei, gleichmäßig handhaben kann. Der Künstler steht damit über den bestimmten konsekrierten Formen und Gestaltungen und bewegt sich frei für sich, unabhängig von dem Gehalt und der Anschauungsweise, in welcher sonst dem Bewußtsein das Heilige und Ewige vor Augen war."

[9] Zit. n. O. Förster, *Stefan Lochner. Ein Maler zu Köln*, Bonn 1952, 146.
[10] Zit. n. R. Budde, *Köln und seine Maler 1300-1500*, Köln 1986, 64.
[11] Vgl. z.B. Michael Wolfson „Hat Dürer das ‚Dombild' gesehen? Ein Beitrag zur Lochner-Forschung", in: *Zeitschrift für Kunstgeschichte*, I, 1986, München, 229-235.

Restlos werden sich diese Zweifel nicht beseitigen lassen, und noch größer werden die Schwierigkeiten, wenn es darum geht, Deutungen des Werkes vorzunehmen. Eigentlich bilden die Rezeptionen den tatsächlichen Gegenstand jeder Erörterung dieser Kunst, und sie werfen die Frage auf, wer spricht und wessen Wünsche nach Deutung und Bedeutung des Werkes sich artikulieren.[12]

Zunächst bleibt festzuhalten, daß wir über die Intentionen Lochners nichts wissen und die wenigen bekannten Daten seines Lebens rasch erzählt sind. Wahrscheinlich wurde Lochner zwischen 1405 und 1415 in Meersburg am Bodensee geboren. Seine Ansiedlung in Köln wird auf die Jahre vor 1440 datiert, da er 1447 das Bürgerrecht der Stadt erwarb. Hierfür und auch für die Wahl in den Stadtrat war der zehnjährige Unterhalt eines eigenständigen Hausstandes in der Stadt erforderlich. Ab 1442 erscheint sein Name in den Kölner Urkunden. Aus ihnen geht hervor, daß er anläßlich des Besuchs von König Friedrich III. in Köln eine Auftragsarbeit annahm: er verzierte Weinfässer und das Zaumzeug einiger Ochsen, die als Geschenke für den König dienten, mit dem Kölner Stadtwappen, desweiteren Damasttücher für Trompeten und vier Tragestangen eines Baldachins.

An dieser Stelle ein Wort zur Entwicklung der Stadt Köln in jener Zeit: Die Spannungen zwischen dem Kaufmannspatriziat und der gewerbetreibenden Bürgerschaft drängten im Verlaufe des 14. Jahrhunderts immer mehr auf eine politische Entscheidung hin. Am 18. Juni 1396 setzten die Zünfte in einer unblutigen Revolte den patrizischen Rat ab und stellten sich an die Spitze der städtischen Herrschaft; vorangegangen war diesem Schritt die Auslagerung der Residenz der Erzbischöfe, die fortan vor ihren Besuchen in der Stadt feierlich erklären mußten, daß sie die Rechte und Freiheiten der Bürger nicht antasten würden.[13]

Nachdem der Rat der Stadt Köln 1424 zunächst alle Juden aus der Stadt verbannt hatte, besetzte er 1426 auch den Platz, auf dem ehemals die Synagoge der jüdischen Gemeinde stand und errichtete eben dort eine Kapelle zu Ehren der hl. Jungfrau; seit dieser Zeit verrichteten die Ratsherren hier ihre Andacht, bevor sie in die Sitzungen gingen. Im Laufe der folgenden Jahrzehnte wurde diese Kapelle mit zahlreichen Ablässen und Reliquien ausgestattet. Den Auftrag für einen repräsentativen Altar, das sogenannte Dom-

---

[12] Hier hat das Archiv des Wallraf-Richartz-Museum in Köln hervorragende Arbeit geleistet; es stellte mir im Sommer 1995 zahlreiche Bild- und Dokumentationsakten zu Person, Leben, Werk und Rezeption Stefan Lochners zur Verfügung, wofür ich auch an dieser Stelle noch einmal danken möchte.
[13] Vgl. Budde, *Köln und seine Maler 1300-1500*, 10f.

bild (auch Dreikönigsaltar oder Altar der Stadtpatrone genannt) erteilte man Anfang der vierziger Jahre Stefan Lochner.[14] Er besaß vorübergehend zwei Häuser, im Kirchspiel St. Laurenz und St. Alban, aus den Urkunden dieser Immobiliengeschäfte geht auch der Name seiner Frau Lysbeth hervor, und er erreichte mit der Wahl in den Stadtrat als Vertreter der Malerzunft (eine der 22 Gaffeln) 1447 und 1450 die höchste Stufe der gesellschaftlichen Anerkennung. Lochner starb um 1451 wahrscheinlich an den Folgen der Pest, hatte doch der Gemeinderat das Gelände zwischen seinem Haus und einem anderen Anwesen als weiteren Pestfriedhof freigegeben.

Stat rosa pristina nomine, nomina nuda tenemus – die Rose von einst steht nur noch als Name, uns bleiben nur nackte Namen, klagte Bernhard von Clairvaux[15] im 12. Jahrhundert; von Lochner aber bleiben mehr als nur der Name und die teils widersprüchlichen Daten: es bleiben die unter bestimmten Einschränkungen mit ihm in Verbindung zu bringenden Bilder.

II. Lochners Bild der „Muttergottes in der Rosenlaube" und verschiedene Interpretationen

Dieses Bild (vgl. Abb. 2), das nach allgemeinem kunsthistorischen Verständnis zu den berühmtesten Gemälden der mittelalterlichen Kunst gezählt wird,[16] wurde in verschiedensten Zusammenhängen kopiert, rezipiert und gar in performances eingesetzt. Auch erscheint es gelegentlich unter leicht differierenden Titeln, z.B. Maria oder Madonna in der Rosenlaube, Maria im Rosenhag und eben „Muttergottes in der Rosenlaube".[17] Bevor ich zum Schluß dieses Beitrags einige Rezeptionsversuche nennen werde, möchte ich zunächst festhalten, daß es – und das ist auch das Reizvolle dieses Bildes –, unterschiedliche Zugänge einer Interpretation des Werkes Lochners gibt.

---

[14] Ebd., 75.

[15] Zugleich hatte dieser Ordensgründer vor einer Ablenkung durch Bilder, entgegen dem Jahrhunderte früher formulierten Diktum Papst Gregor des Großen: pictura est laicorum literatura, gewarnt: „die Vielfalt der verschiedenen Formen ist so reich und so seltsam, daß es angenehmer dünkt, in den Marmorsteinen als in den Büchern zu lesen und man den Tag lieber damit verbringt, alle diese Einzelheiten zu bewundern als über Gottes Gebot nachzudenken" (zit. n. R. Assunto, *Die Theorie des Schönen im Mittelalter*, Köln 1963, 152).

[16] So zählte z.B. der Chefkonservator des Louvre, Michel Laclotte 1972 die Tafel zu den 50 besten Bildern eines imaginären Louvres der Weltkunst, vgl. F.G. Zehnder, *Katalog der Altkölner Malerei*, Köln 1990, 225.

[17] In O.H. Försters Katalog *Stefan Lochner. Ein Maler zu Köln* fand ich den bislang einzigen Hinweis auf eine zweite Tafel „Muttergottes im Rosenhag", neben der „Muttergottes in der Rosenlaube". Die Größenangaben: 50,5 x 39,8 (Tafelgröße), 47,3 x 36,9 (Bildgröße) erlauben eine Zuordnung der „Muttergottes in der Rosenlaube" zum hier zur Diskussion stehenden Bild (vgl. *Stefan Lochner. Ein Maler zu Köln*, 122, 126).

Die früheste Nachricht des als Spätwerk Lochners gedeuteten und um 1450 datierten Bildes stammt aus dem Jahr 1824 und findet sich im „Special-Verzeichnis der dem Wallrafschen Museum zugekommenen Beiträge mit Vorbehalt des Eigenthums 1824 – 1830". Am 30. Mai 1848 nahm der Maler und Konservator Johann Anton Ramboux, der wahrscheinlich auch eine Kopie anfertigte, das Bild entgegen und machte dies mit einer Anzeige in der Kölnischen Zeitung am 9. Juli 1848 bekannt.[18]

Auf der Tafel selbst sieht man Maria in einem blauen, fließenden Gewand, den Sohn auf ihrem Schoß sitzend, umgeben von elf Kinderengeln. Diese gehen verschiedenen Beschäftigungen nach. Vier musizieren, zwei beten zur Muttergottes, eines pflückt eine Rose und aus einem Korb mit Äpfeln reicht ein weiteres dem Kind die Gabe. Für den Ort, an dem sich Maria befindet, den hortus conclusus, gibt es verschiedene Herleitungen. Zunächst das Hohelied Salomos, 4, 12 – 13; der Typologie[19] folgend, trat Maria an die Stelle der Braut Salomos und die im Hohelied als Vergleich für die Schönheit der „Freundin" genannten Bilder wurden gleichfalls zu ihren Attributen. Desweiteren sind die Schriften einiger Mystiker und Mystikerinnen zu nennen, z.B. der Hl. Birgitta von Schweden (1373) und Heinrich Seuses „Büchlein der ewigen Weisheit" (1328), die die Vorstellung eines blühenden Gartens und der himmlischen Königin im Garten entwickelten. Im Spätmittelalter ist „die Madonna im Paradiesgarten ... ein Bildtypus, der vom nördlichen Italien ausgehend vor allem in der Schweiz, im Elsaß und entlang der Rheinachse in Zentren mystischen Lebens besonders beliebt war",[20] wobei die Umrandung des hortus conclusus zwischen Hecke und zinnenbewehrter Mauer schwanken kann. Als weitere ikonographische Vorstufe wird auf den Bildtypus der „Madonna dell' Umiltà" hingewiesen, der Maria auf einem Kissen knieend zeigt.

Ein sehr spannendes Element der „Muttergottes in der Rosenlaube" bildet der Vorhang, der von zwei weiteren Engeln zur Seite gezogen wird und ebenfalls unterschiedliche Interpretationen zuläßt. So wird er z.B. als Lochners Erfindung, die seitdem in der Kölner Malerei immer wiederkeh-

---

[18] Notiz der Bild- und Dokumentationsakten des Wallraf-Richartz Archivs, WRM 67, S. 40. In dieser Notiz wird auf eine Verkaufsaktion der Galerie Fischer in Luzern hingewiesen, die die Ramboux zugeordnete Kopie aus dem Nachlaß Konrad Adenauers 1970 versteigerte; vgl. auch Zehnder, *Katalog der Altkölner Malerei*, 229.

[19] Die Typologie bildet nach Auerbach den Hauptbestandteil der Ikonographie der christlichen Kunst und bezeichnet die Methode einer Deutung, die im Mittelalter auf das ganze Alte Testament als Figur des Neuen Testaments angewendet wurde (vgl. E. Auerbach, *Typologische Motive in der mittelalterlichen Literatur*, Krefeld 1953, 7, 9).

[20] Zehnder, *Katalog der Altkölner Malerei*, 227.

re,²¹ als königliche Auszeichnung,²² als Hinweis auf ein Kultbild und als Element, das den Eindruck einer Raumbühne erweckt, gedeutet;²³ ein einzigartiger Augenblick, in welchem man in das himmlische Paradies schaue, werde in Szene gesetzt; Förster vergleicht das Motiv mit jenem Vorhang „vor dem Allerheiligsten im Tempel", „der die göttliche Gegenwart unberufenen Bliken entziehen soll".²⁴

Robert Campin, der lange Zeit nur unter dem Namen des Meisters von Flémalle bekannt war (1375/80 – 1444), gilt als einer der niederländischen Künstler, der Lochner beeinflußt haben könnte. Sein Bild „Madonna mit dem Kinde vor einem Wandschirm" (1420/25) zeigt sie in bürgerlichem Interieur, und der Wandschirm fungiert als Nimbus der Maria. Vor diesem Hintergrund scheint die Frage legitim, ob nicht auch Lochner das Motiv des Vorhangs wählte, um mit einem der menschlichen Sphäre entnommenen Stilelement Transzendenz und Ideal anzudeuten. Lochner gilt allgemein als ein Künstler, der der Tradition verhaftet blieb, dem lieblichen Stil der internationalen Gotik folgte und z.B. nach wie vor den Goldgrund einsetzte, doch auch Elemente einer neuen, realistischen Malerei zum Ausdruck brachte. Den innovativen Tendenzen verpflichtet ist z.B. die minutiöse Gestaltung der Rasenfläche, auf der Maria und die Engel sitzen: Maßliebchen (Gänseblümchen), Erdbeeren, Veilchen und andere Details, wie sie seit Jan van Eyck vielfach anzutreffen sind, führten seit dem späten 14. Jahrhundert auch dazu, den kahlen Bildboden des hortus conclusus in einen blütenbedeckten Rasen zu verwandeln. Max Friedländer sprach in diesen Zusammenhängen von einer artistischen Profanisierung des Religiösen, und mit Warburg ist zu fragen, ob hier nicht Anklänge der artistischen Leistung der Renaissance: die Götter vom Himmel herabzuholen, zu erkennen sind. Andere Kunsthistoriker weisen darauf hin, daß sich im Laufe des 15. Jahrhunderts ein Wandel in der Himmelsvorstellung vollzogen und zur Darstellung des himmlischen Paradieses im wirklichen Raum, z.B. in der Form eines blühenden Gartens, geführt habe.²⁵

---

[21] Budde, *Köln und seine Maler 1300-1500*, 79.
[22] Zehnder, *Katalog der Altkölner Malerei*, 225. Vgl. auch J.K. Eberlein, *Apparitio regis – revelatio veritatis. Studien zur Darstellung des Vorhangs in der bildenden Kunst von der Spätantike bis zum Ende des Mittelalters*, Wiesbaden 1982.
[23] „Maria im Rosenhag" von Donata von Maltzan, Notiz der Bild- und Dokumentationsakten des Wallraf-Richartz Archivs, WRM 67, 1978.
[24] Förster, *Stefan Lochner. Ein Maler zu Köln*, 168.
[25] J. Bialostocki, *Spätmittelalter und beginnende Neuzeit*, Propyläen Kunstgeschichte Bd. 7, Frankfurt a.M./Berlin/Wien 1972, 115.

Man geht davon aus, daß die „Muttergottes in der Rosenlaube" der persönlichen Andacht in einem Bürgerhaus oder einer Klosterzelle gedient hat; nicht nur das kleine Format des Bildes, sondern auch die durch eine strenge Symmetrie der Formen erzielte beruhigende Wirkung auf den Betrachter werden als Belege für diese Vermutung angeführt.[26] Bestimmend sind die geometrischen Grundformen Dreieck, Kreis und Quadrat. Maria selbst ist dreieckig in der Mitte des Bildes angelegt, wobei der Kopf leicht aus der Achse herausgerückt ist und dem Bild damit den Eindruck der Starrheit nimmt. Der Nimbus hebt sich als Kreisform gut vor dem quadratischen Rosenspalier ab; überhaupt ist die Kreisform ein wichtiges Motiv, das sich in der Himmelsöffnung mit Gottvater, in den Köpfen, Äpfeln und der Brosche wiederholt. Das geometrische Kompositionssystem wird durch das Dreiecksmotiv des Brokatvorhangs nach oben hin abgeschlossen. Als ein Andachtsbild von höchster Qualität gilt die „Muttergottes in der Rosenlaube" nicht nur aufgrund dieser Komposition; die Malschichten, die in akribischer Weise mit feinsten Pinseln aufgetragen sind, verleihen dem Bild eine immense Leuchtkraft, die besonders an den unzähligen Farbstufungen des Lapislazuliblaus des Gewandes Mariens hervortritt (ebd.).

Die einzelnen Details des Bildes könnten schließlich mit Hilfe der legenda aurea, des Physiologus und anderer mittelalterlicher Quellen aufgeschlüsselt werden. Da diese Arbeit die Bildbetrachtungen mittelalterlicher Kunst notwendig begleitet und ihre Deutungen in jedem Lexikon der christlichen Ikonographie nachgelesen werden können, sollen hier einige Hinweise genügen.

Die Pfauenfedern im Flügel eines Engels werden als Andeutung der Unsterblichkeit interpretiert: Hier habe „die Glaubenswelt der Antike Pate gestanden. Im Altertum galt das Fleisch des Pfaues als unverweslich. Dem stolzen Vogel wachsen die ausgefallenen Flügel sogleich wieder nach. Das Mittelalter verwendet dies als Hinweis auf die Unsterblichkeit des Erlösers".[27] Die kleinen Blüten auf dem Rasen werden als Zeichen der Demut und Liebe, Bescheidenheit und Zurückhaltung Marias gelesen, die Lilien als Hinweis auf ihre Jungfräulichkeit, die Rosen als Zeichen für Liebe, Tod und Auferstehung, der Apfel als Hinweis auf den Sündenfall, auf Adam und auf Jesus Christus als neuer Adam, der durch seinen Tod die Erlösung brachte, das Einhorn als Synonym für Christus und für die Jungfräulichkeit Marias, da es der Legende nach in den Schoß der reinen Jungfrau flüchtete und vor den

---

[26] Zehnder, *Katalog der Altkölner Malerei*, 227f.
[27] D. v. Maltzan, vgl. Fußnote 23.

Jägern gerettet wurde oder aber, da dessen Wildheit nur durch den Anblick einer Jungfrau gezähmt werden konnte.[28] Im Spätmittelalter wurde darüber hinaus diese Jagd als Verkündigung, der Sprung des Einhorns in den Schoß der Maria als Zeichen der Menschwerdung Christi gedeutet. Die von Gottvater in die Richtung Marias entlassene Taube (d.h. der Heilige Geist) läßt darüber hinaus die „Muttergottes in der Rosenlaube" als eine Variation über das Thema der Dreifaltigkeit erscheinen, mit der der Hinweis der Erwählung Marias einhergeht.

III. Der Symbolbegriff in seinen Bezügen zum Kunstwerk

Spätestens hier fällt auf, daß Deutungsversuche dieser Art Bestandteil jeder Bildbetrachtung sind – mit ihnen aber gleichzeitig ein ganz bestimmtes Verständnis von Kunst und Religion transportiert wird. Die Kunst scheint noch ganz im Dienste der Religion zu stehen, oder mit anderen Worten, sie wird im Sinne eines religiös gebundenen und christlich sanktionierten Bedeutungs- und Verweisungssystems interpretiert. Das, was an dieser Stelle als Interpretationsbemühung erscheint, wird von anderer Seite, z.B. im protestantischen Lexikon „Religion in Geschichte und Gegenwart", als Merkmal der christlichen Kunst dieses Zeitraumes dargestellt und kritisiert. So habe die „Übersteigerung und Überspitzung der Symbole im Mittelalter, besonders im 15. Jahrhundert in Deutschland ... den ursprünglichen Sinn des Symbols in der christlichen Kunst ad absurdum" geführt.[29]

An die in manchen kunsttheoretischen Schriften aufgestellte These, daß erst die Kenntnis der inhaltlichen Bedeutung der realistisch dargestellten Dinge heute ein Verständnis des Gemäldes möglich mache, wie es den Menschen des Mittelalters bewußt gewesen sei, schließt sich die Frage, ob z.B. eine Betrachterin der Madonna in der Rosenlaube um 1450 die Details dergestalt aufschlüsselte, wie es heutzutage in Bildbetrachtungen geschieht. Oder anders gefragt, ob tatsächlich von einer quasi universalen, über die Jahrhunderte andauernden „Symbolsprache" auszugehen ist. In notwendiger Bescheidenheit bleibt festzuhalten, daß es zunächst unser Wunsch ist, die einzelnen Details in den Bildern zu entziffern und mit Bedeutung aufzuladen. Sowohl der Religionsphilosoph Paul Tillich als auch der Religionswissen-

---

[28] Zehnder, *Katalog der Altkölner Malerei*, 225f.; ders. (Hg.), *Stefan Lochner – Meister zu Köln*, Köln 1993, 330. Richard Faber machte mich auf den Triptychonaltar (um 1420) im Erfurter Mariendom aufmerksam, der die Einhornjagd in einer bemerkenswert großen Darstellung des Tieres zeigt.
[29] RGG, 3. Auflage, 1962, s.v. Symbol.

schaftler Harald Biezais, um nur diese beiden zu nennen, sprechen in ihren Arbeiten vom „Werden und Vergehen religiöser Symbole". Tillich betonte eine gar „magische Kraftgeladenheit der Bildsymbole der religiösen Kunst", „mit deren Verlust sie zu einer konventionellen Zeichensprache wurden";[30] Biezais verknüpfte seinen Symbolbegriff mit dem menschlichen Wertebewußtsein, das, wie jeder Blick auf die Geschichte lehrt, ständig Wandlungen unterworfen ist.[31] Mit diesen Überlegungen korrespondiert die Einschätzung, daß die verweisende Sinnvermittlung der Bilder, also das, was das Kunstwerk symbolisiert, zutiefst ein Produkt von Geschichte und der konkreten historischen Verhältnisse ist.

Nun zeichnet sich der Zeitraum zwischen dem 14. und 16. Jahrhundert in Europa durch große politische Umwälzungen und außerordentliche Wandlungen in der Kunstlandschaft aus. Unter Berücksichtigung der turbulenten Ereignisse bemerkt Bialostocki, der zum Thema „Spätmittelalter und beginnende Neuzeit" gearbeitet hat,[32] daß die Kunst des 15. Jahrhunderts immer auch die Aufgabe der Lebensergänzung innehatte und sehr oft Wunschträume und utopische Visionen entwarf. Ein Beispiel hierfür ist ihm z.B. der „Himmelsgarten, wo von Blumen umgeben, in zeitlosem Glück die Madonna mit dem Kind" oder mit Heiligen weilt.[33] Daneben aber hätte die Kunst des 15. Jahrhunderts die andere Welt gezeigt, jene der Vergänglichkeit; so wiesen etwa die „scheinbar ungerührten, gleichmütigen Schilderungen unmenschlicher Qualen ... (auf, S.L.) das düstere und erschreckende Gesicht des Alltags" hin (ebd., 21). Beides trifft auf Lochner zu. Neben der lieblichen Zeitlosigkeit der „Muttergottes in der Rosenlaube" gibt es andere Werke, insbesondere seine Darstellung des Jüngsten Gerichts, die von eben diesen Qualen Zeugnis ablegen.

Johan Huizinga faßte dieses Phänomem in dem Satz zusammen: „So grell und bunt war das Leben, daß es den Geruch von Blut und Rosen in einem Atemzug vertrug".[34] Schon der Titel des Werkes Huizingas „Herbst

---

[30] P. Tillich, „Das religiöse Symbol (1930)" in: *Gesammelte Werke Bd. 5*, Stuttgart 1978, S. 196-212, hier: 197.
[31] H. Biezais, „Die Hauptprobleme der religiösen Symbolik", in: ders. (Hg.), *Religious Symbols And Their Functions*, Uppsala 1979, VII-XXIX, hier: XXVII.
[32] Aus der Fülle der zu diesem Thema arbeitenden Wissenschafter möchte ich an dieser Stelle nur noch auf drei weitere Arbeiten verweisen: H. Belting, „Vom Altarbild zum autonomen Tafelbild", in: W. Busch, (Hg.), *FunkKolleg Kunst. Eine Geschichte der Kunst im Wandel ihrer Funktionen Bd. 1*, München 1990, 155ff., sowie auf die anderen Aufsätze dieses Sammelbandes, auf Otto Pächt, *Altniederländische Malerei*, München 1994, und Erwin Panofsky, *Early Netherlandish Painting*, The Charles Eliot Norton Lectures 1947-1948.
[33] Bialostocki, *Spätmittelalter und beginnende Neuzeit*, 20f.
[34] J. Huizinga, *Herbst des Mittelalters*, Stuttgart 1987, 23.

des Mittelalters" weist darauf hin, daß er das 15. Jahrhundert als eine Verfallsperiode interpretierte. Dieser Deutung aber widersprechen Entwicklungen des genannten Zeitraumes, insbesondere die Tafelmalerei, die als neu erschlossener Kunstbereich auftrat, desweiteren der Wandteppich, der sich im Norden als Gegenstück zum italienischen Fresko entwickelte und in ein Bild verwandelte, die Porträtkunst und die Schaffung der Retabel.

Bialostocki macht darüber hinaus deutlich, daß nicht nur in der Beziehung des Menschen zur Religion sondern auch zur Kunst tiefgreifende Veränderungen stattgefunden haben. Schon ab Mitte des 14. Jahrhunderts dienten Stundenbücher nicht mehr einzig der persönlichen Andacht, sondern wurden auch aufgrund ihres ästhetischen Reizes geschätzt. Die Hinwendung zu „einer kontemplativen Meditation über das Leiden Christi mit einer dieses Leiden idealisierenden Schönheit von Farbe, Licht und Fläche" gilt als eines der hervorstechendsten Merkmale der religiösen Ikonographie des 14. Jahrhunderts (ebd., 36). Korrespondierend mit dieser Entwicklung traten erst in der zweiten Hälfte des 14. Jahrhunderts neue Themen auf, so u.a. die imago pietatis und die Darstellung der Maria im Rosenhag, die in Form von Andachtsbildern mehr und mehr einer eher subjektiven Religiosität Rechnung trugen. Auch in der Predigtkunst sind diese Veränderungen nachweisbar: der geistlichen Meditation und einem lyrischen Erbauungsstil wurde mehr Raum gegeben.

Hinzu kam im Kontext der bildlichen Darstellung die neue Anforderung, die Wirklichkeit möglichst vollkommen abzubilden. Diese Neuerung führte auch dazu, die althergebrachte Symbolik unter „dem Mantel der Alltäglichkeit" zu verbergen (ebd., 54). Das Wissen um deren Bedeutungen aber ist uns vielfach verlorengegangen und läßt sich am ehesten mit den von Panofsky zitierten Worten Thomas von Aquins wiedergeben, daß sich „Geistiges in der Metapher von Körperlichkeit" ausdrücke. Dieser Tatbestand schließt keinesfalls aus, Interpretationen vorzunehmen; nur ist hierbei zu berücksichtigen, daß es sich um nachträgliche Deutungen handelt, die die Frage ihrer Übertragbarkeit auf jenen Zeitraum notwendig zu reflektieren hat.[35]

Inwieweit nun dieses „Geistige" immer noch und in welchem Maße als religiöser Inhalt dechiffriert werden kann, dürfte letztlich nicht zu klären sein. Dies aber berührt ein allgemeines Problem in der Bestimmung jedwe-

---

[35] Vgl. hierzu insbesondere E. Panofsky, „Ikonographie und Ikonologie. Eine Einführung in die Kunst der Renaissance", in: ders., *Sinn und Deutung in der bildenden Kunst*, Köln 1978, 36-67.

den Symbolbegriffs. Denn daß da etwas für etwas anderes stehe, sagt noch nichts über den Inhalt dieses Anderen aus. Deutlich wird allein die Tatsache eines Verweisungszusammenhangs, die die Frage nach sich zieht, wie das Verhältnis zwischen Gegenstand und Sinn, zwischen Gestalt und Gehalt gedacht wird. „Alle Kunst ist symbolisch" hatte einst Schlegel formuliert.[36] Doch die Einordnung dieses Satzes in seinen inhaltlichen Kontext zeigt, daß für Schlegel die Kunst nur Kunst und insofern symbolisch ist, wenn sie eine göttliche Bedeutung zum Ausdruck bringt; die geistige Bedeutung des Wesens des Schönen und der Kunst müsse eine göttliche sein.[37]

Die Intention des Künstlers, die religiöse Bedeutung des Kunstwerkes stehen im Vordergrund, mithin wird eine Wirkungsästhetik zu Lasten der Realästhetik erneut favorisiert. Deutlich wird dies auch an der kunsttheoretischen Begründung, die Schlegel den Nazarenern mit dem 1819 verfaßten Artikel (vgl. oben) gab; an der Kritik der Kunst dieser Malergruppe aber zeigt sich die Problematik, „das Rad der (Kunst-)Geschichte gewaltsam zurückdrehen zu wollen, indem man die Kunst ihrer Freiheit beraubt und sie erneut unter ein 'ideologisches' Joch zwingt".[38]

Hiermit ist eine Antwort auf die oben skizzierte Frage gegeben: das Verhältnis von Gestalt und Gehalt wird als ein unmittelbares gedacht und im Sinne einer Einheit interpretiert. In der ab ungefähr 1800 einsetzenden kunsttheoretischen Diskussion über das Verhältnis von Mensch, Natur und Kunst rückt der Begriff des Symbols, der z.B. für Karl Philipp Moritz noch ganz im Zeichen des diskursiven Logik stand, ins Zentrum der Überlegungen. Das Symbol erscheint als Garant einer „Unmittelbarkeit des Bedeutens", geschaffen und eingesetzt durch den Künstler, der fortan die Unmittelbarkeit der Begegnung zwischen Mensch und Natur (und ihrer Göttlichkeit) wahrnehmbar machen sollte.[39] Daß die „unmittelbare Ursache aller Kunst" „Gott" sei, daß eine spezifische Darstellungsweise, „wo weder das Allgemeine das Besondere, noch das Besondere das Allgemeine bedeutet,

---

[36] F. Schlegel, „Philosophie des Lebens" (1828) in: *Kritische F. Schlegel Ausgabe Bd. 10*, 230 -248, hier: 232.

[37] An dieser Stelle ein Wort zum „frühen" und zum „späten" Schlegel: 1804/05 (in der „Entwicklung der Philosophie") bestimmte Schlegel das Bild als Ausdruck der Tätigkeit und Freiheit des Ichs, als dessen Gestaltung, die die Übermacht des sinnlichen Eindrucks, die Tyrannei der Dinge breche; die Sprache fungierte hier als Bestätigung und Bekräftigung der im Bilde gewonnenen Freiheit. Erst die spätere Entwicklung Schlegels führte schließlich zu dem kritisch gegen ihn gerichteten Aufsatz „Die neudeutsche-religiös patriotische Kunst" von J. H. Meyer und J. W. Goethe (1817).

[38] Becker, „Germania und Italia", 241.

[39] Vgl. hierzu insbesondere S. Wenk, *Versteinerte Weiblichkeit. Allegorien in der Skulptur der Moderne*, Köln/Weimar/Wien 1996, 31ff.

sondern wo beide absolut eins sind", die „symbolische" sei, wie Schelling es in seiner „Philosophie der Kunst"[40] nachzuweisen sucht, deuten hin auf die Wandlungen, die der Symbolbegriff zum Ende des 18. Jahrhunderts und in der Romantik erfuhr.[41]

Dieser Emphase einer Unmittelbarkeit, die die Frage nach ihrer immer auch zu leistenden Vermittlung unberücksichtigt läßt, stehen andere Antworten gegenüber, die dem Wunsch nach Identität und Unmittelbarkeit das Vermögen zu Distanz, Differenz und Vermittlung entgegensetzen. So markierte z.B. Moritz' Diktum der inneren Zweckmäßigkeit des Kunstwerkes die Grenze einer Jahrhunderte gültigen Wirkungsästhetik und inaugurierte eine Realästhetik, deren Paradoxie darin besteht, daß ihre Einsichten, welche nicht mehr dem Subjekt, sondern dem Objekt gelten, dennoch nur vom Subjekt gewonnen werden können.[42] Mit Moritz' Überlegungen wurde die einheitliche, zumeist religiöse Deutung der Kunst zugunsten einer Autonomie der Kunst aufgegeben, die durch die Differenz zwischen Subjekt und Objekt gekennzeichnet ist, das Subjekt aber als erkennende Instanz in sein Recht setzt.[43] Der Schatten von Relativität, um es mit Adorno zu sagen, „der damit am Ende über das ästhetische Urteil fällt, ist kein anderer als der einer Bedingtheit, die allem von Menschen Gemachten anhaftet".[44]

Das Bild selbst schweigt und spricht doch zugleich. Subjekte, also in unserem Fall die Rezipienten, verlebendigen die im Bilde stillgestellten Geschichten. Auf diese Weise kann Lochners „Muttergottes in der Rosenlaube" als Motiv einer australischen Weihnachtskarte oder einer Briefmarke der United Republic of Cameroon (1972) fungieren.[45] Es kann in ideologisch gefärbten Interpretationen aus den Jahren 1935/36 zu den „Wesenszügen der deutschen Kunst im 15. Jahrhundert" gezählt und als Ausdruck einer genia-

---

[40] Schellings Werke, hrsg. v. Otto Weiß, 3. Bd., Leipzig 1907, Dritter Band, § 23, S. 34, § 39, S. 54.

[41] Vgl. B. A. Sorensen, *Symbol und Symbolismus in den ästhetischen Theorien des 18. Jahrhunderts und der deutschen Romantik*, Kopenhagen 1963.

[42] K. P. Moritz, „Versuch einer Vereinigung aller schönen Künste und Wissenschaften unter dem Begriff des in sich selbst Vollendeten" (1785), in: K. P. Moritz, *Schriften zur Ästhetik und Poetik*, hrsg. v. H. J. Schrimpf, Tübingen 1962, S. 3-9, hier: 6ff.; P. Szondi, *Poetik und Geschichtsphilosophie I*, Frankfurt a.M. 1991, 97.

[43] Auch Hegel argumentierte in diesem Sinne: „gegen das Kunstwerk, das nicht in sich selbst das Wissende ist, ist daher das Moment des Selbstbewußtseins das Andere, aber ein Moment, das schlechterdings zu ihm gehört und welches das Dargestellte weiß und als die substantielle Wahrheit vorstellt" (Hegel, *Vorlesungen über die Philosophie der Religion*, hrsg. v. G. Lasson, Hamburg 1966, 2. Auflage, 282f.).

[44] Th. W. Adorno, *Ohne Leitbild*, Frankfurt a.M. 1973, 18.

[45] Die „Originale" befinden sich in den Bild- und Dokumentationsakten zu Werk, Person und Rezeption Stefan Lochners im Wallraf-Richartz Archiv, Köln.

len Persönlichkeit, deren Bildern aber insgesamt „die frisch durchdringende Bewegung, die Entlastung des Menschen von sich selbst" fehle,[46] oder als „Typ der rheinischen Frau", der das reine Mutterideal verkörpere, übersetzt werden.[47] Im Gegensatz dazu können Details der Bilder Lochners als Ausdruck einer die politischen Obrigkeiten kritisierenden Grundhaltung, Stefan Lochner selbst als ein „Maler ohne Furcht" charakterisiert werden.[48] Und ein letztes Beispiel: eine Künstlerin schoß auf der Pariser Biennale des Jahres 1975 fünfzehn Pfeile auf eine Reproduktion der „Muttergottes in der Rosenlaube" ab und hielt das Geschehen als Video-Aktion unter dem Titel „Glauben Sie, daß ich eine Amazone bin?" fest.[49]

Ein wenig erinnert die Vielfalt unterschiedlicher Rezeptionen der Bilder Lochners an Walter Benjamins Hinweis auf eine Herodot-Geschichte: nur dank der Tatsache, daß sich Herodot aller Erklärungen enthalten habe, sei diese Geschichte bis heute aktuell.[50] Oder, um mit einem Wort Theodor Fontanes zu enden: „Wenn du nach Köln kommen solltest, suche das Bild zu sehen ... im Museum, wenn ich nicht irre, 'Maria in der Rosenlaube'. Das sind so Sachen, die einem bleiben; das Meiste geht rasch wieder in den Orkus."[51]

---

[46] In: G. Berthold (Hg.), *Theodor Hetzer 'Das Ornamentale und die Gestalt'*, Stuttgart 1987, 321ff.
[47] Prof. Dr. F. Witte, „Magnifikat – das rheinische Marienbild und das Mutterideal" (1934), Bild- und Dokumentationsakten des Wallraf-Richartz Archivs, Köln, WRM 67.
[48] M. Warnke, *Politische Landschaft. Zur Kunstgeschichte der Natur*, München 1992, 48f.; A. Wagner, „Stephan Lochner. Ein Maler ohne Furcht", in: *Die Kunst und das schöne Heim*, 91. Jg., Heft 4, 1979.
[49] W. Hofmann, *Eva und die Zukunft*, Prestel Verlag 1986, 227.
[50] W. Benjamin, *Illuminationen*, Frankfurt/M. 1977, 391f.
[51] Zit. n. Zehnder, *Katalog der Altkölner Malerei*, 225.

„Und sie haben sich die Unsterblichkeit ermalt"? 169

IV. Kunst und Religion im europäischen
19. und frühen 20. Jahrhundert

Thomas Schröder
Christologie?
Säkulare Bestimmungsversuche am A und Ω politischer Theologie um 1800

> für Thomas Schneider
> in Erinnerung an das Sohnland der Krakówer Tage und die schattenlosen Frauen ihrer Herbstsonne

> Aber nun den Fall gesetzt, daß Christus die Welt für sich behalten hätte? Einen so widersinnigen, komischen Zustand kann man sich gar nicht vorstellen als den, der da herausgekommen wäre. Hier Christus mit seiner schönen Welt herrlich und in Freuden lebend, die Blüte des Hellenismus im Himmel und auf Erden, und dort einsam und kinderlos der alte Gott, der über den mißlungenen Streich gegen die Welt sich grämt.
> Friedrich Engels,
> *Schelling und die Offenbarung* (1842)

Engels' vernichtende Kritik an der Offenbarungsphilosophie des späten Schelling, die dieser im WS 1841/42 an der Berliner Universität vortrug,[1] steht am Ende eines Zeitalters, in dem in Deutschland noch einmal eine scheinbar rein theologische Diskussion sowohl das philosophische Denken wie die künstlerischen Produktionen bestimmte. Der Fortschritt im Prozeß der Säkularisation, dessen Forcierung vor allem den Materialismus der französischen Aufklärung und die an ihn sich anschließende Revolution auszeichnet, scheint durch Romantik und Idealismus, ja selbst durch die Dichtungen der Klassik zurückgenommen; überall dominiert wieder nicht irgendeine, sondern die zentrale Formel des Christentums: daß Gott seinen eigenen Sohn der Endlichkeit übereignet, geopfert hat, um diese von ihrer Verstrickung in das historische Gesetz der Generationsabfolge, die Schuld

---

[1] Neben einigen Vorlesungsnachschriften gibt wohl der im handschriftlichen Nachlaß Friedrich Wilhelm Joseph Schellings überlieferte Text der „Philosophie der Offenbarung" die authentischste Konzeption wieder, in: *Ausgewählte Schriften*, Darmstadt 1983 (2 Bde.) (1. Aufl. 1858). Vgl. hierzu zuletzt: Christian Danz, *Die philosophische Christologie F.W.J. Schellings*, Stuttgart 1996.

des Vatermordes, zu erlösen – womit ich in gewisser Weise auch der Freudschen Leseweise des Opfers folge. Keineswegs aber lassen sich diese Modelle einsinnig über einen Kamm scheren, noch soll hier von vornherein eine völlige Abhängigkeit von religiösen Modellen, da, wo ihre Motive in Dichtung und Philosophie auftauchen, angenommen werden, obwohl auch das zu konstatieren sein wird; wobei allerdings Karl Löwiths in diesem Sinne vorgetragene Hegel-Interpretation – auf die ich noch eingehen werde – allein genügend Anlaß gibt, diesen Erklärungsversuch zu desavouieren. Das konkurrierende Modell aber, die außerordentliche Fülle der Beispiele durch ein ihnen gemeinsam zugrundeliegendes metaphorisches Modell zu erklären, das sich gegenüber seinen theologischen Vorgaben völlig neutral verhält, wie es Hans Blumenberg – vor allem an Jean Paul orientiert – versucht hat, wird ebenso zurückzuweisen sein. Der Ernst der an den religiösen Themen entstandenen Intentionen auf Erfüllung, auch wenn er nicht einer eindeutigen politischen Theologie zuzuschreiben ist[2], bleibt zu erinnern, gerade weil die christologische Vermittlung formal vielfältige Ausgestaltungen erlaubt, inhaltlich aber von einer je eigenen Bedeutsamkeit ist. Die Unterschiede sind solche ums Ganze. Es gilt deshalb von Anfang an die Spreu vom Weizen zu trennen und das historische Anfangsmotiv des christologischen Denkens als kritischen Maßstab gegenüber seiner Auflösung in subjektiv kontingente Versprechen oder entsprechend intendierte Erlösungsvisionen anzusetzen, um dadurch zu zeigen, wohin die Aufhebung der historischen Positivität, die jede Christologie leisten möchte, tatsächlich führt.

---

[2] Vgl. zu dieser These Carl Schmitt, *Politische Theologie II*, Berlin 1984 (2.Aufl.), der gegenüber Blumenberg festhält, daß dessen 'Legitimation der Neuzeit' in ihrer versuchten Überwindung der Gnosis nicht aufgeht. Schmitt sieht darin die Notwendigkeit einer politischen Theologie, in der sich der gerechte Vatergott und der das Prinzip der Liebe vertretende Sohn nach wie vor feindlich gegenüberstehen. (S.119-126) In diesem Sinn interpretiert er ein von Ekkermann dem 4. Buch von Goethes 'Dichtung und Wahrheit' gegebenes Motto: „nemo contra deum nisi deus ipse", das er im Kontext Goethes – christologisch – durch Jakob Michael Lenz vorformuliert sieht. In dessen Dramenfragment 'Catharina von Siena' heißt es: „Mein Vater blickte wie ein liebender / Gekränkter Gott mich drohend an. / Doch hätt' er beide Hände ausgestreckt – / Gott gegen Gott! [Sie zieht ein kleines Kruzifix aus ihrem Busen und küßt es.] Errette, rette mich / Mein Jesu, dem ich folg', aus seinem Arm! / Dir, dir verlob' ich mich [küßt es nochmals] mit diesem Kuß! / Kein Sterblicher soll diese Brust entweihn, / Was dir allein hier so gewaltsam schlägt, [drückt es an ihr Herz] / Kein Sterblicher an dieses Herz gedrükket werden. / Errette, rette mich vor meinem Vater / Und seiner Liebe, seiner Tyrannei. / Laß mich sein Auge nimmer wiedersehn, / Das mich von Kindheit auf zu seiner Sklavin machte. / Hätt' er's gewinkt, ich hätte Gott verleugnet!" (Lenz, *Werke und Briefe*, hrsg. von Sigrid Damm, Frankfurt/M. und Leipzig 1992, Bd. 1, S. 427 f.)

Meine These ist kurz gesagt die: Das A der politischen Theologie um 1800 ist die Freiheit der Französischen Revolution, ihr Ω, daß sie anders als bürgerlich aufgehen muß.[3] Theodor W. Adorno hat dies für einen der wichtigsten Denker dieses Zusammenhangs, Joseph von Eichendorff – auf den ich in diesem Beitrag leider nur kurz am Ende als Kontrastfigur zur Romantik des Novalis noch verweisen kann – gezeigt, und ich wähle seine Perspektive gleichsam als Leitfaden der versuchten Interpretation: „Wieviel an Eichendorff aus der Perspektive des depossedierten Feudalen [und also Christlichen; Einf. T.S.] stammt, ist so offenbar, daß gesellschaftliche Kritik daran albern wäre; in seinem Sinne aber lag nicht nur die Restauration der entsunkenen Ordnung, sondern auch der Widerstand gegen die destruktive Tendenz des Bürgerlichen selber. Seine Überlegenheit über alle Reaktionäre, die heute die Hand nach ihm ausstrecken, bewährt sich daran, daß er, wie die große Philosophie seiner Epoche, die Notwendigkeit der Revolution begriff, vor der ihn schauderte: er verkörpert etwas von der kritischen Wahrheit des Bewußtseins derer, die den Preis für den fortschreitenden Gang des Weltgeistes zu entrichten haben."[4] Nur im konservativen Formbewußtsein – und damit ohne die voluntative Radikalität der Jenaer Romantik, deren kritische Ironie sich bei Eichendorff an Helden von nur mehr humoresker Qualität bricht – bewahrt sich das Bewußtsein davon, was 1789 geschehen ist, ohne unkritisch das einzuklagen, was nach Immanuel Kant als vorkritische metaphysische Substanzialität nur noch behauptet werden kann und was der romantische Antikapitalismus dann generell, vor allem in der um 1900 bei Georg Simmel angestrebten Synthese von Kunst und Religion, zu restituieren versucht.[5] Daß der künstlerische Formanspruch angesichts der Nüchternheit des stählernen Gehäuses der Moderne keine religiöse Bedeutsamkeit mehr erreichen kann, bleibt mit Max Weber für den Beginn des 20. Jahrhunderts festzuhalten; vor allem aber sind an der Genese des geschichtlichen Verhältnisses von Kunst und Religion seit dem 18. Jahrhundert diese

---

[3] Vgl. dgg. zu Schellings Bestehen auf dem Programm der Freiheit und seiner schließlich doch wieder christologischen Lösung, Danz, a.a.O., S.12: „[...] für eine Philosophie der Offenbarung kann nur gelten, [...], daß die Vernunft hier von 'jeder Autorität, welchen Namen sie trage' frei ist. Nichts anderes meinte auch der junge Schelling, als er Freiheit als das 'A und O aller Philosophie' reklamierte".
[4] Adorno, „Zum Gedächtnis Eichendorffs", in: *Noten zur Literatur*, Frankfurt/M. 1991 (5. Aufl.), S. 69-94, hier: S. 74.
[5] Vgl. Volkhard Krech, „Zwischen Historisierung und Transformation von Religion. Diagnosen zur religiösen Lage um 1900 bei Max Weber, Georg Simmel und Ernst Troeltsch", in: ders. und Hartmann Tyrell (Hrsg.): *Religionssoziologie um 1900*, Würzburg 1995, S. 313-349, s. zu Simmel S. 322-327.

auf das Niveau ihrer ursprünglichen Dialektik zurückzuführen. Alternativ zum Krechschen Ansatz, der Historisierung im Sinne Webers und Transformation à la Simmel in ein produktives Verhältnis bringen möchte (vgl. Anm. 5), unterscheide ich deshalb einen innerreligiösen von einem außerreligiösen Säkularisationsprozeß, an dessen Ende künstlerische Autonomie und Ausdrücklichkeit (im Sinne der Ästhetischen Theorie Adornos) den Konzepten einer Wiederverzauberung entgegentreten.

Was der Preis des fortschreitenden Gangs des Weltgeistes von 1800 ist, ja warum überhaupt es eine Konzeption von Geist und nicht etwa nur eine von Bewußtsein ist, die hier Beachtung verlangt, dem ist mit den philosophischen Studien des jungen Georg Wilhelm Friedrich Hegel nachzugehen. Sie finden ihren Abschluß in der Konzeption des Begriffs, eines ausdrückbaren Absoluten, und unterscheiden sich so von den Modellen der Reflexions- oder Identitätsphilosophie Johann Gottlieb Fichtes und des frühen Schelling. Über diese urteilt Hegel: „Dies Eine Wissen, daß im Absoluten Alles gleich ist, der unterscheidenden und erfüllten oder Erfüllung suchenden und fordernden Erkenntnis entgegenzusetzen, – oder sein *Absolutes* für die Nacht auszugeben, worin, wie man zu sagen pflegt, alle Kühe schwarz sind, ist die Naivität der Leere an Erkenntnis."[6] Von seinem wichtigsten Diskussionspartner in der Konstitutionsphase seiner Philosophie – von Friedrich Hölderlin – weiß er, daß, anders als in den „Hen kai pan"-Phantasien des Selbstbewußtseins, die gedankliche Arbeit des Subjekts als eine des Geistes ihr Eines als das „Eine in sich Unterschiedene" thematisiert, das durch seinen negierenden Charakter immer schon ein Endliches ist. Der direkte Austausch der beiden Freunde fällt wesentlich in ihre Frankfurter Zeit, in der Hegels „Der Geist des Christentums und sein Schicksal" entstanden ist, während Hölderlins poetische Transformierung dieser religionsphilosophischen Orientierung später in seine Ausarbeitung des Trauerspiels 'Der Tod des Empedokles' eingegangen ist, in der er zu einem poetischen Geistkonzept vordringt, das ihn von der zeitgenössischen romantischen und klassischen Ästhetik deutlich trennt. In seinem gesellschaftlichen Kern ist hier das Niveau eines Wissens des Verhältnisses von Kunst und Religion erreicht, das dem polemischen Engelszitat vom Beginn meiner Ausführungen gar nicht so fern steht. Würde für die Vision einer „Blüte des Hellenismus im Himmel und auf Erden" doch gelten, daß sie die transzendente Dimension der christlichen Religion säkularisiert, wie, daß sie die fal-

---

[6] Hegel, *Phänomenologie des Geistes*, neu hrsg. von Hans-Friedrich Wessels und Heinrich Clairmont, mit einer Einleitung von Wolfgang Bonsiepen, Hamburg 1988, S. 13.

sche Immanenz der klassizistischen Kunstwelt auf eine philosophische Dimension hin öffnet, deren Geist über die Positivität eines antik Gewesenen hinausführt.

Es ist, um die Bedeutung dieses Ansatzes nicht falsch zu verstehen, kurz auf seine geschichtliche Vorbereitung in der neuzeitlichen Religionsphilosophie einzugehen. Ich weise Sie deshalb auf die grundlegende Unterscheidung von spekulativer und historischer Exegese und Hermeneutik hin, die Bernd Wacker in seinen Untersuchungen zu Brentano und Görres, also zu zwei in die Zeit um 1800 gehörenden, schließlich sogar parallel arbeitenden Autoren, getroffen hat. Zugleich verweise ich Sie damit auf die Brisanz des christologischen Themas gegenüber dem Konzept der Kunstreligion, für die hier Johann Wolfgang von Goethe einsteht: „Nicht gerne gesehen hatte Goethe das Kreuz; er empfand 'das leidige Marterholz' als 'das widerwärtigste unter der Sonne' und hatte es, wie sein Gedicht 'Die Geheimnisse' zeigt, zum Sinnbild Weimarer Humanität depotenziert. Hegel aber [...] sprach in der Vorrede zu seinen 1819 erschienenen 'Grundlinien der Philosophie des Rechts' von der Vernunft als der 'Rose im Kreuze der Gegenwart', und schon in 'Glaube und Wissen' war 1802 bei ihm die Rede gewesen vom 'spekulativen Karfreitag, der sonst historisch war'. Dieses berühmt gewordene Wort Hegels steht mit der semantischen Opposition spekulativ-historisch im religionsphilosophischen Denken [...] bekanntlich keineswegs allein. Nur stichwortartig sei hier erinnert an Fichtes Überzeugung, nur das Metaphysische, keineswegs aber das Historische mache selig, an Kants Unterscheidung von philosophischer und biblischer Theologie, an die auf Leibniz zurückgehende, von Lessing aufgenommene Differenzierung von zufälligen Geschichtswahrheiten und notwendigen Vernunftwahrheiten sowie schließlich an die Unterscheidung Spinozas zwischen der philosophisch vernünftigen amor intellectualis Dei einerseits und der bloß narrativen, freilich zur Disziplinierung des Volkes nützlichen Offenbarung der Bibel auf der anderen Seite."[7]

Diese grundsätzliche religionsphilosophische Differenz bestimmt das Verhältnis von Religion und Kunst, nachdem sich ihre Identität im christlichen Kult aufgelöst hat. Kann doch schon das Modell eines universalgültigen religiösen Weltentwurfs, wie ihn Dantes „Divina Commedia" repräsentiert, nur mehr poetisch gelingen, während Thomas von Aquin die

---

[7] Wacker, „Clemens Brentanos 'Das bittere Leiden' und Joseph Görres' 'Athanasius'", in: *Emmerick und Brentano*, Dülmen 1983, S.112. Vgl. auch ders., *Revolution und Offenbarung. Das Spätwerk (1824-1848) von Joseph Görres – eine politische Theologie*, Mainz 1990.

Fertigstellung seiner „Summa theologiae" mit dem Satz abbricht: „Raynalde, non possum". Die Darstellung der unmöglichen, da in menschlicher Sprache nicht faßbaren Wahrheit ist wie bei Dante auch schon in der Theorie der Ikonenmalerei nur als Christologie möglich: Nur der Mensch gewordene Gott kann mit irdischen Mitteln dargestellt werden.[8] In den – folgt man Beltings These des einschneidenden Schrittes vom Kult zum Bild, und also Kunstwerk – erst mit der Auflösung dieser theologischen Gewißheit einsetzenden künstlerischen Diskursen lassen sich zwei konkurrierende, aber auch in sich dialektische Tendenzen unterscheiden. Die erste möchte ich als die eines innerreligiösen Säkularisationsprozesses beschreiben, wie er mit der Reformation und schon für das Barock anzusetzen ist: Das Bild ihrer Zeit kann Kunst anders nicht mehr repräsentieren denn als Katastrophe und Verfallszusammenhang. Immer schon ist es eine Bühne des Zerfalls, eine Signatur des Todes, die den Schauplatz beherrscht. Diesen Zusammenhang als einen Prozeß von Säkularisation thematisiert zu haben, der Barock, Romantik und Expressionismus gleichermaßen negativ theologisch dominiert, ist das große Verdienst von Walter Benjamins „Ursprung des deutschen Trauerspiels". Innerhalb eines Kunstkonzeptes aber, das – Religion supplementierend – der tragischen Konzeption die außerordentliche Evidenz seiner Empfindsamkeit entgegensetzt, wird die Katastrophe der Geschichte nicht nur subjektiv aushaltbar, sondern in einem neuerlichen Bezug auf ein überhistorisches Anderes scheinhaft überwunden. Religion wird zu einer Angelegenheit des persönlichen Glaubens, ästhetisch gefaßt: zur Innerlichkeit.[9] So liegt es ganz in der Logik der Bekenntnisliteratur, daß den romantischen Allegorien der Katastrophe durch Goethe eine Neubestimmung symbolischer Kunstformen entgegengestellt werden kann; wie der Klassik zugleich die Kraft innewohnt, den gescheiterten Bildungsweg der durch Pietismus und Vernunftreligion ruinierten Romanfigur in Karl Philipp Moritz' „Anton Reiser" in die selbstbewußte Gestaltung einer künstlerischen Gegenwelt zu überführen. Diese – wie Wacker es nannte – Depotenzierung des religiösen Motivs eines Leidens an der Welt, in der die Weimarer Klassik sich zur Humanität ausgestaltet, mag Ihnen ein Zitat aus dem schon genannten Entwurf „Die Geheimnisse" verdeutlichen: „Und leichte Silber-Himmelswolken schweben, / Mit Kreuz und Rosen sich empor zu schwingen, / Und aus der

---

[8] Vgl. Erich Auerbach, *Dante als Dichter der irdischen Welt*, Berlin 1969 (1. Aufl. 1929), S. 18-25.

[9] Vgl. Hans-Jürgen Schrader, „Vom Heiland im Herzen zum inneren Wort. 'Poetische' Aspekte der pietistischen Christologie", in: *Pietismus und Neuzeit. Ein Jahrbuch zur Geschichte des neueren Protestantismus*, Bd. 20, Göttingen 1995, S. 55-74.

Mitte quillt ein heilig Leben / Dreifacher Strahlen, die aus einem Punkte dringen; // Von keinen Worten ist das Bild umgeben, / Die dem Geheimnis Sinn und Klarheit bringen. / Im Dämmerschein, der immer tiefer grauet, / Steht er und sinnt und fühlt sich erbauet." (10. Strophe)[10] Das christologische Geheimnis der drei Strahlen, die aus einem Punkt dringen, bleibt als Symbol wort- und erklärungslos. In Goethes Versepos stehen sie für das Sinnzentrum einer humanen, nicht zufällig spätantiken Gemeinschaft, die er zu beschreiben versucht, um damit der innerlich-individuellen Überzeugung sozialutopisch ihr gesellschaftlich nicht gegebenes Refugium allererst zu erschaffen. In diesem Sinn hat Wilhelm Dilthey sich auf Goethe bezogen und ihn geistesgeschichtlich eingeordnet: „Hier gelangt die Religiosität von Lessing und Herder zu ihrer letzten Vollendung in der Idee, daß jeder positive Glaube nur Symbol für das innere Erlebnis ist [...]"[11]. Dilthey stützt sich für diese Behauptung auf die Strophe 24 des Entwurfes: „Denn alle Kraft dringt vorwärts in die Weite, / Zu leben und zu wirken hier und dort; / Dagegen engt und hemmt von jeder Seite / Der Strom der Welt und reißt uns mit sich fort. / In diesem innern Sturm und äußern Streite / Vernimmt der Geist ein schwer verstanden Wort: / Von der Gewalt, die alle Wesen bindet, / Befreit der Mensch sich, der sich überwindet."[12] Hier wird das christologische Geheimnis – die Selbstüberwindung des Menschen – ausgesprochen, doch als dem Geist schwer verständlich bestimmt. Im esoterischen Schema des 'Wer es fassen kann, der fasse es' findet die innerliche Erbauung ihren – wiederum durch die Französische Revolution gewiesenen – Weg ins Handeln. Wie Christus seiner Göttlichkeit entsagt, um Mensch zu werden, so ist für Dilthey Goethe der Dichter der menschlichen Entsagung.[13] „Entsagung öffnet [...] den Weg in das Wirken für das Ganze. Ihr Weg ist Festigkeit, Reinheit, Schonung, Liebe, Stille."[14] Ich möchte dies zum Anlaß nehmen, die zweite Ihnen oben schon angekündigte Linie des Säkularisationsprozesses zu explizieren, indem ich Diltheys Vereinnahmung zurückweise. Zunächst sind Gotthold Ephraim Lessing und Johann Gottlieb Herder höchst unterschiedene Geister. Lessings Bekenntnis nämlich ist anders als

---

[10] Goethe, *Sämtliche Werke*, Jubiläums-Ausgabe in 40 Bänden, Erster Band: Gedichte. Erster Teil. Einleitung und Anmerkungen von Eduard von der Hellen, Stuttgart und Berlin o.J. [1902], S. 289.
[11] Dilthey, *Das Erlebnis und die Dichtung*, Leipzig 1991 (1. Aufl. 1905), S. 214.
[12] Goethe, a.a.O., S. 293.
[13] Vgl. zu diesem christologischen Modell, das um 1900 Aktualität gewinnt, Klaus Lichtblaus Beitrag in diesem Band.
[14] Dilthey, a.a.O., ebd.

das des nationalen, wenn nicht völkischen protestantischen Theologen alles andere als das eines inneren Erlebnisses. Steht Lessing doch im Sinne meiner zweiten Linie von Säkularisation für die Unterscheidung von historischer und spekulativer Theologie selbst ein. In „Über den Beweis des Geistes und der Kraft" schreibt er: Daß, wenn das „Christentum oder die christliche Religion betreffende Weissagungen [...] auf die unstreitigste Art in Erfüllung gingen; wenn noch itzt von gläubigen Christen Wunder getan würden [...], was könnte mich abhalten, mich diesem *Beweise des Geistes und der Kraft,* wie ihn der Apostel nennet, zu fügen?"[15] Indem er so auf der geschichtsphilosophischen Einlösung des Mythos insistiert, der einst eingesetzt wurde, um dem „gesunden Menschenverstand auf die Spur [zu] helfen", jetzt aber in seinen realgeschichtlichen „Früchten" einholbar wäre, gilt für ihn: „Was kümmert es mich, ob die Sage falsch oder wahr ist; die Früchte sind trefflich."[16] Es ist bekannt, daß er damit auf das von Hieronymus überlieferte Testament Johannis anspielt, das in seinem lapidaren „Kinderchen, liebt euch!" der kirchlichen Dogmatik ein Ärgernis ist.[17] Ich möchte diese äußere Betrachtung der Religion, die sie selbst nicht als überhistorische Größe, sondern als eine positive Gestalt zu begreifen lehrt, ihrer Intention nach als strikt außerreligiöse Säkularisation bestimmen, als eine, die über die Bewußtseinsstufe des religiösen Menschen hinaus ist. Sie macht den Kern allen geschichtsphilosophischen Denkens aus, das von daher nicht in Abhängigkeit zur Religion gebracht werden kann, sondern deren Transformation darstellt.

Erst auf dem Hintergrund dieses Argumentationsniveaus wird es Hegel möglich, gegen den erbaulichen Trend seiner Zeit zu polemisieren, in dem „das Absolute [...] nicht begriffen, sondern gefühlt und angeschaut" werden soll, „nicht sein Begriff, sondern sein Gefühl und Anschauung [...] das Wort führen". Daran ist aber kritisch zu konstatieren, daß, wenn „die Erscheinung einer solchen Foderung nach ihrem allgemeinern Zusammenhange aufgefaßt, und auf die Stufe gesehen [wird], worauf der selbstbewußte Geist gegenwärtig steht, [....] er über das substantielle Leben, das er sonst im Element des Gedankens führte, hinaus [ist]." Und Hegel fährt fort: „Er ist nicht nur darüber hinausgegangen in das andere Extrem der substanzlosen Reflexion seiner in sich selbst, sondern auch über diese. Sein wesentliches

---

[15] Lessing, Schriften II. Eingeleitet von Karlmann Beyschlag, in: *Werke,* hrsg. v. Kurt Wölfel, Frankfurt a.M. 1967, S. 308.
[16] Ders., a.a.O., S. 312.
[17] Vgl. a.a.O., S. 313-318.

Leben ist ihm nicht nur verloren; er ist sich auch dieses Verlustes, und der Endlichkeit, die sein Inhalt ist, bewußt. Von den Trebern [so übersetzt Luther den Schweinefraß aus dem Gleichnis vom verlorenen Sohn, Einf. TS] sich wegwendend, daß er im Argen liegt, bekennend und darauf schmähend, verlangt er nun von der Philosophie nicht sowohl das *Wissen* dessen, was er *ist*, als zur Herstellung jener Substantialität und der Gediegenheit des Seins erst wieder durch sie zu gelangen."[18] Wie der in der Prosa der Zeit fast verhungernde Sohn im biblischen Gleichnis sich nach dem Vater zurücksehnt – und damit den familialen Aspekt christologischen Denkens repräsentiert –, so soll auch die Philosophie statt der „Einsicht" „Erbauung" gewähren. „Das Schöne, Heilige, Ewige, die Religion und Liebe sind der Köder, der gefordert wird, um die Lust zum Anbeißen zu erwecken; nicht der Begriff, sondern die Ekstase, nicht die kalt fortschreitende Notwendigkeit der Sache, sondern die gärende Begeisterung soll die Haltung und fortschreitende Ausbreitung des Reichtums der Substanz sein."[19] Hegels Zeitdiagnose benennt exakt die Idolatrie seiner Zeitgenossen: ihre Selbstermächtigung zur Selbsterlösung – und genau diesen Stoff unterzog bereits der Hölderlinsche „Empedokles" einer scharfen Kritik. Die Vision einer gesellschaftlichen Erlösung, die sich Empedokles von seinem Opfertod – dem Sprung in den Ätna – verspricht, ist ebenso unmöglich, wie daß er in seinem Freitod durch die Rücknahme der Individuation Subjektivität und Natur ausgleichen könnte. Die tragische Konstellation ist nicht erbaulich, an ihrer Radikalität, die das Bestehende in Frage stellt, aber wird gerade deshalb von Hegel und Hölderlin entschieden festgehalten. Ich zitiere noch einmal Hegel: „Die kraftlose Schönheit haßt den Verstand, weil er ihr dies zumutet, was sie nicht vermag. Aber nicht das Leben, das sich vor dem Tode scheut und von der Verwüstung rein bewahrt, sondern das ihn erträgt, und in ihm sich erhält, ist das Leben des Geistes. Er gewinnt seine Wahrheit nur, indem er in der absoluten Zerrissenheit sich selber findet."[20]

Karl Löwiths nicht anders denn als denunziatorisch zu bezeichnende Kritik der Hegelschen Philosophie – gegenüber Marx argumentiert Löwith gar blank rassistisch[21] – reduziert diese Figur der Vermittlung auf ihren ein-

---

[18] Hegel, a.a.O., S. 7.
[19] Ders. a.a.O., S. 8
[20] A.a.O., S. 26.
[21] Vgl. Löwith, *Weltgeschichte und Heilsgeschehen*, Stuttgart, Berlin, Köln 1990 (1. Ausg. Chicago 1949), S. 48: „Nur in Marx' ‚ideologischem' Bewußtsein ist die ganze Geschichte eine Geschichte von Klassenkämpfen. Die wirklich treibende Kraft hinter dieser Konzeption ist ein offenkundiger Messianismus, der unbewußt in Marx' eigenem Sein, in seiner Rasse wurzelt.

fachen teleologischen Gehalt, wie er ihr schon als Form schlechterdings zukommen muß: Das Christentum insistiert seinem Prinzip nach darauf, daß „die Entzweiung zwischen dem Innern des Herzens und dem Dasein aufgehoben werde". Als solches aber steht es am Anfang des von Hegel interpretierten Geschichtsprozesses und ist nicht die Idee einer „letzten Versöhnung", die „alle Opfer, die je am Altar der Erde gebracht wurden", rechtfertigt.[22] Vielmehr reproduziert sich in dieser Idee nur das Bewußtsein eines Neuen, das in der Krisenzeit der Spätantike auch in der griechischen Tragödie, in den religiösen Erweckungsbewegungen (innerhalb derer der historische Jesus von Nazareth nur einer von vielen Sektierern ist) und im autoritären, auf einen Einzelnen ausgerichteten Staatskult hervortritt. Über eine 'christlich-abendländische' Kultur hinaus bezeugen diese Symptome eine allgemeine Krisis, von der Löwith in seinem existenzphilosophischen Gegenentwurf zur Geschichtsphilosophie die Welt der griechischen Antike ausnehmen möchte.

Für die Zeitgenossen von 1800 aber war die Französische Revolution das Ereignis eines vergleichbar eingetretenen Neuen. Subjektivität, die in der Spätantike zum zentralen Bezugspunkt wurde, scheint in der Forderung nach realer historischer Freiheit zu einer gesellschaftlichen Größe zu werden. Zu beachten ist jedoch auch hier, wie unterschiedlich solche Zäsurerfahrungen gedacht werden – und damit bin ich endlich beim Thema. Die vorausgegangenen Ausführungen haben immerhin schon deutlich gemacht, daß die christologischen Konstruktionen ihrem theologischen Sinn nach die Aufwertung des Endlichen dadurch erreichen, daß sie es zum Unendlichen in ein ausgeglichenes, ein schuldfreies, selbstbewußtes Verhältnis setzen, während Hegel und Hölderlin das Unendliche aufgeben, um das Endliche gegen die ihm eigene Trostlosigkeit aufzuwerten. Nicht Selbstüberwindung um der persönlichen Erlösung willen ist ihr Ziel, sondern – und ich verweise noch einmal auf mein Engels-Motto – Aneignung der Welt.

Um diese zu konkretisieren, rekurriere ich zunächst auf meine Interpretation der 3. Fassung von Hölderlins Trauerspiel-Entwurf.[23] Hölderlins Protagonist befindet sich nach den ersten beiden Anläufen zum Drama dabei in einer Position, die der von Hegel in der Vorrede zur 'Phänomenologie' kritisierten sehr ähnlich ist. Er geriert sich als Feind aller besonderen Verhält-

---

Wenn er auch emanzipierter Jude des .19. Jahrhunderts, entschieden antireligiös und sogar antisemitisch war, so war er doch ein Jude von alttestamentlichem Format."
[22] Ders., a.a.O., S. 60.
[23] Vgl. Schröder, *Poetik als Naturgeschichte. Hölderlins fortgesetzte Säkularisation des Schönen*, Lüneburg 1995, S. 105-114.

nisse und möchte das Gefühl der Ganzheit „im großen Akkord mit allem Lebendigen" neu empfinden.[24] Im Prozeß der poetischen Ausarbeitung und in der Reflexion auf die Gründe des bisherigen Scheiterns aber erkennt Hölderlin schließlich, daß gerade die tragische Auflösung eine scheinbare bleibt, weil es immer nur zu einer temporären Einlösung kommt.[25] Tragisch nämlich sind gerade die Individuen, die versuchen, „Probleme des Schiksals zu lösen" und so „sich von selbst als etwas vorübergehendes und augenblikliches darstellen"[26]. Ist doch jede Lösung nur in ihrer Zeit gültig, verweist jedes aktuelle Scheitern auf ein noch ausstehendes Allgemeines. Poetologisch erzeugt die tragische Lösung diesen Schein, da sich in der Reflexion des Tragischen das Erste und Letzte – Hölderlin nennt das 'Ursprung' – immer nur als ein Negatives – ein 'Zeichen' – darstellen kann, wie vice versa auch das Besondere als ein Positives das Allgemeine verneint. Zur Aufgabe der Tragödiendichtung wird es hier, den Punkt des Übergangs zu markieren, damit anschließend dessen Bedeutung für die Entwicklung des Allgemeinen und des Besonderen gedacht werden kann. Das Unfaßbare der Zäsur selbst aber bleibt undarstellbar, ist ohne eigene Semantik. Es ist – nebenbei gesagt – dies der Grund, warum das christologische Moment inhaltlich so vielfältige und widersprüchliche Argumentationen repräsentieren kann; denn wie ein Allgemeines in der Welt des Besonderen vorgestellt wird, das ist, obwohl die Philosophie seit Thomas, über Benediktus de Spinoza und Gottfried Wilhelm Leibniz bis schließlich zu Hegel und Marx hin luzid es entwickelt, leider zum Tummelplatz des Irrationalismus geworden. Hölderlins Trauerspiel versucht ein solches Verhältnis darzustellen, indem „sich zwischen dem Propheten und der Menge ein Verstehen anbahnt"[27] – funktioniert das Trauerspiel doch nur, wenn „es unter der Idee des Ganzen, der Vollendung gestaltet" wird und „wo eine religiös gefaßte Welt die dazu notwendige Gewißheit gibt."[28] Diese ist nicht mehr und doch noch gegeben; Empedokles – und darin liegt seine Parallele zu Jesus – will eine Versöhnung für die Welt konstituieren: „Als religiöser Reformator, als politischer Mensch" unternimmt er sein Versöhnungswerk „mit Liebe und Widerwillen, denn die

---

[24] Friedrich Hölderlin, *Sämtliche Werke*, Frankfurter Ausgabe, hrsg. von Dietrich E. Sattler, Frankfurt/M. 1975ff., hier: Bd. 13, S. 544.
[25] Ders., a.a.O., S. 874.
[26] Ebd.
[27] Hans Schlemmer, „Der Tod des religiösen Propheten", in: *Preußische Jahrbücher*, Berlin 1919, S. 158.
[28] Vgl. Klaus Hofmann u. Günter H. Lenz: „Der Einspruch der Geschichte", in: *Miscellanea Anglo-Americana*, München 1974, S. 249.

Furcht positiv zu werden, muß seine gröste natürlicherweise seyn, aus dem Gefühle, daß er, je wirklicher er das Innige ausdrükt, desto sicherer untergeht"[29]. Die Abfolge eines solchen Geschehens aber ist es gerade, die seine Auslegbarkeit möglich macht. Hölderlin verhält sich zu Empedokles wie Paulus zu Jesus. Dadurch, daß beide ihren Protagonisten a posteriori einen christologischen Nimbus zusprechen, erhalten diese ihre historische und theologische Relevanz. Darin liegt die bleibende Notwendigkeit des Tragödienstoffes, dessen Programmatik der historischen Besonderheit gerecht werden muß, auch wenn die Positivität der konkreten Situation der Vollendung, die ihr ein Subjekt verspricht, entbehrt. „Universalität" ist weder gegeben, „wenn der Akt der Objektivation des poetischen Geistes in schöner Individualität überzeitlich, ontologisch angesetzt wird", noch wenn Offenbarung in ihrer historischen Singularität Einzigartigkeit beansprucht.[30] In der rekonstruierten spätantiken Situation stellt sich die ganze Krisis einer Nichterfüllung dieses Anspruches auf doppelte Weise dar. Das Scheitern der historischen Protagonisten, die in ihrem außerordentlichen Schicksal ihre Subjektivität aufgeben, um, wo die Tragödie noch gelingt, den notwendigen – kathartischen – Ausgleich der Extreme vorzuführen, ist ebenso Gewißheit wie daß an ihm das Bewußtsein der höheren, objektiven Gesetzlichkeit dieses Scheiterns sich einstellt. Der Untergang erscheint als Übergang zu einem Anderen. Poetologisch muß deshalb der Versuch gemacht werden, das, was sich bewußtseinsgeschichtlich als Antagonismus von Subjektivität und Geschichte darstellt, tragisch zu begreifen, sich über das katastrophale Ende hinwegzusetzen – oder es bleibt nur die eschatologische Hoffnung. Hegels im Umkreis seines „Geist des Christentums" entworfene Fragmente reflektieren in diesem Sinne, warum die griechische Schönheit untergegangen ist, und bestimmen historisch die Relevanz der christologischen Botschaft für die Neuzeit. Sein ursprüngliches Entsetzen faßt er in die Frage: „Wie konnte eine Religion verdrängt werden, die seit Jahrtausenden sich in den Staaten festgesetzt hatte" und „mit tausend Fäden in das Gewebe des menschlichen Lebens verschlungen war [...]?"[31] Lebte die immanente Selbstgewißheit der Polisreligion davon, daß in ihr individuelles Scheitern gar nicht sich ereignen

---

[29] Hölderlin, a.a.O., S. 877.
[30] Vgl. Hofmann/Lenz, a.a.O., S. 253 und passim, v. a. S. 262-264. Hans Georg Gadamer, „Hölderlin und die Antike", in: *Kleine Schriften* II, Tübingen 1967, S. 27-44, zeigt, daß Hölderlin die christologische Offenbarung als historische Singularität nicht akzeptiert (vgl. S. 36).
[31] Hegel, „Unterschied zwischen griechischer Phantasie- und christlicher positiver Religion", in: *Werke*, hrsg. von Karl Markus Michel und Eva Moldenhauer, Frankfurt/M. 1981, Bd. 1, S. 203.

kann, da „die Idee des Vaterlandes", des „Staates das Unsichtbare" und „Höhere" ist, „wofür [jeder] arbeitete", und wovor "jede Individualität verschwand"[32], so ist, wenn diese „Ordnung der Welt" zerstört ist, der Mensch bereit, „sich in eine noch höhere Ordnung" zu flüchten.[33] Auf ihrer Ebene gilt: „indem der Mensch [...] keine allgemeine Idee mehr fand, für die er leben und sterben mochte, fand er auch keine Zuflucht bei seinen Göttern, denn auch sie waren einzelne, unvollendete Wesen, die einer Idee nicht Genüge leisten konnten."[34] Statt dessen dominiert die Entgegensetzung einzelner Interessen: „Alle Tätigkeit, alle Zwecke bezogen sich jetzt aufs Individuelle; keine Tätigkeit mehr für ein Ganzes, für eine Idee – entweder arbeitete jeder für sich oder gezwungen für einen anderen Einzelnen. [...] Alle politische Freiheit fiel hinweg; das Recht des Bürgers gab nur ein Recht an Sicherheit des Eigentums, das jetzt seine ganze Welt ausfüllte"[35]. Diese Rekonstruktion antiker Kulturgeschichte stimmt mit dem kritischen Bewußtsein des Hölderlinschen Empedokles in Agrigent überein: „Unter seinen hyperpolitischen, immerrechtenden und berechnenden Agrigentinern [...] mußte ein Geist wie der seinige war, der immer nach Erfindung eines vollständigen Ganzen strebte, nur zu sehr zum Reformatorsgeiste werden, so wie die anarchische Ungebundenheit, wo jeder seiner Originalität folgte, ohne sich um die Eigentümlichkeit der andern zu kümmern, ihn [...] ungeselliger einsamer, stolzer und eigner machen mußte [...]."[36] Subjektivität klagt eigenwillig ihr Recht ein, wird zum Movens des historischen Prozesses, der Natur und Kultur ausgleichen soll. Im Trauerspiel muß Empedokles, da die „Extreme [...] im Zwiste von Kunst und Natur" bestehen, „die Natur gerade darinn, wo sie der Kunst am unerreichbarsten ist, vor ihren Augen mit der Kunst versöhnen."[37] Dieser Mittleranspruch eines Einzelnen erfolgt aber paradoxerweise in eben der historischen Situation, in der das Individuum selbst in Frage steht. Als Bewußtsein fungiert es nur noch als Sammelpunkt „von Beschränktheiten", an denen sich als Anderes „nicht die in sich vollendete, ewige Vereinigung" restituiert, sondern „nur das dürre Nichts, in [dem] sich zu denken, der Mensch [freilich] nicht ertragen" kann.[38] Der Wunsch nach einer „schönen Religion" kann folglich nicht als Rückkehr zur ur-

---

[32] Ders., a.a.O., S. 205.
[33] Ebd.
[34] A.a.O., S. 207.
[35] A.a.O., S. 206.
[36] Hölderlin, a.a.O., S. 874f.
[37] Ders., a.a.O., S. 877.
[38] Hegel, „Entwürfe über Religion und Liebe", in: a.a.O., S. 245.

sprünglichen Einheit verstanden werden, vielmehr entsteht er erst innerhalb des Prinzips der Entgegensetzung, des Streites, dem das andere Gesetz der Liebe widerstreitet. Dem entspricht der Versöhnungsanspruch des Empedokles ebenso wie die Sozialutopie des Nazareners. In der Sprache Hegels: „In der Liebe ist das Getrennte noch, aber nicht mehr als Getrenntes, [sondern] als Einiges, und das Lebendige fühlt das Lebendige."[39] Das „Vereinigte" ist „nur ein Punkt, der Keim"[40] eines 'Einen in sich Unterschiedenen'; oder anders, nämlich am historischen Auftreten von Jesus orientiert: „Durch die Gesinnung ist nur das objektive Gesetz aufgehoben, aber nicht die objektive Welt; der Mensch steht einzeln und die Welt. – Die Liebe knüpft Punkte in Momenten zusammen, aber die Welt in ihr, der Mensch und ihre Beherrschung besteht noch."[41] Historisch scheitern Jesus und Empedokles an den gleichen Zeitbedingungen. In ihrem Auftreten wenden sie sich gegen „das Judentum" bzw. die Griechen, ohne in diesen Gesellschaften etwas zu finden, das ihnen „geholfen hätte", sie „zu bestreiten", das sie „hätte[n] festhalten und mit welchem" sie diese „hätte[n] stürzen können". Deshalb gehen sie unter und stiften „unmittelbar nur" etwas wie „eine Sekte"[42]. In Hölderlins Worten: „Das Schiksaal seiner Zeit erforderte auch nicht eigentliche That, die zwar unmittelbar wirkt und hilft, aber auch einseitiger, und um so mehr, je mehr sie den ganzen Menschen exponiert; es erforderte ein Opfer"[43].

Eine historische Tat, die die Dramaturgie faktisch bestätigt, bleibt „einseitig" an die Gesetze der Zeit, ihre Darstellung gebunden, während einem Opfergeschehen historischer Sinn immer erst a posteriori zukommt, seine hermeneutische Modellfunktion virtuell einsetzt. Hegel interpretiert die tragische Motivik letztlich als einen absoluten und doch immanenten Versöhnungsanspruch, da die historisch nicht gelungene Auflösung des Problems zu einem späteren Zeitpunkt wirksam wird, die Zäsur des christologischen Schemas sich geschichtsphilosophisch wiederholt: „Jesus nannte sich den Messias; ein Menschensohn und kein anderer konnte es sein, nur Unglauben an die Natur konnte einen anderen, einen übernatürlichen erwarten; – das Übernatürliche ist nur beim Unternatürlichen vorhanden; denn das Ganze, obzwar getrennt, muß immer da sein – Gott ist die Liebe, die Liebe ist

---

[39] Ders., a.a.O., S. 246.
[40] A.a.O., S. 248.
[41] Ders., „Grundkonzept zum Geist des Christentums", a.a.O., S. 303.
[42] A.a.O., S. 298.
[43] Hölderlin, a.a.O., S. 873.

Gott, es gibt keine andere Gottheit als die Liebe."⁴⁴ Damit bezieht sich Hegel auf den amor dei intellectualis der Hermeneutik Spinozas. Sein Kommentar zu Johannes 5,26: „Denn wie der Vater Leben in sich selbst hat, so hat er auch dem Sohn gegeben, Leben in sich selbst zu haben", überträgt Spinozas säkulare Theologie in eine absolute Philosophie: „Jener (sc. der Vater) das Einige, Ungeteilte – Schöne, dies (sc. der Sohn) das Modifizierte – [...] herausgegangen aus der Einigkeit. Darum hat er die Macht – gegen ein Feindliches, Gegenüberstehendes –, das Gericht [zu halten], ein Gesetz gegen solche, die von ihm abtrünnig sind". Hegel erreicht die Konzeption eines „Reich[s] der Freiheit und [der] Wirklichkeit", in der nicht mehr eine Moralität gegen das objektiv Gegebene steht, sondern „die Aufhebung der Handlung" objektiv wird: Nicht Anklage der Sünden, sondern deren Negation intendiert die antigesetzliche Gerechtigkeit des amor dei intellectualis.⁴⁵ Damit ist bereits der absolute Anspruch des späteren Systems formuliert, dessen vollkommen säkulare Ausführung freilich noch aussteht: „Liebe die Blüte des Lebens; Reich Gottes der ganze Baum mit allen notwendigen Modifikationen, Stufen der Entwicklung; die Modifikationen sind Ausschließungen, nicht Entgegensetzungen, d.h. es gibt keine Gesetze, d.h. das Gedachte ist dem Wirklichen gleich, es gibt kein Allgemeines, keine Beziehung ist objektiv zur Regel geworden, alle Beziehungen sind lebendig aus der Entwicklung des Lebens hervorgegangen, kein Objekt ist als ein Objekt gebunden, nichts ist festgeworden."⁴⁶ Hölderlins an Joh. 5,26 orientierte Exegese unterscheidet wie Hegels historische Narration des Übergangs vom Griechentum zum Christentum zwei Momente des vergangenen Ausnahmezustands: Der subjektive Anspruch hat seinen lebendigen Kontext verloren und weiß sich einem „dürren Nichts" (s.o.) konfrontiert. Sein Empedokles-Christus behauptet – analog zur Situierung des Johannes auf Patmos – daß „in der Wüste des erstarrten religiösen Lebens"⁴⁷, „eine Spur doch eines Wortes" bleibt.⁴⁸ Christus ist wie die weltlichen Kronzeugen für Hölderlins Denken der Säkularisation ein Zeichen der sich ereignenden Parusie, dessen Einlösung an die Irdischen übergeht. Er markiert den Untergang der Götter- und den möglichen Beginn einer menschlichen Geschichte. Das Geschehen manifestiert sich nicht als ein der ursprünglichen Gewalt entgegengesetztes Zeichen, sondern als Besonderheit, in der einzigartig das Ereignis ei-

---

⁴⁴ Hegel, a.a.O., S. 304.
⁴⁵ Vgl. ders., a.a.O., S. 307.
⁴⁶ A.a.O., S. 308.
⁴⁷ Gadamer, a.a.O., S. 34.
⁴⁸ Hölderlin, a.a.O., Supplement Bd. III, S. 43.

ner Neuen Welt und der Untergang der Alten zusammentreten. Das Fragment „Der Untergang des Vaterlandes" entwickelt dieses Konzept genauer. Empedokles' Selbsterkenntnis erreicht ihren Höhepunkt, wenn er emphatisch seinen subjektiven Anspruch auf Identität aufgibt und nur mehr die sterblich-endliche Authentizität des Momentes behauptet: „Ich bin nicht, der ich bin, Pausanias, / Und meines Bleibens ist auf Jahre nicht, / Ein Schimmer nur, der bald vorüber muß, / Im Saitenspiel ein Ton —"[49]. Nicht also einem himmlischen Erlöser allein gelingt die Vision des anderen Lebens, „auch der Mensch, der seines Landes Untergang so tödtlich fühlte, konnte so sein neues Leben ahnen."[50] Von dieser Wahrheit sollte Empedokles nach dem letzten Tragödienplan seinen Gegenspieler Manes überzeugen. Dennoch bricht Hölderlin seine Arbeit an dem Trauerspiel trotz und vielleicht gerade wegen der hier endlich gelingenden Übertragung der tragischen Radikalität in einen säkularen Stoff ab. Als Geschichtsphilosoph weiß er, daß jeder Untergang um eines Neuen willen geschieht, das selbst wieder Besonderheit und Positivität ist. Die „Welt aller Welten" polarisiert sich in die Momente Anfang und Untergang. Das Augenmerk des tragischen Protagonisten ruht auf einer idealischen Erinnerung des untergehenden Alten, die das angesichts der tragischen Zäsur bisher Unmögliche leistet, wenn sie das Ineinander von Wirklichkeit und Möglichkeit, von historischem Bewußtsein und Zukunft denkt: „Aber das Mögliche, welches in die Wirklichkeit tritt, indem die Wirklichkeit sich auflöst, diß wirkt, und es bewirkt sowohl die Empfindung der Auflösung als die Erinnerung des Aufgelösten."[51] Der rückwärtsgerichtete Blick 'idealischer Erinnerung' sichert – auch im Maßstab Hegels – ein Maximum an Erkenntnis unter der Bedingung, daß der „Anfangs- und Endpunkt schon gesezt, gefunden, gesichert" ist. Der Ernst dieser „Auflösung" wird in der Erinnerung als 'reproduktiver Akt' dargestellt, „wodurch das Leben alle seine Puncte durchläuft, und um die ganze Summe zu gewinnen, auf keinem verweilt, auf jedem sich auflöst, um in dem nächsten sich herzustellen, [...] bis endlich aus der Summe dieser in einem Moment unendlich durchlaufenen Empfindungen des Vergehens und Entstehens, ein ganzes Lebensgefühl [...] hervorgeht [...], so gehet aus dieser Vereinigung und Vergleichung des Vergangenen Einzelnen, und des Unendlichen gegenwärtigen, der eigentlich neue Zustand der nächste Schritt, der dem Vergangenen

---

[49] Ders., a.a.O., Bd. 13, S. 938.
[50] A.a.O., S. 948.
[51] A.a.O., Bd. 14, S. 174.

folgen soll hervor."⁵² In der Wirklichkeit, der Tatsächlichkeit der tragischen Handlung aber kann nichts darüber hinwegtäuschen, daß über den „Endpunct" dieses Szenarios keine Sicherheit besteht, und Hölderlin beeilt sich festzuhalten: „Die idealische Auflösung unterscheidet sich von der sogenannt wirklichen endlich dadurch, daß diese ein reales Nichts zu seyn scheint, jene [...] in eben dem Grade an Gehalt und Harmonie gewinnt, je mehr sie gedacht wird als Übergang aus Bestehendem ins Bestehende [...], so daß die Auflösung [...] nicht als Schwächung und Tod, sondern als Aufleben als Wachstum, die Auflösung des Unendlichneuen nicht als vernichtende Gewalt, sondern als Liebe und beedes zusammen als ein (transcendentaler) schöpferischer Act erscheint [...]."⁵³ Als „Schwächung und Tod" stellt der Untergang der griechischen Welt ein historisches Faktum dar, das im ideellen Bewußtsein zwar aufhebbar wäre – wovon die Ideologie des Christentums seit je profitiert –, das aber, solange die Freiheit des amor dei intellectualis nicht wirklich geworden ist, im Geist der griechischen Tragödie in die neuzeitliche Situation zu übersetzen bleibt.

Diese Schwierigkeit expliziert nach Hölderlin – zu befragen wären hier insbesondere noch seine Sophokles-Übersetzungen – Marx in seiner Dissertation. Mit dem Scheitern von epikureischer und stoischer Philosophie markiert er auch die Crux des Christentums, wird dieses nicht – im Sinne seiner ursprünglichen Parusieerwartung – fortgesetzt säkular, objektiv. „Das Glück in solchem Unglück ist daher die subjektive Form, die Modalität, in welcher die Philosophie als subjektives Bewußtsein sich zur Wirklichkeit verhält. / So war z.B. die epikureische, stoische Philosophie das Glück ihrer Zeit; so sucht der Nachtschmetterling, wenn die allgemeine Sonne untergegangen ist, das Lampenlicht des Privaten."⁵⁴

Das Dunkel der realen gesellschaftlichen Situation – welches auch die Schreibtischlampe isolierter intellektueller Arbeit nicht durchbricht – ist zu erkennen, soll ihr Gegenbild, das philosophische Licht, deutlich werden. Sinnlich faßbar, Begriff wird es, wo gefragt und gefordert wird, wie es die Eingangsstrophe von Hölderlins Ode „Chiron"⁵⁵ unternimmt, und wodurch er sich von den privaten Nachtfaltern seiner Epoche – wie angekündigt – unterscheidet. Dort heißt es: „Wo bist du, Nachdenkliches! das immer muß / Zur Seite gehn, zu Zeiten, wo bist du, Licht? / Wohl ist das

---

[52] A.a.O. S. 175.
[53] A.a.O., S. 176f.
[54] Marx/Engels, *Werke* Bd. 40, Berlin 1990, S. 217f.
[55] Vgl. im folgenden passim, Hölderlin, a.a.O., Bd. 5, S. 823-825.

Herz wach, doch mir zürnt, mich / Hemmt die erstaunende Nacht nun immer." Die Nacht ist – wie bei Hegel und Marx – das unproduktive Negative, das Nichts der Indifferenz, in der alle Kühe schwarz sind. Ihr gegenüber kann folglich nur eine Offenheit gelingen, die nicht eine Offenbarung des Dunkels selbst ist, als das – für die Romantik Schellings und Novalis' vor allem – auch Natur immer wieder apostrophiert wird. Nicht als Ideal, aber in ihrer extremen In-Frage-Stellung, wird in Hölderlins später Lyrik – was schon Empedokles tragisch und unglücklich versucht – eine offene Natur zitierbar, die nicht „allzubereit" zur Verfügung steht, und deren Transparenz – anders als der bloß innere Wunsch – gegenüber der 'gewaltigen Nacht' sich zu exponieren vermag. Das Ausstehende, nicht zu denkende An-sich, das als ein namentlich Benanntes erst zu sich kommen müßte, bleibt als ein solches empirisch erfahrbar nur, um in den Prozeß seiner Säkularisation, der als positive Darstellung immer schon zu scheitern droht, einzugehen. In dieser Intensivierung reaktivieren sich die Figuren theologischer Hoffnung als solche, die sowohl die immanente irdische Qual wie metaphorisch eine apokalyptisch tödliche Pseudo-Befreiung aus dieser darstellen, eine Zerrissenheit thematisierend, die wie bei Hegel auszuhalten ist: „Die Tage aber wechseln, wenn einer dann / Zusiehet denen, lieblich und bös', ein Schmerz, / Wenn einer zweigestalt ist, und es / Kennet kein einziger nicht das Beste; // Das aber ist der Stachel des Gottes; nie / Kann einer lieben göttliches Unrecht sonst / Einheimisch aber ist der Gott dann / Angesichts da, und die Erd' ist anders."

Was Hölderlin in dieser Situation – „angesichts" – als Rückkehr des Augenlichtes beschreibt, erlöst in der Mythe den Naturweisen Chiron, der an einer unheilbaren Wunde gerade als ein Unsterblicher leidet, von seiner schlechten Unendlichkeit. Aus einem Blinden wird die Allegorie eines Naturweisen. Diesem, der, im Wissen um die Natur und die irdische Gerechtigkeit, im Endlichen ausharrt, erscheint die Fülle der Zeit als eine wirkliche: „Tag! Tag! Nun wieder athmet ihr recht; nun trinkt, / Ihr meiner Bäche Weiden! ein Augenlicht." Aber – und darin liegt schließlich der Unterschied des späten Hölderlin zum Hegel des philosophischen Systems – dadurch wird das Ganze kein sinnvolles mehr. Es ist nicht das Wahre.

Es sind aber nur wenige Zeitgenossen, die bereit sind, sich schließlich auch diesem notwendigen Aushalten von Negativität noch auszusetzen. Statt dessen haben Utopien und Phantasmagorien Konjunktur, die analytisch nichts anderes darstellen als Regressionen der tatsächlichen Glücksversprechen. An Hand der 'Geistlichen Lieder' des Novalis möchte ich Ihnen ein

Beispiel einer Christologie in diesem fatalen Sinne geben, gerade weil Friedrich von Hardenberg sehr genau die tatsächliche Beschaffenheit der Welt bekannt war: „Da ich so im stillen krankte, / Ewig weint' und wegverlangte, / Und nur blieb vor Angst und Wahn: / Ward mir plötzlich, wie von oben / Weg des Grabes Stein gehoben, / Und mein Innres aufgethan. // Wen ich sah, und wen an seiner / Hand erblickte, frage Keiner, / Ewig werd' ich dieß nur sehn; / Und von allen Lebensstunden / Wird nur die, wie meine Wunden / Ewig heiter, offen stehn."[56] Der Wunsch solcher Zeilen ist der einer „Sehnsucht nach dem Tode"[57]; der nach einem „Tisch der Sehnsucht, / Der nie leer wird". Das aber ist der Tisch des Abendmahles – und also wie bei Goethe der, an dem das Wunschversprechen einer esoterischen Christologie sich erfüllt: „Wer hat des irdischen Leibes / Hohen Sinn errathen? / Wer kann sagen, / Daß er das Blut versteht? / Einst ist alles Leib, / *Ein* Leib, / In himmlischem Blute / Schwimmt das selige Paar. –"[58]

Anders als es Richard Faber schon in seiner frühen Novalis-Studie intendiert, vermag ich in dieser „Kindlichkeit", dem Wunsch nach körperlicher Omnipotenz und Ganzheit über die Geschlechterdifferenz hinweg, kein unabgegoltenes Moment des Geschichtsprozesses zu begreifen[59], gerade weil Novalis die Französische Revolution als „notwendige weltgeschichtliche Krisis" thematisiert, „die dem Eintritt des schon (und wiederum noch nicht) gegenwärtigen Eschatons der Menschheit vorausgehen" soll[60], so aber verkennt, daß diese umgekehrt die Botschaft des subjektiven Prinzips ins Gesellschaftliche transformiert. Das utopische Noch-Nicht ist keine materialistische Kategorie, sondern teleologisch intendiert und gerade deshalb am Modell der Wiederkehr orientiert – wie es Faber selbst für die Christ-Kind Apostrophen des Kosmikers Vergil herausgearbeitet hat –, von der Novalis gerade die Innerlichkeit seiner Vision nicht unterscheidet[61], heißt es bei ihm

---

[56] Novalis, *Werke*, hrsg. v. Richard Samuel, München/Wien 1978, Bd. 1, S. 186.
[57] Ders., „Hymnen an die Nacht", in: a.a.O. S. 154.
[58] Ders., „Geistliche Lieder", in: a.a.O., S. 189.
[59] Vgl. Faber, *Novalis. Die Phantasie an die Macht*, Stuttgart 1970, S. 53.
[60] Vgl. Hans Wolfgang Kuhn, *Der Apokalyptiker und die Politik, Studien zur Staatsphilosophie des Novalis*, Freiburg i.Br. 1961, S. 127.
[61] In Fabers Essay „Vergil und Novalis. Das Ende der interpretatio christiana" wird auf diesen Zusammenhang hingewiesen, er beharrt aber – wie auch in seinem Beitrag zum vorliegenden Band – bei der Vergil überwindenden Rolle des Novalis; vgl. ders., in: *Messianismus zwischen Mythos und Macht. Jüdisches Denken in der europäischen Geistesgeschichte*, hrsg. von Eveline Goodman-Thau und Wolfdietrich Schmied-Kowarzik, Berlin 1994, S. 141-163; ähnlich auch: Ders., „Affirmative und subversive Hermeneutik. Über Vergil und Novalis", in: *Cachaça. Fragmente zur Geschichte von Poesie und Imagination*, hrsg. v. Bernhard J. Dotzler und Helmar Schramm, Berlin 1996, S. 133-134.

doch: „Von innrer Glut geweitet / Verklärt sich unser Sinn. / Die Sternenwelt wird zerfließen / Zum goldnen Lebenswein, / Wir werden sie genießen / Und lichte Sterne seyn."[62] Auch Novalis ist – obgleich anarchisch – ein Agent der Utopie der goldenen Zeit, bleibt ihm doch Erfüllung eine des Himmels und eine in der Nacht, sucht er nicht deren beider Ende. Edith Steins in Fabers Novalis-Deutung zitierte Kreuzestheologie bestätigt dies – entgegen ihrem Wortlaut – eindrücklich: „'Die *mystische Nacht* ist nicht kosmisch zu verstehen. Sie dringt nicht von außen ... ein, sondern hat ihren Ursprung im Innern der Seele ... Doch die Wirkungen, die sie im Innern hervorbringt, sind denen der kosmischen Nacht vergleichbar: sie bedingt ein Versinken der äußeren Welt ...' und 'versetzt die Seele in Einsamkeit ... Doch auch hier gibt es ein *nächtliches Licht,* das eine neue Welt tief im Innern erschließt ...' Paradox nennt Novalis dieses 'nächtliche Licht' 'Sonne der Nacht'.– Wem sie die Nacht gesandt hat, der ist 'zum Menschen gemacht', er ist 'sich selbst begegnet' und – um in der Analogie zum Archaischen zu sprechen – am 'Mittelpunkt' seines Wesens angekommen. Der Weg dahin – mit Novalis' Worten 'die Wallfahrt zum heiligen Grabe' (4. Hymne) – ist der Übergang vom Profanen zum Heiligen", aber gerade deshalb und eben metaphysisch nicht einer vom „Vergänglichen und Illusorischen [...] zur Wirklichkeit und Ewigkeit, vom Tod zum Leben"[63], sondern das genaue Gegenteil: das Grauen einer neuen Welt, in der „der Tod lebendig integriert ist."[64] Es bleibt bei der einen – theozentrisch organisierten – Nacht: „Nur eine Nacht der Wonne – / Ein ewiges Gedicht – / Und unser aller Sonne / Ist Gottes Angesicht."[65]

Anders aber ist das Ende – auch der Romantik. Das 'unselige Brüten und Träumen' eines Novalis weist schon Eichendorff in seiner Novelle „Das Marmorbild" humoristisch wie schroff – und also profan – zurück.[66] Wenn schon einer den Vater des Einen anruft, dann nicht, weil Wunden offen sind, sondern der Himmel es ist, auch wenn dessen Apostrophierung – wie für Hölderlin gezeigt – immer scheitert, und so schließlich die Möglichkeit einer Liebe besteht, deren Sehnsucht an den immer kargen Tischen größer und schöner wird. Gottes Angesicht repräsentiert sich nicht, wie am Ende der 5. 'Hymne an die Nacht', als die Sonne einer anderen Welt, steht nicht

---

[62] Novalis, „Hymnen an die Nacht", a.a.O., S. 173.
[63] Faber, *Novalis. Die Phantasie an die Macht,* a.a.O., S. 18.
[64] Ders., a.a.O., S. 32.
[65] Novalis, a.a.O., S. 173.
[66] Eichendorff, *Novellen und Gedichte,* ausg. u. eing. von Hermann Hesse, Frankfurt/M. 1984, S. 234.

für „eine Nacht der Wonne, ein ewiges Gedicht", sondern erfüllt sich am Sohn, den der Vater gerade deshalb erkennen soll. Nur so kann „das köstliche Leben" anders als christologisch, anders „als ein Opfer des tiefen menschlichen Verfalls"[67] erscheinen.

Innerhalb der christologischen Modelle bin ich so wieder bei Lessing angekommen, in dessen Hermeneutik der transzendente Gestus antimythologisch und über die Situation der Selbsterlösung hinweg lesbar bleibt. Die romantische Selbststilisierung in Eichendorffs Novelle stellt in der „anmutigen Verwirrung" zunächst die Isolation und Einsamkeit bürgerlicher Individuen dar, die in ihrer „spröden Lustigkeit"[68] sich in der Intensität des religiösen Begehrens gerettet wähnen, wie der immer sich bemühende Faustus. Der Wunsch: „Der Himmel ist offen, / Nimm Vater mich auf!"[69] aber verändert sich durch die – Eichendorff schon nur mehr um den Preis der Komödie mögliche – Auflösung seiner Tendenz auf höchst reale Liebesobjekte schließlich um ein Wesentliches. Von dem von solch falschen Imaginationen befreiten – aber damit nicht in einem Elysium sich wiederfindenden, sondern am Ende des Textes eben am Anfang des wirklichen Lebens stehenden – Protagonisten ist schließlich zu hören: „Hier bin ich, Herr! Gegrüßt das Licht! / Das durch die stille Schwüle / Der müden Brust gewaltig bricht / Mit seiner strengen Kühle. // Nun bin ich frei! ich taumle noch / Und kann mich noch nicht fassen – / O Vater, du erkennst mich doch, / Und wirst nicht von mir lassen!"[70] Der Vatergott, der hier wie bei Lessing und Hegel die Metapher der spekulativen Wahrheit bleibt, ist – gegenüber dem historisch alt gewordenen, wie Engels schreibt: sich ob der Emanzipation des Sohnes grämenden Gottes – die historisch letzte, schon amüsante Identifikationsfigur der Christologie. Denn als Vermittelndes im Sinne eines ausgleichenden Dritten ist diese natürlich genauso obsolet wie die in ihm sich destruierende Ordnung des Bürgerlichen – womit ich Sie noch einmal an das Leitmotiv aus Adornos Eichendorff-Aufsatz zu Beginn meines Vortrages erinnern möchte. Das befreiende Licht, das in Eichendorffs Lied aus dem Zyklus „Der Umkehrende" aus „müden Brüsten" und in „strenger Kühle", durch eine endlich nüchtern gewordene Innerlichkeit, hervorbricht, verheißt in der Novelle „Das Marmorbild" schließlich ganz anderes als in seiner stark romantisch-christologisch geprägten lyrischen Ge-

---

[67] Novalis, „Hymnen an die Nacht", a.a.O., S. 169.
[68] Eichendorff, a.a.O., S. 194.
[69] Ders., a.a.O., S. 198.
[70] A.a.O., S. 239f.

staltung – eine Tendenz, die an Eichendorffs Zitierungen seiner Lieder in der Prosa der Romane und Erzählungen generell verdeutlicht werden kann: diese erfahren dort ihre radikale Säkularisation. Die Möglichkeit einer teleologisch-theologischen Versöhnung am Ende aller Tage, wie sie Novalis antizipiert – „Ein sanfter Jüngling löscht das Licht und ruht – / Sanft wird das Ende, wie ein Wehn der Harfe. / Erinnrung schmilzt in kühler Schattenflut, / So sang das Lied dem traurigen Bedarfe. / Doch unenträthselt blieb die ewige Nacht, / Das ernste Zeichen einer fernen Macht"[71] –, schwindet dahin. Die Apotheose des irdischen Untergangs in einer Erwartung der Nacht, die der kosmologischen Verrätselung der Welt als einer des Werdens und Vergehens entspricht, wird zu einer des Tages- und des Neuanfangs. Während es im lyrischen Kontext heißt: „Was gäb' es doch auf Erden, / Wer hielt den Jammer aus, / Wer möcht' geboren werden, / Hielst du nicht droben haus! // Du bist's, der, was wir bauen, / Mild über uns zerbricht, / Daß wir den Himmel schauen – / Darum so klag' ich nicht"[72], geht es prosaisch aus der „luftigen Höhe"[73] hinab in eine blühende Natur- und Kulturlandschaft. In dieser gilt die Zyklik des natürlichen Lichtes nur mehr metaphorisch, werden die falschen und scheinhaften Versprechungen einholbar. Die Inversion zwischen irdischem Scheitern und himmlischer Rettung löst sich nicht nur komisch auf, sondern, unrätselhaft und nicht mehr verzaubert, gilt allein das Wissen der einen Vernunft, die zuletzt das Ende der Täuschungen der Religion als einer Bewußtseinsform der noch nicht menschlichen Geschichte visiert. Kennt doch die im klaren Blick sich entäußernde Seele nur mehr den Imperativ des „Täusche mich nicht wieder!"[74] Seine Vernunft ist das wirkliche Licht, das noch keinen Tag unterging und gegen jede Nacht fortscheint.

---

[71] Novalis, a.a.O., S. 163.
[72] Eichendorff, a.a.O., S. 314 f.
[73] A.a.O., S. 241.
[74] Ebd.

Richard Faber

Von erotischer Mystik zu mystischer Erotik.
Friedrich von Spee und Friedrich von Hardenberg im Vergleich

1. Affirmative und subversive Hermeneutik

> „Tradition dauert bloß als
> aufgehobene ..."
> Theodor W. Adorno

Affirmative Hermeneutik intendiert, „was immer, überall und bei allen" gegolten haben soll: das „Alte Wahre".[1] Ihm wird unterstellt, es sei wegen seiner Wahrheit alt geworden, während die Funktion solch fiktiver Spätmythologie darin besteht, dem als alt Ausgegebenen die Assoziation der Wahrheit zu erschleichen.[2] Hans-Georg Gadamer, der ein „aus der Wahrheit des Erinnerns ... immer noch und immer wieder Wirkliches" prätendiert[3] „weiht geschichtliche Kontinuität und heiligt aktuelle Tradition, ohne nach Wahrheitskriterien außerhalb zu suchen"[4]. Gadamer fühlt sich dieser Mühe enthoben, da die Geschichte nicht uns gehöre, sondern wir ihr gehörten.[5] Einer „*Erfolgs*geschichte, die die verlorenen Prozesse, die nicht verwirklichten Möglichkeiten aussperrt", wie Siegfried Kracauer kritisiert hat.[6]

Gadamer, der fordert, ins „Überlieferungsgeschehen" *einzurücken*,[7] propagiert eine „selektive Tradition",[8] gerade da er sie als die einzige, „uns alle" tragende ausgibt[9] und keine subversive (aner-)kennen will. Dennoch

---

[1] Vgl. R. Faber, „Differenzierungen im Begriff Konservatismus", in: ders. (Hrsg.), *Konservatismus in Geschichte und Gegenwart*, Würzburg 1991, S. 15-39.

[2] Vgl. H. Blumenberg, „Wirklichkeitsbegriff und Wirkungspotential des Mythos", in: *Terror und Spiel. Probleme der Mythenrezeption*. Hrsg. von M. Fuhrmann, München 1971, S. 25, aber auch J. Bollack, „Zukunft im Vergangenen. Peter Szondis materiale Hermeneutik", in: *Deutsche Vierteljahrsschrift* 64 (1990), S. 377.

[3] H.-G. Gadamer, *Wahrheit und Methode. Grundzüge einer philosophischen Hermeneutik*, Tübingen 1965 (2. Aufl.), S. XXIV.

[4] S. Kracauer, *Geschichte – Vor den letzten Dingen*, Frankfurt/M. 1971, S. 226.

[5] Vgl. H.-G. Gadamer, a.a.O., S. 261.

[6] S. Kracauer, a.a.O.

[7] H.-G. Gadamer, a.a.O., S. 275.

[8] R. Williams, *Innovationen. Über den Prozeßcharakter von Literatur und Kunst*, Frankfurt/M. 1977, S. 191.

[9] Vgl. H.-G. Gadamer, a.a.O., S. 321.

gibt es diese, selbst innerhalb der affirmativen Tradition; dennoch kann gerade auch letztere umfunktioniert werden: Die Wahrheit der traditionellen Kultur und ihrer Ansprüche „bleiben gültig neben und zusammen mit der Rebellion"[10], freilich nur „in Brüchen, nicht durch Kontinuität".[11] Theodor W. Adorno betont, daß das Alte seine Zuflucht allein an der Spitze des Neuen hat.[12] Andererseits kann die Zukunft nur gerettet werden, in der „Erinnerung an die Vergangenheit", wie Herbert Marcuse wohl von Walter Benjamin übernahm.[13]

Dieser hatte „sein Denken einer Tradition unterstellt, die ... als freiwillig installierte, subjektiv gewählte der Autorität" entbehrte.[14] Benjamin gehörte selbst zu jenen „häretisch gestimmten Männern, denen es nichts Unmögliches ist, die Tradition auf ihrem eigenen Rücken zu befördern, statt sie seßhaft zu verwalten". Prototypisch tat dies: „die Tradition" auf seinem „eigenen Rücken ... befördern",[15] Vergils Äneas, als er seinen Vater Anchises aus dem brennenden Troja trug und der nochmals die Penaten in der Hand hielt. Freilich ist dies selbst eine subversive Interpretation, die Klaus Heinrichs.[16] Vergil an sich war ein affirmativer Hermeneut,[17] ganz im Unterschied zu Novalis, der als ein Heros subversiver Hermeneutik erscheint.[18]

„Vergil und Novalis. Das Ende der interpretatio christiana" ist ein kürzlich von mir erschienener Vortrag überschrieben,[19] wobei Ende zugleich *Voll*endung meint: Novalis hebt die interpretatio christiana Vergils dialektisch auf und unter anderem dadurch, daß er auf die antirömische Apokalyptik rekurriert. Schon Vergil und seine christlichen Rezipienten haben sich auf sie bezogen – ihr opponierend, indem sie sie imitierten.[20] – Novalis ne-

---

[10] H. Marcuse, *Versuch über die Befreiung*, Frankfurt/M. 1969, S. 74.
[11] Die Tradition besteht für Adorno, wie für Peter Szondi, „aus einer *Kette* von Brüchen" (J. Bollack, a.a.O.); vgl. auch O. Paz, „Die Tradition des Bruchs", in: ders., *Die andere Zeit der Dichtung. Von der Romantik zur Avantgarde*, Frankfurt/M. 1990 (2. Aufl.), S. 11ff.
[12] Vgl. Th. W. Adorno, *Ästhetische Theorie*, Frankfurt/M. 1970, S. 40.
[13] Vgl. H. Marcuse, *Der eindimensionale Mensch*, Neuwied und Berlin 1969, S. 117.
[14] Th.W. Adorno, *Negative Dialektik*, Raubdruck, S. 60; vgl. auch R. Faber, *Roma aeterna. Zur Kritik der „Konservativen Revolution"*, Würzburg 1981, S. 333-339.
[15] W. Benjamin, *Angelus Novus. Ausgewählte Schriften 2*, Frankfurt/M. 1966, S. 472f.
[16] Vgl. K. Heinrich, *Tertium datur. Dahlemer Vorlesungen 1*, Frankfurt/M. 1981, S. 159.
[17] Vgl. R. Faber, *Politische Idyllik. Zur sozialen Mythologie Arkadiens*, Stuttgart 1977, Kap. I/II.
[18] Vgl. R. Faber, „Subversive Ästhetik. Zur Rekonstruktion kritischer Kulturtheorie", in: *Kursbuch* 49, 1977, S. 160-174, bes. S. 163-165.
[19] R. Faber, „Vergil und Novalis. Das Ende der interpretatio christiana", in: E. Goodman-Thau/W. Schmied-Kowarzik (Hg.), *Messianismus zwischen Mythos und Macht. Jüdisches Denken in der europäischen Geistesgeschichte*, Berlin 1994, S. 141-163.
[20] Bei einer nur formal(istisch)en Betrachtung könnte bereits diese Vorgehensweise als subversive Hermeneutik erscheinen, doch eine inhaltliche zeigt, daß Vergil die antirömische Wider-

giert die römisch-(christlich)e Negation der antirömischen Apokalyptik auf der Spitze der Moderne, d.h. profan und säkular. Novalis' Religion ist eine des „Als-ob" oder Religions*dichtung*. Ihre sympoetische Apokalyptik bereitet vor die symphilosophische eines Ernst Bloch im 20. Jahrhundert.

Gerade indem sich Novalis der jüdisch(-christlich)en Überlieferung bedient und ihre Sprache spricht, wird er zum hervorragenden Zeugen des epochalen Vorgangs der Säkularisierung; denn Novalis wertet beide um: Der Widerspruch im Gleichen ist sein charakteristischer Stilwille. Und der kommt, sofern wie hier das Gleiche die sakrale Sprache ist, einer Säkularisation gleich. Sie sucht nämlich, als provozierenden Effekt, Transposition oder gar Perversion. Bei Novalis reißt der „imitatio"-Zusammenhang zwischen dem ästhetischen Gegenstand, der bisher dies nur war, weil zuerst religiöser, und seiner Präsenz im Kunstwerk ab. Der Gegenstand wird nicht mehr „abgebildet", sondern „eingesetzt", d.h. in eine neue, ihm fremde Funktion gebracht. Genau dies konstituiert aber das *moderne* Symbol.[21] Also sind die überlieferten eschatologischen Motive, und um sie geht es zunächst, nur „'Namen und Chiffren', ein 'mystischer Ausdruck'"[22] für die *welt*geschichtliche Zukunft; mit dessen Hilfe wird sie rhetorisch antizipiert und in den Dienst des revolutionären „Enthusiasmus"[23] gestellt.

Mit großer Kraft zieht Novalis die jenseitige Welt des Übersinnlichen in den Bereich des Diesseitigen und Irdischen. Freilich macht er damit nur rückgängig, was der jüdisch-christlichen Apokalyptik durch ihre Hellenisierung geschehen ist: ihre katholische Dogmatisierung.[24] Aber Novalis ist kein christlicher Joachimit mehr;[25] näher bei seiner Zeit: Er hat das zweifellos vorhandene pietistische Erbe (Böhmes, Lavaters usw.) auch negativ aufgehoben. Nicht nur, daß ihm das Reich Gottes zum „Reich des Menschen" wird, der Deus absconditus zum homo absconditus, eben darin hat alle bloß passive Erwartung ihr Ende. Die „Allfähigkeit der ... Menschheit" stellt selbst

---

standsliteratur integriert, indem er – mit ihrer Hilfe – den römischen Ursprungsmythos eschatologisiert.

[21] Vgl. H. Blumenberg, *Die Legitimität der Neuzeit*, Frankfurt/M. 1966, S. 62 und 68; nachdem ich mich des öfteren positiv auf Blumenberg bezogen habe, sei auch meine prinzipielle Differenz ihm gegenüber benannt; vgl. R. Faber, „Von der 'Erledigung jeder politischen Theologie' zur Konstitution Politischer Polytheologie", in: J. Taubes (Hrsg.), *Der Fürst dieser Welt. Carl Schmitt und die Folgen*, München 1985 (2. Aufl.), S. 85-99, bes. Kap. 2/3.

[22] H.J. Mähl, *Die Idee des Goldenen Zeitalters im Werk des Novalis*, Heidelberg 1965, S. 381.

[23] Novalis, *Schriften 3: Das philosophische Werk II*, Stuttgart 1968, S. 557.

[24] Vgl. R. Faber, *Die Verkündigung Vergils: Reich-Kirche-Staat. Zur Kritik der „Politischen Theologie"*, Hildesheim/New York 1975, Kap. I, 3-5.

[25] Vgl. allerdings R. Faber, *Politische Idyllik*, Kap. IV, 1.

her, was kommen soll: „Durch Erweiterung und Bildung unserer Tätigkeit werden wir uns selbst in das Fatum verwandeln."[26] – Was sich wie Theologie gibt, ist in Wirklichkeit, wie später bei Benjamin (und Bloch), ihre Ablösung durch revolutionäre Geschichtsphilosophie[27] bzw. Geschichtsdichtung.

So habe ich in einem älteren Aufsatz „Zur Religionsdichtung des Novalis" formuliert, „Apokalyptische Mythologie" überschrieben.[28] Heute möchte ich die „Geistlichen Lieder" als Religionsdichtung erweisen: als *Liebes*dichtung, die sich freilich auch positiv auf die geistliche Liebe bezieht – die Jesusminne Friedrich von Spees speziell. – Es handelt sich bei Novalis um nichtrepressive Entsublimierung und nichtrepressive Sublimierung zugleich, ganz im Sinne von Marcuse.[29]

2. Friedrich von Hardenberg und Friedrich von Spee

> „ ... wenn die Sinnlichkeit von der Seele ... freigegeben ist, dann entsteht der erste Glanz einer anderen Kultur."
> Herbert Marcuse

Wenn sich auch selten beweisen läßt, daß es genau Spees Verse sind, auf die sich die Hardenbergschen beziehen, so sind sie doch zweifellos auf einen Geist und eine Mentalität, auf Motive, Bilder und Worte wie die Speeschen bezogen. – Spee ist einer jener Autoren, denen Novalis opponiert, indem er sie imitiert. Er selbst ist einer jener „weltliche(n) Jesuiten", deren Auftreten er in der „Christenheit oder Europa" für möglich und wünschenswert hält.[30] Novalis ist nicht zuletzt ein 'weltlicher Spee' und zwar in folgendem, sehr dialektischem Sinn: Spee wollte als geistliche Nachtigall der weltlichen Trutz bieten; er wandte „mit einem ... der Gesellschaft Jesu natürlichen Kunstgriff die Waffen der Welt gegen diese selbst – das süße Lied der seit alters her als Vogel der weltlichen Liebe bekannten Nachtigall konnte nur durch einen noch schöneren Gesang von der himmlischen Liebe überwun-

---

[26] Novalis, *Schriften. Bd. III*, 1929, S. 369.
[27] Vgl. H.H. Holz, *Prismatisches Denken*, in: *Über Walter Benjamin*, Frankfurt/M. 1968, S. 82.
[28] *Romantische Utopie – Utopische Romantik*. Hrsg. von G. Dischner und R. Faber, Hildesheim 1979, S. 66-92.
[29] Vgl. H. Marcuse, *Triebstruktur und Gesellschaft*, Frankfurt/M. 1970, bes. S. 205 und 208.
[30] Novalis, „Die Christenheit oder Europa", in: ders., *Monolog. Die Lehrlinge zu Sais. Die Christenheit oder Europa. Hymnen an die Nacht, Geistliche Lieder. Heinrich von Ofterdingen*, Reinbek bei Hamburg 1991, S. 49.

den werden",³¹ wie Eric Jacobsen Spees Titel allegorisiert. – Im Anschluß an seine Definition der „Trutz-Nachtigall" als einer „Metamorphose der weltlichen Liebe 'ad sensum spiritualem'"³² kann man bei Novalis von einer „Metamorphose der Metamorphose" sprechen – die allerdings keine einfache Negation der Speeschen Negation bedeutet, also (ganz konkret) keine bloße Rückkehr zu dem Amor, von dem Ovids „Metamorphosen" handeln.³³

Jacobsen weist darauf hin, daß die Gesellschaft Jesu – und gerade auch Spee – eine „sinnlich-übersinnliche Didaxis" liebte; sie „machte unter Wiederbelebung der bernhardinischen Richtung aus der Mystik ein System und eine Strategie"³⁴ – aus der sinnlich-übersinnlichen Jesus-Minne eines Bernhard von Clairvaux vor allem. – Novalis nun liebt eine übersinnlich-*sinnliche* Didaxis; er läßt die erotischen Errungenschaften der bernhardinisch-jesuitischen Mystik dem antik-'heidnischen' amor zugute kommen und betreibt seine Rehabilitation mit der Glut und dem Überschwang, die die christliche Mystik in ihrer Jesus- und Marien-Minne entfaltet hat. – Oder um Jacobsen um- *und* weiterzuschreiben: Novalis bietet als weltliche Nachtigall der geistlichen Trutz; er wendet – als „weltlicher Jesuit" – die Waffen des gegenreformatorischen, aber auch pietistischen Christentums gegen es selbst; das süße Lied der irdisch-himmlischen Nachtigall von Spee kann nur durch einen noch schöneren Gesang von der himmlisch-irdischen Liebe überwunden werden. *Sophie* ist Novalis' Christus, doch eben der; Hardenberg beansprucht „zu söfchen Religion" zu haben – „nicht Liebe".³⁵

Daß sich Novalis bei dieser dialektischen Aufhebung der jesuitischen Jesus-Minne gerade auch der Speeschen Folie bedient, ist im XII. seiner „Geistlichen Lieder" *philologisch* evident. Die erste Zeile dieses Gedichts *zitiert* die erste Zeile der vierten Strophe des Speeschen Kirchenlieds „O Heyland reiß die Himmel auff";³⁶ auch im weiteren bezieht sich Novalis immer wieder auf das Speesche Adventslied – und sei es noch so parodistisch. – Dabei ist er nie parodistisch im blasphemischen Sinn und wenn ironisch, dann

---

³¹ E. Jacobsen, *Die Metamorphosen der Liebe und Friedrich Spees Trutz-Nachtigall*, Kopenhagen 1954, S. 12/3.
³² Ebd., S. 54.
³³ Vgl. J.-U. Fechner, „Friedrich Spee 'poeta sacer et doctus'. Zur geistlichen Dichtung in der Trutz-Nachtigall", in: I.M. Battafarano (Hrsg.), *Friedrich von Spee. Dichter, Theologe und Bekämpfer der Hexenprozesse*, Gardolo di Trento 1988, S. 63ff.
³⁴ E. Jacobsen, a.a.O., S. 57
³⁵ Novalis, *Schriften 2: Das philosophische Werk I*, Stuttgart 1960, S. 395.
³⁶ F. Spee, *Die anonymen geistlichen Lieder vor 1623*. Mit einer Einleitung hrsg. von M. Härting, Berlin 1979, S. 162.

doppelt ironisch;[37] um mich zu wiederholen: Novalis hebt Spee auf im *doppelten* Sinn des Wortes.

Novalis beginnt, wie erwähnt, mit dem Speeschen Vers: „Wo bleibst du Trost der ganzen Welt?",[38] läßt aber den Relativsatz: „Darauff die Welt all Hoffnung stellt",[39] weg, obwohl er auch ihn 'gebrauchen' könnte. Er paraphrasiert ihn in seiner dritten Zeile: „Verlangend sieht ein jeder dich". Der Zusatz: „Und öffnet deinem Segen sich", ist bei *Spee* unmöglich, zunächst schon deshalb, weil Spees Lied strikt Adventslied ist, während Novalis bereits in der zweiten Zeile auch 'weihnachtlich' spricht: „Herberg' ist dir schon längst bestellt".[40]

Spee *bittet* nur um den „Segen", was Novalis – in der zweiten Strophe – freilich auch tut, und indem er Spee paraphrasiert: Lauten die zwei ersten Zeilen der zweiten Spee-Strophe: „O Gott! ein Thau vom Himmel gieß / Im Thau herab O Heylandt fließ",[41] so bittet Novalis – indem er diese Verse zu einem kontrahiert: „Geuß, Vater, ihn gewaltig aus".[42]

Aus dem dritten und vierten Vers der zweiten Strophe bei Spee: „Ihr Wolcken brecht und regnet auß / Den König über Jacobs Hauß",[43] macht Novalis die zwei letzten Verse seiner dritten Strophe: „In schweren Wolken sammle ihn / Und laß ihn so hernieder ziehn." Und Novalis fährt fort:

„In kühlen Strömen send' ihn her,
In Feuerflammen lodre er,
In Luft und Öl, in Klang und Tau
Durchdring' er unsrer Erde Bau."[44]

Novalis verbindet das Pfingstliche mit dem Weihnachtlichen – vielleicht indem er auf Spees „Kom heyliger Geist Schoepffer mein" rekurriert; dort – in der zweiten Strophe – wird der „Troester" genannt:

„Ein Gab von Gott herab gesandt
Ein *Brunn*, der lebt
Ein Lieb und *Fewr*

---

[37] C. Schmitt entgegen *gibt* es eine „ironische Mystik" (*Politische Romantik*, 4. Aufl. Berlin 1982, S. 83), eben wenn die Ironie *doppelte* Ironie ist.
[38] Novalis, *Schriften 1: Das dichterische Werk*, Darmstadt 1960, S. 173.
[39] F. Spee, a.a.O., S. 162.
[40] Novalis, a.a.O., S. 173.
[41] F. Spee, a.a.O., S. 161.
[42] Novalis, a.a.O., S. 173.
[43] F. Spee, a.a.O., S. 161.
[44] Novalis, a.a.O., S. 174.

> Ein *Salbung* Geistreich
> Werth und thewr."[45]

Ich erwähne noch der Vollständigkeit halber, daß Novalis' „Luft" gleichfalls pfingstlich konnotiert ist und daß vielleicht auch seine beiden anschließenden Verse:

> „So wird der heil'ge Kampf gekämpft,
> So wird der Hölle Grimm gedämpft",[46]

Spees Pfingst-Lied verpflichtet sind; diesen Bitten der fünften Strophe:

> „Den Feind von uns treib weit hindan
> Halt uns von bösen Weg und Steg."[47]

Entscheidend ist aber, wie Novalis 'eschatologisch' fortfährt:

> „... ewig blühend geht allhier
> Das alte paradies herfür."[48]

'Schon' Spee endet sein Adventslied mit den Versen:

> „Ach kom
> Führ uns mit starcker Handt
> Vom Elend
> zu dem Vatterlandt"[49] –

wobei „Elend" (im Unterschied dann zu Novalis[50]) Fremde oder Ausland meint.[51] – Doch dies „Vatterlandt" ist eben der Himmel, was man von Novalis' „alte(m) Paradies" kaum behaupten kann, wenn auch er mit den Versen schließt:

> „Laß, Vater, den Geliebten gehn,
> Mit uns wirst du ihn wieder sehn."[52]

Bei Spee handelt es sich gerade auch dann um den Himmel, wenn er – in seinem Allerheiligen-Lied – ausdrücklich vom „Paradeiß" spricht:

> „Jhr geht herumb im Paradeiß
> Euch ist gepflanzt der Rosengart
> Jhr brecht da Rosen roth und weiß

---

[45] F. Spee, a.a.O., S. 65.
[46] Novalis, a.a.O., S. 174.
[47] F. Spee, a.a.O., S. 66.
[48] Novalis, a.a.O., S. 174.
[49] F. Spee, a.a.O., S. 162.
[50] Vgl. Novalis, a.a.O., S. 175.
[51] Vgl. A. Arens (Hrsg.), *Friedrich Spee von Langenfeld. Zur Wiederauffindung seines Grabes im Jahre 1980*, Trier 1981, S. 82.
[52] Novalis, a.a.O., S. 175.

> Vnd Bluemelein von aller Art.
> Die Blumen sein so huebsch vnd fein
> Daß in dem kleinsten Bluemelein
> Viel hundert tausendt Frewden sein."

In der zweiten Strophe *ist* synonym vom „Himmelreich" die Rede, und die fünfte *lautet*:

> „Jhr werd im Himmel wol tractiert,
> Jhr sitzt bey Gott an seinem Tisch.
> Der Tisch mit Speisen ist geziert
> Die allezeit gantz new vnd frisch.
> Was einer wil ist alles da
> Auch Nectar vnd Ambrosia."[53]

Der Himmelsort ist festzuhalten, wenn gerade auch diese Strophe nahelegt, daß Novalis sich mit von diesem Lied für sein eigenes hat inspirieren lassen:

> „Keiner wird sich je beschweren,
> Keiner wünschen fortzugehen,
> Wer an unsern vollen Tischen
> Einmal fröhlich saß."[54]

Selbst der Schluß der darauffolgenden Strophe läßt kaum eine Differenz (jetzt) zu Spee(s vorangegangener Strophe) erkennen:

> „Lange fliegende Gewande
> Tragen uns durch Frühlingsauen,
> Und es weht in diesem Lande
> Nie ein Lüftchen kalt und rauh."[55]

Doch wie fährt Novalis dann fort – alle Speesche „Lust", „Frewd" und „Harmoney"[56] hinter sich lassend und die Rede von „Nectar und Ambrosia" als fast *läppische* Allegorie erweisend:

> „Süßer Reiz der Mitternächte,
> Wollust rätselhafter Spiele,
> Wir nur sind am hohen Ziele,
> Bald in Strom uns zu ergießen
> Dann in Tropfen zu zerfließen
> Und zu nippen auch zugleich.
> Innig wie die Elemente
> Mischen wir des Daseins Fluten,
> Brausend Herz mit Herz.

---

[53] F. Spee, a.a.O., S. 117.
[54] „'Tiecks Bericht über die Fortsetzung' (des 'Heinrich von Ofterdingen')", in: Novalis, *Monolog. Die Lehrlinge zu Sais. Die Christenheit oder Europa*, S. 211.
[55] Ebd., S. 212.
[56] F. Spee, a.a.O., S. 118.

> Lüstern scheiden sich die Fluten,
> Denn der Kampf der Elemente
> Ist der Liebe höchstes Leben.
> Leiser Wünsche süßes Plaudern
> Hören wir allein, und ...
> Schmecken nichts als Mund und Kuß.
> Alles was wir nur berühren
> Wird zu weichen zarten Brüsten,
> Opfern kühner Lust.
> Immer wächst und blüht Verlangen
> Am Geliebten festzuhangen,
> Ihn im Innern zu empfangen,
> Eins mit ihm zu sein,
> Seinem Durste nicht zu wehren,
> Sich im Wechsel zu verzehren,
> Voneinander sich zu nähren,
> Voneinander nur allein."[57]

Wer dächte nicht an die „hohe Wollust" der Novalisschen (Abendmahls-) „Hymne",[58] dieses die katholische, ja christliche Minne grundstürzenden Dithyrambus? Wir kommen darauf zurück; zunächst sei noch auf die übernächsten beiden Strophen seines 'Allerheiligen'-Liedes eingegangen:

> „Eine göttlich tiefe Trauer
> Wohnt in unser aller Herzen,
> Löst uns auf in eine Flut.
> Und in dieser Flut ergießen
> Wir uns auf geheime Weise
> in den Ozean des Lebens,
> Tief in Gott hinein".[59]

Auch ein Speesches Gedicht kennt die Gleichung „Gott = Meer":

> „Ein Meer ist seine miltigkeit:
> Da müßen wir ersauffen."[60]

Doch dieses „Meer", das nicht – wie bei Novalis – zuerst genannt, sondern nur zum Vergleich herangezogen wird, ist schon gar nicht der „Ozean des *Lebens*", dessen (Über-)Fülle – für Novalis – selber Gott. – Deswegen sind Novalis' „Heilige" aber auch keine Toten, allenfalls *„lebendige* Tote";[61] sie sind die *aller*lebendigsten: die, die die „hetärische Sumpfwelt", von der No-

---

[57] Novalis, a.a.O., S. 212.
[58] Vgl. ebd., S. 166-8.
[59] 'Tiecks Bericht'", S. 213.
[60] F. Spee, *Güldenes Tugendbuch*, München 1968, S. 47.
[61] W. Rehm, *Orpheus. Der Dichter und die Toten. Selbstdeutung und Totenkult bei Novalis, Hölderlin und Rilke*, Düsseldorf 1950, S. 133.

valis – lange vor Bachofen – in den „Lehrlingen zu Sais" dichtet,[62] dionysisch *und* eschatologisch steigern. Sie sind die Menschen „jenes" Äons, der emphatisch „neuen *Welt*",[63] wie sie die letzten Verse der fünften „Hymne an die Nacht" besingen:

> „Die Lieb' ist frei gegeben,
> Und keine Trennung mehr,
> Es wogt das volle Leben
> Wie ein unendlich Meer.
> Nur eine Nacht der Wonne –
> Ein ewiges Gedicht –
> Und unser aller Sonne
> Ist Gottes Angesicht."[64]

Ich erwähne noch, daß – in Nachfolge von Apk. 22,5 – auch Spee dichtete, *indem* er „nach dem Himmlischen Jerusalem" seufzte:

> „Mein schönes liecht ist Gott allein,
> So leucht im Himmel droben",[65]

doch seine 'Sonn' ist oben „im Himmel droben" und schon gar kein Synonym für „*eine* Nacht der Wonne" oder – ganz poetisch – „Ein ewiges *Gedicht*". Entscheidend ist aber, daß Novalis *reale* Poesie intendiert: Am „Ende" soll alles poetisch werden,[66] und er deswegen den „Himmel auf Erden"[67] antizipiert – wobei ihm gerade auch die Idee eines „Neuen goldenen Zeitalters" zupaß kommt: also ein 'heidnischer', zuerst von Vergil formulierter Gedanke. – Wie man bei Novalis, gerade im Hinblick auf sein 'Allerheiligen'-Lied, von einer „*Misch*freude des tausendjährigen Reiches" sprechen kann,[68] so generell von einer Kontamination christlichen Chiliasmus mit *Vergilscher* Eschatologie.[69]

Vergil, mit dem – seinen Eklogen vor allem – auch Spee vertraut war,[70] ist das Stichwort, um zu demjenigen der Novalisschen Lieder zurückzukehren, das Spee ganz unabweislich verpflichtet ist: seinem „O Heylandt reiß

---

[62] Vgl. Novalis, *Monolog. Die Lehrlinge zu Sais*, S. 23, 31.
[63] Novalis, *Heinrich von Ofterdingen*, Exempla classica 88, S. 113.
[64] Novalis, *Monolog. Die Lehrlinge zu Sais*, S. 63.
[65] F. Spee, a.a.O., S. 221.
[66] Vgl. Novalis, *Schriften 1: Das dichteriche Werk*, S. 347.
[67] Novalis, „Die Christenheit oder Europa", S. 51.
[68] Vgl. E. Bloch, *Thomas Münzer als Theologe der Revolution*, Frankfurt/M. 1972, S. 87 sowie W. Fraenger, *Hieronymus Bosch*, Gütersloh 1978, bes. S. 112-5 und 121.
[69] H.-J. Mähl handelt im Grunde von nichts anderem: der "Idee des goldenen Zeitalters im Werk des Novalis".
[70] Vgl. F. Spee, *Trutz-Nachtigall. Kritische Ausgabe nach der Trierer Handschrift*, Stuttgart 1985, S. 118ff., bes. 124, 162ff., 203ff., 209ff. sowie E. Jacobsen, a.a.O., S.137.

die Himmel auf". – Unmittelbar nachdem Novalis das „alte Paradies" beschworen hat, die jüdisch-christliche Vokabel für Hesiods und anderer „goldenes Zeitalter", fährt er fort:

> „Die Erde regt sich, grünt und lebt,
> Des Geistes voll ein jedes strebt
> Den Heiland lieblich zu empfahn
> Und beut die vollen Brüst' ihm an."[71]

Spee hat – die „Erdt" – gebeten:

> „O Erdt schlag auß! schlag auß O Erdt!
> Daß Berg vnd Thal gruen alles werdt.
> O Erdt herfür diß Bluemle bring
> O Heylandt auß der Erden spring."[72]

Spee bezieht sich ausdrücklich auf Jes. 45,8, welcher Vers auch in den Introitus des vierten Advents eingegangen ist: „Eröffne sich die Erde und sprosse den Heiland hervor!"[73] Doch auch Spee konnotiert Vergils vierte Ekloge,[74] was nicht nur ihre Verwandtschaft mit Jesaischen Prophezeiungen ermöglicht,[75] sondern eine über tausendjährige interpretatio *christiana*[76] dieses „messianischen Gedichts".[77]

Nicht nur Spee,[78] sondern auch Novalis steht in dieser Tradition, wenn er auch sie dialektisch *aufhebt*. Seine Version der dritten Spee-Strophe mit ihrer Beschwörung der vollbrüstigen Tellus mater als Gottesgebärerin mag nur *re*paganisierend gedeutet werden. Die anschließenden Verse

> „Der Winter weicht, ein neues Jahr
> Steht an der Krippe Hochaltar.
> Es ist das erste Jahr der Welt,
> Die sich dies Kind erst selbst bestellt"[79] –

---

[71] Novalis, *Schriften 1: Das dichterische Werk*, S. 174.
[72] F. Spee, *Die anonymen geistlichen Lieder*, S. 161.
[73] Vgl. A. Arens, (Hrsg.), *Friedrich Spee im Lichte der Wissenschaften. Beiträge und Untersuchungen*, Mainz 1984, S. 45.
[74] Vgl. F. Spee, *Die anonymen geistlichen Lieder*, S. 191/3 sowie R. Faber, *Politische Idyllik*, S. 37.
[75] Vgl. zuletzt J. Ebach, „Konversion oder Vertilgung. Utopie und Politik im Motiv des Tierfriedens bei Jesaja und Vergil", in: *Spiegel und Gleichnis*. Festschrift für Jacob Taubes, hrsg. von N.W. Bolz und W. Hübener, Würzburg 1983, S. 23-39.
[76] Vgl. u.a. R. Faber, *Die Verkündigung Vergils*, Kap. I, 3-5.
[77] Vgl. H. Hommel, „Vergils 'Messianisches' Gedicht", in: *Wege zu Vergil*. Hrsg. von H. Oppermann, Darmstadt 1966, S. 368-425.
[78] Vgl. vor allem F. Spee, *Die anonymen geistlichen Lieder*, S. 183/4, 191-3 sowie ders., *Trutz-Nachtigall*, S. 178-82.
[79] Novalis, a.a.O., S. 174.

die beiden letzten Verse sind gerade auch aktuell konnotiert und im Zusammenhang mit Novalis' eigenen eschatologischen Erwartungen zu sehen, wie sie sich in „Die Christenheit oder Europa" artikulieren. Dort ist in Form einer neuen Synkrasie, nämlich „Sym*poesie*"[80] von einem *„neuen* Messias" die Rede, von einer „neue(n) *goldne(n)* Zeit", einer „große(n) *Versöhnungs*zeit" und einem „Heiland, der wie ein echter Genius unter den Menschen einheimisch, nur geglaubt, nicht gesehen werden, und unter zahllosen Gestalten den Gläubigen sichtbar, als Brot und Wein verzehrt, als Geliebte umarmt, als Luft geatmet, als Wort und Gesang vernommen, und mit himmlischer Wollust als Tod unter den höchsten Schmerzen der Liebe in das Innere des verbrausenden Leibes aufgenommen wird."[81]

Wir kommen im Zusammenhang der (Abendmahls-)"Hymne" darauf zurück. Zunächst sei erwähnt, daß Novalis seine „neue goldne Zeit" mit „unendlichen Augen" ausgestattet hat, da er im – Spee verpflichteten – 'Advents'-Lied fortfährt:

> „Die Augen sehn den Heiland wohl,
> Und doch sind sie des Heilands voll",[82]

also „unendlich". – Novalis spricht, wie in der nächsten Strophe, pantheistisch, ganz so wie in der zitierten Passage aus der „Europa": Nachdem er Spees „O klare Sonn / du schöner Stern"[83] umgewandelt hat in:

> „Er ist der Stern, er ist die Sonn',
> Er ist des ewgen Lebens Bronn",

fährt er geradezu *spinozistisch* fort:

> „Aus Kraut und Stein und Meer und Licht
> Schimmert sein kindlich Angesicht."[84]

Diese Verse stellen die pantheistische Steigerung – was zugleich postchristliche Modernisierung bedeutet – der letzten Verse der vorangegangenen Strophe dar:

> „Von Blumen wird sein Haupt geschmückt,
> Aus denen er selbst holdselig blickt."[85]

---

[80] Vgl. R. Faber, „Apokalyptische Mythologie", in: *Romantische Utopie – Utopische Romantik*, S. 66f.
[81] Novalis, „Die Christenheit oder Europa", S. 47f.
[82] Novalis, *Schriften 1: Das dichterische Werk*, S. 174.
[83] F. Spee, *Die anonymen geistlichen Lieder*, S. 162.
[84] Novalis, *Schriften 1: Das dichterische Werk*, S. 174.
[85] F. Spee, *Die anonymen geistlichen Lieder*, S. 162.

Dieser Heiland ist nicht mehr das 'Christkind', sondern der „puer" der Vergilschen Ekloge[86] oder ein 'heidnischer' Gott ganz allgemein – was noch deutlicher wird, wenn wir uns das zweite der „Geistlichen Lieder" anschauen: Es beschwört gleich zu Beginn „aller Himmel selges Kind" als *Sonnenkind*, wenn es anhebt mit den Versen:

> „Fern im Osten wird es helle,
> Graue Zeiten werden jung;
> Aus der lichten Farbenquelle
> Einen langen tiefen Trunk!"[87]

Die Verjüngung der Zeiten erinnert wie die Sonnen- und damit auch Apollohaftigkeit den Vergilschen „puer", der lange tiefe Trunk (den) Dionysos(-Knaben) – freilich immer auf eine Weise, die das Christkind konnotiert:

> „Endlich kommt zur Erde nieder
> Aller Himmel selges Kind,
> Schaffend im Gesang weht wieder
> Um die Erde Lebenswind,
> Weht zu neuen ewig lichten Flammen
> Längst verstiebte Funken hier zusammen."[88]

Diese Verse, die am Schluß pfingstlich klingen, erinnern wieder Apollo, jetzt als Gott der Dichtung, doch ganz antropomorph und damit 'modern' – indem sie „Aller Himmel selges Kind" schlicht als „Gesang" identifizieren. (Auch an die „Fabel" des „Klingsohr"-Märchens im „Heinrich von Ofterdingen" darf gedacht werden.[89])

Die beiden nächsten Strophen tönen ganz vitalistisch:

> „Überall entspringt aus Grüften
> Neues Leben, neues Blut,
> Ewgen Frieden uns zu stiften,
> Taucht er in die Lebensflut".[90]

Doch die Nennung des – Kantschen – „Ewgen Friedens" ist wieder mit der aktuellen Friedenserwartung der „Europa" zusammenzudenken und erinnert auch an den weihnachtlichen Friedensfürsten Christus wie den – dann augu-

---

[86] Vgl. Bucolica 4, 18-20 und 23.
[87] Novalis, a.a.O., S. 161; vgl. auch die 5. Strophe, in der es heißt: „Greife dreist nach seinen Händen, / Präge dir sein Antlitz ein, / Mußt dich immer nach ihm wenden, / Blüte nach dem Sonnenschein" (ebd., S. 162). – Keine Frage, daß auch der christliche „Sol salutis" zitiert wird, doch dessen Bedeutung verdankt sich seinerseits einer imitatio par opposition des „heidnischen" sol invictus. (Vgl. R. Faber, *Die Verkündigung Vergils*, S. 41-4.)
[88] Novalis, a.a.O., S. 161.
[89] Novalis, *Heinrich von Ofterdingen*, 1. Teil, 9. Kapitel.
[90] Novalis, *Schriften 1: Das dichterische Werk*, S. 162.

steischen[91] – „puer" Vergils. Dieser steigert sich im folgenden zum „liebevollen" Verschwender und alle mitreißenden Vor*tänzer*:

> „Alle Herzen, Geister und die Sinnen
> Werden einen neuen Tanz beginnen."

Sein *Vortänzer* steigert sich zum femininen *Geliebten*:

> „Wirst du nur das ganze Herz ihm zeigen,
> Bleibt er wie ein treues *Weib* dir eigen."[92]

Mit diesen Versen haben wir – wie von selbst – den Anschluß an das XII. Geistliche Lied gewonnen, das mit dem Spee-Zitat beginnt und das wir die ganze Zeit umkreisen. Wir zitierten daraus zuletzt:

> „Aus Kraut und Stein und Meer und Licht
> Schimmert sein kindlich Angesicht."[93]

Novalis fährt nun fort, womit er auch an die beiden Verse aus dem II. Geistlichen Lied anschließen könnte:

> „Seine heiße Liebe wird nimmer ruhn,
> Er schmiegt sich seiner unbewußt
> Unendlich fest an jede Brust."[94]

Er wird, und damit ist endgültig die Brücke zur (Abendmahls-)"Hymne" geschlagen, „unsre Speis und unser Trank".[95]

Die Herausgeber der heute maßgeblichen Novalis-Edition stellen mit Recht fest: „Die 'Hymne' fällt ... aus dem Rahmen geistlicher Lieder heraus." Doch „in jeder Beziehung"?[96] In gewisser Weise bringt die „Hymne" 'nur' zum vollen Ausdruck, was in den eigentlichen „Geistlichen Liedern" zu ahnen ist, deswegen aber auch übesehen werden kann; ganz im Blick auf die Speesche Jesus-Minne:
- daß Novalis' Dichtung nicht im Zeichen einer „*keusche(n)* Lieb" oder eines „*rein(en)* Cupido"[97] steht;
- daß Novalis nicht von „JESV ... süssem Pfeil verwund(et)"[98] ist, den dieser – Spees Gebet entsprechend – Cupido genommen: als ein gleichfalls „schöner knab".[99]

---

[91] Vgl. R. Faber, *Politische Idyllik*, Kap. II, 1 sowie J. Ebach, a.a.O.
[92] Novalis, a.a.O., S. 162f.
[93] Ebd., S. 174.
[94] Ebd., S. 174f.
[95] Ebd., S. 175.
[96] Vgl. ebd., S. 601.
[97] F. Spee, *Trutz-Nachtigall*, S. 15.
[98] Ebd., S. 17 und 184.

Freilich agiert Novalis' Liebe auch in seiner Gestalt, so wie Spee Christus als schönen Vergilschen Hirten auftreten läßt und sich überhaupt einer hocherotischen, fast 'unkeuschen' Sprache bedient, wenn er seine Jesus-Minne artikuliert: Die „Begird", die die „gespons Jesu"[100] nach ihrem „Vermählten"[101] ergriffen hat, „wil" „hinn" sie „richten".[102] In dieser Not fragt die „Anima":[103]

> „Ach wan doch Jesu liebster mein
> Wan wirst dich mein erbarmen?
> Wan wider zu mir kehren ein?
> Wan wird ich dich umfangen?
> Wan schlichtest mein verlangen?"[104]
>
> „Wan soll ich dein geniessen"[105]

und den „süsse(n) tod"[106] – der so sehr an den 'kleinen' erinnert?

Spee spricht in einer erotischen Sprache von der Unio mystica und von der Communio sacramentalis; selbst der 'Kannibalismus der Liebe' fehlt nicht:

> „Den Leib man leiblich niessen thut,
> Unblütig nimpt man wahres Blut".[107]

Novalis aber bedient sich solcher ins Mystische oder Sakramentale gewendeten Sprache, um seine erotische Erfahrung *und* Utopie zu artikulieren: Er spricht vom „Abendmahl" und meint die „Umarmung",[108] wobei er – Pointe der Pointe – jenes als „irdisch" und diese als „göttlich" qualifiziert: Die „göttliche Bedeutung" des Abendmahls – die „den irdischen Sinnen Rätsel" ist – geht dem auf, der den „hoher Sinn" des „irdischen Leibes" errät: der „Von heißen, geliebten Lippen / Atem des Lebens sog". *Ihm* ging „das Auge auf", daß er des Himmels „Unergründliche Tiefe maß", während der, dem die „heilige Glut" der körperlichen Liebe fremd geblieben, die „göttliche Bedeutung" des Abendmahls verkennen mußte – die eben der „hohe Sinn" des *„irdischen* Leibes" ist.[109]

---

[99] F. Spee, *Güldenes Tugendbuch*, S. 198.
[100] Vgl. F. Spee, *Trutz-Nachtigall*, S. 14 und öfters.
[101] Ebd., S. 41.
[102] Ebd., S. 39.
[103] Vgl. E. Jacobsen, a.a.O., S. 35.
[104] F. Spee, a.a.O., S. 25f.
[105] Ebd., S. 15.
[106] Ebd., S. 37.
[107] Ebd., S. 293.
[108] Vgl. Novalis, a.a.O., S. 601.
[109] Ebd., S. 166f.

„Einst ist alles Leib, / Ein Leib" – der mehr als die paulinische Gemeinschaft der Heiligen meint;[110] dieser eine Leib ist die Welt selber *und* realisiert Nietzsches „Alle Lust will Ewigkeit":

> „O! daß das *Welt*meer
> Schon errötete,
> Und in duftiges Fleisch
> Aufquölle der Fels!
>
> *Nie* endet das süße Mahl,
> *Nie sättigt* die Liebe sich.
> Nicht innig, nicht eigen genug
> Kann sie haben den Geliebten.
> Von immer zärteren Lippen
> Verwandelt wird das Genossene
> Inniglicher und näher.
>
> Heißere Wollust
> Durchbebt die Seele.
> Durstiger und hungriger
> Wird das Herz:
> Und so währet der Liebe Genuß
> Von *Ewigkeit* zu *Ewigkeit*."[111]

Novalis imaginiert das „Himmlische Hochzeitsmahl" als – räumlich wie zeitlich unendliches – Hochzeitsmahl im wortwörtlichen, im körperlichen Sinn. Er ist *Eschatologe* des Eros, aber des *Eros*. Nichtdestotrotz ist auch ihm – wie jedem Eschatologen – der Tod gegenwärtig: gerade ihm die Nähe des Eros zum Thanatos. – Novalis hält in einem der Teplitzer Fragmente, die die „Hymne" antizipieren, fest: „... jedes Mahl" wird „zum Gedächtnismahl ... – zum geheimnisvollen Mittel einer Verklärung und Vergötterung auf Erden – eines 'mystischen' belebenden Umgangs mit dem Absolut Lebendigen."[112] Und Novalis fragt rhetorisch: „Das Leben eines wahrhaft kanonischen Menschen muß durchgehends symbolisch seyn. *Wäre unter dieser Voraussetzung nicht jeder Tod ein Versöhnungstod?*"[113] Aber Novalis hält ausdrücklich fest: „Einst wird die Menschheit sein, was *Sophie* mir jetzt ist – vollendet – sittliche Grazie."[114]

Sophie ist Novalis' „Christus", d. h., *sie* hat ihn das kollektive „Einst" antizipieren lassen und garantiert ihm „symbolisch" seine Realisierung: der

---

[110] Vgl. 1. Kor. 12ff.
[111] Novalis, a.a.O., S. 167f.
[112] Vgl. ebd., S. 179.
[113] Novalis, *Schriften 2: Das philosophische Werk I*, S. 418.
[114] Novalis, *Schriften 1: Das dichterische Werk*, S. 387.

sittlich-ästhetischen wie der erotischen Utopie; doch auch Sophie tut das als Verstorbene – deren Tod zunächst Novalis selbst „in eine tiefe Gruft versenkt".[115] – Er deklariert in der ersten „Hymne an die Nacht" – also schon dichterisch objektiviert: „In Tautropfen will ich hinuntersinken und mit der Asche mich vermischen."[116]

Novalis will sich zur begrabenen Sophie verhalten, wie Spees Maria Magdalena zum begrabenen Christus sich *hätte* verhalten mögen:

> „Als wir den Schatz begraben,
> Die wundenreiche Leich,
> Versperrt ich solt mich haben
> Ins Grab mit Jhm zugleich."[117]

Schon die „Gespons Jesu" sagt: „Ade nun alle Welt",[118] und Maria Magdalena – wieder Novalis antizipierend:

> „Weil einmal mir entstohlen
>   Mein einigs HertzenLiecht,
> Darff Jch nun deiner Strohlen,
> Darff Jch nun deiner nicht
> Adè Liecht, Lufft, vnd Leben,
> Adè schneeweisser Tag,
> Mich deiner wil begeben,
>   Dich mehr nitt schöpffen mag."[119]

Spee und Novalis: beiden „behagt" die „dunckel nacht"[120] *und* als mystische, doch auf *wie* verschiedene Art und Weise: Zunächst einmal ist die mystische Nacht – in keinem Fall – kosmisch zu verstehen. Sie dringt nicht von außen ein, sondern hat ihren Ursprung im Innern der Seele. Allerdings sind die Wirkungen, die sie im Innern hervorbringt, denen der kosmischen Nacht vergleichbar: auch sie bedingt ein Versinken der äußeren Welt und versetzt die Seele in Einsamkeit. Und auch hier gibt es ein nächtliches Licht, das eine neue Welt tief im Innern erschließt.[121] Paradox nennt Novalis dieses „nächtliche Licht" „Sonne der Nacht"[122] und meint damit seinen Christus: Sophie. – Indem sie ihm „die Nacht ... zum *Leben* verkündet(e)", hat sie ihn erst „zum Menschen gemacht": „Ich ward durch sie zu allem, was ich bin".[123]

---

[115] Novalis, *Monolog. Die Lehrlinge zu Sais*, S. 55.
[116] Ebd.
[117] F. Spee, a.a.O., S. 64.
[118] Ebd., S. 54.
[119] Ebd., S. 60f.
[120] F. Spee, *Güldenes Tugendbuch*, S. 205.
[121] Vgl. E. Stein, *Kreuzeswissenschaft. Studie über Joannes A Cruce*, Freiburg 1954, S. 35.
[122] Novalis a.a.O., S. 56.
[123] Novalis, *Heinrich von Ofterdingen*, 2. Teil, Zueignung.

Novalis weiß sich von Sophie geschenkt: „... ich bin Dein und Mein"; „Mein", weil 'ich' „Dein" bin. Dies ist ganz so zu verstehen, wie die christliche Tradition und speziell eine Mystik à la Spee die Erlösung durch Christus verstand: Der Mensch erhält sich durch und in Christus, der gestorben und auferstanden ist.[124] Auf diesen Tod und seine Auferstehung hin wird er getauft, um so „neu geboren" (3. Hymne) zu werden. Nichts anderes geschieht nämlich für Novalis, als er sein „Damaskus" am Grabhügel Sophies erlebt. Er zieht selbst die Parallelen, indem er hintereinander schreibt – zunächst mit der Anrede an die tote Geliebte: „... zehre mit Geisterglut meinen Leib, daß ich luftig mit Dir inniger mich mische" (1. Hymne) – dann mit der Anrede an Christus: „... sauge, Geliebter, / Gewaltig mich an, / Daß ich entschlummern / Und lieben kann." (4. Hymne) Beide Anreden kombinierend, heißt es schließlich: „Hinunter zu der süßen Braut, / zu Jesus, dem Geliebten" (6. Hymne).

In allen drei Fällen spricht sich Novalis' sogenannte „Todessehnsucht" aus; „ewig" soll „die Brautnacht" während (1. Hymne) und der „Morgen" nicht mehr „wiederkommen" (2. Hymne). Denn wie die „Sonne der Nacht" heller ist als die des Tages, so liegt im Tod ein tieferes und volleres Leben, als in dem, was gewöhnlich so genannt wird.[125] In der 3. Hymne beschreibt Novalis, wie „einst" mitten im Leben (am Grab Sophies) „das Band der Geburt" riß, „des Lichtes Fessel". „... die Gegend hob sich sacht empor; über der Gegend schwebte mein entbundener, *neugeborener* Geist."[126]

Ausdrücklich wird Leben und Licht, Nacht und Tod zusammen geordnet. Dies deutet aber auch darauf hin, daß dieser Tod wie jene Nacht mystisch ist; er geschieht mitten in diesem Leben, wenn er auch aus ihm herausführt und wie jene Nacht Ewigkeit gewinnen soll. Noch eine Verbindung, die entscheidende, nämlich personelle: Die Initiation in die Nacht wie die in den Tod – es gibt eigentlich keinen Unterschied zwischen ihnen, sondern es handelt sich immer um ein und dieselbe –, Novalis' Apokalypse, geschieht durch Sophie: „In ihren Augen ruhte die Ewigkeit ... Jahrtausende zogen abwärts in die Ferne ... An ihrem Halse weint ich dem neuen *Leben* entzückende Tränen."[127]

---

[124] Im ersten der „Geistlichen Lieder" heißt es von Christus: „Mit ihm bin ich erst Mensch geworden" (*Schriften 1: Das dichterische Werk*, S. 159).
[125] „Der Tod ist das *romantisierende* Prinzip unseres Lebens. Der Tod ist das Leben.Durch den Tod wird das Leben *verstärkt*." (Novalis, *Schriften 3: Das philosophische Werk II*, S. 559)
[126] Vgl. die Tagebucheintragungen vom 13. Mai 1797 (Novalis, *Briefe und Dokumente*, Bd. II, hrsg. von E. Wasmuth, Heidelberg 1954, S. 333).
[127] Ebd.

Die 3. Hymne schließt mit dem Bekenntnis und knüpft damit an den Schluß der 1. an, wo vom Tod die Rede war: „... erst seitdem (seit dem Augenblick an Sophies Grab, wo „das Band der Geburt" riß) fühl ich ewigen, unwandelbaren Glauben an den Himmel der Nacht und sein *Licht*, die Geliebte." (3. Hymne) Wie für Christus gilt für Sophie, daß sie das schon „ist", was Novalis erst noch werden muß. Sie ist seine Verheißung: „Nun weiß ich, wenn der letzte Morgen sein wird – wenn das Licht nicht mehr die Nacht und die Liebe scheucht – wenn der Schlummer ewig und nur ein unerschöpflicher Traum sein wird" (4. Hymne). Oder ein „unerschöpflicher" *Liebesakt*, und nicht nur für Novalis, sondern für alle, ja in globo.[128] – Die (Abendmahls-)"Hymne" schließt mit diesen – auch Novalis' „Allerheiligen"-Lied antizipierenden – Versen:

>„Hätten die Nüchternen
>Einmal gekostet,
>Alles verließen sie,
>Und setzten sich zu uns
>An den Tisch der Sehnsucht,
>Der nie leer wird.
>Sie erkennten der Liebe
>Unendliche Fülle,
>Und priesen die Nahrung
>Von Leib und Blut."[129]

Diese Verse übertreffen noch die des späteren Lieds aus dem Nachlaß des „Ofterdingen", da hier nicht einmal scheinbar Tote sprechen, sondern von vornherein und ganz eindeutig höchst Lebendige: die emphatisch Lebenden oder – um ganz beim Wortgebrauch der (Abendmahls-)„Hymne" zu bleiben – die *Himmlisch*-Irdischen, deswegen aber auch *voll* Irdischen. – Diese Hymne läßt selten deutlich erkennen – gerade im Vergleich mit Spees durch und durch geistlicher Dichtung –, wie sehr Alfred von Martin recht hat, wenn er Novalis' „Katholizismus" in Anführungszeichen setzt.[130] Novalis hebt Katholizismus *und* Christentum auf, doch gerade auch negativ. „Tradition dauert *bloß* als aufgehobene",[131] wie Adorno notiert hat – in den „Dissonanzen".

---

[128] Vgl. noch einmal die oben zitierte Passage aus „Die Christenheit oder Europa", S. 47f.
[129] Novalis, *Schriften 1: Das dichterische Werk*, S. 168.
[130] A. von Martin, „Romantischer 'Katholizismus' und katholische 'Romantik'", in: *Romantische Utopie – Utopische Romantik*, S. 14ff. (Vgl. auch R. Faber, „Kritik der Romantik. Zur Differenzierung eines Begriffs", in: *Der Deutschunterricht* 1/87, S. 26ff.)
[131] Th. W. Adorno, „Tradition", in: *Dissonanzen. Musik in der verwalteten Welt*, Göttingen 1972 (5. Aufl.), S. 125.

Marja Rauch
Robert Musil zwischen Säkularisierung der Religion und Sakralisierung der Kunst

Der vielschichtige Begriff der Moderne ist erläuterungsbedürftig und scheint von sich aus kaum aussagekräftig zu sein. Dies liegt vor allem daran, daß der Moderne eine Differenz inhärent ist: wer oder was modern ist, zeigt sich zumeist in der Absetzung von dem Früheren, Vergangenen, in der ewig fortwährenden „Querelle des Anciens et des Modernes".

Die Differenz, die die Moderne zwischen ihren eigenen Ansprüchen und der vergangenen Wirklichkeit aufstellt, läßt sich dabei unterschiedlich bestimmen, in der Kunst als Bruch mit dem Nachahmungsprinzip oder in der Religionsphilosophie als die Ablösung von magischen Ursprungsmächten. In diesem Sinne bestimmt Max Weber die Moderne durch den Leitbegriff der „Entzauberung der Welt"[1] als den Prozeß einer Rationalisierung ursprünglich magischer Momente, der vor allem an die Entwicklung der modernen Wissenschaften, insbesondere der Mathematik[2] gebunden ist. Im Rahmen dieses Säkularisierungsprogramms scheint die Leistung der Moderne im Vergleich zur Vergangenheit vor allem in der Ersetzung von Magie und Religion durch den Geist der Wissenschaft zu bestehen.

Innerhalb des von Weber diagnostizierten Säkularisierungsprozesses nimmt die Kunst eine besondere Stellung ein. Zum einen hat sie an der „Entzauberung der Welt" und der Zurückweisung der Religion teil, zum anderen aber beinhaltet sie die Möglichkeit zu einer neuen „Verzauberung der Welt", die der einsinnigen These von der Moderne als einem fortschreitenden Rationalisierungsprozeß in mancherlei Hinsicht widerspricht. Gerade magische oder religiöse Zusammenhänge, die von der modernen Ratio zunehmend an den Rand gedrängt werden, können von der modernen Kunst aufgenommen werden, wie es etwa Friedrich Nietzsches berühmte Definition des Ästhetischen aus der *Geburt der Tragödie* zeigt. „[D]enn nur als aesthetisches Phänomen ist das Dasein und die Welt ewig gerechtfertigt"[3].

---

[1] Max Weber, *Die protestantische Ethik*, Gütersloh 1991, S. 123.
[2] Weber, a.a.O., S. 9.
[3] Friedrich Nietzsche, *Die Geburt der Tragödie aus dem Geiste der Musik*. München/Berlin 1980, S. 47.

Nietzsche rückt das Ästhetische in den Mittelpunkt der Moderne und begründet damit eine Metaphysik des Artistischen, die in der Kunst vor allem im „l'art pour l'art" weitergeführt worden ist. Zugleich impliziert seine programmatische Begründung der Moderne als Ästhetik, daß die Kunst die Bedeutung einnimmt, die einmal die Religion innehatte. Sie allein ist in der Lage, eine Rechtfertigung des menschlichen Daseins zu bieten. Die doppelte Konsequenz von Nietzsches Postulat besteht darin, daß die Macht der Religion in das Hoheitsgebiet der Kunst wandert, die Kunst aber zugleich zu einer Form des Religionsersatzes wird. Säkularisierung der Religion und Sakralisierung der Kunst, unter diesem Stichwort könnte man die Bewegung zusammenfassen, die Nietzsches Ästhetik umschreibt.

Die Säkularisierung der Religion im Medium der Kunst und gleichzeitige Sakralisierung der Kunst läßt sich in paradigmatischer Weise an Robert Musils Vereinigungsnovellen *Die Vollendung der Liebe* und *Die Versuchung der stillen Veronika* aus dem Jahre 1911[4] nachzeichnen. Das ursprünglich religiös-mystische Thema der Vereinigung des Menschen mit Gott wird von Musil in die Literatur transponiert und durch die Konfrontation mit profaneren Formen des Vereinigungsstrebens säkularisiert. Insbesondere in der „Versuchung der stillen Veronika" kommt das Vereinigungsthema zur Geltung, indem Musil die Protagonistin Veronika in eine gegenfügige Strebung zwischen Religion und Eros spannt. Der Leitbegriff der „Vereinigung" wird in der Novelle dabei auf zweifache Weise gestaltet, als religiös-mystische und als erotische Erfahrung. Das Zusammenspiel von geistigem und körperlichem Vereinigungsstreben, dessen Funktionsweise Platon im *Symposion*[5] dargestellt hat, wird von Musil in der Novelle dahingehend abgewandelt, daß beide Momente auseinandertreten. Musil berücksichtigt eine vor allem in der christlichen Tradition verwurzelte Tendenz, die sich durch die Trennung von Religion und Eros auszeichnet. Durch die Abspaltung des Eros wird das Thema der Vereinigung mit dem Moment der Versuchung verbunden, das im Titel der Novelle evoziert wird. Das Motiv der Versuchung ist zentraler Bestandteil der christlichen Religion; es wird zur Bezeichnung solcher Vereinigungen verwandt, die einem religiös motivierten Verbot unterliegen.

---

[4] Robert Musil, *Prosa und Stücke. Kleine Prosa, Aphorismen, Autobiographisches. Essays und Reden. Kritik.* Hrsg. von Adolf Frisé, Reinbek bei Hamburg 1978. Im folgenden zitiere ich die Vereinigungsnovellen im fortlaufenden Text durch Seitenangabe in runden Klammern.
[5] Vgl. Platons Symposion: Platon, *Sämtliche Werke* Bd. II. Hamburg 1986, S. 206-250.

Religion und Sexualität werden von Musil in der Novelle aufeinander-
bezogen, indem er sie als unterschiedliche Wege bestimmt, die zwei verschiedenen Kulturkreisen entsprechen. Die Protagonistin Veronika schwankt
zwischen Johannes, der die christliche Religion verkörpert, und Demeter,
der die antike Mythologie symbolisiert. Die Figuren Johannes und Demeter
stellen zwei gegensätzliche Lösungsversuche des Konflikts von Religion und
Eros dar. Johannes asketisch-triebloses Verhalten verwandelt ihn im Laufe
der Novelle zunehmend in eine Heiligenfigur. Demeter hingegen repräsentiert in Anknüpfung an die griechische Mythologie den Bereich einer ins
Animalische reichenden Sinnlichkeit. In einer eigentümlichen Vertauschung
der Geschlechterverhältnisse trägt er den Namen der Fruchtbarkeitsgöttin
Demeter. Zwischen Johannes und Demeter steht Veronika, deren Name mit
der Schweißtuchlegende im *Neuen Testament* verknüpft ist und sie formal
der christlichen Religion des Johannes zuordnet. Den Mittelpunkt der Novelle bildet das nicht realisierte Liebesverhältnis von Veronika und Johannes.
Dieses Verhältnis wird durch die Figur des Demeter ergänzt, der als Dritter
eine Bedrohung für das Paar darstellt.

Evoziert der Titel „Die Versuchung der stillen Veronika" eine Heili-
genlegende, so bricht Musil den religiös-geistigen Kontext zugleich auf, indem er ihn mit dem Bereich des Animalisch-Triebhaften konfrontiert.
„Wenn man sagt: in der Neigung zu einem Tier kann partiell etwas von der
Hingebung an einen Priester sein [...], so hat man die Basis von Veronika [...]
umschrieben."[6] Indem Musil die „Neigung zu einem Tier" und die
„Hingebung an einen Priester" der Möglichkeit nach gleichsetzt, überlagert
er die Bereiche von Religion und animalischer Sexualität. Den Konflikt zwischen Sexualität und Religiosität trägt die Protagonistin der Novelle aus, insofern ihr Begehren sich gleichermaßen auf Tier und Priester richtet. Die
Novelle thematisiert somit vermittelt durch Veronikas Vereinigungsstreben
die Spannung der antagonistischen Kräfte von Religiosität und Animalität.

Der Rückgriff auf die gegenstrebigen Kräfte von Religiosität und Animalität steht im Kontext eines Erklärungsversuchs für das Gefühl eines
fundamentalen Ungenügens, das die Protagonisten der Novelle empfinden.
Musil thematisiert mit dem Ungenügen den Konflikt eines krisenhaft erschütterten Ich und der von ihm erfahrenen Welt. Er trägt damit einer Zeit-
erfahrung Rechnung, in der mit der Ablösung der Religion als stabilisieren-
der Erklärungsinstanz auch das Ich sich selbst fragwürdig wird. In der No-

---

[6] Musil, *Tagebücher*. Hrsg. von Adolf Frisé, Reinbek bei Hamburg 1976, S. 232.

velle werden verschiedene Möglichkeiten gestaltet, die Krise des Ich zu überwinden.

Die Novelle setzt mit einem Dialog ein, in dem Veronika und Johannes versuchen, eine gemeinsame Lösung für die Überwindung ihrer unterschiedlich strukturierten Ich-Krisen zu finden. Veronikas obsessivphantasmatische Vorstellungen beziehen sich auf das Tierhafte, Johannes' Gedanken kreisen um Gott. Ihre gemeinsame Sehnsucht nach einer gelingenden Verbindung ist über diese sie prägenden Begriffe vermittelt. Johannes' Versuch, mit „einer verzweifelten letzten Anstrengung jenes Unfaßbare in diese Wirklichkeit zu ziehen"(194), und sein Wunsch, „daß du doch auch außerhalb meiner wärst!"(194), zeugt von einem doppelten Schutzbedürfnis, wenn er sich einerseits wie ein Kind an ihrem Kleid festhalten, sie andererseits als Gott ansprechen möchte.

> [D]aß du ein Kleid hättest, an dessen Falten ich dich halten könnte. Daß ich mit dir sprechen könnte. Daß ich sagen könnte: du bist Gott, und ein kleines Steinchen unter der Zunge trüge, wenn ich von dir rede, um der größeren Wirklichkeit willen! (194)

Johannes setzt Veronika mit Gott gleich, nimmt diese Identifizierung jedoch durch den Konjunktiv wieder zurück. Dennoch versucht Veronika, Johannes' Vorstellung von Gott zu präzisieren. Sie fragt, ob er mit Gott dasjenige meine, was sie selbst ebenfalls, doch als nicht zuzuordnendes Gefühl kenne. Daran knüpft sie den Vorwurf, daß er dieses Gefühl in den Bereich der Religion verlege, der ihm Sicherheit verspreche.

> Also ist etwas auch in dir, das du nicht klar fühlen und verstehen kannst, und du nennst es bloß Gott, außer dir und als Wirklichkeit gedacht, von dir, als ob es dich dann bei der Hand nähme? [...] Und du bedienst dich bloß [...] solcher Worte wie Gott, weil sie in ihren dunklen Kleidern aus einer andern Welt dahingehen mit der Sicherheit von Fremden aus einem großen, wohlgeordneten Staate, wie Lebendige? (196)

Veronika kritisiert Johannes' Vorstellung von Gott als bloße Verschiebung eines unbestimmten Gefühls in den Raum des Göttlichen. Obgleich sie sich ebenfalls danach sehnt, das „unbegreiflich Hergekommene"(195), „das Unbestimmbare, das sie beide fühlten"(195), zu begreifen, hält sie eine einfache Überführung des Gefühls in Bekanntes für verfehlt. Johannes selbst empfindet die Unzulänglichkeit des Rückgriffs auf Gott: „Aber wie er es aussprach, war es ein entwerteter Begriff und sagte nichts von dem, was er meinte"(195). Die Religion als heilstiftende Instanz wird in der Novelle in Frage gestellt. Sie vermag die Krisen des modernen Ich nicht mehr zu lösen.

Veronika schlägt daher einen anderen Weg ein. Sie greift in ihrem Versuch, das Unbegreifliche zu bestimmen, nicht auf äußere Instanzen oder Begriffe zurück, sondern auf Erinnerungen an sexuelle Erlebnisse, die ihre Fixierung auf das Animalische erzeugt und zu einer Entfremdung zwischen Johannes und ihr geführt haben. Eine erste Erinnerung, durch die sich Animalität und Sexualität für sie verbunden haben und die sie von Johannes entfernt hat, geht auf die Beobachtung eines kopulierenden Hahnes als Paradigma triebhafter Sexualität zurück. Sie teilt dieses Erlebnis mit Demeter, der die tiefe Wirkung dieser Beobachtung auf Veronika wahrnimmt und daraufhin versucht, sie zu verführen. Veronika weist Demeters Annäherungsversuch, den sie als gleichermaßen erregend wie abstoßend empfindet, mit dem Hinweis zurück, Johannes besäße eine andere Art „für das Gleiche, eine gute"(201). Dies führt entgegen ihrer Intention zu einer Verknüpfung von Johannes mit der Sphäre der Religion als dem Inbegriff des Guten. Demeter stellt Johannes zur Rede und fordert ihn mit einer Ohrfeige heraus, doch dieser wehrt sich nicht. Er identifiziert sich mit dem alles erduldenden Erlöser, der auf die erfahrene Aggression mit einem Lächeln reagiert. An diese von ihm als befreiend empfundene Erfahrung knüpft sich seine innere Berufung zum Priester.

Die Spannung, die Veronika in bezug auf das Animalische aufweist, findet bei Johannes in bezug auf das Göttliche ihre Entsprechung. Veronika erkennt jedoch, daß sich ihre Wege nicht wirklich unterscheiden, sondern nur zwei Lösungsversuche für das gleiche Problem darstellen.

> Da begriff ich plötzlich: nicht Demeter, sondern du bist das Tier....[...] Ein Priester hat etwas von einem Tier! Diese Leere, wo andre sich selbst haben. (198)

Veronika begreift Johannes' Hinwendung zur Religion nicht als Überwindung der Animalität, sondern behauptet eine Ähnlichkeit zwischen Priester und Tier als den zwei Polen ihres Begehrens. Dadurch versucht sie einerseits, die Differenz zwischen Johannes und Demeter zu nivellieren, die sie selbst zuvor behauptet hatte, und andererseits, den Unterschied der von Johannes und ihr selbst anvisierten Wege zu bestreiten. Johannes' Entscheidung für die Religion bedeutet jedoch, daß er sich ihr als Lebenspartner entzieht und sich vom Bereich der Sexualität abwendet, der beide verbinden könnte. Daher begreift Veronika Johannes' Wunsch, Priester zu werden, zu Recht als Verschiebung sexueller Energien in den Bereich des Spirituell-Religiösen.

Seinen späteren Verzicht auf die Religion und seinen Heiratsantrag lehnt sie ab, ohne dies zu begründen. Um eine Annäherung zwischen ihnen zu ermöglichen, bemüht sich Johannes nachzuvollziehen, „daß sie ihn wie ein Tier empfand. Er fühlte es unbegreiflich und furchtbar"(203). Obwohl ihm Veronikas Assoziationen fremd sind, fürchtet er sich mit einem Mal, ihre Wahrnehmung von ihm könnte Wirklichkeit werden. „Es ängstigte ihn manchmal etwas, wie wenn er einmal plötzlich zu winseln anfangen könnte, auf allen Gliedern laufen und an Veronikas Haaren zu riechen; solche Vorstellungen fielen ihm ein. Aber nichts ereignete sich."(202) Um das „Laster zu dritt"(203) nicht fortzusetzen und sich von den von ihm als Sünde empfundenen Obsessionen Veronikas zu lösen, beschließt Johannes fortzugehen. Seinen Vorschlag, mit ihm zu kommen, weist sie zurück. Er verläßt sie daraufhin mit der unbestimmten Ankündigung, „vielleicht werde ich sterben" (203).

Veronikas ablehnende Reaktion auf Johannes' Antrag hängt mit der Gleichsetzung von Tier und Priester zusammen, durch die ihr Gefühl für Johannes in die gleiche Ambivalenz wie das für Demeter eingerückt ist. Die Trennung von Johannes führt auch nicht zu einer Annäherung an Demeter. In einer erstaunlichen Wendung gibt Veronika vielmehr mit der Loslösung von Johannes ihre Fixierung auf das Animalische auf und wendet sich dem Bereich des Mystisch-Religiösen zu, den zuvor dieser vertreten hat.

Johannes' Selbstmorddrohung erzeugt in Veronika zwar einen Schrekken, jedoch nicht mit der Konsequenz, ihn an der Durchführung des Suizids zu hindern. Vielmehr führt er zu einer ungewöhnlichen Übersteigerung der Phantasie, die in einen Rückzug aus der Welt in eine selbstbezügliche Innenwelt mündet. In der Phantasie erlebt sie „eine geheimnisvolle geistige Vereinigung"(220) mit Johannes, in der sich „auch eine letzte Grenze zwischen ihnen öffnete"(220) und „ein ungeheures Nahesein"(220) erlaubt. Die Beschreibung von Veronikas Gefühlswelt erinnert an Berichte von Mystikern über die „Unio mystica".

> Sie kannte keine starken Freuden mehr und kein starkes Leid, nichts, das sich merklich oder bleibend aus dem übrigen herausgehoben hätte [...] Die Dinge traten weiter und weiter zurück und verloren ihr Gesicht und auch ihr Gefühl von sich selbst sank immer tiefer in die Ferne. (206)

Ihr selbstentrückter, empfindungsloser Zustand ähnelt der mystischen Weiselosigkeit, die zu einer Entmachtung von Raum und Zeit sowie von ethischen und ästhetischen Werten führt[7]. Alle trennenden Grenzen zwischen Ich und Welt werden außer Kraft gesetzt. Die Dinge gewinnen ein Eigenle-

---

[7] Dietmar Goltschnigg, *Mystische Tradition im Roman Robert Musils*. Heidelberg 1974, S. 164ff.

ben, das dem Ich jedoch nicht fremd bleibt. Der Ausrichtung der Novelle auf das Diesseits entspricht die Säkularisierung der traditionellen „Unio mystica". Sie wird, so Goltschnigg, in eine innerweltliche Form der Mystik umgestaltet, die anstelle der Einheit von Seele und Gott die von Ich und Welt setzt[8].

Die „geistige Vereinigung", die Veronika als Verbindung zu Johannes empfindet, verbleibt jedoch im Bereich des Imaginären. An die Stelle des realen Johannes tritt dessen Bild in der Phantasie Veronikas. Sie begreift, „daß in diesem Augenblicke das wirkliche Erlebnis, das Erlebnis an dem wirklichen Johannes, seinen Scheitelpunkt überschritten hatte und beendigt war"(209). Die Beendigung des „wirklichen Erlebnis [...] an dem wirklichen Johannes" inszeniert Veronika als religiöse Zeremonie, indem sie sein Bild wie das eines Heiligen vor sich aufbaut.

> Sie zündete, von etwas Unbestimmtem getrieben, in ihrem Zimmer alle Lichter an und saß zwischen ihnen, reglos in der Mitte des Raums; sie holte Johannes' Bild und stellte es vor sich hin. (214)

Bei Kerzenlicht kontempliert sie das Bild des abwesenden, tot geglaubten Geliebten, das als Stellvertreter des Wirklichen fungiert. Mit dem Bildmotiv greift Musil, wie Pott gezeigt hat[9], die Schweißtuchlegende der heiligen Veronika auf, verkehrt deren Bedeutung jedoch in ihr Gegenteil. In der biblischen Erzählung kommt der heiligen Veronika eine durchaus positive Aufgabe zu, indem sie Jesus auf seinem Leidensweg begleitet und sorgend vom Schweiß befreit. Das auf dem Schweißtuch erscheinende Bild ist Statthalter des Erlösers und wirkt heilend auf diejenigen, die es berühren[10]. Während Jesus der Erlöser der Menschen und Überwinder des Todes ist, geht die wohltuende Kraft von Johannes' Bild in umgekehrter Weise darauf zurück, daß Veronika ihn tot glaubt. Nicht seine ewige Präsenz, sondern seine für konstant gehaltene Absenz ruft in Veronika ein Glücksgefühl hervor, das jedoch am nächsten Morgen durch das Eintreffen eines Briefes von Johannes beendet wird. Das unerwartete Lebenszeichen zerstört die Magie des Bildes; an die Stelle des imaginären Johannes tritt wieder der wirkliche Johannes.

Nach dem Höhepunkt des inneren Erlebnisses fällt Veronika in ihren früheren Zustand zurück. Ihre innere Ambivalenz, die sich in dem Schwanken zwischen Johannes und Demeter und damit zwischen geistigen und

---

[8] Vgl. Dietmar Goltschnigg, a.a.O., S. 23.
[9] Vgl. Hans-Georg Pott, *Robert Musil*. München 1984, S. 45.
[10] Vgl. Figur der Veronika, *Neutestamentliche Apokryphen*. Hrsg. von Edgar Hennecke und Wilhelm Schneemelcher. Tübingen 1985, S. 358.

körperlichen Momenten artikuliert, ist auch nach Johannes' Rückzug aus dem gespannten Verhältnis nicht überwunden, sondern nur während des mystischen Erlebnisses außer Kraft gesetzt. Am Schluß der Novelle bleibt Veronika zwar mit Demeter zurück, fühlt sich aber in Gedanken mit Johannes verbunden.

> „[E]s fielen ihr häufig Tiere ein oder Demeter, wenn sie an Johannes dachte, und ihr ahnte, daß sie einen gemeinsamen Feind und Versucher hatten, Demeter, dessen Vorstellung wie ein großes wucherndes Gewächs vor ihrer Erinnerung lag". (208)

Die Assoziation eines „wuchernden Gewächses" deutet daraufhin, daß Veronika ihr Dasein als von etwas Fremdem, Krankem bestimmt empfindet. Sie steht weiterhin in einem Spannungsverhältnis zwischen Johannes und Demeter, wobei diese die antagonistischen Aspekte ihrer Persönlichkeit verkörpern, die nicht zu einer Einheit gebracht werden können.

In übergreifender Weise thematisieren die Novellen, und insbesondere „Die Versuchung der stillen Veronika", den Konflikt des Selbst im Versuch der Wiedererlangung einer inneren Einheit, die im Zusammenhang mit dem Verlust aller transzendenten Werte unwiderbringlich verloren ist. Im Unterschied zur biblischen Tradition erscheint die Versuchung nicht als ein notwendiger Schritt auf dem Weg zum Heil, sondern als ein Dauerzustand, der das Dasein einer grundlegenden Ambivalenz unterstellt. Musil stellt in der „Versuchung der stillen Veronika" eine Krise des Ich dar, ohne deren Lösung präsentieren zu können.

Die Darstellung eines modernen Selbst, das in religiösen Erlösungsideen nicht mehr aufgehen kann, wird daher in den Bereich des Ästhetischen verwiesen. Die Novellen zeugen von einer extremen sprachlichen Durcharbeitung, mittels derer Musil eine Einheit herzustellen sucht, die die Religion nicht mehr zu bieten vermag. Das Thema der Vereinigung sowie dessen Ambivalenz findet sich nicht allein auf inhaltlicher Ebene, sondern erfährt auch eine sprachliche Gestaltung. Musils ausgeprägte Metaphorik zeugt von dem Versuch, das Vereinigungsmotiv in die Sprache hineinzunehmen, das heißt eine der Sprache innewohnende Kraft der Vereinigung zu thematisieren, die sich vor allem im Rückgriff auf Metaphern und Vergleiche artikuliert[11].

---

[11] Vgl. Schröders minutiöse Untersuchung über das Vorkommen der Vergleichspartikel in den *Vereinigungen*. Jürgen Schröder, „Am Grenzwert der Sprache". In: *Euphorion 60* (1966), S. 311-334.

Die Darstellung einer religiösen Thematik im Medium der Literatur läßt Musil am Säkularisierungsprozeß der Moderne teilhaben. Die extreme Versprachlichung, die bis an die Grenzen der Ausdrucksfähigkeit geht, deutet jedoch durch die Autonomisierung der poetischen Funktion der Sprache zugleich auf deren Resakralisierung hin. Der Sprache wird die Fähigkeit zugeschrieben, außerhalb der Wirklichkeit eine Welt entstehen zu lassen, die nicht mehr den Gesetzen der Logik oder des Wissens entspricht.

> [S]ie empfand mit einemmal, daß ihr Gefühl von ihrer Umgebung sich verändert hatte [...] Der leere Raum zwischen ihr und den Dingen verlor sich und war seltsam beziehungsgespannt. Die Geräte wuchteten wie unverrückbar auf ihren Plätzen, [...] ganz erfüllt von sich selbst, von ihr getrennt und so fest in sich geschlossen wie eine geballte Faust; und doch waren sie manchmal wieder wie in Veronika oder sie sahen wie mit Augen auf sie, aus einem Raum, der wie eine Glasscheibe zwischen Veronika und dem Raum lag. Und sie standen da, als ob sie viele Jahre nur auf diesen Abend gewartet hätten, um zu sich zu finden, so wölbten und bogen sie sich in die Höhe, und unaufhörlich strömte dieses Übermäßige von ihnen aus und das Gefühl des Augenblicks hob und höhlte sich um Veronika, wie wenn sie selbst plötzlich wie ein Raum mit schweigend flackernden Kerzen um alles stünde. (214)

Die in der Novelle beschriebene Welt, in der das Verhältnis von Dingwelt und Veronika gleichzeitig als ein ganz getrenntes und als eines beschrieben wird, in der die Welt vollständig in Veronika aufzugehen scheint, nimmt zunehmend sakrale Züge an, wenn der Raum sich „wölbt", sich in die Höhe „biegt", sich ins Übermäßige „höhlt" und Veronika zum Raum, also zum Gegenstand erstarrt, während die Dinge zu lebendigen Wesen werden. Die spannungsreiche Metaphorik der *Vereinigungen* scheint den Anspruch einer Autonomisierung der Sprache vordergründig zu erfüllen. So spricht Magnou den rhetorischen Figuren in den Novellen die Fähigkeit zu, die Sprache von jeder außertextuellen Wirklichkeit abzulösen. Musil intendiere, so Magnous These, die Sprache von jeder Referenz zu entbinden und eine sprachliche Totalität zu erproben.

> On comprend pourquoi Musil pouvait penser qu'il fallait lire son texte par pages isolées: nous sommes dans une oeuvre totalement poétique, où le langage est lui-même son propre référent, où la relation signifiant-signifié est rompue, mais où le lecteur est conduit le long d'une chaîne de signifiants, dont l'architecture propre crée le sens.[12]

---

[12] Jacqueline Magnou, „Le vertige du moi: A propos de Noces". In: *Europe* 741/742 (1991). S. 23.

Magnou schreibt Musil die Herstellung einer poetischen Totalität zu, die darauf beruht, daß Sprache selbstmächtig wird. In dieser Selbstmächtigkeit, in der Sprache keinen anderen Referenten als sich selbst hat, nimmt sie sakrale Formen an, insofern sie allein zum Träger der Welt wird. Musil vertraut somit auf die Kraft der Sprache, Wirklichkeit nicht nur abzubilden, sondern sogar eine Alternative zu dieser zu schaffen. Damit unterscheidet er sich von vielen seiner Zeitgenossen, die von Fritz Mautners Sprachskepsis beeinflußt sind. Mautner begreift die Mystik als eine Alternative zur Unvollkommenheit der sprachlichen Ausdrucksmöglichkeit. Da, wo diese an Grenzen stoße, beginne die Mystik, die Ich und Welt in eine unmittelbare Beziehung treten lasse, während Sprache als Mittler dieses Verhältnis immer verfälsche[13].

Als Dichter ist Musil jedoch auf die Kraft der Sprache angewiesen. Trotz seines Vertrauen in die Herstellung einer sprachlichen Totalität gelingt diese aber nicht ohne weiteres, sondern auch hier läßt sich eine Spannung eintragen. Die Sprache in den *Vereinigungen* zeichnet sich zwar durch die Suche nach einer Totalität aus, die im übermäßigen Gebrauch von Vergleichen und Metaphern gründet, doch bleibt die anvisierte Herstellung einer sprachlichen Autonomie fragwürdig. Musils komplizierter, Gegensätze durch rhetorische Formen verbindender Sprachaufbau intendiert, Wirklichkeit in ein „dünne[s], kaum wirkliche[s] und doch so wahrnehmbare[s] Gefühl" (156f) aufzulösen und damit, so Schröder, in Grenzbereiche der Sprache vorzudringen; in „den Bereich zwischen Wirklichem und Nichtwirklichem, Wirklichkeit und Möglichkeit"[14]. Doch Musils nahezu existentielle Konzentration auf die sprachliche Ausarbeitung der Novellen kann nicht verhindern, daß die ästhetische Begründung der Moderne in der äußersten Durchformung der Sprache wiederum an Grenzen stößt. So zeugt seine Erzählkunst von der Abhängigkeit der vereinigenden Kraft von Grenzen, die nicht überschreitbar sind. Musil gerät damit auch auf sprachlicher Ebene an Gegenkräfte, die die Moderne nicht aufzulösen vermag.

Musils Titel *Vereinigungen* bringt das Strukturprinzip seiner Novellen auf den Begriff. Im Mittelpunkt der „Versuchung der stillen Veronika" steht der Versuch einer Verbindung von religiösem und erotischem Vereinigungsstreben, das jedoch als Grenzerfahrung gestaltet wird, die keine definitive Überschreitung zuläßt. Musil thematisiert die Erfahrung des Heiligen im Medium der Kunst durch den Rückgriff auf religiöse Motive wie die

---

[13] Fritz Mauthner, *Gottlose Mystik*. Dresden (o.J.), S. 129.
[14] Schröder, a.a.O., S. 314.

mystische Erfahrung Veronikas und die Schweißtuchlegende, die in einer Säkularisierung des christlichen Erlösungsgedankens demystifiziert werden. Zugleich zeugt die Novelle von einer Autonomisierung der poetischen Funktion der Sprache, die zum Statthalter des Wirklichen wird. Trotz ihrer vereinigenden Kraft aber ist die Sprache Musils kein Mittel zur Aufhebung von Grenzen, sondern Medium der Darstellung einer „heillosen" Welt, von der man letztendlich nicht einmal mehr zu sagen weiß, ob sie als ästhetisches Phänomen gerechtfertigt ist. Wie in nahezu allen Werken Robert Musils bleibt am Ende eher ein Fragezeichen als eine Antwort, eine Möglichkeit, die Musil selbst ironisch andeutet, wenn er meint, er hätte mit den Novellen der „Erzvater" der Avantgarde werden können: „Ich hätte die Linie der 'Vereinigungen' weitergebaut und wäre irgendwie ein Erzvater der neuen Erzählkunst geworden."[15] Der Konjunktiv bleibt die eigentliche Ausdrucksform von Robert Musils Dichtung der Möglichkeiten[16].

---

[15] Musil, Briefe 1901-1942. Hrsg. von Adolf Frisé. Reinbek bei Hamburg 1981, S. 497.
[16] Vgl. Albrecht Schöne, „Zum Gebrauch des Konjunktivs bei Robert Musil", in: *Robert Musil. Wege der Forschung*. Hrsg. von Renate von Heydebrand, Darmstadt 1982, S. 19-53.

Wolf-Daniel Hartwich

Kunst und Religion der Zukunft.
Richard Wagners theoretische Schriften und dramatische Entwürfe von 1848/49

1. Kunstreligion und Emanzipation

Das Verhältnis von Kunst und Religion gehört zu den umstrittensten Fragen der Ästhetik des 18. und 19. Jahrhunderts, die auch das theoretische Werk Richard Wagners immer wieder umkreist. Vielleicht handelt es sich sogar um den exemplarischen Konfliktfall der Kunst unter den kulturellen Bedingungen der Neuzeit. Denn die künstlerische Kreativität sollte seit der Renaissance ein eigenes Wertesystem unabhängig von ihrer überkommenen Funktion begründen, die göttliche Weltordnung kultisch präsent zu machen. Gleichwohl blieben die Kunstschaffenden und ihre Werke an die repräsentativen Aufgaben des höfischen Lebens und die geistigen Interessen ihrer Auftraggeber gebunden.

Das literarische und musikalische Kunstwerk konnte erst im 18. Jahrhundert als Ausdruck der Individualität des Künstlers wahrgenommen werden, der nun allerdings das bürgerliche Publikum als den neuen Mäzen gewinnen mußte.[1] Die Marktorientierung des freien Autors erklärt, warum die Aufklärung auf dem traditionellen Regelwerk der Gattungspoetik beharrte, aber auch die zeitgenössischen religiösen, moralischen und politischen Diskurse zu thematisieren suchte. Andererseits wurden auch die normativen Texte der Religion als Dichtung betrachtet. Die Ästhetiken Kants und der Weimarer Klassik, die für Wagner von größter Bedeutung waren, wandten sich entschieden gegen diese didaktische Funktionalisierung und ideologische Instrumentalisierung des Kunstwerks. Der Kunst wurde ein autonomer Status als kulturelle Leistung des Menschen zugeschrieben, der transzendentalphilosophisch oder universalhistorisch zu begründen war. Das Kunst-

---

[1] In der bildenden Kunst setzte diese Entwicklung bereits bei den niederländischen Malern des 17. Jahrhundert ein, die sich mangels großer kirchlicher und adliger Auftraggeber mit ihren spezifischen Genres auf dem Kunstmarkt behaupten mußten, so daß das Kunstwerk geradezu zum Spekulationsobjekt werden konnte. Vgl. Ernst H. Gombrich, *Die Geschichte der Kunst*, 16. Aufl., Frankfurt a.M. 1996, S. 416ff.

werk kann aufgrund seiner eingestandenen Fiktionalität nur indirekt auf die „Erziehung des Menschen" wirken und bleibt so gegen die politische Exaltation der Französischen Revolution immun, die in neuer Barbarei gipfelte. Die Bedeutung der Religion wird hier dagegen in ihrer ethischen Dimension gesehen, die den Menschen auf eine überweltliche Norm verpflichtet. Die Trennung von Christentum und Ästhetik betrieb aber auch die theologische Orthodoxie, wenn sie gegen die säkularen Kunst- und Humanitätsreligion ins Feld zog.

Den unmittelbare Kontext der frühen Schriften Wagners bilden aber die revolutionären intellektuellen Bewegungen des Vormärz und des Jungen Deutschlands, die gerade in ihren Auffassungen zum Verhältnis von Religion und Kunst eine Sonderstellung innerhalb der deutschen Literaturgeschichte einnehmen. Wenn etwa Heinrich Heine „hier auf Erden schon das Himmelreich"[2] und zugleich das Ende der 'Kunstperiode' ausrief, wurden die religiöse Transzendenz und die ästhetische Autonomie gleichermaßen in Frage gestellt. Die Forderung des Jungen Deutschland nach der 'Emanzipation des Fleisches' wandte sich gegen die asketische Moral des Christentums, aber auch gegen die „ästhetische Erziehung des Menschen", die zur Regulierung seiner sinnlichen Natur durch die transzendentale Vernunft führen sollte. Der Herrschaftsanspruch des Christentums wurde als eigentlicher Grund der gesellschaftlichen Misere vor allem in seiner Gestalt als Staatsreligion bekämpft, die das Volk auf ein künftiges Heil vertrösten und ihm unbedingten Gehorsam einschärfen solle. Das Junge Deutschland entlarvt aber nicht nur das 'Himmelreich' der Religion als Projektion der Elenden und Manipulation der Mächtigen, sondern bekämpft auch eine Kunst, die sich als unabhängige Sphäre gegenüber der Alltagswelt, als ein Jenseits des Lebens, verstand. Die Kunst sollte vielmehr die sinnliche Natur des Menschen verherrlichen, die der jüdisch-christliche Spiritualismus in Frage gestellt hatte. Die Entpolitisierung der Religion findet also ihre Entsprechung in einer Politisierung der Literatur, die als propagandistische Waffe im Freiheitskampf dienen soll. An die Stelle der Autonomie der Kunst tritt die Emanzipation durch Kunst.

Während die christliche Romantik vom Jungen Deutschland als spiritualistischer Obskurantismus zurückgewiesen wird, erfährt die Kunst hier gleichfalls eine Sakralisierung als säkulare Heilsinstanz. Die Religion wird aber paganistisch auf Kult und Mythos reduziert, die keine moralische Ver-

---

[2] Heinrich Heine, *Sämtliche Schriften in zwölf Bänden*, hrsg.: Klaus Briegleb, Frankfurt/Berlin/Wien 1981, Bd. 7, S. 578.

pflichtung implizieren. Dabei wird Griechenland als Gegenbild des Christentums aufgerufen, um die gesellschaftliche Utopie ästhetisch zu imaginieren. Heine evozierte etwa die künftige Menschheit als „Demokratie gleichherrlicher, gleichheiliger, gleichbeseligter Götter"[3] und inszenierte schon zu Lebzeiten seinen Hellenismus wie seine Göttlichkeit. Allerdings hat Jost Hermand mit der Beobachtung recht, daß „die meisten Jungdeutschen ... weiterhin jenseitsbezogen" blieben, „wenn auch ihr Unsterblichkeitsglaube oft etwas Fadenscheiniges hat. Wie ihre biedermeierlichen Gegenspieler kennen sie noch keine reine Immanenz, sondern betrachten alles unter einer universalistischen Perspektive". Dabei „bemühen sie sich stets um eine Synthese von Geist und Idee ... Das Christentum wird daher von den meisten wenigstens als Idee beibehalten, und zwar als eine der vielen Etappen auf dem Wege einer fortschreitenden 'Humanisierung' der Menschheit, die man zwar in ihren inzwischen verhärteten Institutionen aufs schärfste bekämpft, der man jedoch – historisch gesehen – eine wichtige Funktion zugesteht, nämlich die reine Macht- Heroen- und Körperkultur der Antike mit den Gefühlen der Nächstenliebe, der Sympathie und der ideellen Gleichheit aller Menschen vor Gott bereichert zu haben".[4]

Für eine andere Form von säkularisiertem Messianismus steht der Handwerkerkommunismus des Schneidergesellen Wilhelm Weitlings, der die christliche Nächstenliebe als Prinzip einer sozialen Revolution verkündigte. Die linkshegelianischen Autoren des Vormärz mit Ludwig Feuerbach an der Spitze gingen noch wesentlich weiter, wenn sie die göttliche Transzendenz als Illusion ansahen, die im Zuge des historischen Prozesses der Selbstverwirklichung des Menschen abgeschafft und durch einen materialistischen Atheismus ersetzt werden sollte. Dabei verlagerte sich der literarische Diskurs im Vormärz von den „Fragen der Pressefreiheit, der persönlichen Freizügigkeit, und religiösen Freiheit", die das Junge Deutschland interessierten, auf die 'soziale Frage' und die revolutionäre Forderung der Gleichheit.[5] Während das Junge Deutschland in der Auseinandersetzung mit den Zensoren der Kunst des Schreibens bei aller politischen Tendenz einen besonderen Rang beimaß, nahmen die Autoren des Vormärzes den ästhetischen Aspekt ihrer Literatur bewußt zurück.

---

[3] Heine, *Sämtliche Schriften*, Bd. 5, S.570.
[4] Jost Hermand, *Von Mainz nach Weimar 1793-1919. Studien zu deutschen Literatur*, Stuttgart 1969, S. 165f. Diese Beobachtung belegt auch Heines umstrittene 'Konversion' in seiner Spätzeit.
[5] Ebd., S. 198.

Wie stark der Einfluß des Jungen Deutschland und vor allem Heinrich Heines auf den frühen Wagner war, hat jüngst Dieter Borchmeyer herausgestellt. So bringt etwa Wagners Bearbeitung von Shakespeares *Measure for Measure* unter dem Titel *Das Liebesverbot* den revolutionären „Triumph des Eros über sinnenfeindlichen Despotismus" auf die Bühne.[6] In der Venusbergszenerie des *Tannhäuser* greift Wagner Heines Theorie des heimlichen Nachlebens der griechischen Götter in der christlichen Epoche auf und läßt den häretischen Minnesänger gegen den spiritualisierten Liebesbegriff seiner Kollegen antreten. Aber „das Drama von dem ins Mittelalter zurückversetzten jungdeutschen Künstler, der auszog in der 'exilierten' Sinnenwelt der Antike die Emanzipation des Fleisches zur lernen, verwandelt sich am Ende des zweiten Akts in eine romantische Entsagungs- und Erlösungsoper".[7] Erst recht wird in Wagners *Parsifal* die jungdeutsche Ideologie im Sinne der von der Philosophie Schopenhauers her verstandenen christlichen Weltüberwindung widerrufen, die das Spätwerk des Komponisten bestimmt. Die sog. 'Regenerationsschriften' der Achtziger Jahre setzen den tranzendenten Erlösungsgedanken und die ästhetische Autonomie in Entsprechung.[8]

Eine durchgehende Linie in Wagners Schriften bilden dagegen seine „sozialrevolutionären und anarchistischen Impulse", deren Hintergrund im deutschen Vormärz und Linkshegelianismus gut dokumentiert ist.[9] Im folgenden soll das Verhältnis von Religion, Kunst und Politik in den theoretischen Schriften und poetischen Entwürfen herausgearbeitet werden, die Wagner parallel zu seinem revolutionären Engagement der Jahre 1848/49 abfaßte. Dabei wird deutlich, wie der Komponist seine ästhetisch-theologische Konzeption der Autonomie in der Auseinandersetzung mit den zeitgenössischen Emanzipationsideen und ihrer Kunst- und Religionsfeindlichkeit entfaltet.

---

[6] Dieter Borchmeyer. *Die Götter tanzen Cancan. Richard Wagners Liebesrevolten*, Heidelberg 1992, S. 30ff.
[7] Ebd., S. 136.
[8] Vgl. Verf., „Religion und Kunst beim späten Richard Wagner. Zum Verhältnis von Ästhetik, Theologie und Anthropologie in den 'Regenerationsschriften'", in: *Jahrbuch der Deutschen Schillergesellschaft* 40 (1996), S. 297-323.
[9] Rüdiger Kohn, „Richard Wagner und die Revolution von 1848/49", in: Ulrich Müller/ Peter Wapnewski, *Richard Wagner - Handbuch*, Stuttgart 1986, S. 87 ff.

2. Die Kunst und die Revolution

Mit *Die Kunst und die Revolution* profilierte sich der Schriftsteller Wagner erstmals mit Fragen, die über das musikkritische Interesse hinaus eine breitere Öffentlichkeit ansprachen. Aufgrund des großen Erfolges ließ er in kurzer Frist zwei weitere Abhandlungen, *Das Kunstwerk der Zukunft* sowie *Kunst und Klima*, folgen, wobei für unseren Zusammenhang die ersten beiden dieser sog. 'Kunstschriften' in Frage kommen. Wagner bildete hier ein literarisches Verfahren aus, das auch seine weiteren theoretischen Arbeiten kennzeichnet. Die zentrale Fragestellung wird von einer programmatischen Schrift exponiert und in einer Reihe von Abhandlung von immer neuen philosophisch-theologischen wie kultur- und naturhistorischen Kontexten her beleuchtet. Dabei ähnelt Wagners literarisches Vorgehen in diesen Werkfolgen der kompositorischen Technik in seinem musikdramatischen Hauptwerk, *Der Ring des Nibelungen*, wenn die einzelnen Teile der Zyklen weniger durch rhetorisch-argumentatives Fortschreiten als durch eine bildhafte Motivik verbunden sind, die in immer wieder anderen Konstellationen aufscheint und so semantisch angereichert wird. Diese komplexe symbolische Textstruktur, die gleichermaßen zeitgenössische Philosopheme wie traditionelle Mythologeme nützt, soll im folgenden an *Die Kunst und die Revolution* und *Das Kunstwerk der Zukunft* nachvollzogen werden. Wagner nimmt hier streckenweise die Rhetorik des Jungen Deutschlands und des Vormärz auf, überbietet aber die Kunstbegriffe beider Bewegungen, wenn er über die Folgen der Revolution für die Kunst reflektiert und das kritische Potential der ästhetischen Autonomie herausstellt.

Gleich zu Beginn von *Die Kunst und die Revolution* weist Wagner die Klagen derjenigen Künstler ab, die in den politischen Ereignissen nur eine Gefährdung der ökonomischen Grundlagen ihrer Arbeit sehen können. Dieser Haltung setzt Wagner nun aber nicht die jungdeutsche Parole entgegen, daß die Kunst eine revolutionäre Ideologie propagieren soll. Vielmehr beruft er sich für die Frage der gesellschaftlichen Lage der Kunst zunächst auf das kritische Potential der Künstler, „welche durch Ausspruch und Tat kundgaben, daß sie die Kunst rein um der Kunst willen liebten und trieben, und von denen dies Eine erweislich ist, daß sie auch damals litten, als jene sich freuten".[10] Die Idee ästhetischer Autonomie steht im Widerspruch zur kapitalistischen Gesellschaft, die alle kulturelle Tätigkeit einer heteronomen Zweckbestimmung unterwirft. Die eigentliche Krise der Kunst in der indu-

---

[10] Richard Wagner, *Gesammelte Schriften*, hrsg.: Julius Kapp, Leipzig o.J., Bd. 10, S. 14.

striellen Welt sieht Wagner nicht in ihrer Finanzierbarkeit, die niemals den Impuls zur ästhetischen Innovation liefern kann, sondern ganz im Gegenteil darin, daß auch „ihr wirkliches Wesen ... die Industrie" wird, „ihr moralischer Zweck der Gelderwerb, ihr ästhetisches Vorgeben die Unterhaltung der Gelangweilten".[11] Anders als das Junge Deutschland macht Wagner die Kunst nicht unhinterfragt zum Medium der politischen Emanzipation sowie den Künstler zum Volkstribunen und Propheten, sondern sucht umgekehrt, „die Kunst als soziales Produkt zu erkennen".[12] Der autonome Kunstbegriff wird also durch eine historisch-soziologische Perspektive ergänzt, um die gesellschaftlichen Bedingungen seiner Möglichkeit zu benennen. Wagner untersucht die Bedeutung der Kunst in den unterschiedlichen sozialen Formationen, die für die Genese der westlichen Moderne von entscheidender Bedeutung waren. Gerade die Wechselwirkungen von Kunst und Religion, die deutlich voneinander abgegrenzt werden, bilden einen wichtigen Schwerpunkt der Analyse. Die Kunst wie die Religion bilden dabei eher den Indikator sozialer Deformationen als den Kommunikator einer intakten künftigen Welt. Die Erneuerung der Kunst kann sich Wagner nur als das Ergebnis eines revolutionären Prozesses denken, der die Gesellschaft im Ganzen betrifft.

Die Kunst erhält beim frühen Wagner also eine kultur- und sozialkritische Dimension. Die Rezeption der Werke Wagners nach dem zweiten Weltkrieg, die sich aufgrund des Mißbrauchs der Opern in der Zeit des Nationalsozialismus einseitig auf die Musik konzentrierte, hat diesen Aspekt lange verdrängt. Hans Mayer versuchte dagegen, den frühen Wagner von einem 'linken' Standpunkt aus innerhalb der revolutionären 'deutschen Ideologie' zu verorten. Dabei wies er zurecht darauf hin, daß sich Wagners politisches Engagement noch jenseits der konkreten Formen bewegt, die der Liberalismus und Sozialismus als Parteien annahmen.[13] Das größte Aufsehen erreichten innerhalb dieser ideengeschichtlichen Betrachtungsweise allerdings die Arbeiten Hartmut Zelinskys, die als Grundmotiv des Wagnerschen Werks den Willen zur Vernichtung des Judentums ansahen. Die detaillierte Erforschung der polemischen Äußerungen Wagners über das Judentum hat gezeigt, daß diese im Rahmen des bürgerlichen Salonantisemitismus blieben und ihnen stets positive Aussagen entgegengestellt werden können.[14] Die In-

---

[11] Ebd., S. 24.
[12] Ebd., S. 14.
[13] Vgl. Hans Mayer, *Richard Wagner. Mitwelt und Nachwelt*, Zürich 1978, S. 75-87.
[14] Vgl. Dieter Borchmeyer, „Richard Wagner und der Antisemitismus", in: *Wagner-Handbuch* (Anm.9), S. 137-161.

terpretationen Zelinskys erscheinen aber vor allem problematisch, weil sie von der hermeneutisch längst überholten Konzeption einer einheitlichen „Werkidee" ausgehen, die von den einzelnen Texten und ihrer Rezeption abstrahiert werden kann. Von diesem Ansatz her konnten die unterschiedlichen Epochen und Genres im Werk Wagners nicht ausreichend berücksichtigt werden. Auch das Verhältnis der Werke zu ihren diversen Interpretationen durch den Komponisten und seine späteren Adepten war nicht zu klären. Die neuere amerikanische Forschung unterscheidet dagegen deutlich zwischen Wagners Werk und den kulturellen Stereotypen, die es mit sich führt und die (beabsichtigte oder unbeabsichtigte) Anknüpfungspunkte für antisemitische Auslegungen bieten konnten.[15] Dabei müßte aber noch genauer zwischen den verschiedenen historischen und philosophischen Kritiken des Judentums im 19. Jahrhundert, der vielfältigen rassentheoretischen Diskurse und der politischen Propaganda der Antisemiten unterschieden werden. Außerdem wird oftmals vernachlässigt, daß sich Wagners Anschauungen selten direkt von den Diskussionen ableiten lassen, auf die sie Bezug nehmen, sondern diese äußerst eigenwillig umdeuten.[16]

Die wichtigste Frage in unserem Zusammenhang ist das Verhältnis von Wagners 'Kunstschriften' zu seiner zeitgenössischen Polemik „Das Judentum in der Musik", die freilich eine ganz andere Fragestellung verfolgt. Dieser Text gehört in die linkshegelianische Debatte um die 'Judenfrage', an der sich auch Bruno Bauer, Heinrich Heine und Karl Marx beteiligten. Diese Autoren forderten die 'Aufhebung' der ethnischen Identitäten im Zuge des geistigen und sozialen Fortschritts der Menschheit, womit sie auch den religiösen Erwählungsglauben des Judentums in Frage stellten. Dieser universalistischen Weltanschauung kann man vorwerfen, daß sie die Differenz der anderen Kultur nicht gelten läßt. Es findet sich hier aber keine Grundlage

---

[15] Vgl. vor allem Marc A. Weiner, *Richard Wagner and the Anti-Semitic Imagination*, Lincoln/London 1995, und Renzension: Hans Rudolf Vaget, „Imaginings", in: *Wagner Notes* 18 (1995), Nr. 6, S. 3-9.

[16] Der jüngste Versuch in dieser Richtung ist Annette Hein, *'Es ist viel Hitler in Wagner'. Rassismus und antisemitische Deutschtumsideologie in den 'Bayreuther Blättern'*, Tübingen 1996. Die Dissertation vertritt die These, daß die *Bayreuther Blätter*, die ein Sammelbecken der aggressiven antimodernen und nationalistischen Weltanschauung zwischen 1878 und 1938 darstellen, weitgehend die Auffassungen Wagners fortsetzten. Leider begnügt sich das Buch weitgehend mit der Auflistung von Artikeln und biographischen Angaben sowie recht vagen thematischen Querschnitten. Die unterschiedlichen Theorien der Autoren werden dabei nicht deutlich. So wird etwa übergangen, daß sich Wagner in seinen 'Regenerationsschriften' deutlich von der Rassentheorie Gobineaus abgrenzt. Vgl. Verf. (Anm.8), S. 314 ff. Auch die divergierenden Anschauungen innerhalb des Wagner-Kreises, wie sie in der erbitterten Kontroverse zwischen Houston Stewart Chamberlain und Ludwig Schemann aufbrachen, werden nivelliert.

für einen rassistischen Antisemitismus, wie ihn der nationalsozialistische Genozid exekutierte. Wenn der Antisemitismus wirklich die treibende Kraft hinter Wagners Kulturkritik wäre, müßte es erstaunlich erscheinen, daß das Judentum in den 'Kunstschriften' nur marginal erwähnt und überaus positiv bewertet wird.

Die Texte lassen sich vielmehr ausreichend von den linkshegelianischen und frühliberalen Positionen her erschließen, die der gesellschaftlichen Ausgrenzung der Juden ablehnend gegenüberstanden Die 'Kunstschriften' Wagners lassen sich der nach Helmut Koopmann „wichtigste[n] Tendenz" zuordnen, „die sich in vielen Selbsterklärungen und Aufsätzen des Jungen Deutschland finden läßt", nämlich der „Suche nach Einheit, nach Vereinheitlichung". Diese „unitarische Tendenz" manifestiert sich auch in den „Versuchen zur Herstellung einer politischen Einigung Deutschlands ... Aber man berurteilt die Dinge falsch, sähe man hier eine vorwiegend politische Forderung. Die Vereinigungswünsche liefen auf anderes hinaus, zielten darauf ab, die als getrennt empfundenen Wissensbereiche, die auseinandergefallenen Standpunkte des Lebens wieder miteinander zu verbinden ... Theodor Mundt [hat] das als fast schon erreichtes Ziel dargestellt, wenn er schrieb: 'Philosophie, Religion und Kunst, überhaupt alle geistigen Tendenzen, stehen jetzt nicht mehr abgesondert einander gegenüber, sie berühren sich vielmehr in den Bildungen hochbegabter Männer".[17] Gleichwohl weist Wagner diese bildungsbürgerliche Haltung zurück und macht das 'Volk', also die Gesellschaft im Ganzen, zur kulturschaffenden Größe.

Am Beispiel Griechenlands will Wagner zeigen, daß sich der autonome Charakter des Kunstwerks nicht aus der gesellschaftlichen Arbeitsteilung ergibt, sondern diese gerade überwindet. Die kollektive ästhetische Erfahrung des griechischen Theaters stellt einen harmonischen Ausgleich zwischen Individuum und Gemeinschaft her. Die soziale Differenzierung, die entwickelte Gesellschaftsformen kennzeichnet, wird so zeitweise außer Kraft gesetzt. Diese egalisierende Funktion, die Religion und Kunst zusammen wahrnehmen, faßt Wagner in das Symbol des Gottes Apoll. „Solch' ein Tragödientag war ein Gottesfest, denn hier sprach der Gott sich deutlich und vernehmbar aus: der Dichter war sein hoher Priester, der wirklich und leibhaftig in seinem Kunstwerk darinnen stand, die Reigen der Tänzer führte, die Stimme zum Chor erhob und in tönenden Worten die Sprüche göttlichen Wissens verkündete ... Dieses Volk, in jedem Teile, in jeder Persön-

---

[17] Helmut Koopmann, *Das Junge Deutschland*, Darmstadt 1993, S. 42.

lichkeit, überreich an Individualität und Eigentümlichkeit, rastlos tätig, ... strömte von der Staatsversammlung, vom Gerichtsmarkte, vom Lande, von den Schiffen, aus dem Kriegslager, aus den fernsten Gegenden zusammen, ... um sich vor dem gewaltigsten Kunstwerke zu sammeln, sich selbst zu erfassen, seine eigene Tätigkeit zu begreifen, mit seinem Wesen, seiner Genossenschaft, seinem Gotte, sich in der innigsten Einheit zu verschmelzen, und so in edelster, tiefster Ruhe das wieder zu sein, was er vor wenigen Stunden in rastlosester Aufregung und gesonderster Individualität ebenfalls gewesen war".[18]

Wenn Wagner hier den Künstler „hoher Priester" nennt, propagiert er keine Kunstreligion oder Politische Theologie, wie sie einige Autoren des Jungen Deutschland im Anschluß an den Saint-Simonismus vertraten. Vielmehr greift er deutlich auf die bereits antike Unterscheidung zwischen der Theologie der Dichter, die auf der göttliche Inspiration ihrer Kunst beruht, und den Staatskulten zurück. In derselben metaphorischen Weise wird in Wagners später Schrift über *Religion und Kunst* „der dichterische Priester der einzige, der niemals log"[19] genannt und so die Kunst deutlich von jeder Form der Pseudoreligiosität abgegrenzt.

Der griechische Tragödiendichter wird für Wagner zur Identifikationsfigur der Gemeinschaft, insofern er als Einzelner die professionelle Spezialisierung überwindet, wenn er sich zugleich durch Tanz, Musik und Sprache, poetisch und religiös artikuliert. Das Ende dieser Kunstform datiert Wagner mit der Krise der griechischen Polis. „Genau mit der Auflösung des athenischen Staates hängt der Verfall der Tragödie zusammen. Wie sich der Gemeingeist in tausend egoistische Richtungen zersplitterte, löste sich auch das große Gesamtkunstwerk der Tragödie in die einzelnen, ihm inbegriffenen Kunstbestandteile auf."[20] Diese Dissoziierung von Individuum und Gesellschaft, Kultur und Öffentlichkeit, Religion und Kunst setzt sich nach Wagners Darstellung in der Epoche des römischen Imperialismus fort und kulminiert im Christentum. Das römischen Kaiserreich nivelliert die hierarchische Gliederung der Stadtgesellschaften und macht so die integrative Funktion von Kunst und Religion überflüssig. „Die Könige, Edlen und Unedlen ... waren alle gleich Sklaven des römischen Imperators, der ihnen somit ganz praktisch bewies, daß alle Menschen gleich wären ... Die Kunst ist Freude an sich, am Dasein, an der Allgemeinheit; der Zustand jener Zeit

---

[18] Wagner, *Gesammelte Schriften*, Bd. 10, S. 15f.
[19] Wagner, *Gesammelte Schriften*, Bd. 14, S. 166.
[20] Wagner, *Gesammelte Schriften*, Bd. 10, S. 17.

am Ende der römischen Weltherrschaft war dagegen Selbstverachtung, Ekel vor dem Dasein, Grauen vor der Allgemeinheit. Also nicht die *Kunst* konnte der Ausdruck dieses Zustandes sein, sondern das *Christentum*." Die allgemeine Lethargie und Verdüsterung, die aus der Auflösung der Institutionen sozialer Sinngebung resultiert, zeigt sich in der Entfremdung von Ich und Welt, Individuum und Gemeinschaft, Kunst und Religion.

Wie Heine sieht auch Wagner die asketische Weltverachtung und abstrakte Geistigkeit des Christentums mit seiner prinzipiellen Kunstfeindschaft einhergehen. Als den wichtigsten Unterschied zwischen der antiken und christlichen Kultur stellt er aber die Tendenz der Entpolitisierung heraus, die eine bis in die Gegenwart gültige Trennung von Kunst und Religion herbeiführt, indem sie diese ihres gemeinsamen kultischen Kontexts beraubt. „Dem Griechen war die Aufführung einer Tragödie eine religiöse Feier, auf ihrer Bühne bewegten sich Götter und spendeten den Menschen ihre Weisheit: unser schlechtes Gewissen stellt unser Theater selbst so tief in der öffentlichen Achtung, daß es die Angelegenheit der Polizei sein darf, dem Theater alles Befassen mit religiösen Gegenständen zu verbieten, was gleich charakteristisch ist für unsre Religion wie für unsre Kunst."[21] Die Tendenz zur Privatisierung zeigt Wagner analog an der Religion wie der Kunst auf. „Wo der Grieche zu seiner Erbauung sich auf wenige, des tiefsten Gehaltes volle Stunden im Amphitheater versammelte, schloß sich der Christ auf Lebenszeit in ein Kloster ein".[22] Dem christlichen Heilsegoismus entspricht der moderne Kunstkonsum, wenn „der Prinz von einer anstrengenden Mittagstafel, der Bankier von einer angreifenden Spekulation, der Arbeiter vom ermüdenden Tagewerk im Theater anlangt".[23] Der religiösen Hypokrisie, die durch den Verlust der Öffentlichkeit des Heiligen befördert wird, entspricht dabei eine Kunst, die keine demokratische Solidarisierung, sondern soziale Distinktion bewirkt. Als Karikatur dieser Entwicklung führt Wagner einen „bigotten englischen Bankier" vor, der „sich von den ersten Sängern der italienischen Oper, lieber noch in seinem Salon als im Theater (jedoch auch hier um keinen Preis am heiligen Sonntage) vorsingen läßt, weil er den Ruhm hat, sie hier teurer bezahlen zu müssen, als dort."[24]

Anders als das Junge Deutschland und der Linkshegelianismus deutet Wagner die Erfahrungen der gesellschaftlichen Entfremdung, die sich ihm

---

[21] Ebd., S. 29.
[22] Ebd., S. 20f.
[23] Ebd., S. 26.
[24] Ebd., S. 24.

auch im Kunstschaffen der Moderne mitteilen, nicht nur von den Emanzipationsansprüchen des Individuums oder der Geschichte des menschlichen Geistes her, sondern nimmt sie auch als ökonomisches Phänomen wahr. Dabei reagiert er deutlich auf die Lektüre Proudhons und Weitlings, aber auch die Bezüge zu Karl Marx sind auffallend. Nach Wagner organisiert sich der moderne Kunstbetrieb nach den Prinzipien der kapitalistischen Geldwirtschaft, was eine tiefgreifenden Wandel im Selbstverständnis des Künstlers zur Folge haben muß. „Wir lassen einen gewissen Teil unseres gesellschaftlichen Proletariats, das sich ja in jeder Klasse vorfindet, zu unserer Unterhaltung abrichten; unsaubre Eitelkeit, Gefallsucht und, unter gewissen Bedingungen, Aussicht auf schnellen, reichlichen Gelderwerb füllen die Reihen unserer Theaterpersonale. Wo der griechische Künstler außer durch seinen Genuß am Kunstwerke durch den Erfolg und die öffentliche Zustimmung belohnt wurde, wird der moderne Künstler gehalten und – *bezahlt*".[25] Das Kunstschaffen erscheint Wagner als Vorbild der Selbstverwirklichung des Menschen durch seine Arbeit. Dem Künstler bedeutet „sein Produzieren ... an und für sich erfreuende und befriedigende Tätigkeit". Die verkaufte Kunst ist dagegen nicht mehr individueller Ausdruck ihres Urhebers, sondern das Produkt entfremdeter Arbeit, von der nur „der abstrakte Geldeswert bleibt".[26] Da den Künstlern im Kapitalismus aber auch ein gesellschaftliches Bewußtsein fehlt, können sie nicht der marxistischen 'Arbeiterklasse' zugeordnet, sondern nur mit den „Sklaven der Industrie" verglichen werden. Damit entdeckt Wagner hinter der Kunstreligion und dem Starkult der bürgerlichen Gesellschaft den subproletarischen Status des Künstlers.

Diese Entfremdungstendenz zeigt Wagner aber auch im Christentum und seiner neuzeitlichen Säkularisierung auf. „Setzte dieses nämlich den Zweck des Menschen gänzlich außerhalb seines irdischen Daseins, ... so konnte das Leben nur in Bezug auf seine unumgänglichst notwendigen Bedürfnisse Gegenstand menschlicher Sorgfalt sein; denn, da man das Leben nun einmal empfangen hatte, war man auch verpflichtet, es zu erhalten, bis es Gott allein gefallen möchte, uns von seiner Last zu befreien: keineswegs aber durften seine Bedürfnisse uns Lust zu einer liebevollen Behandlung des Stoffes zu erwecken, den wir zu ihrer Befriedigung zu verwenden hatten; nur der abstrakte Zweck der dürftigen Erhaltung des Lebens konnte unsere sinnliche Tätigkeit rechtfertigen, und so sehen wir mit Entsetzen in einer heutigen Baumwollfabrik den Geist des Christentums ganz aufrichtig ver-

---

[25] Ebd., S. 29.
[26] Ebd., S. 30.

körpert: zugunsten der Reichen ist Gott Industrie geworden, die den armen christlichen Arbeiter gerade nur so lange am Leben erhält, bis himmlische Handelskonstellationen die gnadenvolle Notwendigkeit herbeiführen, ihn in eine bessere Welt zu entlassen".[27]

Die Analogie von Kunst und Religion als sozialer Phänomene, die in der Antike auf ihrem politischen Charakter beruht hatte, stellt sich also auch in der Moderne wieder ein, insofern beide Bereiche zum Ausdruck der industriellen Produktionsweise werden.

Anders als die literarische Religionskritik des Jungen Deutschland oder der englischen Romantik macht Wagner das antike Griechenland nicht zum idealisierten Gegenbild der christlichen Zivilisation, das ästhetisch restituiert werden soll. Denn auch die antike Sklavenhaltergesellschaft beruhte auf der entfremdeten Arbeit großer Bevölkerungsgruppen. Die griechische Kunst und ihr öffentlicher Charakter wird durch die soziale Exklusion denunziert, auf der ihre Ökonomie beruhte. „Der Sklave hat, durch sein bloßes, als notwendig erachtetes Dasein als Sklave, die Nichtigkeit und Flüchtigkeit aller Schönheit und Stärke des griechischen Sondermenschentums aufgedeckt".[28] Griechenland kann also nur die Idee bzw. den Typos des 'Kunstwerks der Zukunft' darstellen, das es erst noch zu realisieren gilt. „Aber eben die *Revolution*, nicht etwa die *Restauration*, kann uns jenes höchste Kunstwerk wiedergeben ... Etwas ganz anders haben wir daher zu schaffen, als etwa eben nur das Griechentum wiederherzustellen", wie es schon „im Kunstwerke versucht worden". Die „wahre Kunst" kann sich vielmehr „nur auf den Schultern unsrer großen sozialen Bewegung zu ihrer Würde erheben; sie hat mit ihr ein gemeinschaftliches Ziel und beide können es nur erreichen, wenn sie es gemeinschaftlich erkennen".[29]

Erstaunlicherweise läßt Wagner den revolutionären Prozeß, in dem sich die Aufhebung der gesellschaftlichen Entfremdung und die Ermöglichung der ästhetischen Autonomie gegenseitig befördern, auf das Evangelium Jesu Bezug nehmen. Dabei zeigen sich auch hier eklatante Unterschiede zum Jungen Deutschland wie gegenüber dem Handwerkerkommunismus, die den universalistischen und ethischen Charakter des Christentums herausstellten.

Das „Kunstwerk der Zukunft" soll im Unterschied zu dem der Griechen, die sich kulturell von den Barbaren abgrenzten, „den Geist der freien

---

[27] Ebd., S. 28f.
[28] Ebd., S. 31.
[29] Ebd., S. 37f.

Menschheit über alle Schranken der Nationalität hinaus umfassen".[30] Der universalistische Gleichheitsgedanke des Christentums ist für Wagner aber eine Sklavenmoral, die kollektive Unterdrückung spiegelt und durch den Jenseitsglauben verklärt. Das asketische Ethos, wie es die Kirche predigt, erscheint ihm als Ausdruck des egoistischen Heilsstreben und Legitimation des materialistischen Selbsterhaltungstrieb, die der modernen Vernutzung des Menschen Vorschub leisten. Das „Kunstwerk der Zukunft" soll sein sozial normatives Komplement daher in einer „Religion der Zukunft"[31] finden. „In diesem künftigen Zustande nun dürfen wir die Menschen erkennen, wie sie sich von einem letzten Aberglauben ... befreit haben, ... durch welchen der Mensch sich bisher nur als das Werkzeug zu einem Zwecke erblickte, der außer ihm selbst lag. Weiß der Mensch sich endlich selbst einzig und allein als Zweck seines Daseins, und begreift er, daß er diesen Selbstzweck am vollkommensten nur in der Gemeinschaft mit allen Menschen erreicht, so wird sein gesellschaftliches Glaubensbekenntnis nur in einer positiven Bestätigung jener Lehre Jesus' bestehen können, in welcher er ermahnte: 'Sorget nicht, was werden wir essen, was werden wir trinken, noch auch, womit werden wir uns kleiden, denn dieses hat euch euer himmlischer Vater alles von selbst gegeben!' Dieser himmlische Vater wird dann kein andrer sein als die soziale Vernunft der Menschheit, welche die Natur und ihre Fülle sich zum Wohle aller zu eigen macht."[32] Diese Versöhnung von autonomer individueller Bestimmung und gesellschaftlicher Solidarität des Menschen ist allen abstrakten universalistischen Lehren des Christentums vorgeordnet. Denn Jesus hätte „die allgemeine Menschenliebe", die er predigte, „doch unmöglich denen ... zumuten können, welche sich selbst verachten sollten".[33]

Das Evangelium kann so im Bereich der Religion das 'Kunstwerk der Zukunft' präfigurieren, das ästhetische Autonomie mit sozialem Anspruch verbindet. In diesem Sinne kann Wagner am Ende der Abhandlung die erneute Konvergenz von Religion und Kunst in der künftigen Gesellschaft in kultischer Metaphorik beschreiben: „So laßt uns denn den Altar der Zukunft, im Leben wie in der lebendigen Kunst, den zwei erhabensten Lehrern der Menschheit errichten: – Jesus, der für die Menschheit litt und Apollon, der sie zu ihrer freudenvollen Würde erhob."[34]

---
[30] Ebd., S. 35.
[31] Wagner, *Gesammelte Schriften*, Bd. 10, S. 70.
[32] Ebd., S. 38
[33] Ebd., S. 20.
[34] Ebd., S. 47.

3. Das Kunstwerk der Zukunft

Richard Wagners Abhandlung *Das Kunstwerk der Zukunft*, die in der ersten Auflage Ludwig Feuerbach gewidmet ist, bringt seine Forderungen nach einer politisch-ökonomischen und ästhetischen Revolution in noch radikalerer Form vor. So behauptet Wagner, in der kulturellen Krise der Gegenwart kulminiere eine „Geschichte des absoluten Egoismus" und „das Ende dieser Periode" werde „seine Erlösung in den Kommunismus sein".[35] Damit wendet er sich polemisch gegen den extremen liberalen Individualismus des Jungen Deutschlands, wie er sich in Heines scharfer Attacke gegen die Kommunisten im *Anhang zur Lutetia* von 1843 zeigt. Anderseits betont Wagner, daß es natürlich vor allem auch „polizei-gefährlich" ist, „dieses Wort zu gebrauchen" und meint es wohl auch in diesem sozialistisch-anarchistischen Sinne. Denn für Wagner ist „nichts verderblicher für das Glück der Menschen gewesen, als dieser wahnsinnige Eifer das Leben der Zukunft durch gegenwärtig gegebene Gesetze zu ordnen."[36] Die Gesellschaftskritik Wagners zielt hier explizit auf das Kapital und seinen Kreislauf, „das Eigentum, das für alle Ewigkeit niet- und nagelfest zu bannende Eigentum" als den „nach dem Naturgesetz der Fünfprozent ewig sich neu erzeugenden und ergänzenden Stoff behaglichsten Käuens und Schlingens".[37]

Anders als Marx geht Wagner aber nicht von der einsinnigen Determination der Kultur durch die Ökonomie aus, sondern von der Eigendynamik und Wechselwirkung der beiden Systeme. Im Vergleich zur vorgegangenen Schrift entwickelt Wagner ein weitaus differenzierteres entwicklungsgeschichtliches Modell der sozialen Bedeutung von Kunst und Religion, deren primäre Funktion er hier in der Bildung eines kollektiven Gedächtnisses sieht.

Die ältesten Kulturen der Menschheit definieren sich durch den Mythos, der die natürlichen Merkmale einer Gruppe zur Herkunft von einem gemeinsamen Stammvater hypostasierte und schließlich ganz an ihre Stelle trat.

Bei den Griechen verstärkte die Kunst das kulturelle Gedächtnis, das die Mythen tradierten, und löste das religiöse Ritual in dieser Funktion ab, als es das soziale Wissen nicht mehr vermitteln und evident halten konnte. Im Medium der Kunst wurde dabei der Konflikt zwischen der apollinischen

---

[35] Ebd., S. 141.
[36] Ebd., S. 178f.
[37] Ebd., S. 179.

Religion, die das Individuum glorifiziert, und der sozialen Funktion des Kults sichtbar. „Die gemeinsame Feier der Erinnerung ihrer gemeinschaftlichen Herkunft begingen die hellenischen Stämme in ihren religiösen Festen, d.h. in der Verehrung und Verherrlichung des Gottes oder des Helden, in welchem sie sich als ein gemeinsames Ganzes inbegriffen fühlten. Am lebendigsten, wie aus Bedürfnis das immer weiter in die Vergangenheit Entrückte sich mit höchster Deutlichkeit festzuhalten, versinnlichten sie ihre Nationalerinnerungen endlich aber in der Kunst, und hier am unmittelbarsten im vollendetsten Kunstwerke, in der Tragödie ... Die Tragödie war somit die zum Kunstwerke gewordene religiöse Feier, neben welcher die ... herkömmlich fortgesetzte wirklich religiöse Tempelfeier ... zur gedankenlosen herkömmlichen Zeremonie wurde, während ihr Kern im Kunstwerk fortlebte ... Der Kern der hellenischen Religion, auf den all ihr Wesen im Grunde einzig sich bezog ... war aber: *der Mensch*. An der Kunst war es, dies Bekenntnis klar und deutlich auszusprechen: sie tat es, indem sie das letzte verhüllende Gewand der Religion von sich warf und in voller Nacktheit ihren Kern, den *wirklichen* leiblichen Menschen zeigte. Mit dieser Enthüllung war aber auch das gemeinschaftliche Kunstwerk vernichtet: das Band der Gemeinschaft in ihm war eben jenes Gewand der Religion gewesen."[38] Die Ästhetisierung der Religion, die an die Stelle des traditionellen Kults tritt, befördert die Auflösung ihrer Verbindlichkeit, so daß die Kunst ein säkulares, materialistisches Selbstverständnis artikulieren kann.

Die Trennung der Religion von der Kunst läßt diese aber aus der kulturellen Semantik heraustreten und zur bloßen Reproduktion der physischen Realität, bzw. ihrer beliebigen Deformation durch die 'Mode' werden. Die Kunst kann keine autonome Sinnsphäre mehr aufbauen und der Gemeinschaft zugänglich machen, wodurch sie zum stereotypen Ornament und überflüssigen 'Luxus' wird. Das Kunstwerk organisiert sich im Kapitalismus nach dem mechanischen Prinzip, das nur noch botschaftslose Medien und simulative Bedürfnisse erzeugt. „Das Mechanische unterscheidet sich vom Künstlerischen aber dadurch, daß es von Ableitung zu Ableitung, von Mittel zu Mittel geht, um endlich doch immer wieder nur ein Mittel, die *Maschine*, hervorzubringen".[39] Dieser Entwicklung der Kunst schreibt Wagner eine geradezu anthropologische Dimension zu, die sich ihm in der Geschichte der griechischen Plastik und ihrer Reproduktion exemplarisch verdichtet. „Diesen Menschen, schön an sich, aber unschön in seinem egoi-

---

[38] Ebd., S. 139f.
[39] Ebd., S. 65.

stischen Einzelsein, hat uns in Marmor und Erz die Bildhauerkunst überliefert, – bewegungslos und kalt wie eine versteinerte Erinnerung, wie die *Mumie des Griechentums* – Diese Kunst, im Solde der Reichen zur Verzierung der Paläste, gewann um so leichter eine ungemeine Ausbreitung, als das künstlerische Schaffen in ihr sehr bald zur bloßen mechanischen Arbeit herabsinken konnte."[40] Das auffällige Bild der Mumifizierung für die egozentrische Erstarrung einer Kultur konnte Wagner bei Heine finden, der immer wieder aus dem Ägyptendiskursen der Aufklärung und der Napoleonischen Zeit schöpfte. Dieser bezeichnet in *Die Stadt Lucca* das Judentum als „Volksmumie, die über die Erde wandelt, eingewickelt in ihren uralten Buchstabenwindeln, ein verhärtet Stück Weltgeschichte".[41] Wagner überträgt die parodistische Metaphorik von der Schrift- auf die Bildkultur und zugleich von der Religion auf die Kunst.

Nach Wagner können die neue Religion und Kunst nicht von der „Künstlerklasse" ausgehen, die selbst aus der Atomisierung der kulturellen Systeme hervorgegangen ist, sondern nur „aus dem Volke", bzw. „von unten".[42] Wenn Wagner dabei „das Volk" als den „Künstler der Zukunft" bezeichnet, überträgt er die demokratische Forderung der politischen Partizipation wie die sozialistische der ökonomischen Kollektivierung auf den Bereich der Ästhetik. Obschon Wagners eigenes Künstlertum im Rahmen des romantischen Geniegedanken blieb, entwickelt er die Theorie einer öffentlichen Kunst, auf die sich Joseph Beuys mit seinem „erweiterten Kunstbegriff" beziehen sollte. Die Aktionen des Künstlers sollen hier eine „soziale Plastik" schaffen, indem sie Kunstwerk und Publikum in ein spontanes interaktives Geschehen einbinden.[43] Bereits Wagner dachte in diese Richtung, wenn er mit seinem „Drama" die „Erlösung der Plastik" als „die Entzauberung des Steines in das Fleisch und das Blut des Menschen, aus dem Bewegungslosen in die Bewegung, aus dem Monumentalen in das Gegenwärtige" beabsichtigte.[44] Dabei zitiert er die Polemik gegen die theologische Norm des 'Gesetzes' bei den jüdischen Propheten und dem Apostel Paulus, die den göttlichen Geist und seine Inkarnation im menschlichen Handeln den stei-

---

[40] Ebd., S. 144.
[41] Heine, *Sämtliche Schriften*, Bd. 3, S. 515.
[42] Ebd., S. 156.
[43] Vgl. Antje von Graevenitz, „Erlösungskunst oder Erlösungspolitik. Wagner und Beuys", in: Gabriele Förg (Hrsg.), *Unsere Wagner: Joseph Beuys, Heiner Müller, Karlheinz Stockhausen, Hans Syberberg*, Frankfurt a.M. 1984, S. 11-49.
[44] Wagner, *Gesammelte Schriften*, Bd. 10, S. 147.

nernen Tafeln mit ihren abstrakten Forderungen entgegenstellten, und bezieht sie auf den ästhetischen Kanon.

In *Das Kunstwerk der Zukunft* zeigt Wagners erstmals im Detail, wie er sich die Kunst als Modell der Gesellschaft und die Gesellschaft als Modell der Kunst denkt. Das Verhältnis zwischen Individuum und Gemeinschaft bildet weiterhin den Angelpunkt der politisch-theologischen und kultisch-ästhetischen Erwägungen, wobei Wagner eine deutlichere Abgrenzung dem Vorbild Griechenlands gegenüber vollzieht. Anders als in Griechenland intergrieren Kunst und Religion der Zukunft das Individuum nicht in ein ethnisch definiertes Kollektiv, sondern lassen es seine Eigenart exponieren und aus ihr eine ästhetische wie ethische Norm ableiten. Dabei kann das Kunstwerk nicht mehr wie noch das griechische Theater die religiöse Geltung der Stammessagen voraussetzen, sondern jeder Dichter muß seinen Helden als menschheitliches Vorbild glaubhaft machen, indem er dessen tragischen Untergang zu Darstellung bringt. „Die letzte, vollständige Entäußerung seines persönlichen Egoismus, die Darlegung seines vollkommenen Aufgehens in der Allgemeinheit, gibt uns ein Mensch nur mit seinem Tod kund, und zwar nicht mit seinem zufälligen, sondern seinem notwendigen, dem durch sein Handeln aus der Fülle seines Wesens bedingten Tod. Die Feier eines solchen Todes ist die würdigste, die von Menschen begangen werden kann. Sie erschließt uns nach dem, durch jenen Tod erkannten, Wesen dieses einen Menschen die Fülle des Inhaltes des menschlichen Wesens überhaupt. Am vollkommensten versichern wir uns des Erkannten aber in der bewußtvollen Darstellung jenes Todes selbst, und um ihn uns zu erklären, durch die Darstellung derjenigen Handlung, deren notwendiger Abschluß jener Tod war. Nicht in den widerlichen Leichenfeiern, wie wir sie in unserer christlich-modernen Lebensweise durch beziehungslose Gesänge und banale Kirchhofsreden begehen, sondern durch die künstlerische Wiederbelebung des Toten, durch lebensfreudige Wiederholung und Darstellung seiner Handlung und seines Todes im dramatischen Kunstwerk werden wir die Feier begehen, die uns Lebendige in der Liebe zu dem Geschiedenen hoch beglückt und sein Wesen zu dem unseren macht."[45] Diese Auffassung der tragischen Katastrophe, die Wagner hier als „Opfer" bezeichnet, und der dramatischen Handlung, die auf diese zentriert ist, verweist wiederum bis in die Wortwahl hinein auf die christliche Sakramentstheologie. Dabei bezieht sich Wagner auf das reformatorische Verständnis des kultischen Vorgangs,

---

[45] Ebd., S. 171f.

das die kollektive Erinnerung des Todes Jesu, die Meditation seiner Leiden, die auf seine menschliche Natur verweisen, sowie die moralische Ausrichtung an seinem Heilswerk hervorhebt. Freilich setzt Wagner seine humanistische Liturgie und ihre ästhetische Katharsis, wie sie später die Gralsszenen des Bühnenweihfestspiels *Parsifal* in christlicher Bildlichkeit gestalten, klar vom religiösen Ritual der Kirche ab.

Der Künstler überbietet durch seine vollständige Identifikation mit dem mythischen Vorbild das Priestertum, das zwischen Amt und Person trennt. „Aber nur in dem Grade erreicht er seine eigene Absicht, als er ... die Handlung des gefeierten Helden nicht nur *darstellt*, sondern sie *moralisch* durch sich selbst *wiederholt*, indem er nämlich durch dieses Aufgeben seiner Persönlichkeit beweist, daß er auch in seiner künstlerischen Handlung eine notwendige, die ganze Individualität seines Wesens verzehrende Handlung vollbringt".[46] Durch dieses poetische Martyrium beglaubigen die Künstler der Zukunft ihre individuellen ästhetischen Normen, deren Konstellation und Sukzession das soziale Gesamtkunstwerk ausmacht. Diese permanente Revolutionierung der Kunst, die sich aus dem ethisch-religiösen Engagement des Einzelnen speist, verhindert die konformistische Beliebigkeit der Mode und die elitäre Erstarrung des Kunstexpertentums. Dabei schlägt Wagner ein plebiszitäres Modell für das Verhältnis von Künstler und Publikum, Kunstwerk und ästhetischer Norm vor. Der „Dichter" erhebt sich „zum künstlerischen Gesetzgeber der Gemeinschaft, um von diesr Höhe vollkommen wieder in die Gemeinschaft aufzugehen. Das Wirken dieses Gesetzgebers ist daher immer nur ein periodisches, das nur auf den einen besonderen, von ihm aus seiner Individualität angeregten, und zum gemeinsamen künstlerischen Gegenstand erhobenen Fall sich zu erstrecken hat; ... Die Diktatur des dichterischen Darstellers ist naturgemäß zugleich mit der Erreichung seiner Absicht zu Ende."[47]

Die ästhetische Autonomie institutionalisiert sich in einer „künstlerischen Genossenschaft, die zu keinem anderen Zwecke, als zu dem der Befriedigung gemeinschaftlichen Kunstdranges sich vereinigt". Durch diese soziale Kunst soll die künftige Menschheit lernen, ihre gemeinsamen Bedürfnisse zur Grundlage der gesellschaftlichen Organisation zu machen, die Wagner in dem „Bedürfnis, zu leben und glücklich zu sein," zusammenfaßt.[48] Die „Gesetze sind ... nichts anderes, als die zur Erreichung dieses

---

[46] Ebd., S. 173.
[47] Ebd., S. 174.
[48] Ebd., S. 176.

Zwecks dienlichsten Mittel".⁴⁹ Die zeitgenössischen Staats- und Rechtssysteme kritisiert Wagner dagegen, da sie „nur durch äußere Willkür, z.B. dynastische Familieninteressen entstanden" seien und allein die Eigentumsverhältnisse abbilden. Der partikularisierenden Wirkung der modernen Gesellschaft setzt Wagner die integrativen Größe des 'Volkes' entgegen. Die bisherigen Ausführungen sollten deutlich gemacht haben, daß „Das Kunstwerk der Zukunft" Sozialität als synergetische kulturelle Leistung der Individuen konzipiert, die den Ego- und Ethnozentrismus ins Menschheitliche transzendieren soll. Daher ist Wagners Vorstellung des 'Volkes' auch deutlich von der späteren 'völkischen' Ideologie abgrenzen, die eine archaische naturhafte Gemeinsamkeit suggeriert und und dabei den Willen der Einzelnen negiert. Gleichwohl wurden in der Rezeptions- und Forschungsgeschichte diese beiden gegensätzlichen Vorstellungen oftmals verwechselt.⁵⁰ Das „Volk" definiert sich für Wagner gerade nicht durch die Affirmation gemeinsamer Eigenschaften, sondern durch die Distanzierung von einer kollektiven Erfahrung der Entfremdung, der „Not"..

Am Ende von *Das Kunstwerk der Zukunft* illustriert Wagner sein Programm an zwei Exempeln einer solchen Befreiung, die sich mythopoetisch im kulturellen Gedächtnis des Abendlandes festgeschrieben haben: dem biblischen Exodus des jüdischen Volkes aus der ägyptischen Sklaverei und der germanischen Sage von Wieland dem Schmied, die wiederum auf den griechischen Dädalusmythos verweist.

Diese religions- und kunstgeschichtlichen Gründermythen inszeniert der Text als typologische Urbilder des sozialen 'Kunstwerks der Zukunft'. Den Auszug aus Ägypten sieht Wagner als Bildung einer revolutionären Gemeinschaft, die sich als religiöse Sendung artikulierte. „Diese Not trieb einst die Israeliten, da sie bereits zu stumpfen, schmutzigen Lasttieren geworden waren, durch das Rote Meer; und durch das Rote Meer muß auch uns die Not treiben, sollen wir, von unserer Schmach gereinigt, nach dem gelobten Lande gelangen. Wir werden in ihm nicht ertrinken, es ist nur den Pharaonen dieser Welt gefährlich, die schon einst mit Mann und Maus, mit Roß und Reiter darin verschlungen wurden ... Das Volk, das auserwählte Volk, zog aber unversehrt durch das Meer nach dem Lande der Verheißung,

---

⁴⁹ Ebd., S. 175.
⁵⁰ So etwa Weiner (Anm.15), S. 35-103. Zum Wagner-Kreis vgl. Vgl. George L. Mosse, *Die völkische Revolution. Über die geistigen Wurzeln des Nationalsozialismus*, Frankfurt a.M. 1979, S. 102-104.

das es erreichte, nachdem der Sand der Wüste die letzten Flecken knechtischen Schmutzes von seinem Leibe gewaschen hatte."⁵¹

Während Wagner die israelitische Sage eine kollektive Selbstdefinition durch die Religion reflektieren läßt, betont seine Deutung der Wielandsage, die er dem deutschen Volk als Vorbild hinstellt, die Bedeutung der Kunst für die Rettung des Individuellen. *Das Kunstwerk der Zukunft* stilisiert den Wieland- Mythos, den Wagner im Jahre 1849 auch zum Gegenstand eines dramatischen Entwurfs machte, in expliziter Entsprechung zu seiner Theorie der Selbstentfremdung der Kunst und des Künstlers in der kapitalistischen Gesellschaft. Anfangs kann Wieland, der Schmied, das Ideal künstlerischer Autonomie verwirklichen, wenn er allein „aus Lust und Freude an seinem Tun die kunstreichsten Geschmeide" schuf.⁵² Der Künstler hat auf dieser Kulturstufe noch eine unmittelbare Beziehung zum Bereich der mythischen Wesen, wenn er sich mit einer Schwanenjungfrau verbindet. Die Kunst Wielands wird aber auf ihren materiellen Wert reduziert und dem Egoismus der Macht und des Reichtums, den die Gesetze legitimieren, dienstbar gemacht. „Einen König Neiding gab es, der hatte viel von Wielands Kunst gehört; ihn gelüstete es, den Schmied zu fangen, daß er fortan ihm einzig Werke schaffen möge. Auch einen gültigen Vorwand fand zu dieser Gewalttat: das Goldgestein, daraus Wieland sein Geschmeide bildete, gehörte dem Grund und Boden des Neiding an, und so war Wielands Kunst ein Raub am königlichen Eigentume. – Er war nun in sein Haus eingedrungen, überfiel ihn jetzt, band ihn und schleppte ihn mit sich fort. Daheim an Neidings Hofe sollte Wieland nun dem Könige allerhand Nützliches, Festes und Dauerhaftes schmieden: Geschirr, Zeug und Waffen, mit denen der König sein Reich mehrte." Das Kunstwerk wird zum Gebrauchsgegenstand funktionalisiert und zu politischen Zwecken instrumentalisiert. Die entmenschlichende Deformation des Künstlers durch diese entfremdeten Arbeit, die ihn zum bloßen technischen Spezialisten macht, zeigt sich darin, daß der König „ihm die Fußsehnen ... durchschneiden" ließ, da „der

---

⁵¹ Wenn Heine den Exodus in seinen *Geständnissen* von 1854 entgegen seinem früheren religionskritischen Verständnis als revolutionäres Kunstprojekt darstellt, das er in der heroischen Figur Moses personalisiert, liest sich das wie eine Antwort auf Wagners Deutung. Für Heine ist Mose hier „trotz seiner Befeindung der Kunst, dennoch selber ein großer Künstler", dessen Werk er der ägyptischen Skulptur entgegenstellt. „Aber nicht wie die Ägypter formte er seine Kunstwerke aus Backstein und Granit, sondern ... er nahm einen armen Hirtenstamm und schuf daraus ... in großes, ewiges, heiliges Volk, ein Volk Gottes, das allen anderen Völkern als Muster, ja der ganzen Menschheit als Prototyp dienen konnte" (Heine, *Sämtliche Schriften*, Bd.11, S. 480).
⁵² Wagner, *Gesammelte Schriften*, Bd. 10, S. 183.

Schmied nicht die Füße, sondern nur die Hände zu seiner Arbeit brauchte".[53] Die Kraft zum Aufstand gegen den Peiniger gewinnt Wieland aus der Erinnerung an die mythische Lebensform der Schwanenjungfrauen. Diese ist ihm freilich in der Zivilisation nicht mehr zugänglich, so daß er sie neu „erfinden" muß, indem er sich Flügel schmiedete. „Getragen von dem Werke seiner Kunst flog er auf zu der Höhe, von wo er Neidings Herz mit tödlichem – Geschosse traf".[54]

4. Jesus und Siegfried

Die literarischen Traditionen der Bibel und der germanischen Mythologie, die Wagner am Ende von *Das Kunstwerk der Zukunft* zitiert, lieferten auch die Stoffe für seine dramatischen Pläne der Jahre 1848/49, nämlich einerseits *Jesus von Nazareth*, andererseits der *Nibelungen-Mythus* und *Siegfrieds Tod*. Dabei stehen die kulturellen Zusammenhänge des antiken Judentums, in die Wagner das Leben Jesu einbettet, noch gleichberechtigt neben der nordischen Kultur, für die sich Wagner mit der Ausarbeitung von *Der Ring des Nibelungen* schließlich entscheiden sollte. Interessanterweise betont Wagner dabei in *Das Kunstwerk der Zukunft*, daß ihn die „Israeliten einmal in das Gebiet der schönsten aller Dichtungen, der ... Volksdichtung geleitet haben".[55] Von einer besonderen Glorifizierung des Germanentums kann hier also nicht die Rede sein.

Die Revolutionierung von Kunst und Religion, die Wagners theoretische Schriften fordern, bestimmt dabei sowohl seine Behandlung der Evangelien wie der Nibelungensage, wobei sich zahlreiche motivische Verbindungen herausarbeiten lassen.

Der theoretischen Forderungen für das dramatische Kunstwerk der Zukunft entsprechend, zentriert Wagner die biblischen und mythologischen Komplexe jeweils auf das tragische Geschick eines Helden. Der Tod Jesu wie der Siegfrieds verweist dabei auf eine menschheitsgeschichtliche Zäsur. Während der biblische Heros vor eine detaillierte historische Kulisse gestellt wird, bewegt sich der germanische Held in einem vorzeitlich mythischen Szenario, dem Wagner wegen seiner Allgemeingültigkeit schließlich den Vorzug gegeben hat. Gleichwohl spielen beide Handlungen die bekannten Themen der gesellschaftlichen Selbstentfremdung und der individuellen

---

[53] Ebd., S. 184.
[54] Ebd., S. 184f.
[55] Ebd., S. 183.

Selbstüberwindung durch. Die Behauptung der Autonomie des Schönen und Heiligen vor dem Hintergrund der politisch- ökonomischen Instrumentalisierung von Kunst und Religion stellt dabei wiederum das Paradigma dar.

Das Verhältnis von Religion und Politik exponiert Wagners *Jesus von Nazareth* anhand der messianischen Bewegungen im Judentum. Die Dramatisierung des Evangelienstoffs zeigt dabei Gattungsmerkmale der griechischen Tragödie. Die Skizze setzt mit der Schilderung eines fiktiven Dialogs über das Wirken Jesu zwischen Judas Ischarioth und Barrabas (sic!) ein, der „einen Aufstand in Judäa gegen das römische Joch" beabsichtigte. „Nun wäre in Jerusalem alles voll von dem Sohne Davids, der sich in Galiläa kundgegeben; man erwarte sich von ihm den Messias". Judas bestätigt, daß sich der Nazarener „Erlöser" nennt, „noch habe er ... aber nicht Klarheit darüber erlangen können, wie Jesus seinen Beruf zu erfüllen gedenke; herzlich wünsche auch er, daß Jesus die Zügel des Volkes ergreifen möge, um als König der Juden frei und offen die Errettung des auserwählten Volkes zu bewirken".[56] Aufgrund der überragenden öffentlichen Wirkung Jesu, die im zweiten Akte gezeigt wird, läßt das jüdische Volk Barrabas und seine Anhänger fallen. Die Lehre Jesu, die seine Jünger und das Volk mißdeuten, besteht aber in der „Erlösung aller Völker der Erde durch ihn, nicht der Juden allein"[57] und verweist so auf die universalistische 'Religion der Zukunft'. Die Peripetie setzt im dritten Akt ein, als Jesus dem Volk Jerusalems seine „wahre Sendung" offenbart. Die verwirrte Menge fällt nun von ihm ab und der enttäuschte Judas verrät ihn. Anders als in der griechischen Tragödie resultiert der Fall des Helden hier nicht aus dem eigenen tragischen Irrtum, sondern aus der Fehleinschätzung durch seine Umwelt. Damit gleicht Wagner sein Drama dem Märtyrerstück an, in dem der Held seine Wahrheit in vollem Bewußtsein gegen die verständnislose Umwelt setzt und durch seinen Tod bezeugt. Die Schürzung des Knotens vollzieht sich auf der Ebene der politischen Interessen des Pilatus, der die römische Herrschaft bedroht sieht, und der jüdischen Aristokratie, deren Privilegien Jesus in Frage stellt. Die katastrophische Zuspitzung des vierten und fünften Akts imaginiert Wagner in der effektvollen Art der großen Oper. Das Schlußtableau sollte aber zeigen, wie die Jünger und das Volk durch die Kreuzigung Jesu den wahren Sinn des Evangeliums erkennen. „Petrus ... verkündet in hohem Enthusiasmus die Erfüllung von Jesus' Verheißung: sein Wort stärkt und begeistert alle; er

---

[56] Wagner, *Gesammelte Schriften*, Bd. 6, S. 194.
[57] Ebd., S. 200.

redet das Volk an – wer ihn hört drängt herzu und begehrt die Taufe (Aufnahme in die Gemeinde)."⁵⁸

Auf diese Handlungsskizze folgt ein Teil mit weiteren von Wagner formulierten Aussprüchen Jesu und ihrer theologische Deutung, die noch durch eine abschließende Sammlung von Evangelienstellen ergänzt wird. Wagner interpretiert das Evangelium Jesu als Lehre von der Liebe, die den Egoismus überwinden soll und sich dabei gegen das 'Gesetz' wendet. Dabei versteht er unter dem 'Gesetz' nicht in erster Linie die jüdische Religionsform, sondern ein generelles Phänomen der menschlichen Gesellschaft. In diesen Ausführungen orientiert sich Wagner mehr an der paulinischen Gesetzeskritik des Römerbriefs als an den Aussagen der Evangelien. Die Sünde kam erst durch das 'Gesetz' in die Welt, das die Natur des Menschen verdammte, und wird durch den Erlöser beseitigt. Wie das 'Kunstwerk der Zukunft' rechtfertigt auch die Liebesreligion Jesu die natürlichen Bedürfnisse des Menschen, die in der Gemeinschaft Erfüllung finden sollen. Die Liebe gewährt dabei „alle Befriedigung", indem sie sich am Individuellen entzündet und dieses in eine soziale Beziehung einbindet. Das „Gesetz" wurde dagegen „zur Beschränkung der Liebe" geschaffen, „um einen Zweck zu erreichen, der außerhalb der menschlichen Natur liegt – das ist Macht, Herrschaft – vor allem aber *Schutz des Besitzes*".⁵⁹

Die Wirkung der absichtsvoll inhumanen Norm als selbstläufigen Generator absichtsloser menschlicher Schuld zeigt Wagner am Beispiel des Schwörens, das Jesus ablehnt: „in dem Eide lag das bindende Gesetz einer Welt, welche noch nicht die Liebe kannte ... : durch einen Eid gebunden, bin ich unfrei: tue ich in seiner Erfüllung Gutes, so verliert dies seinen Wert (wie jede gezwungene Tugend) ... ; führt er mich zu Üblem, sündige ich dann mit Überzeugung. Der Eid bringt jedes Laster hervor: bindet er mich gegen meinen Vorteil, so werde ich ihn zu umgehen suchen (wie jedes Gesetz umgangen wird), und so wird das, was ich ganz nach meinem Recht täte, indem ich meinem Gedeihen nachgehe, durch den Eid zum Verbrechen".⁶⁰

An provozierenden Beispielen zeigen Wagners Jesusworte, daß aus der Delegitimierung des Gesetzes eine antinomistische Praxis folgen kann. Der Reichtum erscheint etwa verwerflicher als der Diebstahl. „Wer Schätze häufte, die Diebe stehlen können, der brach zuerst das Gesetz, indem er seinem

---

⁵⁸ Ebd., S. 206.
⁵⁹ Ebd., S. 209.
⁶⁰ Ebd., S. 208.

Nächsten nahm, was ihm nötig ist".[61] Der Ehebruch ist legitim, „wenn die Ehe ohne Liebe geschlossen ward" und das Elternrecht ist nicht mehr verbindlich, wenn es „in Zwang gegen die Kinder überging".[62] Die Aufhebung des egoistischen Prinzips, wie es im 'Gesetz' zum Ausdruck kommt, vollzieht sich in einer Skala der Selbstentäußerung, die von der geschlechtlichen Liebe über den Heldentod bis zum Martyrium für das Heil der Menschheit reicht, wie es Jesus vorgelebt hat.

Die Christologie Wagners bezieht sich auf linkshegelianische Anschauungen über den göttlichen Status der Menschheit, die auch Heine vertrat. Das menschliche Bewußtsein habe das absolute Wissen erreicht und den transzendenten Gottesbegriff abgelöst, so daß es sich nun ein libertäres Gesetz auf den Leib schreiben könne. Die interessantere Konsequenz Wagners ist aber, daß sich „das Gesetz gegen Gott selbst" wendet, indem es ihn auf einen Begriff des Guten festlegt und so seine schöpferische Kraft lähmt. Wenn der Mensch das Gesetz aufhebt, beendet er also auch „das Leiden Gottes", indem er ihn wieder mit der Natur vereint.[63] Der erlösungsbedürftige Gott, der sich einen menschlichen Befreier erwählt, wird für Wagner bis zum *Ring des Nibelungen* und dem *Parsifal* ein zentrales Motiv bleiben.

Die ersten Entwürfe Wagners zum Nibelungen- und Siegfriedstoff gehen dem Entwurf zu *Jesus von Nazareth* unmittelbar voraus. *Der Nibelungen-Mythus* gibt eine knappe Prosaskizze der ganzen späteren Tetralogie. Der Handlungsgang von *Die Götterdämmerung* ist in *Siegfrieds Tod* vollständig dramatisch ausgearbeitet. Gleichwohl gibt es wichtige inhaltliche Unterschiede zwischen den beiden Fassungen. Dabei weist *Der Ring des Nibelungen* in allen Phasen seiner Entstehung enge Bezüge zu den 'Kunstschriften' auf. Auch gehen viele Motive aus den anderen dramatischen Projekten des Revolutionsjahres in das Hauptwerk ein. Erstaunlicherweise werden gerade wichtige Aspekte der *Jesus*-Dichtung, die im *Nibelungen-Mythus* nur angedeutet sind, später in der *Ring*-Tetralogie weiter entfaltet. Diese Parallelen sollen im folgenden herausgearbeitet und ihre Bedeutung für das Verhältnis von Kunst und Religion bei Wagner bestimmt werden.

Bereits der Titel von *Siegfrieds Tod* verweist auf Wagners Theorie der Tragödie als eines ästhetischen Totenkultes, der das Ableben des Helden dramatisch motiviert und als moralisches Vorbild vergegenwärtigt. Die Vorgeschichte des Todes Siegfrieds wird im *Nibelungen-Mythus* bis in in die

---

[61] Ebd., S. 212f.
[62] Ebd., S. 210.
[63] Ebd., S. 219.

Urzeit zurückverfolgt, in der die Götter- und Menschenwelt gegründet wurde. Die zentrale Figur ist der Göttervater Wotan, der als ein 'salvator salvandus' im Sinne des *Jesus von Nazareth* erscheint. Der Gott hat sich als Hüter der sittlichen Weltordnung an ein Gesetz gebunden, das er zur eigenen Selbstbehauptung übertreten muß. Die Analogie zur jesuanischen Kritik des Eides wird in *Das Rheingold* deutlich. Wotan verspricht den Riesen, Fasolt und Fafner, die ihm eine Festung gegen die Feinde des Göttergeschlechts bauen sollen, seine Tochter Freia. Damit geht der Gott einen Pakt ein, den er ihn nicht erfüllen kann. Denn die Wegnahme Freias würde das Ende der Götter herbeiführen, da sie über die Früchte des ewigen Lebens verfügt.

Die Kritik der abstrakten Normsysteme verknüpft Wagner dabei mit dem Thema der Entstellung des Schönen zum Eigentum und Machtmittel. In *Das Rheingold* wird Wotan von Fasolt darauf hingewiesen, daß seine Herrschaft „nur durch Verträge" (V.489) besteht und durch ihre Geltung begrenzt ist. Andererseits betont der Riese, daß das Streben nach äußerlicher Macht der ästhetischen Sendung der Götter widerspricht: „Die ihr durch Schönheit herrscht / schimmernd hehres Geschlecht, / – Wie töricht strebt ihr / nach Türmen von Stein / Setzt um Burg und Saal Weibes Wonne zum Pfand" (*Das Rheingold*, V.511-516). Als Wotan seine Tochter den Riesen versprach, reduziert er ihre Schönheit auf den Tauschwert. Während aber Fasolt vom sinnlichen Reiz der Göttin fasziniert ist, will sein Bruder Fafner allein die „goldne[n] Äpfel" (*Rheingold*, V.529) an sich bringen, auf denen die Herrschaft der Götter beruht.

Das zentrale Sakrileg gegen die ästhetische Autonomie ging diesem Handel noch voraus, als Wotans Gegenspieler Alberich das 'Rheingold' raubte. Das mythische Gold auf dem Grunde des Rheins, dessen Glanz die Strahlen der Sonne reflektiert, verkörpert in absoluter Weise die kosmische Schönheit, solange es den Blicken entzogen bleibt und allein die Rheintöchter erfreut. Alberich formt das Gold dagegen zum Ring und macht es so zum Gebrauchsgegenstand, durch den er sich Reichtum und Macht erwerben will. Ähnlich wie König Neiding in *Das Kunstwerk der Zukunft* Wieland knechtet, zwingt Alberich seinen kunstfertigen Bruder, den Schmied Mime, sowie „sein ganzes Geschlecht, die Nibelungen, ... für ihn hinfort allein zu arbeiten und sammelte den unermeßlichen Nibelungenhort".[64] Der Gegensatz des Gesetzes der Macht und der Macht der Liebe, der die Lehre

---

[64] Ebd., S. 140.

von Wagners Jesus bestimmt, kommt in den späteren Fassung zum Tragen, wenn Alberich „der Minne Macht entsagt" (*Das Rheingold*, V.268f), um den Ring zu schmieden.

Wenn Loge, der Ratgeber Wotans, seinem Herrn rät, Alberich den Hort durch eine List zu entwenden, um Freia auszulösen, wendet er die jesuanische Lehre Wagners, daß das Eigentum des Reichen Diebstahl sei und dem Bedürftigen zukomme, ins Zynische: „was ein Dieb stahl,/ stiehlst du dem Dieb" (*Das Rheingold*, V.770f). Da das Handeln Wotans aber durch seinen Eid determiniert bleibt, kann es nichts Gutes bewirken, „denn die Knechtschaft der Nibelungen ist nicht zerbrochen; die Herrschaft ist Alberich nur geraubt, und zwar nicht für einen höheren Zweck".[65] Der Machtpolitiker Fafner beseitigt den Ästheten Fasolt, um den Nibelungenhort an sich zu reißen und seinen 'Besitz' in Gestalt eines allesverschlingenden Riesenwurmes zu hüten.

Auch hier ist es die Menschheit, die den Gott von der Sünde erlösen soll, indem sie in Gestalt des Helden das 'Gesetz' beseitigt. „Wotan selbst kann aber das Unrecht nicht tilgen, ohne ein neues Unrecht zu begehen; nur ein von den Göttern selbst unabhängiger freier Wille, der alle Schuld auf sich selbst zu laden imstande ist, kann den Zauber lösen, und in dem Menschen ersehen die Götter die Fähigkeit zu solchem freien Willen. In den Menschen suchen sie also ihre Göttlichkeit zu übertragen, um seine Kraft so hoch zu heben, daß er, zum Bewußtsein dieser Kraft gelangend, des göttlichen Schutzes selbst sich entschlägt ... Im Geschlechte der Wälsungen soll endlich der Held geboren werden", der Fafner den Ring abnimmt und die Weltordnung restituiert.[66] Wenn Wotan „eine unfruchtbar gebliebene Ehe dieses Geschlechtes ... durch einen Apfel Holdas" befruchte, so daß aus ihr die Eltern Siegfrieds, das Zwillingspaar Siegmund und Sieglinde, hervorgehen, verweist das auf die wunderbare Geburt biblischer Propheten und vor allem des Täufers Johannes, der dem Heiland voranging. *Die Walküre* verzichtet auf diese heilsgeschichtliche Anspielung und betont dagegen das antinomistische Moment des Ehebruchs und Inzests, aus dem der Held hervorgeht. Ähnlich wie Wagners Jesus sucht Wotan in der Auseinandersetzung mit Fricka die Freiheit der Liebe gegen die konventionelle Moral zu rechtfertigen: „Unheilig/ acht' ich den Eid,/der Unliebende vereint" (*Die Walküre*, V.670f). Aber wiederum muß sich der Gott dem 'Gesetz' unterwerfen und sogar seine geliebte Tochter Brünnhilde bestrafen, die gegen Wotans Befehl

---

[65] Ebd., S. 141.
[66] Ebd., S. 141f.

seine ursprüngliche Absicht durchsetzen will. Die Befreiung des Menschen von der göttlichen Prädestination gestaltet Wagners *Siegfried*, wenn sich der Held gegen den Willen seines Ahnherrn Wotan mit Brünnhilde verbindet. Das Handeln Siegmunds und Sieglindes wie Brünnhildes und Siegfrieds entspricht dabei der von Wagners Jesus geforderten Auflehnung der Kinder gegen die tyrannischen Besitzansprüche der Eltern, die letzlich nur Ausdruck ihrer „freien Liebe" zu ihnen ist und sich in der unabhängigen Wahl des Sexualpartners zeigt.[67]

Siegfried ist aber keine Heilandsfigur, sondern ein tragischer Held im griechischen Sinne, da er zwar ohne Schuld, aber in einem Zustand der egozentrischen Verblendung seinem Tod entgegengeht. So verweigert er den Rheintöchtern den für ihn bedeutungslosen Ring und wird seinetwegen von Alberichs Sohn, Hagen, erschlagen. Die eigentliche heroische Märtyrer- und Erlösergestalt ist dagegen Brünnhilde, die sich in vollem Bewußtsein opfert, um den Ring seinem Element zurückzugeben und die „Knechtschaft" der Nibelungen aufzukündigen. (*Siegfrieds Tod*, V.1370f). Wie am Schluß von *Jesus von Nazareth* die wahre religiöse Bedeutung das Evangelium wieder hervortritt, erlangt auch das Rheingold seinen ästhetisch autonomen Status zurück. Die Emanzipation der Religion wie der Kunst vom Gesetz der Macht verweist dabei auf die Befreiung der unterdrückten Menschheit.

Wagners theoretische Schriften und dichterische Entwürfen von 1848/49 machen den Autonomiegedanken zum Bezugspunkt von Kunst und Religion. Die gesellschaftliche Bedeutung von Religion und Kunst besteht darin, individuelle Sinngebungen zu artikulieren und sozial zu vermitteln. Diese zivilisatorische Rolle läßt den ethischen Aspekt der Kunst wie die ästhetische Komponente der Religion heraustreten. Die Politisierung der Religion und die Ästhetisierung der Politik werden dagegen zurückgewiesen. Den Gegensatz von Kunst und Religion in der Moderne, der aus ihrer Privatisierung resultiert, sieht Wagner nicht als einen Gewinn an Freiheit, sondern als Gefahr der Abhängigkeit von einem selbstläufigen politisch-ökonomischen System. Religion und Kunst erscheinen dagegen als die kulturellen Regulative der Zukunft.

---

[67] Ebd., S. 211.

V. Völkisch-Politische Kunstreligionen des 20. Jahrhunderts

Wolfgang Braungart
Kult, Ritual und Religion bei Stefan George

I.

„Ich euch gewissen · ich euch stimme dringe / Durch euren Unmut der verwirft und flucht"[1]: So beginnt Stefan Georges 'Zeitgedicht' von 1902 in hartem, den Gegensatz zwischen dem lyrischen Subjekt und den Angesprochenen unterstreichendem Rhythmus. Das ist der Ton des Propheten, der – so schon im Alten Testament – allein steht und kulturkritisch auftritt. Wer so redet, sucht die Konfrontation, die Auseinandersetzung. Georges Leben und Werk gehören zu den schroffsten Herausforderungen, die die literarische Moderne zu bieten hat.[2] Bis heute findet vor allem der Dichter des Ästhetizismus und Symbolismus Anerkennung. Manches aus dem 'Jahr der Seele' oder dem 'Teppich des Lebens' zählt längst zu den kanonisierten Gedichten der deutschen Literaturgeschichte. Aber je mehr sich in der weiteren Entwicklung des Werkes nach der Jahrhundertwende der oratorische und prophetische, dabei zuweilen vehement kulturkritische Ton verstärkt, desto schwerer tut man sich mit Georges Lyrik. Mit der Stilisierung des Münchner Jungen Maximilian Kronberger zum göttlichen Kind Maximin – George begegnete Kronberger erstmals 1902 –, mit seiner Inthronisation zum neuen Gott, der in den Wirren der Zeit Mitte und Orientierung sein soll, sind bei George die Grenzen des Ästhetizismus definitiv überschritten. Der Dichter George scheint zum Stifter einer poetischen Religion werden zu wollen:

AUF DAS LEBEN UND DEN TOD
MAXIMINS: DAS ERSTE

Ihr hattet augen trüb durch ferne träume
Und sorgtet nicht mehr um das heilige lehn.

---

[1] St. George, *Sämtliche Werke in 18 Bänden*, hg. von G. P. Landmann und U. Oelmann, Stuttgart 1982ff., hier: Bd. VI/VII, hg. von U. Oelmann, Stuttgart 1986, S. 32. – Wo immer möglich, wird im folgenden aus dieser neuen Gesamtausgabe zitiert; Nachweise aus dieser Ausgabe künftig nur mit Band- und Seitenangabe unmittelbar im Text.
[2] Das dokumentiert schon die frühe Wirkungsgeschichte. Vgl. R. R. Wuthenow (Hrsg.), *Stefan George in seiner Zeit. Dokumente zur Wirkungsgeschichte* Bd. 1, Stuttgart 1980; ders. (Hrsg.), *Stefan George und die Nachwelt. Dokumente zur Wirkungsgeschichte* Bd. 2, Stuttgart 1981.

> Ihr fühltet endes-hauch durch alle räume –
> Nun hebt das haupt! denn euch ist heil geschehn.
>
> In eurem schleppenden und kalten jahre
> Brach nun ein frühling neuer wunder aus ·
> Mit blumiger hand · mit schimmer um die haare
> Erschien ein gott und trat zu euch ins haus.
>
> Vereint euch froh da ihr nicht mehr beklommen
> Vor lang verwichner pracht erröten müsst:
> Auch ihr habt eines gottes ruf vernommen
> Und eines gottes mund hat euch geküsst.
>
> Nun klagt nicht mehr – denn auch ihr wart erkoren –
> Dass eure tage unerfüllt entschwebt ...
> Preist eure stadt die einen gott geboren!
> Preist eure zeit in der ein gott gelebt!
>
> (VI/VII, S. 99)

So lautet im 'Siebenten Ring' von 1907 das erste Gedicht des Binnenzyklus 'Auf das Leben und den Tod Maximins'. Dieser Zyklus bildet die Mitte des gesamten Maximin-Zyklus in Georges Gedichtband. Der Frühling, von dem die zweite Strophe spricht, ist der Frühling eines neuen Lebens und einer neuen Zeit, die mit der Ankunft des Gottes angebrochen sein sollen. Für einen Moment bricht hier auch das feste jambische Versmaß auf, öffnet sich die Ritualität dieser poetischen Rede. Im dritten Vers dieser Strophe ist eine daktylische Einheit eingeschoben („blum*ig*er"); für die jambische Metrisierung ist also eine unbetonte Silbe überzählig. George vermeidet die Elision, die ihm aber zur Verfügung steht, wenn er z. B. in der dritten Strophe („verwichner pracht") auf sie zurückgreift, um eine feste jambische Metrisierung durchzuhalten (vgl. auch den zweiten Vers der ersten Strophe „um das *heilige* lehn"; und den ersten Vers der letzten Strophe: „denn *auch ihr wart* erkoren"). Die thetische Gewißheit, die aus den beiden völlig parallel konstruierten Ausrufesätzen der Schlußstrophe spricht – sie beginnen mit zwei starken Betonungen! –, macht es schwer, diesen George des späteren Werkes überhaupt noch als ein literarisches Phänomen zu diskutieren und ihn nicht gleich der Religionsgeschichte zuzuweisen, die für die Zeit um 1900 vielfältige Formen freier, kirchlich ungebundener Religiosität kennt. Erst recht erscheint George im 'Stern des Bundes' von 1914 als Religionsstifter. Die spröde Verkündigungsdiktion des 'Stern des Bundes' und seine Gesamtkonzeption haben bis heute keine überzeugende Gesamtdeutung gefunden.

Aber zu den rabiat kulturkritischen 'Zeitgedichten' und dem religiösmythisierenden 'Maximin-Zyklus' im 'Siebenten Ring' gesellen sich auch die unerhört zarten, im Ton ganz zurückgenommenen, melancholischen 'Lieder', deren Verse Adorno mit Recht „zu dem Unwiderstehlichsten [...], was jemals der deutschen Lyrik beschieden war", gezählt hat.³ Diese Gedichte reichen weit in das Jahrzehnt vor der Jahrhundertwende zurück (bis 1892/93), wie der Kommentar zur neuen George-Ausgabe deutlich machen konnte.⁴ Das hat um so größeres Gewicht, als Georges Gedichtbände keine bloßen Anthologien sind, sondern sorgfältig geordnet und zyklisch komponiert.⁵ Auch der letzte Gedichtband 'Das neue Reich' von 1928 versammelt nicht nur alles seit dem 'Stern des Bundes' Entstandene, sondern schließt mit dem Zyklus 'Das Lied', der einige der berühmtesten Gedichte Georges enthält und wiederum als immanente Selbstkritik und Selbstkorrektur gelesen werden kann.⁶

Es hat also wenig Sinn, den Artisten des poetischen Wortes gegen den Religionsstifter und Künder eingetretenen Heils auszuspielen. Man kann sich aus den Schwierigkeiten, die das Werk Georges bietet, nicht retten, indem man einen Bruch im Werk postuliert, der so in etwa um die Jahrhundertwende eingetreten sein soll. Man muß vielmehr, und dies ist die These der folgenden Bemerkungen, den ästhetizistischen und symbolistischen George in einem Zusammenhang mit dem späteren, oratorischen, sich zunehmend verhärtenden George sehen. Dieser Zusammenhang läßt sich herstellen durch die Kategorie des Rituals. Georges Werk ist von einer Ästhetik des Rituals geprägt; sein Fundus ist dabei der Katholizismus.⁷ Das Ritual bildet die Klammer des Werkes. George schöpft die Breite des ästhetischen Potentials des Rituals aus.

Das ist keine Perspektive, die dem Werk von außen aufgezwungen wird. George selbst hat diese Einheit für sein Werk mehrfach beansprucht, etwa im ersten 'Zeitgedicht', das den gleichnamigen Zyklus im 'Siebenten Ring' einleitet, also auf die poetische Geburt des neuen Gottes Maximin vorbereitet:

---

[3] Th. W. Adorno, „Rede über Lyrik und Gesellschaft", in: Ders., *Noten zur Literatur* I, Frankfurt a. M. 1975, S. 73-104, hier S. 98.
[4] Vgl. VI/VII, S. 190ff., S. 222.
[5] Wie zyklusbewußt George seine Gedichtbände arrangiert hat, hat jüngst J. Egyptien noch einmal in Erinnerung gerufen: „Herbst der Liebe und Winter der Schrift. Über den Zyklus 'Nach der Lese' in Stefan Georges 'Das Jahr der Seele'", in: *George-Jahrbuch* 1 (1996/97), S. 23-43.
[6] Siehe dazu das Schlußkapitel meines Buches *Ästhetischer Katholizismus. Stefan Georges Rituale der Literatur*, Tübingen 1997 (Communicatio, Bd. 15), S. 288ff.; die folgenden Überlegungen stützen sich auf diese Arbeit.
[7] Vgl. dazu ebd.

> Ihr meiner zeit genossen kanntet schon
> Bemasset schon und schaltet mich – ihr fehltet.
> Als ihr in lärm und wüster gier des lebens
> Mit plumpem tritt und rohem finger ranntet:
> Da galt ich für den salbentrunknen prinzen
> Der sanft geschaukelt seine takte zählte
> In schlanker anmut oder kühler würde ·
> In blasser erdenferner festlichkeit.
> [...]
> Ihr sehet wechsel · *doch ich tat das gleiche.*
>
> (VI/VII, S. 6f., meine Hervorhebung)

Wiederum tritt in autoritativer Geste das lyrische Subjekt den andern gegenüber, die der „Gier des Lebens" verfallen sind. Hier wird wieder poetische Kulturkritik betrieben, die in der Entwicklung des Georgeschen Werkes immer wichtiger wird. Mit dieser kulturkritischen Tendenz ordnet sich das Werk ein in die Kulturkritik um 1900 (Lagarde, Langbehn, Chamberlain usw.) und kommt es in eine Nähe zu der sogenannten Konservativen Revolution.[8] Diese Kulturkritik verlangt aber grundsätzlich nach einer neuen – weltanschaulichen, mythischen, religiösen – Fundierung, und deshalb gehören um 1900 Kulturkritik und neue Religiosität in einen Problemzusammenhang. Langbehn z. B. fordert das große, charismatische Individuum als Führer und Integrationsgestalt. Das lyrische Subjekt des eben zitierten Gedichtes stellt ausdrücklich einen Zusammenhang her zwischen einer früheren ästhetizistischen Phase im Zeichen der Kunst („Da galt ich für den salbentrunknen prinzen / Der sanft geschaukelt seine takte zählte") und der Situation, aus der heraus es jetzt spricht.

Dem Zyklus 'Das Lied' im letzten Gedichtband 'Das neue Reich', dem Abschluß des Werkes, steht ein Motto voran, das die Einheit des Werkes unter dem Gesichtspunkt der *Form*, aber auch in seiner einheitlichen Charakteristik, behauptet: „Was ich noch sinne und was ich noch füge / Was ich

---

[8] Daß es problematisch ist, von der Konservativen Revolution als einer einigermaßen homogenen Bewegung zu sprechen, und deshalb ebenso problematisch, ihr George und seinen Kreis umstandslos zuzuordnen, darauf hat St. Breuer hingewiesen: *Anatomie der Konservativen Revolution*, Darmstadt 1993; ders., *Ästhetischer Fundamentalismus. Stefan George und der deutsche Antimodernismus*, Darmstadt 1995. – Wie schwierig dieses Terrain zu beschreiben ist, macht implizit das noch immer wichtige Handbuch A. Mohlers deutlich, das der Konservativen Revolution mit jeder neuen Auflage immer weitere Personen zuordnet: *Die Konservative Revolution in Deutschland. 1918-1932. Ein Handbuch*, 3., um einen Ergänzungsband erweiterte Auflage, Darmstadt 1989.

noch liebe trägt die *gleichen* züge".⁹ So wie das Ritual grundsätzlich durch seine strenge, herausgehobene Form immer auch sozial wirksam ist, so auch das ästhetische Ritual Georges.¹⁰ Es soll anziehen, in seinen Bann ziehen, binden. Edith Landmann berichtet: „Es kam zur Sprache, wie durch die plastische Form seiner Gedichte auch der Inhalt der Gedichte fest und Körper werde, kein Spiel der Meinungen, sondern unerschütterlich und Gesetz. Von der bannenden Kraft des Wortes: [...] sowie einer es erwähne und ausspreche und daran erinnere, hafte es und sei nicht mehr zu tilgen."¹¹ Insofern sind die sozialen Rituale, die sich im George-Kreis entwickelt haben, auch eine Konsequenz dessen, was im ästhetischen Ritual des Frühwerks schon angelegt war. Ästhetische und soziale Ordnung gehören hier zusammen. Die Entwicklung zur Lehre, zum kulturkritischen, verkündenden Ton gehört konstitutiv zu diesem Werk. Sie ist kein Bruch und keine radikale Selbstkorrektur. „Er habe nichts zurückzunehmen", bemerkt George 1915 gegenüber Edith Landmann.¹² Nicht nur liegt für George der Sinn seines Lebens in seinem Werk. Sein Leben selbst ist sein Werk. Deshalb gibt es in ihm nichts Privates.¹³ Der ästhetizistische Gedanke wird damit fortgesetzt und radikalisiert.

Schon der Dandyismus des 19. Jahrhunderts begriff das Leben selbst als Kunstwerk. Mit ihm und mit der Bohemekultur verband George so vieles.¹⁴ Wie das Ritual eine primär soziale und Gemeinschaft stiftende Handlungsform ist, so steht auch im Zentrum der Rituale des George-Kreises, trotz des von George geschaffenen Gottes Maximin, die charismatische Person Georges selbst, die als „Wunder der Mitte" gefeiert wird.¹⁵ Darum können sich diese Rituale über Georges Tod hinaus auch nicht halten, weil er keinen Nachfolger hat, keinen haben kann, eben weil charismatische Führung an den Führer selbst gebunden ist. Das unterscheidet die charismatisch geführte

---

⁹ St. George, *Gesamt-Ausgabe der Werke*. Endgültige Fassung, Berlin 1927 ff., Bd. IX, S. 124; meine Hervorhebung. Nach dieser Ausgabe wird immer dann zitiert, wenn die entsprechenden Bände der Neuausgabe noch nicht vorliegen (Sigle: GA, Bd., Seitenzahl).
¹⁰ Vgl. dazu meinen Versuch *Ritual und Literatur*, Tübingen 1996 (Konzepte der Sprach- und Literaturwissenschaft, Bd. 53), der auch Umrisse einer Ästhetik des Rituals entwickelt.
¹¹ E. Landmann, *Gespräche mit Stefan George*, Düsseldorf u. München 1963, S. 42.
¹² Ebd., S. 28.
¹³ Ebd.: „Weder seine noch Verweys Ansichten seien privat."
¹⁴ Unverkennbar z. B. im Münchener Kreis. Vgl. dazu R. Faber, *Männerrunde mit Gräfin. Die 'Kosmiker' Derleth, George, Klages, Schuler, Wolfskehl und Franziska zu Reventlow. Mit einem Nachdruck des 'Schwabinger Beobachters'*, Frankfurt a.M. [u.a.] 1994 (Forschungen zur Literatur- und Kulturgeschichte, Bd. 38).
¹⁵ E. Landmann, *Gespräche mit Stefan George*, S. 116.

Gruppe vom kultischen Verehrerkreis des Genies:[16] „Wer zum Kreise gehörte, das wußte allerdings in jedem Augenblick allein George."[17] George ist die unangefochtene Mitte des Kreises und hat das Wissensmonopol über den Kreis. Wer zum Kreis zugelassen und wer aus ihm entlassen wird, bestimmt allein George.[18]

Georges Ästhetik ist der rigoroseste Versuch einer rituellen Ordnungsästhetik in der modernen deutschen Literatur. So wird die moderne europäische Lyrik, insbesondere die Frankreichs, in Deutschland zugänglich gemacht und der Übergang gestaltet. Zwar kann man mit Recht einwenden, daß alle Ästhetik Ordnungsästhetik sei. Selbst eine Ästhetik der Unordnung, des Chaos, der Auflösung, setzt ästhetische Ordnung voraus. George aber radikalisiert. „Sprache und Dichtung", so Gundolf in seinem George-Buch, „sind uns hier nur die faßlichsten Zeichen *eines Gesamtzustandes* der von den Alltagsverrichtungen bis zur Religion reicht."[19]

II.

Mit programmatischer Deutlichkeit eröffnet George 1892 den ersten Band der ‧'Blätter *für die Kunst*' [meine Hervorhebung]:

> Der name dieser veröffentlichung sagt schon zum teil was sie soll: der kunst besonders der dichtung und dem schrifttum dienen, alles staatliche und gesellschaftliche ausscheidend.
> Sie will die GEISTIGE KUNST auf grund der neuen fühlweise und mache – eine kunst für die kunst – und steht deshalb im gegensatz zu jener verbrauchten und minderwertigen schule die einer falschen auffassung der wirklichkeit entsprang. sie kann sich auch nicht beschäftigen mit weltverbesserungen und allbeglückungsträumen in denen man gegenwärtig bei uns den keim zu allem neuen sieht, die ja sehr schön sein mögen aber in ein andres gebiet gehören als das der dichtung.[20]

Die Frontstellung dieser Programmatik ist klar: Mit jeder Form wirklichkeitsbezogener Literatur, wie sie vom Naturalismus gefordert wurde, will

---

[16] Vgl. A. Gehring, *Genie und Verehrergemeinde. Eine soziologische Analyse des Genie-Problems*, Bonn 1968 (Abhandlungen zur Philosophie, Psychologie und Pädagogik, Bd. 46), S. 127ff.
[17] K. Hildebrandt, *Erinnerungen an Stefan George und seinen Kreis*, Bonn 1965, S. 61, Anm. 21.
[18] Zur Kreisbildung bei George s. – neben der Arbeit St. Breuers – die demnächst erscheinende, grundlegende Untersuchung· R. Kolks, *Literarische Gruppenbildung. Am Beispiel des George-Kreises 1890 – 1945*, Habil.-Schrift Köln 1996 (im Druck: Tübingen 1998).
[19] F. Gundolf, *George*, Berlin 1920, S. 1, meine Hervorhebung.
[20] *Blätter für die Kunst*. Begründet von St. George. Hg. von C. A. Klein 1892–1919. Abgelichteter Neudruck, Düsseldorf, München 1968, I. Bd., Oktober 1892, S. 1.

der Dichterkreis der 'Blätter für die Kunst' nichts zu schaffen haben. Grundsätzlich setzen Ästhetizismus und Symbolismus das Kunstwerk als unhintergehbare, sinnstiftende Mitte ein. Die konstitutive Selbstbezüglichkeit der Poesie, die auch hier, in den 'Blättern für die Kunst', gefordert wird, erhebt sie von vornherein in den Rang eines Kultobjektes, was für pseudoreligiöse Verehrungspraktiken prädestiniert. Der Buchkult der Jahrhundertwende, an dem auch der George-Kreis teilhat (Melchior Lechter, Georges Typographie), ist dafür ein gutes Beispiel. Huysmans, der 1892 zum Katholizismus konvertierte, hat dem Buchkult in seinem Roman 'A rebours' (1884) ein Denkmal gesetzt. Generell läßt sich der Ästhetizismus als negative Theologie begreifen,[21] weil er kein positives Programm und keine positive gesellschaftliche Funktion haben kann. Auch bei den drei für George besonders wichtigen französischen Lyrikern – Baudelaire, Verlaine und Mallarmé – war der religiöse Kult mit seinen verschiedenen Ritualen ein wichtiges ästhetisches Modell und schloß – zumindest für Baudelaire und Mallarmé – noch keine positive Wendung zur Religion ein. Ein Zufall aber ist es nicht, daß zu den führenden Repräsentanten des Renouveau catholique in Frankreich Schriftsteller zählten: Claudel, Bernanos, Péguy und Huysmans. Auch wenn sich der Renouveau catholique nicht einfach aus dem Ästhetizismus und Symbolismus herleiten läßt, so zeigt sich an ihm doch, was auch für George wichtig war: ein in der europäischen Literatur der Jahrhundertwende wachsendes Bedürfnis nach mythischer bzw. religiöser Fundierung.

Was ästhetizistische bzw. symbolistische Poesie sagt, kann nur durch sie selbst gesagt werden.[22] Sie ist nicht mehr reflexiv hintergehbar. Durch keinen Begriff je einholbar zu sein, ist aber seit jeher entscheidend für alle Bestimmungen Gottes. In Ästhetizismus und Symbolismus radikalisiert sich freilich nur, was in der Autonomieästhetik, die sich im letzten Drittel des 18. Jahrhunderts konstituiert, schon angelegt ist. Das autonome Kunstwerk soll unhintergehbar selbstreflexiv und unüberbietbar komplex sein. Das Kunstwerk wird in der Autonomieästhetik als eine unendlich vieldeutige, *prinzipiell* deutungsoffene, in der Fülle seines Sinns niemals ausschöpfbare Totalität konzipiert, das sich durch keinen Begriff je fassen läßt (Kant). Jede Begegnung mit dem Kunstwerk verspricht deshalb eine Sinnerfahrung

---

[21] W. Benjamin, „Das Kunstwerk im Zeitalter der technischen Reproduzierbarkeit", in: Ders.: *Gesammelte Schriften*. Unter Mitwirkung von Th. W. Adorno und G. Scholem hg. von R. Tiedemann und H. Schweppenhäuser, Frankfurt a. M. 1980, Bd. I, 2, S. 481.
[22] Als Einführung: P. Hoffmann, *Symbolismus*, München 1987 (UTB 526).

schlechthin, die durch keinen Deutungsakt je eingeholt und rationalisiert werden kann. Das kann auf eine ästhetische Theodizee hinauslaufen. Im Ästhetischen wird anschaulich erfahrbar, daß das Ganze, das alle menschliche Kontingenz aufhebt, doch möglich sei. So wird das Kunstwerk zum neuen Numinosum. Und wie in allen Religionen der Umgang mit dem Heiligen durch besondere Rituale geregelt wird, so auch der Umgang mit dem Numinosum des Kunstwerks. Von hier aus läßt sich eine im spezifischen Selbstverständnis der ästhetischen Moderne begründete Affinität von Ritual und Kunst beschreiben. Sie ist eine andere als die der frühen Neuzeit, in der das Kunstwerk seinen Platz entscheidend von der zeremoniell regulierten Kultur zugewiesen bekommt.[23]

Zentrales Modell für den Kult der Literatur im George-Kreis war das Ritual der Eucharistie.[24] Es ist frappierend zu sehen, wie konsequent das eucharistische Modell bei George und seinem Kreis durchgehalten wird. Kein anderes könnte dem Poetischen eine größere Dignität zusprechen. Höher kann man nicht greifen. Denn die Eucharistie ist Zentrum christlich-katholischer Religiosität, und ihre Bedeutung ist tief im kollektiven Gedächtnis eingegraben. Es geht also nicht um dunkle Mystik. Im Modell der „Einverleibung" (VI/VII, S. 109ff.), im eucharistischen Modell für Kunst und Poesie formuliert sich radikal ein zentrales Problem moderner Ästhetik und Philosophie: wie sich Sinn *realisiert*. Das eucharistische Modell ist ein Inkarnationsmodell von Sinn,[25] das an die anthropologische Einsicht anschließen kann, daß 'inkarniert' zu sein existentielle Bedingung unseres Daseins ist.[26]

Auf diesen eucharistischen Zug an Georges Lyrik haben früh schon Ernst Robert Curtius und Margarete Susman hingewiesen. Beide zählten nicht zum engeren Kreis, standen ihm jedoch nahe. Curtius war Schüler und Freund Gundolfs. Vom 'Teppich des Lebens' schreibt Curtius an Gundolf am 13. Januar 1910: „Der Teppich ist mir überhaupt unendlich mehr als ein Buch: Ein lebendiges Kunstwerk, ein geweihter Raum in den ich täglich tre-

---

[23] Vgl. M. Beetz, *Frühmoderne Höflichkeit. Komplimentierkunst und Gesellschaftsrituale im altdeutschen Sprachraum*, Stuttgart 1990 (Germanistische Abhandlungen 67).

[24] Ausführlich hierzu Verf., „'Durch Dich, für Dich, in Deinem Zeichen'. Stefan Georges poetische Eucharistie", in: *George-Jahrbuch* 1 (1996/97), S. 53-79.

[25] Zur Diskussion des Körper-Sinns in der Moderne, des dem menschlichen Leib einwohnenden Sinns vgl. jetzt die grundlegende, mit der Aufklärung einsetzende Studie von G. Braungart, *Leibhafter Sinn. Der andere Diskurs der Moderne*, Tübingen 1995 (Studien zur deutschen Literatur, Bd. 130).

[26] Die Anregung zu dieser Überlegung verdanke ich einem Vortrag H. Timms bei einer interdisziplinären Tagung zum 'Ritual' im Mai 1997 an der Universität Halle.

te wie zur Kommunion."²⁷ Margarete Susman hält in ihrer Interpretation von Georges 'Templer'-Gedicht fest: „Dennoch lebt in seiner Lehre auch etwas von dem Element, das er in frühester Jugend in sich empfangen hat: eine Beziehung auf das Katholische in der Form der Eucharistie. Genau dies steht im Mittelpunkt von Georges Lehre: Das Wunder von der Verleiblichung des Göttlichen."²⁸ Die achte Folge der 'Blätter für die Kunst' von 1908/09 enthält Saladin Schmitts Prosatext 'Das hohe Amt unserer Liebe', dessen Zwischenüberschriften völlig der Ordnung des katholischen Meßritus folgen: „Offertorium", „Consecratio" und „Communio". Ich zitiere einige Passagen, die so deutlich sind, daß sie kaum weiter kommentiert werden müssen: „Siehe gnädig auf den · der zum sockel deines altars tritt und sich dir zum opfer beut [...] Brich mir das weisse brot deines leibes und reiche mir den goldenen kelch deines blutes [...] Der liebe priesterwort hat uns verwandelt · über unser fleisch und unser blut ist ihres segens sakrale kraft gekommen und hat unsere seelen vertauscht [...] gleich einer hostie halte ich die liebe zu dir in mir umschlossen · gleich einem geweihten leibe trage ich sie in meinem leibe."²⁹ Der Text läßt die Grenzen zwischen angesprochener Person und Werk („Der liebe priesterwort"), zwischen Fiktion und direkter Anrede Georges selbst verschwimmen. Für den so Sprechenden wird die Frage der poetischen Qualität gleichgültig, weil er sich ganz das religiöse Inkarnationsritual anverwandelt. Hier geht es längst nicht mehr nur um den Kult der Schönheit. Damit ist auch die Entwicklung markiert, die Georges Werk selbst nimmt. In der zweiten Folge der 'Blätter für die Kunst' von 1894 hatte Paul Gérardy noch schroff statuiert: „sie [die Dichter der 'Blätter für die Kunst'; W. B.] werden keine erfindungen machen, gesellschaftsfragen lassen sie kalt, *die* menschen sind für sie von geringem interesse, denn ihre aufmerksamkeit richtet sich auf *den* menschen und glaubensbekenntnisse haben für sie nur durch den darin eingeschlossenen schönheits-gehalt einen wert. / Sie sind keine sittenprediger und lieben nur die schönheit die schönheit die schönheit."³⁰ Die Wendung ins Religiöse führt, so scheint es, Georges Werk aus der negativen Theologie des l'art pour l'art mit ihren Tautologien heraus.

---

²⁷ F. Gundolf, *Briefwechsel mit Herbert Steiner und Ernst Robert Curtius*. Eingeleitet und hg. von L. Helbing und C. V. Bock, Amsterdam ⁵1963, S. 143.
²⁸ M. Susman, „Stefan George", in: Dies., *Gestalten und Kreise*, Zürich 1954, S. 200-219, hier S. 214.
²⁹ *Blätter für die Kunst* VIII, S. 150, 151 u. 153; die Zuschreibung nach K. Kluncker, *Blätter für die Kunst. Zeitschrift der Dichterschule Stefan Georges*, Frankfurt a. M. 1974, S. 223.
³⁰ *Blätter für die Kunst*, Zweite Folge, IV. Bd., 1894, S. 113.

III.

Diese Entwicklung ist allerdings in der Semantik des gesamten Werkes angelegt.[31] Georges Werk ist von seinem Beginn an durch Bezugnahmen auf die Religion, vor allem auf die katholische Religiosität, die er während seiner Kindheit in Bingen intensiv kennengelernt hat, geprägt. George selbst legte immer wieder davon Zeugnis ab, besonders intensiv etwa im 'Kindlichen Kalender' aus 'Tage und Taten' (1903):[32] Der 'Kindliche Kalender' setzt ein mit der „Erscheinung des Herrn" (GA, XVII, S. 14) und folgt nun der Gliederung des Kirchenjahrs (Mariä Lichtmess, Aschermittwoch, Lätare, Karwoche, Ostern, Weisser Sonntag, Marienmonat Mai, Fronleichnam, Pfingsten, Dreifaltigkeitstag, Geburt Johannes des Täufers, Rochusfest [der hl. Rochus wurde und wird in Georges Heimatstadt Bingen besonders verehrt], Allerheiligen, Advent und Weihnachten). Von der Karwoche heißt es: „Die Heilige Woche kam mit ihren zerstörten altären · der verstummten orgel und dem tönen der klapper statt der klingeln und glocken. Am Karfreitag lagen wir · nachdem pfarrer und messner vorangegangen waren · der länge nach ausgestreckt auf dem chor und küssten das niedergelegte Heilige Holz. In der dämmerung erklangen die uralten klageweisen über den untergang der Stadt. Darauf der Samstag mit der enthüllung des kreuzes und den posaunen der osterfreude." (GA, 17, S. 14f.) Die Empfindungen, an die sich der Erzähler erinnert, werden nur von den *rituellen* Ereignissen der Karwoche bestimmt, deren Verlauf der Text konsequent folgt. Der 'Kindliche Kalender' ist auch im Stil so streng und feierlich wie die rituelle Ordnung, von der er erzählt.

Dies, die enge Bindung an die Ästhetik des katholischen Ritus, ist die eine Seite, die konstitutiv für Georges Werk bleibt und die Nähe zum Religiösen *ästhetisch* markiert. Ein besonders eindringliches Beispiel dafür ist das Gedicht 'Litanei' aus dem Zyklus 'Traumdunkel', der unmittelbar auf den Maximin-Zyklus folgt, also dem heiligen Zentrum am nächsten ist.

---

[31] S. dazu das grundlegende, materialreiche Buch von H. Linke, *Das Kultische in der Dichtung Stefan Georges und seiner Schule*, 2 Bde., München u. Düsseldorf 1960.

[32] E. Morwitz, *Kommentar zu den Prosa-Drama- und Jugend-Dichtungen Stefan Georges*, München u. Düsseldorf 1962, S. 12, datiert den *Kindlichen Kalender* ziemlich vage „in das 4. Jahrsiebent des Dichters", also in die Jahre zwischen 1889 und 1896. Er ist aber wohl kaum nach 1893 entstanden, eher in der Krise nach 'Algabal', weil er eine Besinnung auf die eigene Tradition und damit eine Selbstvergewisserung ist, die George damals brauchte.

LITANEI

Tief ist die trauer   die mich umdüstert ·
Ein tret ich wieder   Herr! in dein haus..

Lang war die reise · matt sind die glieder ·
Leer sind die schreine · voll nur die qual.

Durstende zunge   darbt nach dem weine.
Hart war gestritten · starr ist mein arm.

Gönne die ruhe   schwankenden schritten ·
Hungrigem gaume   bröckle dein brot!

Schwach ist mein atem   rufend dem traume ·
Hohl sind die hände · fiefernd der mund..

Leih deine kühle · lösche die brände ·
Tilge das hoffen · sende das licht!

Gluten im herzen   lodern noch offen ·
Innerst im grunde   wacht noch ein schrei..

Töte das sehnen · schliesse die wunde!
Nimm mir die liebe · gib mir dein glück!

(VI/VIII, S. 129)

Das Gedicht macht deutlich, daß George nicht für einen substantiell christlichen Katholizismus vereinnahmt werden kann („Tilge das hoffen"). Die Anspielung auf das Abendmahl wird ins Leibliche gewendet und konkretisiert („Durstende zunge darbt nach dem weine"); zugleich wird eine mögliche sakralisierende Überhöhung unterlaufen („Hungrigem *gaume bröckle* dein brot!"). „bröckle" ist konkreter als das religios verwendete 'breche', und zugleich wirkt es relativierend. Die Schlußstrophe spielt auf die Wunden-Theologie an. Aber die Wunde wird nicht mehr offengehalten. Sie nimmt den Trost und Erlösung Suchenden nicht mehr auf. Sie ist nicht mehr Zeichen der Heilsgewißheit: „Töte das sehnen · schliesse die wunde!" Erst so, in der – nietzscheanischen – Überwindung christlicher Schmerzenstheologie und in der Preisgabe des zentralen Postulats der Liebe, wird „Glück" möglich. 'Litanei' ist kein christlicher Text. Und auch Maximin ist ein Gott aus dem Geiste Nietzsches.[33] George im Gespräch mit Edith Landmann, ganz nietzscheanisch: „Die christliche Vorstellung von Lamm und Löwe, die in Eintracht nebeneinanderleben sollen, ist pervers. Sie widerspricht dem elementaren Sinn für Ordnung. So soll es nicht sein."[34]

---

[33] Dazu jetzt, C.-A. Scheier, „Maximins Lichtung. Philosophische Bemerkungen zu Georges Gott", in: *George-Jahrbuch* 1, 1996/1997, S. 80-106.
[34] E. Landmann, *Gespräche mit Stefan George*, S. 141.

George steht mit seiner 'Litanei' in der Literatur der Jahrhundertwende nicht allein. Von Baudelaire und Swinburne gibt es ebenfalls poetische Litaneien. Die beiden Litaneien Baudelaires und Georges verweisen auf eine völlig unterschiedliche Kunstkonzeption, was George selbst sieht. Baudelaires Blasphemie ist gesellschaftliche Kritik in der Zustimmung zur negativen Gegenmacht des Satans. Das ist bei George so undenkbar. Seine Kritik impliziert immer auch das soziale Gegenmodell der Elite. Baudelaires Ästhetik des Verfalls, der Verwesung, des Todes hat bei George keinen Platz, auch nicht im 'Algabal'. Ihm konnte nicht an solchen blasphemischen Provokationen wie den 'Satans-Litaneien' gelegen sein. Dazu war er selbst viel zu sehr vom affirmativen Charakter des Katholischen geprägt.

Die andere Seite, die Georges Nähe zum Religiösen deutlich zeigt, ist seine Auffassung vom Dichterberuf als Amt und vom Dichter als Seher und Propheten. Und auch diese Seite prägt sich schon sehr früh im Werk aus und verliert sich nicht mehr. Der frühe 'Zyklus der Hymnen' (1890) wird eröffnet durch das Gedicht 'Weihe', das die rituelle Auszeichnung und Initiation in die Poesie des jungen Dichters zum Thema hat. Voraussetzung dafür sind der Verzicht auf Intellektualität und reflexive Kontrolle („Im rasen rastend sollst du dich betäuben / An starkem urduft · ohne denkerstörung ·"; II, S. 10) und die Bereitschaft, sich ganz dem „strom" der Sprache hinzugeben. Schon in diesem frühen Gedicht verbinden sich also kulturkritische Rationalitätskritik und Kult des Ästhetischen. Auch dieses Gedicht läßt sich als eine versteckte Antwort auf Baudelaire lesen. In der Vorrede zu seinen 'Umdichtungen' (XIII/XIV) hat George selbst auf die Differenz hingewiesen: „Es bedarf heute wol kaum noch eines hinweises dass nicht die abschreckenden und widrigen bilder die den Meister eine zeit lang verlockten ihm die große verehrung des ganzen jüngeren geschlechtes eingetragen haben sondern der eifer mit dem er der dichtung neue gebiete eroberte und die glühende geistigkeit mit der er auch die sprödesten stoffe durchdrang. So ist dem sinne nach 'SEGEN' das einleitungsgedicht der blumen des bösen und nicht das fälschlich 'VORREDE' genannte. Mit diesem verehrungsbeweis möge weniger eine getreue nachbildung als ein deutsches [!] denkmal geschaffen sein." Das ist durchaus doppeldeutig zu lesen: Die Umdichtungen 'deutschen' Baudelaire *auch* in den deutschen Kontext der Jahrhundertwende ein.

Indem George also Baudelaires Gedicht 'Au lecteur' *nicht* überträgt, legt er Baudelaire im Sinne einer sakralisierenden Auffassung vom Dichterberuf fest, die Georges eigene ist. Baudelaires Eröffnungsgedicht 'An den Leser' (Au lecteur) nimmt auf die Tradition der Leservorreden und der

Widmungsgedichte Bezug, die auf den eigentlichen Text vorbereiten und einstellen wollen. In seiner Ästhetik des Häßlichen, des Gestanks, der Verwesung wendet sich, was auch mediengeschichtlich interessant ist, dieses Eröffnungsgedicht an den *Leser*. Die mediale Individualisierung – im George-Kreis werden Gedichte dagegen laut gemeinsam gelesen[35] – und die „widrigen bilder" gehören hier also zusammen. Dann erst folgt bei Baudelaire 'Bénédiction' ('Segen'), das den Dichter in postfigurative Nähe zu Christus bringt, (z. B. die Anspielung auf Marias Erwählung, Str. 3: „Was hast du mich erwählt aus allen frauen / Dem blöden mann der vor mir abscheu hat ·"; oder die Anspielung auf das Abendmahl und die Leidensgeschichte, Str. 9: "In wein und brot eh er zum mund es führte / Vermischten eklen speichel sie und russ." – XIII/XIV, S. 9f.). Bei dieser Stilisierung des Dichters kann George nun mitgehen. Deshalb läßt er *seine* Übertragungen mit diesem Gedicht beginnen. Denn das Modell der Postfiguration Christi inszeniert den Dichter einerseits zum radikal Einsamen, Unverstandenen, Leidenden. Nur so konnte Christus und kann der ihm postfigurativ nachgestaltete Künstler zum Erlöser werden. Andererseits ordnet dieses Modell ihm die Jünger zu. So hat es George im Kreis um Mallarmé 1889 kennengelernt, und so sieht er sich selbst. Die Melancholie des Einsamen, Leidenden ist bei George auch ein Mittel der Selbstcharismatisierung vor dem Kreis. George im April 1905 in einem Brief an Sabine Lepsius: „Warum soll ich meinen freunden von den gefährlichen abgründen berichten die alle meine fahrten begleiten? – [...] indessen sie die freunde nichts können als in mitleidiger ferne hilflos dastehen ... Giebt es für trostlosigkeiten überhaupt ein andres vorm schlimmsten rettendes als dass niemand sie weiss?"[36]

Das zweite Gedicht des Zyklus der 'Hymnen' mit dem Titel 'Im Park' sieht in der Einsamkeit des Dichters die konstitutive Bedingung dafür, daß er sein Amt, seine Aufgabe, ja seinen Auftrag überhaupt wahrnehmen kann:

IM PARK

Rubinen perlen schmücken die fontänen ·
Zu boden streut sie fürstlich jeder strahl ·
In eines teppichs seidengründen strähnen

---

[35] Vgl. dazu Verf., *Ästhetischer Katholizismus*, II, 3, hier den Abschnitt „Lesen, Hören, Verstehen", S. 154ff.
[36] Zit. nach dem Faksimile bei S. Lepsius, *Stefan George. Geschichte einer Freundschaft*, Berlin 1935.

> Verbirgt sich ihre unbegrenzte zahl.
> Der dichter dem die vögel angstlos nahen
> Träumt einsam in dem weiten schattensaal..
>
> Die jenen wonnetag erwachen sahen
> Empfinden heiss von weichem klang berauscht ·
> Es schmachtet leib und leib sich zu umfahen.
>
> Der dichter auch der töne lockung lauscht.
> Doch heut darf ihre weise nicht ihn rühren
> Weil er mit seinen geistern rede tauscht:
>
> Er hat den griffel der sich sträubt zu führen.
>
> (II, S. 11)

In der Kunstwelt des Parks, die in der Literatur der Jahrhundertwende eine grundlegende Metapher für Poesie ist, sehen diese Terzinen den Dichter in einem besonderen Verhältnis zur Natur („Der dichter dem die vögel angstlos nahen"), die er – eine Anspielung auf den antiken Auguren – allein zu lesen vermag. Auch der Dichter nimmt die Lockungen vitaler Sinnlichkeit wahr. „Es schmachtet leib und leib sich zu umfahen. // Der dichter auch der töne lockung lauscht.") Aber er hat, wie es in einem vielleicht etwas schiefen Bild heißt („Er hat den *griffel der sich sträubt* zu führen."), seines Amtes zu walten; er hat in einer Art ecriture automatique niederzuschreiben, was ihm die 'geister' diktieren. Ob man in diesen Versen auch schon einen Niederschlag des die Jahrhundertwende so sehr faszinierenden Spiritismus sehen darf? Einsamkeit ist die Bedingung dieses Amtes. Und so steht der Dichter allein da wie der letzte Vers dieses Gedichtes.

IV.

Bereits das frühe Werk Georges ist also von poetologischen Anspielungen und direkten Bezugnahmen auf das Amt des Dichters durchzogen. Georges Werk ist grundsätzlich selbstreferentiell, insofern es die poetologische Bedeutung verbindet mit einer Inszenierung, einer Zurschaustellung der ästhetischen Praxis selbst. Das wird besonders deutlich am Schlußgedicht des Algabal-Zyklus' 'Vogelschau' (1892):

> VOGELSCHAU
>
> Weisse schwalben sah ich fliegen ·
> Schwalben schnee- und silberweiss ·
> Sah sie sich im winde wiegen ·
> In dem winde hell und heiss.

> Bunte häher sah ich hüpfen ·
> Papagei und kolibri
> Durch die wunder-bäume schlüpfen
> In dem wald der Tusferi.
>
> Grosse raben sah ich flattern
> Dohlen schwarz und dunkelgrau
> Nah am grunde über nattern
> Im verzauberten gehau.
>
> Schwalben seh ich wieder fliegen ·
> Schnee- und silberweisse schar ·
> Wie sie sich im winde wiegen
> In dem winde kalt und klar!
>
> (II, S. 85)

Poetologisch interpretierbar ist das Motiv der Schwalben, deren Flug das lyrische Subjekt in seiner Fähigkeit zur Schau lesen kann. Das Gedicht nimmt seinen Ausgang vom 'Hellen und Heißen', was wiederum sinnliche Unmittelbarkeit konnotiert, über das Bunte und Exotische (zweite Strophe),[37] über das Gefährliche und Dunkle (dritte Strophe) hin zum – sozusagen – geläuterten Flug dieser Schwalben-Gedichte: Jetzt „wiegen" sie sich „in dem winde kalt und klar". Klärung und Formfindung: das ist Kunstarbeit. Das Gedicht stellt seine ästhetischen Verfahren (in den vielen Alliterationen und Assonanzen, in seinem Rhythmus) förmlich aus. Die Arbeit an der Form wird hier regelrecht vorgeführt. Das poetische Gebilde distanziert und bändigt das Lebendige nicht nur durch den asketischen Anspruch und durch die Erinnerung an das einsame Amt des Dichterpropheten ('Im Park'), sondern auch durch die Realisierung des 'ganz Anderen' der poetischen Sprache, die zu einer neuen „Haltung" führen soll. In der zweiten Folge der 'Blätter für die Kunst' heißt es 1895: „Über unsere jüngeren anhänger – deren gewiss einige erfreuliches gelernt haben – erfuhren wir dass es nicht so sehr das einzelne der *Gehalt* war, wie das allgemeine die *Haltung* was sie schnell bemerkt und sich lebhaft angeeignet haben."[38] Die Kunstarbeit hat also auch eine soziale Seite.

Im Dienst am Wort formt sich der Kreis um den Meister. George beginnt schon früh, mit dem 'Buch der Hirten und Preisgedichte' (1895), in Widmungsgedichten, wenngleich hier noch in antikisierendem Gewand,

---

[37] Die neue Ausgabe der *Sämtlichen Werke*, II, S. 127, weist auf eine katholisierende Nebenbedeutung von 'Tusferi' hin: „Neubildung aus dem Lateinischen 'tus' Weihrauch und dem botanischen Fachausdruck 'thurifer' weihrauchtragend".
[38] *Blätter für die Kunst*, Zweite Folge, 5. Bd., Einleitung, S. 129.

„einige junge Männer und Frauen" anzusprechen.[39] Von jetzt ab wird sich bei George die Tendenz immer stärker entwickeln, sich an den Kreis im Gedicht selbst zu wenden und ihn auf diesem Wege zu gestalten, einzelne zu charakterisieren, zu ermahnen: Im 'Jahr der Seele' versammelt George die Freunde und Jünger um sich in Gedichten, die die Initiale der Freunde zum Titel haben, „zum Schmuck für meiner Angedenken Zahl" (IV, S. 69ff.). Zahlreiche Gedichte des 'Teppich des Lebens und der Lieder von Traum und Tod' (1899) werden direkt den namentlich genannten Freunden gewidmet; mit dem 'Siebenten Ring' und erst recht mit dem 'Stern des Bundes' (1914) setzt sich schließlich der oratorische Ton mehr und mehr durch.

Der Kreis der Jünger geht also aus dem Dienst am Wort hervor. Das ist der eigentliche Sinn des sakramentalen Dichtungsverständnisses. Die ästhetischen Rituale entfalten auch ihre soziale Bindekraft. Aber wie bei Ritualen generell die Gefahr besteht, daß sie leerlaufen und zu bloßen Routinen sich reduzieren, so besteht auch für die ästhetischen Rituale Georges die Gefahr, sich in bloßen Tautologien zu ergehen: „die schönheit die schönheit die schönheit" (Paul Gérardy), die Kunst ist die Kunst ist die Kunst. Der gesamte europäische Ästhetizismus um 1900 hat sich so nicht stabilisieren können. Er suchte generell die mythische oder religiöse Zentrierung. Das ist strukturell der Entwicklung um 1800 nicht unähnlich: In den Debatten der Tübinger Stiftler (Hegel, Hölderlin, Schelling) und der Frühromantiker um eine neue Mythologie artikulierte sich das Bedürfnis nach einem gemeinsamen mythisch-ästhetischen System.[40] Maximin, der jugendliche Gott des 'Siebenten Rings', zu dem George Maximilian Kronberger stilisiert hat, soll nun die ästhetischen Rituale Georges und seines Kreises zentrieren. So sollen sie Bestand erhalten und ins Leben hineinwirken. Gewiß bleibt Maximin dabei ein Gott von Georges Gnaden, ästhetische Schöpfung seines Meisters und aus den ästhetischen Ritualen selbst hervorgegangen. Nur so kann ihn George für sich selbst akzeptieren: „Ergebend steh ich vor des rätsels macht / *Wie er mein kind* ich meines kindes kind.." (VIII, S. 14). Die Gewißheit des vermeintlich in Maximin eingetretenen Heils verfestigt nun auch die Diktion bis hin zum berühmten 'Schlusschor' (VIII, S. 114), der den Ton dogmatischer Spruchdichtung annimmt:

---

[39] E. Morwitz, *Kommentar zu dem Werk Stefan Georges*, Düsseldorf u. München ⁵1969, S. 68ff., und U. Oelmann, Kommentar zu III, S. 121ff., geben verschiedene Vermutungen an, wer von den Freunden sich hinter den einzelnen antiken Namen verbergen könnte.
[40] Vgl. dazu M. Frank, *Der kommende Gott. Vorlesungen über die Neue Mythologie*, I. Teil, Frankfurt a. M. 1982 (es 1142); für die Zeit um 1900: Ders., *Gott im Exil. Vorlesungen über die neue Mythologie*, II. Teil, Frankfurt a. M. 1988 (es 1506).

> GOTTES PFAD IST UNS GEWEITET
> Gottes land ist uns bestimmt
> Gottes krieg ist uns entzündet
> Gottes kranz ist uns erkannt.
> Gottes ruh in unsren herzen
> Gottes kraft in unsrer brust
> Gottes zorn auf unsren stirnen
> Gottes brunst auf unsrem mund.
> Gottes band hat uns umschlossen
> Gottes blitz hat uns durchglüht
> Gottes heil ist uns ergossen
> Gottes glück ist uns erblüht.

Hier ist die Sprache so fest geworden, daß man kaum bemerkt, daß nur noch die letzten vier Verse gereimt sind. Die Gruppe der ersten vier Verse spricht davon, wie sich der Chor, in dem das Individuum aufgeht, nun durch diesen Gott orientiert sieht. Die zweite Vierergruppe thematisiert die Folgen im Inneren ('herz' und 'brust') wie nach außen ('zorn', 'brunst', 'mund'). Die dritte Gruppe verkündet das eingetretene Heil, das den Chor verbindet. Bedenkt man die Härte dieser konsequent parallel angelegten, anaphorischen Verse, die den Zweifel nicht zu kennen scheinen, dann ist es umso bemerkenswerter, daß George schon im 'Siebenten Ring' auf eine Form zurückkommt, die nicht mehr derart konsequent die Formensprache ritueller Texte inszeniert. Die 'Lieder' des 'Siebenten Rings' sind in ihrer Einfachheit höchst kunstvolle, mit äußerster Präzision komponierte Einreden gegen jede religiöse Dogmatisierung und mythische Zentrierung. So bleibt das Verhältnis ästhetischer Religiosität und religiöser Ästhetik am Ende doch offen. Nicht zuletzt daraus bezieht das Werk Georges seine Spannung.

Marina Schuster

Bildende Künstler als Religionsstifter.
Das Beispiel der Maler Ludwig Fahrenkrog und Hugo Höppener genannt Fidus

Für Prof. Dr. Johannes H. Knoll

Vorwort

Die um 1900 einsetzende Wiederentdeckung der neureligiös gehaltvollen Bilderwelten Caspar David Friedrichs und Philipp Otto Runges, die in fast allen Kulturbereichen weit um sich greifende Neubelebung der Romantik führte in so manchen Kreisen deutscher Dichter und Maler nicht nur zu einer verstärkten Ästhetisierung des eigenen religiösen Empfindens, sondern auch zur bewußten Sakralisierung eines stimmungsvollen, gemeinschaftlichen Kunsterlebens. Bei Stefan George – um eines der bekanntesten Beispiele anzuführen – war es vor allem die lyrische Dichtung, aus der einem vermeintlich geschlossenen, intimisierten Rezipientenkreis prophetische Orakel erwuchsen und die George – zumindest in den Augen seiner Jünger – die „Priester"-Weihe verlieh.

Bei den hier – beschränkt auf eine grobe Skizzierung[1] – vorzustellenden, heute weithin vergessenen Malern Ludwig Fahrenkrog (1867-1952)[2] und

---

[1] Die Aufarbeitung der vielschichtigen Beziehung von Kunst und Religion wie vor allem der Rolle von Künstlern als Religionsstiftern zur Zeit der Jahrhundertwende erweist sich bislang als ein Desiderat im weiten Feld der geistesgeschichtlichen Forschung. Vgl. einstweilen zur allgemeinen Thematik von Kunst und Religion Rainer Volp, „Kunst und Religion", in: *Theologische Realenzyklopädie*, Bd. XX, Berlin, New York 1990, 243-329; Friedrich Gross, *Jesus, Luther und der Papst im Bilderkampf 1871-1918. Zur Malereigeschichte der Kaiserzeit*, Marburg 1989. Zu den stilistischen wie inhaltlichen Veränderungen in der religiösen Malerei der Jahrhundertwende siehe auch J. Adolf Schmoll gen. Eisenwerth, „Zur Christusdarstellung um 1900", in: Roger Bauer u.a. (Hg.), *Fin de Siècle. Zur Literatur und Kunst der Jahrhundertwende*, (Studien zur Philosophie und Literatur des 19. Jahrhunderts, Bd. 35). Frankfurt/Main 1977, 403-420; Ekkehard Mai, „Programmkunst oder Kunstprogramm? Protestantismus und bildende Kunst am Beispiel religiöser Malerei im späten 19. Jahrhundert", in: ders., Stephan Waetzoldt und Gerd Wolandt (Hg.), *Ideengeschichte und Kunstwissenschaft. Philosophie und bildende Kunst im Kaiserreich*, (Kunst, Kultur und Politik im Deutschen Kaiserreich, Bd. 3) Berlin 1983, 431-459.

[2] Zu Fahrenkrogs lokaler Bedeutung in Wuppertal siehe Hermann J. Mahlberg, „Ludwig Fahrenkrog", in: *Kunst design & Co. Von der Kunstgewerbeschule Barmen/Elberfeld – Meisterschule – Werkkunstschule Wuppertal zum Fachbereich 5 der Bergischen Gesamthochschule*

Hugo Höppener genannt Fidus (1868-1948)³ waren es dagegen häufig publizistisch unterstützte, im Dienste einer werbenden Ideologisierung stehende Bilder, die zum einen den Offenbarungswillen sowie die Gesinnung und Weltanschauung ihrer Produzenten zum Ausdruck brachten.⁴ Zum anderen fungierten ihre auf neureligiöse Erlebnisdimensionen abzielenden Werke als Kommunikations- und Kontemplationsmedien und trugen somit auf seiten der Rezipienten zur „Gemeindebildung" bei.

*„Weihekunst aus nordischem Geiste"*⁵

Zu Fidus' bekanntesten Gemälden zählt das in mehreren Variationen von ihm gefertigte und in Form von Postkarten und Lithographien weit verbreitete *„Lichtgebet"*⁶. In diesem, einen religiös-ambitionierten Vitalismus thematisierenden Werk findet sich romantisierter Symbolismus mit neudeutschem Idealismus gepaart. Als visuelle Umsetzung der aus Nietzsches Zarathustra hergeleiteten „Allbeseelung" präsentiert Fidus auf felsiger Höhe eine androgyne, in der Darstellung idealer Nacktheit zeitlos wirkende Jünglingsgestalt. Indem Fidus die Gestalt als Rückenfigur präsentiert, bietet er sie dem Betrachter als Identifikationsfigur an. Mit blondem wallendem

---

Wuppertal 1894-1994. Festschrift zum hundertjährigen Jubiläum, Wuppertal 1994, 76-79, sowie Gisela Schmoeckel, „Zwischen Bauchweh und Bewunderung. Der Malerdichter und Lehrer Ludwig Fahrenkrog", in: *Bergische Blätter. Magazin für das Bergische Land*, Nr. 13-14/1994. Zur Bewertung als völkischer Autor siehe Armin Mohler, *Die Konservative Revolution in Deutschland 1918-1932. Ein Handbuch (1950)*, Darmstadt ³1989.

³ Zu Fidus siehe Janos Frecot, Johann Friedrich Geist und Diethart Kerbs, *Fidus 1868-1948. Zur ästhetischen Praxis bürgerlicher Fluchtbewegungen*, München 1972, sowie Jost Hermand, „Meister Fidus. Vom Jugendstil-Hippie zum Germanenschwärmer", in: ders., *Der Schein des schönen Lebens. Studien zur Jahrhundertwende*, Frankfurt/M. 1972, 55-127. Janos Frecot, „Fidus", in: *Biographisches Lexikon für Schleswig-Holstein und Lübeck*, hg. im Auftrage der Gesellschaft für Schleswig-Holsteinische Geschichte und des Vereins für Lübeckische Geschichte und Altertumskunde, Bd. 10, Neumünster 1994, 123-126; Marina Schuster, „Fidus – ein Gesinnungskünstler der völkischen Kulturbewegung", in: *Handbuch zur „Völkischen Bewegung" 1871-1918*, hg. v. Uwe Puschner, Walter Schmitz und Justus H. Ulbricht, München u.a. 1996, 634-650.

⁴ Zur Einbindung von Fidus-Illustrationen in die zeitgenössische Lyrik siehe Claudia Bibo, *Naturalismus als Weltanschauung? Biologistische, theosophische und deutsch-völkische Bildlichkeit in der von Fidus illustrierten Lyrik (1893-1902)*. Frankfurt/M. u.a. 1995.

⁵ Fidus, „Weihekunst aus nordischem Geiste", April 1935, Handschriftliches Manuskript, 7 Seiten, hier S. 1. Fidus' Nachlaß, Burg Ludwigstein/Witzenhausen.

⁶ Das Lichtgebet schuf Fidus von 1890-1938 in insgesamt 11 Fassungen und unterschiedlichen Techniken: Kohle, Öl, Aquarell, Lithographie. Ihre Titel lauten in der Reihenfolge ihrer Entstehung: „Zu Gott", „von Gott", „Betender Knabe", seit der 5. Fassung von 1890/91 „Lichtgebet". Zur Bildgeschichte des Lichtgebets, siehe Frecot u.a., a.a.O., 288-301.

Haar, die Arme euphorisch zum Sonnengruß erhoben[7], wirft die Gestalt einen zur Kreuzesform verzerrten Schattenriß auf den Felsen: ein metaphorischer Hinweis für die Überwindung des christlichen Glaubens. Mit ihrer „Urgebärde des religiösen Lebens"[8] figuriert die im Sonnenlicht dargebotene „nackte Seele" somit als ein Ausdrucksträger vornehmlich lebensreformerischer, pantheistischer, naturmystischer wie auch gnostizistischer Ideen. Bezogen auf die magische Beschwörungsgebärde erinnert das Bild an Werke von Max Klinger, Ferdinand Hodler („Der Tag", 1903/04) und von Fidus' Malerfreund Magnus Weidemann („Die Heimat der Seele ist droben im Licht", 1921), die in ähnlicher Weise abstrakte Gedanken und Ideen malerisch umzusetzen versuchten und dabei moderne Andachtsbilder schufen.

Vermutlich gerade aufgrund des inhärenten Konglomerats theosophischer und lebensreformerischer Vorstellungen, aufgrund seines unspezifisch metaphysisch-religiösen Gehaltes, empfahl sich das „*Lichtgebet*" für eine Vielzahl der geistig-kulturellen Aufbruchsbewegungen der Jahrhundertwende, wie z.B. für die großstadtflüchtigen, die Natur als Gefühls- und Erlebnisraum wiederentdeckenden, politisch bald zwischen Links und Rechts anzusiedelnden jugendbewegten Kreise[9], als Schlüsselbild und Leitmotiv für die eigenen Bestrebungen.

In den Kreisen der „*Germanischen Glaubensgemeinschaft*" *(GGG)*[10], die Fidus' Malerfreund Ludwig Fahrenkrog gegründet hatte, wirkte das „*Lichtgebet*" im Rahmen einer entsprechender Inszenierung als Gesinnungs- oder auch Bekenntniskunst für „rasseechten Glauben". So berichtet Max Klewitz von dem Erlebnis einer ersten Weihestunde der GGG in der „Gemeinde" Rathenow/Berlin:

> „Weihestunde! [...] Vor mir die lange Tafel, weiß gedeckt, wo gegenüber ein kleiner Tisch weiß umhangen und mit Reisern der Eibe geschmückt. Auf dem

---

[7] Diese aus der griechischen Kunst stammende Darstellungsart für die Seele bzw. Psyche erfaßt das „Deutsche Kulturwörterbuch" begrifflich als „Lebensrune". Siehe auch Georg Herrmann (Hg.), *Deutsches Kulturwörterbuch*, Konstanz 1962.

[8] Heinz Demisch, *Erhobene Hände. Geschichte einer Gebärde*, Stuttgart 1984, 9.

[9] Das „Lichtbild" galt als Ikone der Jugendbewegung. Siehe Rolf-Peter Janz, „Die Faszination der Jugend durch Rituale und sakrale Symbole. Mit Anmerkungen zu Fidus, Hesse, Hofmannsthal und George", in: Thomas Koebner, Rolf-Peter Janz und Frank Trommler (Hg.), „*Mit uns zieht die neue Zeit*". *Der Mythos der Jugend*, Frankfurt/Main 1985, 310-337. Siehe auch Klaus Jeziorkowski, „Empor ins Licht. Gnostizismus und Licht-Symbolik in Deutschland um 1900", in: *The turn of the century. German literature and art 1890-1915*, hg. v. Gerald Chapple und Hans H. Schulte, Bonn 1981, 171-196.

[10] Siehe Ludwig Dessel, *Fahrenkrog und die Germanische Glaubensgemeinschaft. Ein Beitrag zur geschichtlichen Treue*, Leipzig 1937 sowie Ludwig Fahrenkrog, *Geschichte meines Glaubens*, Halle a. S. 1906.

Tisch die Germanenbibel, das deutsche Buch und der Hammer, rechts und links davon ein schlichter Leuchter gaben dem Tisch das Gepräge eines Altars. Hinterm Altar war das Lichtgebet von Fidus angebracht worden, welches von frischem Eibengrün eingefaßt war. Die Weihe wurde durch das Lied: 'Weiß mir ein Blümli blaue' eingeleitet. Der erste Weihwart der Gemeinde Groß-Berlin Alfred Spörr sprach nach einigen einleitenden Worten aus der Edda über die Erde und die Menschwerdung. Meisterhaft waren seine Schilderungen über die Gegensätze zwischen Christentum und dem ureigensten Glauben der germanischen Rasse."[11]

Auch Fahrenkrogs Arbeiten scheinen – wie bei Fidus – dem Motto „Lebensbejahung sei dir Religion!"[12] verpflichtet; gegenüber der bildsprachlichen Multivalenz der stark pantheistisch geprägten Werke von Fidus offenbaren seine Bilder jedoch in weit stärkem Maße „arteigene" Religionsvorstellungen.[13] Schon 1901 hatte der ehemalige Meisterschüler des berühmten Historienmalers und Berliner Akademiedirektors Anton von Werner, der bereits seit 1898 selbst als Lehrer an der Barmener Kunstgewerbeschule wirkte, in seinem Werk „Jesus von Nazareth predigend" (1901)[14] mit einer eigenwilligen Christusdarstellung im Wilhelminischen Deutschland für Aufsehen gesorgt: die Vorgaben christlich-normativer Ästhetik völlig mißachtend, präsentiert dieses Werk einen bartlosen, kurzhaarigen Christus, der das unter ihm versammelte „moderne" Volk mit herrischer Gestik von sich weist und in seiner dominanten Bildpositionierung wie ein priesterlicher Übermensch wirkt. Die Brisanz von Fahrenkrogs ikonographisch und ästhetisch revolutionärer Neugestaltung erhellt ein 1910 veröffentlichter Bericht von Artur Strauß im „Kalender für das Bergische Land": „Der Jesus, den er malte, ist nicht der alte byzantinische Typ, wie er durch die Jahrhunderte gewandelt, der in der Zeit der Renaissance zu klassischer Schönheit emporwuchs und auch unseren Modernisten wie [Fritz von] Uhde, [Hans] Thoma, [Max] Klinger und [Eduard von] Gebhardt als Vorbild diente, sondern er schuf statt des herkömmlichen milden Gottessohnes den kraftvoll männlichen, fest entschlossenen, sein Leben für eine große Idee einset-

---

[11] Max Klewitz, „Rathenow/Groß-Berlin", in: *Der Weihwart.* 3 (1924) H. 2, 15.

[12] Ludwig Fahrenkrog, „Germanentempel", in: *Der Volkserzieher. Blatt für Familie, Schule und Volksgemeinschaft* 11 (1907) H. 6, 42.

[13] Siehe u.a. meinen Beitrag „Die Bildwelt der Völkischen", in: Justus H. Ulbricht und Stefanie von Schnurbein (Hg.), *Völkische Religiosität und Krisen der Moderne. Entwürfe „arteigener" Religion seit der Jahrhundertwende.* Köln u.a. (i.V.). Vgl. auch Stefanie von Schnurbein, „Die Suche nach einer „arteigenen" Religion in 'germanisch-' und 'deutschgläubigen' Gruppen", in: *Handbuch zur „Völkischen Bewegung" 1871-1918*, hg. v. Uwe Puschner, Walter Schmitz, Justus H. Ulbricht. München u.a. 1996, 172-185.

[14] Siehe Abb. 275 in: Gross, *Jesus*, 238. Dieses Bekenntnisbild schuf Fahrenkrog ein Jahr nach seinem Kirchenaustritt.

zenden Menschensohn. Es kann nicht Wunder nehmen, wenn diese künstlerische Tat ebenso viel Widerspruch wie begeisterte Zustimmung, selbst in Theologenkreisen, hervorrief [...]."[15]

Doch nicht nur in Bildern, auch in Worten bekannte sich der Kunstlehrer und spätere Professor, der „Dichtermaler"[16] und Religionsstifter Fahrenkrog zum Germanenglauben. Seine in Wilhelm Schwaners „*Volkserzieher*" unter dem Titel „*Germanentempel*"[17] mehrfach ertönenden Rufe nach „Diesseitsreligion", verbunden mit der Ablehnung „fremden Glaubens und fremden Blutes", zielten auf die Erweckung einer eigenen, der „Deutschen Art" entsprechenden Religion, und wurden erhört: Mit Gleichgesinnten – hierzu zählten unter anderem Wilhelm Schwaner, der Herausgeber der „*Germanenbibel*", und der Malerfreund Fidus – gründete Fahrenkrog die ausgesprochen antisemitisch orientierte „*Germanische-Glaubensgemeinschaft*"[18]. Zu ihren Zielen gehörte es, „den Germanen zu sich selbst zu führen", d.h. denjenigen eine religiöse Alternative anbieten zu können, die den christlichen Kirchen den Rücken gekehrt hatten.[19] Der führende Kopf, Fahrenkrog, propagierte nicht nur, er lebte auch nach den Bekenntnissen der Germanischen Glaubensgemeinschaft, zu dem u.a. die „Nichtzugehörigkeit zu einer anderen Religionsgesellschaft" gehörte.[20] Er hatte keines seiner fünf Kinder taufen lassen, hatte ihnen statt Paten „Lebensberater" bestellt und ihnen „als Weihwart des Hauses" im Rahmen von Sippenfesten selbst die deutschreligiöse Lebensweihe (bei der Geburt) und die Jugendweihe (bei Schulentlassung bzw. Mündigwerdung) erteilt.[21]

---

[15] Zit. n. Mahlberg, a.a.O., 77.

[16] Neben der Malerei verfaßte Fahrenkrog zahlreiche Gedichte, Aufsätze und nordischmythische Götterdramen: „Baldur" (1908) und „Wölund" (1913) wurden 1912/13 durch ihre Aufführungen im Harzer Bergtheater bekannt. Siehe auch Wilhelm Kiefer, „Wölund, der Schmied. Zu Ludwig Fahrenkrogs Zeichnungen und Dichtung", in: *Bühne und Welt* 17 (1915) 5, 218-220.

[17] Siehe *Der Volkserzieher* 11 (1907) H. 6, 42-43; 12 (1908) H. 6, 41-42; 12 (1908) H. 10, 77-78.

[18] Zu den Vorläufern dieser Vereinigung zählen der bereits 1908 von Fahrenkrog gegründete *Bund für Persönlichkeitskultur* sowie die 1912 gegründete *Germanisch-deutsche Religionsgemeinschaft* – im Zusammenhang mit dieser Gründung erfolgte die Weihe des Hermannsteins bei Rattlar zur Kultstätte.

[19] Siehe Stefanie von Schnurbein, „Suche", 179. Siehe auch Ulrich Nanko, *Die Deutsche Glaubensbewegung. Eine historische und soziologische Untersuchung*, Marburg 1993.

[20] „Bekenntnis der Germanischen Glaubensgemeinschaft", in: *Spezial-Akten der Stadtverwaltung Witzenhausen betr. Germanische Glaubensgemeinschaft* Bd. I, Abt. VII D 4.

[21] Vgl. Ekkehard Hieronimus, „Von der Germanen-Forschung zum Germanen-Glauben. Zur Religionsgeschichte des Präfaschismus", in: *Die Restauration der Götter. Antike Religion und Neo-Paganismus*, hg. v. Richard Faber und Renate Schleiser, 241-257, hier: 253.

„Tempelkunst" und „Deutscher Dom"

Zu den um 1900 zahlreichen Versuchen, neben den abgelebten christlichen Metaphern neue, die Gesamtheit des Lebens erfassende und zugleich bindende Symbole zu stellen, gehörte auch das Wiederaufleben des Kultbaugedankens in diversen Künstlerkreisen.[22] Erinnert sei in diesem Zusammenhang u.a. an die sich über die Jahre 1898 bis 1944 erstreckenden Anläufe, ein Nietzsche-Monument zu schaffen bzw. an das Projekt eines Nietzsche-Tempels und -Stadions in Weimar.[23]

Bereits der Bau neuer nationaler Weihestätten, wie des Leipziger Völkerschlachtdenkmals (1900-1913) als Ehrenmal für Deutschlands Befreiung und nationaler Wiedergeburt, unterlag einer neureligiösen Heilserwartung. In weit stärkerem Maße galt dieses für die der Verwirklichung harrenden Architekturphantasien, für die geistigen Schöpfungen absoluter, kollektiv erlebbarer Andachtsformen in archaisch-maßstablosen Kultbauten wie sie z.B. Fidus seit den 1890er Jahren propagierte und auf der Suche nach finanziellen Förderern mit Lichtbildervorträgen zur Anschauung brachte.[24] Unterstützt wurde er dabei u.a. von Wilhelm Spohr, seinem Biographen, der unter dem Titel „*Das sichtbare Gesamtkunstwerk bei Fidus als Erweiterung des Bayreuther Gedankens*" im Rahmen der „*Richard-Wagner-Gesellschaft für germanische Kunst und Kultur*"[25] 1905 in Berlin einen „Tempelkunst-Abend" mit Lichtbildern veranstaltet und hier neben Fidus' neuidealistischen Tempelbildern auch seine Entwürfe zu monumentalen Musiktempeln und Ring-Tonhallen dem Publikum präsentiert hat.

Gerade mithilfe der Dia-Projektion war es ihnen möglich, die Werke vor den Augen der Betrachter in ihrer gedachten monumentalen Form aufscheinen zu lassen. So wurde unter anderem auch die 1906 als kolorierte Fe-

---

[22] Vgl. Paul Fechter und Wenzel A. Hablik, „Der Kultbaugedanke in der neuen Architektur", in: *Schöpfung. Ein Buch für religiöse Ausdruckskunst*, hg. v. Oskar Beyer. Berlin 1923, 57-65.

[23] Siehe Jürgen Krause, „*Märtyrer*" *und* „*Prophet*". *Studien zum Nietzsche-Kult in der bildenden Kunst der Jahrhundertwende*, (Monographien und Texte zur Nietzsche-Forschung, Bd. 14) Berlin, New York 1984, vor allem Kap. 4.

[24] Vgl. „Tempel-Kunst", in: *Deutsche Kunst und Dekoration*, Bd. 1. Darmstadt 1897/98, 68-69; „Tempelkunst", in: Arno Rentsch, *Fiduswerk. Eine Einführung in das Leben und Wirken des Meisters, mit vielen Bildproben und grundlegenden Selbstäußerungen des Künstlers*, Dresden 1925, 134-144. Siehe auch Rainer Y, *Fidus, der Tempelkünstler. Interpretation im kunsthistorischen Zusammenhang mit Katalog der utopischen Architekturentwürfe*, 2 Teile, Göppingen 1985.

[25] Die Gründung der „Richard-Wagner-Gesellschaft für germanische Kunst und Kultur" erfolgte 1905 in Berlin aus Protest der „Freunde von Bayreuth" gegen eine außerhalb Bayreuths, in Amsterdam, geplante öffentliche Aufführung des „Parsifal".

derzeichnung in der „*Jugend*"[26] veröffentlichte Arbeit „*Am Traualtar*" (1900), die ein scheinbar in die heilige Mission der Höherzüchtung ergebenes nacktes Menschenpaar zeigt, in erheblicher Vergrößerung vorgeführt. Das in starrer Frontalität um den „Altar" der Ehe angeordnete Paar ist in einer für Fidus typisch bedeutungsschwangeren „Tempelarchitektur" eingebettet; das Werk war, wie Fidus 1929 bekennt, als Monumentalbild für den von ihm entworfenen „Tempel der Zweieinheit" geplant.[27] Im Gegensatz zu Ludwig Habichs sinnverwandten Monumentalplastiken „Mann" und „Weib" vor dem Ernst-Ludwig-Haus auf der Darmstädter Mathildenhöhe (1901), die immerhin das Pathos einer für die Zukunft ersehnten „Tempel-Kunst" erahnen lassen, ist Fidus' Werk weitgehend auf die Überredungskunst von Bild und Text angewiesen. Durch die Einbindung eines aus Nietzsches Zarathustra stammenden Zitates[28] als Bildunterzeile offenbart der Künstler sein Anlehnungsbedürfnis gegenüber den Autoritäten der nationalen Kulturszene. Auffallend ist zudem, daß Fidus anstatt der ansonsten für den Jugendstil üblichen und auch von ihm bevorzugten floralen Rahmung mit Orchideen oder Palmwedeln dieses Werk mit einer deutsch-bodenständigen Eichenblattranke einrahmt.

In der Zeit der Weimarer Republik hatte sich Fidus' anfänglich theosophisch und lebensreformerisch geprägtes Streben nach neureligiöser Lebenserneuerung mit den Mitteln der Kunst in wachsendem Maße zu einer Propaganda für eine „Tempelkultur des arisch-germanischen Heils"[29] verfestigt. In der Zeitschrift „*Junge Menschen*", die ihm 1921 sogar ein Sonderheft widmete, verkündigte er: „Die künftigen Tempel" werden, „wenn sie germanischem Geiste entwachsen, volkliche und stammesmäßige Erhebungsstätten sein und keine internationalen Peterskirchen mit Papstherrlichkeit und Peterspfennigen aus aller Welt!"[30]

Wie der als Maler, Illustrator und Tempelkünstler agierende Fidus betätigte sich auch der seit 1913 zum Professor ernannte Ludwig Fahrenkrog schon früh in anderen künstlerischen Medien: er verfaßte mehrere völkischreligiöse Dramen wie „*Baldur*" (1908), „*Wölund*" (1914) und „*Lucifer*"

---

[26] Siehe 11 (1906) Nr. 18, 369.
[27] Vgl. Fidus, „Zum Tempel der Zweieinheit", in: *Die Schönheit*. 25 (1929), 470.
[28] „Ehe: So heiße ich den Willen zu Zweien, das Eine zu schaffen, das mehr ist als die es schufen. Ehrfurcht voreinander nenne ich Ehe als vor den Wollenden eines solchen Willens."
[29] Fidus, „Zum 'Tempel der Erde'", in: *Junge Menschen. Blatt der deutschen Jugend. Stimme des neuen Jugendwillens* 2 (1921) H. 6, 86.
[30] Ebd., 86.

(1914)[31], die von ihm bewußt zur Aufführung als „Bühnenweihfestspiele" gedacht waren. Ihre teilweise erste öffentliche Aufführung fanden diese Werke dann auch auf der von Ernst Wachler 1903 begründeten Freilichtbühne, dem Harzer Bergtheater, das sich zu einem beliebten Versammlungsort der deutschgläubigen Subkultur entwickelte. Hier erlebte das für germanischen Geist empfängliche Publikum das Theater – wie von Richard von Kralik gefordert – als Tempel und das Drama als einen Gottesdienst, hier wurden „einerseits die heiligen, andererseits die volksthümlichen Grundlagen" des Dramas wiederbelebt und ein wichtiger Beitrag „zur Hebung der Kunst wie zur Erneuerung religiösen und socialen Lebens" geleistet.[32]

Gleiche Gedanken hegte Fahrenkrog, als er in den Jahren 1907 und 1908 in Schwaners „Volkserzieher", dem „Blatt für Familie, Schule und Volksgemeinschaft" die Idee des „Germanentempels" verkündete.[33] Noch Mitte der zwanziger Jahre war die „Dombaufrage" für die GGG, als dessen Hochwart Ludwig Fahrenkrog bereits seit 1914 amtierte und für die er gemeinsam mit Holger Dom eine eigene Zeitschrift – den „*Weihwart*" – herausgab,[34] noch nicht geklärt. Die Bemühungen um den Bau eines „deutschen Domes", dessen Standort möglichst in der Mitte Deutschlands liegen sollte, die Idee, in Witzenhausen bei Eschwege ein „nordisches Bayreuth" zu schaffen, waren allerdings relativ weit gediehen. So hatte der mit Ludwig Fahrenkrog geschäftlich wie auch freundschaftlich verbundene Leipziger Verleger Wilhelm Hartung, dessen Familie selbst aus der Witzenhausener Gegend stammt, sowohl den Bürgermeister der Stadt, Georg Domke, wie auch den Magistrat von der wirtschaftlichen Bedeutung, die die Pläne der GGG für die Stadt haben könnte, überzeugt. In seinen diversen Schreiben an Domke betonte er wiederholt, daß „es keine andere Gelegenheit gibt, Witzenhausen mit einem Schlage ein hochkünstlerisches und weitausragendes Unternehmen zuführen zu können". Es solle „am Orte des 'Deutschen Doms' [..] jährlich der Allthing stattfinden und, weil während dieser Tagung Freilicht-

---

[31] Alle genannten Dramen erschienen im Verlag Greiner & Pfeiffer, Stuttgart.
[32] Zit. n. Uwe Puschner, „Deutsche Reformbühne und völkische Kultstätte. Ernst Wachler und das Harzer Bergtheater", in: *Handbuch zur „Völkischen Bewegung" 1871-1918*, hg. v. Uwe Puschner, Walter Schmitz, Justus H. Ulbricht. München u.a. 1996, 762-796, hier: 764.
[33] Vgl. Anm. 17.
[34] Zu übersehen sind auch nicht die ideellen wie personellen Vernetzungen in der deutschgläubigen Szene: man besaß freundschaftliche Beziehungen zum *Deutschen Orden*, sah in der *Deutschen Werkgemeinschaft* mit ihrer Wochenschrift „Deutscher Wille" einen Kampfgenossen für den germanischen Glauben und verwies in dem eigenen Publikationsorgan „Der Weihwart" auf die Monatsschrift der *Nordischen Gemeinschaft* „Nordische Wiedergeburt" sowie auf den „Michel", die „unabhängige völkische Zeitung für alle Deutschen". Vgl. „Der Weihwart" 3 (1924) H. 2 (Innenseite).

vorstellungen gegeben werden, [...] eine Freilichtbühne, ähnlich wie auf dem Hexentanzplatz in Thale angelegt werden."[35] Zudem sei es in der GGG beschlossene Sache, dem „Deutschen Dom" eine Siedlung anzugliedern.[36]

Um auch den anderen Gemeindemitgliedern in Witzenhausen die Ideen- und Bildwelt von Fahrenkrog vorzustellen und die lautgewordenen Ängste vor der Ansiedlung der GGG zu nehmen, wurde eigens durch den mit Fahrenkrog befreundeten Pfarrer Kurt Engelbrecht[37] in Witzenhausen ein Fahrenkrog-Lichtbildervortrag veranstaltet.

Im März 1925 erfolgte schließlich durch Magistratbeschluß der Tausch eines städtischen Grundstücks mit der aus Privatbesitz stammenden Wiese auf dem Kämmerschiethenkopf, die für den Bau des Deutschen Domes geeignet schien und der GGG nun von der Stadtgemeinde kostenlos bereitgestellt werden konnte. Es zeigte sich jedoch alsbald, daß die GGG dieser schnellen Abwicklung seitens der Stadt Witzenhausen nicht folgen konnte.

Der zur möglichen Besichtigung des Geländes durch die Gemeinschaftsmitglieder extra im August 1925 in Witzenhausen tagende Allthing der GGG war – wie der erwartungsfreudige Magistrat von Witzenhausen mit Verwunderung zur Kenntnis nahm – mit lediglich 12 Teilnehmern sehr schwach besucht.[38] Auch kam es in der Folgezeit zu keiner Unterzeichnung des dem Hochwart Fahrenkrog vorgelegten Vertragsentwurfes, was vermuten läßt, daß Fahrenkrog bzw. die GGG nicht die notwendigen finanziellen Mittel zur Verwirklichung des Projektes besaß. Insofern verwundert es auch nicht, daß die die Aktivitäten der GGG betreffenden Akten im Stadtarchiv Witzenhausen mit zwei Briefen an den Bürgermeister schließen, welche wiederholt die „Ortsbesichtigung des Baugeländes" durch einen von Fahrenkrog beauftragten Diplom-Ingenieur ankündigen, der allerdings – so der Eindruck der Aktensichtung – nie erschien.

Obgleich „Geist, Wille und Seele" wie auch die ersten auf Postkarten vertriebenen Skizzen des „Halgadomes" vorhanden waren, scheiterte dieses

---

[35] Siehe Stadtarchiv Witzenhausen: Spezial-Akten der Stadtverwaltung Witzenhausen betr. Germanische Glaubensgemeinschaft Bd. I, Abt. VII, D 4, Hartung an Domke, 29. Dezember 1924.
[36] Ebd.
[37] Siehe auch Kurt Engelbrecht, *Ludwig Fahrenkrog. Seine Schöpfungen und ihre Bedeutung für unser Volkstum*, Kunstgabe 2 der Schönheit, Dresden o. J. (um 1922).
[38] Für das Jahr 1914 wurden 120-150 Mitglieder, für das Jahr 1918 die Existenz von 13 Ortsgemeinden verzeichnet. Als Blütezeit der GGG, mit erheblichen gestiegenen Mitgliedschaften, erwiesen sich die 20er Jahre. Vgl. von Schnurbein, „Suche", 180.

Bauprojekt gleichfalls, wie die meisten visionären Architekturideen der Zeit, aufgrund des Mangels an irdischen Gütern.[39]

Schlußbemerkung

Fahrenkrog wie auch Fidus präsentieren sich in einer Vielzahl ihrer Werke als Verkünder und Verfechter einer religiösen Erneuerung des Lebens. Das durch das 1890 anonym erschienene, von Julius Langbehn verfaßte und zum Bestseller der Jahrhundertwende avancierte Werk „Rembrandt als Erzieher" inspirierte und von Fahrenkrog und Fidus verinnerlichte Leitbild vom Künstler als Erzieher wie auch jene Bildideen, die auf Glaubenserneuerung und utopische Kultbaustätten verweisen, zeigen dem heutigen Betrachter den übermäßigen ideellen Anspruch, den beide gegenüber ihrer Kunst erhoben.

Mit messianischem Impetus und einem Hang zum Monumental-Kultischen agierten sie als Malerpoeten und Tempelkünstler, begriffen sich selbst, wie Fidus, als Künstlerprophet und „Offenbarungsmensch"[40] oder traten, wie Fahrenkrog, der Gründer der *„Germanischen-Glaubensgemeinschaft"*, als Religionsstifter auf und offerierten ihre Werke als neureligiöse Bekenntniskunst. In synkretistischer Manier vermischten Fidus und Fahrenkrog Elemente des christlichen Glaubens mit gnostischen und germanischen Mythensplittern und schufen schon zu Beginn der 90er Jahre Arbeiten, in denen der aus dem Himmelreich verbannte Engel Lucifer oder auch Baldur, der germanische Sonnengott, als christusgleiche Märtyrer bzw. Heilsbringer auftraten[41]. Ihre Werke verhalfen der in den bürgerlichen Schichten um 1900 sich ausweitenden Individualisierung und Subjektivierung einer „vagierenden" Religiosität[42] zu ihrem bildhaften Ausdruck.

---

[39] Siehe Ludwig Fahrenkrog, „Der deutsche Dom", in: *Der Weihwart* 3 (1924) H. 2, 9-13; 4 (1925) H. 1, 1-2.

[40] Siehe Wilhelm Spohr, *Fidus als Erzieher*, Minden o.J. (1902), 7.

[41] Fidus, der in den Jahren 1892-95 mehrere Luziferbilder schuf, entwarf sogar einen „Tempel des Luzifers" (1892); Fahrenkrog schuf neben einigen Luzifer-Arbeiten, z.B. „Luzifers Fall" (1897), vorrangig Baldurgestalten (1895/1908). Zu dem Thema Luzifer, dem Lichtbringer im Prozeß der Zerstörung der Vernunft, siehe Ernst Osterkamp, *Lucifer. Stationen eines Motivs* (Komparatistischer Studien, Bd.9) Berlin, New York 1979, 213-248.

[42] Siehe Thomas Nipperdey, *Religion im Umbruch: Deutschland 1870-1918*, München 1988, sowie ders., *Deutsche Geschichte 1866-1918*, Bd. 1, München 1990, 521-528.

Bildende Künstler als Religionsstifter 285

Fidus: Lichtgebet, Aquarell, 1913

Ludwig Fahrenkrog: Jesus von Nazareth predigend, Öl auf Leinwand, 1901

Fidus: Am Traualtar, getönte Federzeichnung, um 1900

Claus-E. Bärsch

Die Außenseite von Seele.
Religion, Kunst und Rasse in Alfred Rosenbergs „Mythus des 20. Jahrhunderts"

I. Zum Inhalt und Ziel des „Mythus"

Eine religiöse Anschauung von Welt und nicht irgendein sozialdarwinistischer Biologismus, wie vorwiegend noch immer unterstellt, das soll hier nachgewiesen werden, ist für Rosenbergs Auffassung von Kunst und Rasse zugleich charakteristisch.

Rosenberg nimmt in seinem Hauptwerk „Der Mythus des XX. Jahrhunderts. Eine Wertung der seelisch-geistigen Gestaltenkämpfe unserer Zeit"[1] – so der vollständige Titel – für sich in Anspruch, eine eigene Auffassung von Kunst entwickelt zu haben. So steht in der Mitte des „Mythus", der in drei Bücher eingeteilt ist, das Buch über „Das Wesen der germanischen Kunst". Das den 173 Seiten vorangestellte Motto stammt von dem Schwiegervater seines Lehrmeisters Houston Stewart Chamberlain.[2] Es ist Richard Wagners Schrift „Das Kunstwerk der Zukunft" entnommen und lautet:

„Das Kunstwerk ist die lebendig dargestellte Religion."

Der von Hitlers väterlichem Dutzfreund Dietrich Eckart (1886-1924[3]), dem ersten Hauptschriftleiter des „Völkischen Beobachters", in die nationalsozialistische Bewegung eingeführte Alfred Rosenberg (1893-1946) kann ohne Zweifel als ein Repräsentant der nationalsozialistischen Anschauung von Gott und Welt gelten.

Sein „Mythus" umfaßt 712 Seiten und ist mit einem sehr detaillierten Inhaltsverzeichnis (S. VII-XXI) sowie einem kurzen Sach- und Namensver-

---

[1] Erstauflage München 1930, fortan zitiert mit *Mythus*.
[2] Der Briefpartner Wilhelm II. sowie Hitlers fühlte sich auch der Religion verpflichtet und lobte z.B. Jesus Christus in langen Ausführungen, vgl. Houston Stewart Chamberlain, *Die Grundlagen des XIX. Jahrhunderts*, München 1899, S. 189-251; vgl. S. 545-648; *Mensch und Gott. Betrachtungen über Religion und Christentum*, München 1921.
[3] Vgl. Claus-E. Bärsch. „'Das Dritte Reich' des Dichters Dietrich Eckart", in: *Zeitmitschrift. Journal für Ästhetik*, Sonderheft 1938, Düsseldorf 1988, S. 57-91.

zeichnis (S. 702-712) versehen. Das erste Buch, „Das Ringen der Werte", ist wiederum in drei Teile gegliedert: „Rasse und Rassenseele", „Liebe und Ehre" und „Mystik und Tat". Das Buch über die Kunst ist äußerst ergiebig, um den spekulativen Gehalt des „Mythus" rekonstruieren zu können und hat vier Teile: „Das rassische Schönheitsideal", „Wille und Trieb", „Persönlichkeits- und Sachlichkeitsstil" und „Der ästhetische Wille". Das dritte Buch heißt „Das kommende Reich" und hat sieben Teile: „Mythus und Typus", „Der Staat und die Geschlechter", „Volk und Staat", „Das nordisch-deutsche Recht", „Deutsche Volkskirche und Schule", „Ein neues Staatensystem" und – das ganze Werk noch einmal zusammenfassend – „Die Einheit des Wesens". Die einzelnen Teile der Bücher sind jeweils in sechs bis acht Abschnitte gegliedert und werden im Inhaltsverzeichnis genau beschrieben. Der gelernte Architekt Rosenberg war ein äußerst fleißiger Autodidakt. Meiner Ansicht nach ist z.B. das permanente Lob Kants[4] auf die Autorität Chamberlains zurückzuführen. Rosenberg meint, auch Schopenhauer, dem er sich im „Mythus", und zwar im Buch über die Kunst, intensiv widmet, richtig gedeutet oder umgedeutet zu haben.[5]

Es geht Rosenberg im Mythus um die „Herausmeißelung der geistigen Typen, somit um das Selbst-Bewußtwerden suchender Menschen, dann um ein Erwecken des Wertgefühles und eine Stählung des Charakterwiderstandes gegenüber allen feindlichen Verlockungen".[6] Rosenberg ist zwar nicht der Überzeugung, selbst eine Religion erfunden zu haben, aber er hofft auf eine „deutsche religiöse Bewegung, die sich zu einer Volkskirche entwikkeln"[7] wird. Er ist von der Notwendigkeit einer „neuen Religion"[8] überzeugt, meint aber, „daß uns ein echtes Genie, das den Mythus offenbart und zum Typus erzieht, noch nicht geschenkt worden ist"[9]. Doch sieht er sich in der Pflicht, „Vorarbeit zu leisten" und in der Lage, „wahrscheinliche Darstellungen vorzufühlen"[10]. Rosenberg beabsichtigt mit dem Mythus

---

[4] „Die Grundtatsache des nordisch-europäischen Geistes ist die bewußt oder unbewußt vorgenommene Scheidung zweier Welten, der Welt der Freiheit und der Welt der Natur. In Immanuel Kant gelangte dieses Urphänomen der Denkmethodik unseres Lebens zum lichtesten Bewußtsein und darf nimmermehr unseren Augen entschwinden", Mythus, S. 131; vgl. S. 121, 136, 141, 142, 200, 241, 273, 303, 318, 323, 393, 398, 419, 517, 630, 687; vgl. Houston Stewart Chamberlain, Immanuel Kant, München 1905.
[5] Vgl. das Kapitel „Wille und Trieb" des 2. Buches, S. 323-344, weiterhin S. 243, 278, 318, 393, 408, 417, 441, 682, 687 ff.
[6] Mythos, S. 8.
[7] Ebd., S. 608.
[8] Ebd., S. 620.
[9] Ebd., S. 601.
[10] Ebd., S. 8.

„der Willenhaftigkeit des Germanentums auf allen Gebieten nachzugehen".[11] Das „Problem ist also", so fährt er fort, „gegen das chaotische Durcheinander eine gleiche Seelen- und Geistesrichtung herbeizuführen, die Voraussetzungen einer allgemeinen Wiedergeburt selbst aufzuzeigen"[12]. Er meint damit die Wiedergeburt des Volkes. Eine „echte Wiedergeburt" des Volkes sei „ein zentrales Erlebnis", nämlich der „Seele"[13]. Die Sehnsucht nach „der nordisch-deutschen Wiedergeburt" sei ein „Traum, wert gelehrt und gelebt zu werden". Es geht Rosenberg um die Konstitution noch nicht vorhandener kollektiver Identität. Denn er fährt fort. „Und dieses Erleben und dieses Leben, das allein ist Abglanz einer erahnten Ewigkeit, die geheimnisvolle Sendung auf dieser Welt, in die wir hineingesetzt wurden, um das zu werden, was wir sind."[14] Rosenberg begreift mithin den Prozeß, daß das deutsche Volk noch wird, was es an sich schon ist, in der Übereinstimmung mit einer überirdisch-ewigen Welt, mithin in der Differenz von Diesseits und Jenseits, also im Medium von Religion. Rosenbergs einzig unmittelbare Bestimmung des Begriffes Mythus wird mit einem Lob des Traums eingeleitet.[15] „Diese nicht faßbare Zusammenfassung aller Richtungen des Ichs, des Volkes, überhaupt einer Gemeinschaft macht seinen Mythus aus. Die Götterwelt Homers war ein solcher Mythus, der Griechenland auch noch weiter schützte und erhielt, als fremde Menschen und Werte sich des Hellenentums zu bemächtigen begannen."[16] Am Schluß des Werkes, die Funktionen des Mythus beschreibend und seine Religion spezifizierend, erklärt Rosenberg:

> „Dieser alt-neue Mythus treibt und bereichert bereits Millionen von Menschenseelen. Er sagt heute mit tausend Zungen, daß wir uns nicht um 1800 vollendet hätten, sondern daß wir mit erhöhtem Bewußtsein und flutendem Willen zum ersten Mal als ganzes Volk wir selbst werden wollen: 'Eins mit sich selbst', wie es Meister Eckehart erstrebte."[17]

Stärker als mit der Formulierung „Eins mit sich selbst" kann kollektive Identität kaum gefordert werden. Die religiöse Implikation ist eindeutig und wird spezifiziert: Identität als Mystik. Für Rosenberg steht auch die Kunst im Dienst von Religion und kollektiver Identität. Rosenberg ist der

---

[11] Ebd., S. 14.
[12] Ebd., S. 14.
[13] Ebd., S. 14.
[14] Ebd., S. 10.
[15] „Es wird einmal eine Zeit kommen, in der die Völker ihre großen Träume als die größten Tatsachen der Menschen verehren werden" (Ebd., S. 453).
[16] Ebd., S. 459.
[17] Ebd., S. 699.

Überzeugung, daß das Epos des 1. Weltkrieges noch zu schaffen sei. Voraussetzung dafür sei, „daß sich die Atome des Volkes, die Einzelseelen, nach und nach gleichgesinnt einzustellen beginnen". Ist dies der Fall, so „hat dann auch die Geburtsstunde des Dichters des Weltkrieges geschlagen". Dieser Dichter „weiß dann mit allen anderen, daß die zwei Millionen toter deutscher Helden die wirklich Lebendigen sind, daß sie ihr Leben ließen für nichts anderes als für die Ehre und Freiheit des deutschen Volkes, daß in dieser Tat die einzige Quelle unserer seelischen Wiedergeburt liegt, der einzige Wert aber auch, unter den sich alle Deutschen widerspruchslos beugen können. Dieser deutsche Dichter wird dann auch mit starker Hand das Gewürm von unseren Theatern verjagen, er wird den Musiker zu einer neuen Heldenmusik befruchten und dem Bildhauer den Meißel führen. Die Heldendenkmäler und Gedächtnishaine werden durch ein neues Geschlecht zu Wallfahrtsorten und einer neuen Religion gestaltet werden, wo deutsche Herzen immer wieder neu geformt werden im Sinne eines neuen Mythus. Dann ist aufs neue wieder einmal die Welt überwunden worden – durch die Kunst."[18]

Das Ziel meines Beitrages besteht darin, den Zusammenhang von Religion, Kunst und kollektiver Identität so klar und knapp wie möglich darzustellen. Die Kriterien und Kategorien zur Erfassung des „Mythus" sind nicht die der Ästhetik, sondern der Religionspolitologie. Davon überzeugt, daß Rosenbergs Rassedoktrin besser verstanden werden kann, wenn der Zusammenhang von Kunst und Religion erörtert wird, sind nunmehr folgende Themen zu behandeln:
– Gott und Seele. Rosenbergs allgemeines Verständnis von Religion,
– Kunst als dynamisch-willenhafte Expression von Seele,
– Rasse als „Außenseite einer Seele": die „Gottgleichheit" der nordischen Seele und die „Satan-Natur" der Juden.

Die Systematik des Aufsatzes entspricht nicht der Darstellungsweise Rosenbergs. Vor allem der folgende Abschnitt über die „reine" Religion Rosenbergs resultiert aus einer Trennung, bei der aus analytischen Gründen von dem im Kontext vorhandenen Aussagen über Rasse und Volk abgesehen wurde.

---

[18] Ebd., S. 450.

II. Religion als Immanenz Gottes in der Seele

Die Literatur über Rosenberg ist überwiegend biographischer oder empirisch-historischer Natur[19]. Indes hat der Religionshistoriker Hans-P. Hasenfratz einen bemerkenswerten Aufsatz[20] mit dem Titel „Die Religion Alfred Rosenbergs" veröffentlicht. Religion ist nach Rosenberg ein Element der Weltanschauung:

> „Eine Weltanschauung umfaßt Religion, Wissenschaft und Kunst. Aus diesen Urbetätigungen des Menschen erwachsen alle übrigen Zweige des Wirkens."[21]

Nach Rosenberg sind „Glaube" und „Wissen", was sehr postmodern klingt, „überhaupt nicht in Gegenstellung zu bringen", und „wahre Religion" könne weder durch Naturwissenschaft bewiesen noch widerlegt werden.[22] Kant habe das Verdienst „der endlich einmal durchgeführten Scheidung der Befugnisse von Religion und Wissenschaft"[23]. Rosenberg kritisiert die „Flucht des 19. Jahrhunderts zum Darwinismus und Positivismus".[24] Wenn Rosenberg bekennt: „Es gibt keine voraussetzungslose Wissenschaft, sondern nur Wissenschaft mit Voraussetzungen"[25], muß gefragt werden, ob echte Religion zu den Voraussetzungen des Politischen gehört. Nach Rosenberg gilt: „Gemeinschaften werden nur durch freiwilligen Glauben als echte Darstellung eines Inneren wirklich erhalten."[26] Aber woran ist nach Rosenberg zu glauben, und was versteht er unter Religion?

---

[19] Zur Biographie Alfred Rosenbergs vgl. Robert Cecil, *The Myth of the Masterrace. Alfred Rosenberg and Naziideologie*, London 1972, sowie Andreas Mohlau, *Alfred Rosenberg. Die Ideologie des Nationalsozialismus. Eine politische Biographie*, Koblenz 1993; Reinhard Baumgärtner behandelt Rosenberg in: *Weltanschauungskampf im 3. Reich*, Frankfurt a.M. 1977, und Reinhard Bollmus schrieb: *Das Amt Rosenberg. Studium zum Machtkampf im nationalsozialistischen Herrschaftssystem*, Stuttgart 1970; Herbert Iber kritisiert in *Christlicher Glaube oder rassischer Mythus*, Frankfurt a.M. 1987, die Stellungnahme der Mitglieder der Bekennenden Kirche im Hinblick auf den Antisemitismus Rosenbergs.

[20] Hans-P. Hasenfratz, „Die Religion Alfred Rosenbergs", in: *Numen. International Review for the History of Religion*, Vol. XXXVI, Leiden 1989, S. 115-124.

[21] „Weltanschauliche Thesen", aus: *Das politische Tagebuch Alfred Rosenberg*, hrsg. Hans-Günther Seraphin, München 1964, S. 241.

[22] „Glaube und Wissen sind überhaupt nicht in Gegenstellung zu bringen ... wahre Religion aber wird weder durch die Entdeckung der Natur bewiesen noch durch sie gestürzt. Religion ist ein Ergebnis eines inneren Erlebens, nicht die Folge irgendeines naturwissenschaftlichen Gottesbeweises oder einer Auferstehungslegende; sie hat überhaupt mit Wundern oder Zauberei nichts zu tun" (*Weltanschauliche Thesen*, S. 253).

[23] *Mythus*, S. 135.

[24] Ebd., S. 22.

[25] Ebd., S. 119.

[26] *Weltanschauliche Thesen*, S. 248.

„Religion heißt: Seelische Bindung eines Menschen oder eines Volkes an ein über dieses Leben stehendes Göttliches. Religion ist also ein Teil der gesamten weltanschaulichen Haltung. In dem Glauben an Gott oder die Gottheit sowie an eine Vorsehung ist ein Bekenntnis mit eingeschlossen. Dieses Bekenntnis ist wesentlicher Bestandteil der Religion."[27]

Rosenberg definiert also Religion im Sinne der Spannung zwischen Immanenz und Transzendenz als Glaube und Bekenntnis. Welt ist nicht nur das Leben, sondern zur Welt gehört das über dem Leben stehende Göttliche, die Gottheit, die Vorsehung – eben Gott. Rosenberg denkt zwar in der Spannung von Diesseits und Jenseits, lehnt aber entschieden ab, daß der Mensch „im Bannkreis des absoluten, fernen, herrschenden Gottes"[28] leben soll. Das führt zu folgendem Bekenntnis:

„Der kirchliche Jahve ist nun heute tot wie Wotan vor 1500 Jahren. Zum philosophischen Bewußtsein jedoch ist nordischer Geist dann in Immanuel Kant gelangt, dessen wesentliches Werk in der endlich einmal durchgeführten Scheidung der Befugnisse von Religion und Wissenschaft liegt. Religion hat nur mit dem `Himmelreich in uns' zu tun, echte Wissenschaft nur mit Mechanistik, Physik, Chemismus, Biologie."[29]

Obwohl Rosenberg den jüdisch-christlichen Monotheismus[30] ablehnt, ist er kein Neuheide[31]. Quelle und Maß der Religion Rosenbergs ist die Mystik Meister Eckharts:

„600 Jahre sind es her, seit der größte Apostel des nordischen Abendlandes uns unsere Religion schenkte, ein reiches Leben daran setzte, unser Sein und Werden zu entgiften, daß Leib und Seele knechtende syrische Dogma zu überwinden und den Gott im eigenen Busen zu erwecken, das 'Himmelreich inwendig in uns'."[32]

Dem Dominikaner aus Thüringen widmet Rosenberg, durchsetzt mit langen Zitaten, ein ganzes Kapitel[33]. Meister Eckhart, so Rosenberg, „entdeckt

---

[27] Ebd., S. 242.
[28] Ebd., S. 46.
[29] Ebd., S. 134/135.
[30] Rosenberg lehnt den christlichen Monotheismus der Kirchen wegen des darin angeblich enthaltenen jüdischen Monismus ab, vgl. ebd., S. 152 ff.
[31] Zum Tod Odins vgl. ebd., S. 219.
[32] Ebd., S. 218.
[33] 1. Buch Kap. III: „Mystik und Tat", S. 217-270. Rosenberg beschwört darüber hinaus immer wieder seinen Mystagogen (vgl. S. 138, 394, 458, 560, 685, 699, 701) und verwendet für ihn die Schreibweise „Eckehart". Er folgt damit der Schreibweise Hermann Büttners, dessen Publikation er für den *Mythus* benutzte; vgl. *Meister Eckeharts Schriften und Predigten*, 2 Bände, Leipzig 1903. Rosenberg meint, in der deutschen Mystik sei „die Idee der seelischen Persönlichkeit, die tragende Idee unserer Geschichte", zum erstenmal zur „Religion und Lebens-

eine rein seelische Macht und fühlt, daß diese seine Seele ein Zentrum an Kraft darstellt, dem schlechterdings nichts vergleichbar ist"[34].

Mystik sei nicht „Selbsthingabe an ein Anderes", denn diese Betrachtungsweise entstamme der „scheinbar unausrottbaren Einstellung, als seien Ich und Gott wesensverschieden"[35]. Die Relation zwischen Mensch und Gott ist die der Gleichheit. Der Glaube an die „Gottgleichheit der menschlichen Seele"[36] ist das A und das O der rein religiösen Implikation der an sich politischen Religion Rosenbergs. Das „Böse"[37], welches erst nach langen dramatischen Kämpfen besiegt werden wird[38], darf allerdings nicht fehlen.

Wie das hier absichtlich von Rasse und Volk losgelöste Verständnis von Religion religionswissenschaftlich und -geschichtlich zu klassifizieren ist, kann an dieser Stelle beiseite gelassen werden[39]; ebenso ob Rosenberg Meister Eckhart richtig interpretiert hat. Da Rosenberg eine quietistische Mystik ablehnt, liegt es nahe, daß das Wesen von Seele auch in den Kunstwerken zur Erscheinung gebracht wird.

III. Kunst als dynamisch-willenhafte Expression von Seele

Gewiß läßt der Rückgriff auf die Mystik, der Ende des 19. und am Beginn des 20. Jahrhunderts zu beobachten ist, mehrere politische oder apolitische Optionen zu. Es ist aber nicht zu verkennen, daß das Paradigma, Kunst sei nicht „mimesis", sondern schöpferische Neubildung, das Erzeugnis eines inneren Selbst, Übereinstimmungen mit mystischen Existenzinterpretationen ermöglicht.

Im folgenden können die extensiven Ausführungen über Kultur und Kunst nicht im einzelnen berücksichtigt werden. Von den Schleifen, Exkursen und Wiederholungen Rosenbergs wird abgesehen. Ich konzentriere mich auf die von Rosenberg hergestellte Relation von Kunst und Seele und damit auf den über die Qualitäten von Seele vermittelten religiösen Gehalt von Kunst. Rosenberg meint, die aesthetischen Theorien des 19. Jahr-

---

lehre" artikuliert worden und sieht darin „das ewige metaphysische Bekenntnis des nordischen Abendlandes" (ebd., S. 220).
[34] Ebd., S. 217.
[35] Ebd., S. 223.
[36] Ebd., S. 245; vgl. S. XII, 692 sowie das „Eins-Sein mit Gott als Erlösung und Ziel", S. 235.
[37] Ebd., S. 33, vgl. S. 126, 127.
[38] Vgl. S. 130, 504, 607.
[39] Die gnostisch-mystische Struktur ist unverkennbar. Dem gegenüber sind Aussagen apokalyptischer Dimension recht selten. Die religiöse Obsession richtet sich auf die Seele allein.

seien überholt: „Eine ungeheure geistige Arbeit liegt hier aufgespeichert, kein Mensch liest heute Zimmermann, Hartmann, ja, kaum noch Fechtner, Külpe, Groos, Lipps, Müller-Freienfels, Moos und viele andere. Winckelmanns und Lessings Anschauung versteht niemand mehr in das heutige Denken einzufügen, Schiller, Kant und Schopenhauer verehrt die Allgemeinheit fast nur dem Namen nach. Nicht deshalb, weil wir nicht in ihren Werken die tiefsten Gedanken finden werden, sondern weil wir sie als Ganzes auf dem Gebiet der Kunstbetrachtung nicht mehr zu verwenden mögen. Sie schauen alle fast nur nach Griechenland und sprechen alle noch von einer angeblich möglichen allgemeinen Ästhetik."[40] Die Trennung von Form und Gehalt wird verworfen. „Durchaus mit Recht" sei zwar, „um der ewigen Vermengung etwa von Moralpredigten und Ästhetik vorzubeugen", versucht worden, „den ästhetischen Gegenstand von allen außerästhetischen Elementen zu trennen". Bei dieser „methodischen notwendigen Scheidung" habe man „aber das Wichtigste dabei zu betonen vergessen: daß der Gehalt im Falle der nordisch-abendländischen Kunst außer seinem Inhalt zugleich ein Formproblem darstellt. Die Wahl oder die Ausscheidung gewisser Elemente des Gehaltes ist für uns bereits ein formender, durchaus künstlerischer Vorgang."[41] Rosenberg gibt, indem er den Unterschied zwischen der griechischen und der germanischen Kunst festlegt, auch den Grund an, warum in der nordisch-abendländischen Kunst „Gestalt" und „Gehalt" zusammengehören:

> „Es sind zwei andersgeartete Völkerseelen am Werke, um die Natur in Kunst zu verwandeln. Die eine läßt den Menschen auch weinen, lachen, lieben, hassen und heldenhafte Taten verbringen, aber sie macht das Innere nicht zur alles bewegenden Kraft, sie läßt die Persönlichkeit als ein zu gestaltendes Phänomen beiseite, wendet alle Liebe auf die Außenwelt und schafft sich mit Wort und Meißel eine wunderbare Waffe, die Schönheit zu erzwingen; die andere taucht sofort in die tiefsten Tiefen des menschlichen Innern und bändigt alle Seelenkräfte zu einem innerlich künstlerisch bedingten Ganzen, ohne der formalen Schönheit das ausschlaggebende Gewicht zuzuerkennen."[42]

Das Verhältnis von innen und außen, die Persönlichkeit und die Seele sind mithin maßgebend für das ästhetische Postulat, Form und Gehalt nicht zu trennen. Das „Innere" ist konstitutiv für Rosenbergs Verständnis von Kunst. Die Potentialität des Inneren, auf der alle Kunst beruht, ist nach Rosenberg die Kraft der Seele, sei es die einer Persönlichkeit oder die eines Kol-

---

[40] Ebd., S. 278
[41] Ebd., S. 304.
[42] Ebd., S. 313.

lektivs. So sei die „Gothik", die „erste steinerne Verkörperung der dynamisch-abendländischen Seele, wie sie später die Malerei wiederzuverkörpern suchte, die sich aber dann erst in der Musik – zum Teil auch im Drama – restlos verwirklichen konnte"[43]. Die „Musik Bachs und Beethovens" bedeuteten den „Durchbruch einer Seelenkraft ohnegleichen, die nicht bloß stoffliche Fesseln abstreift (das ist nur die negative Seite), sondern etwas ganz bestimmtes ausspricht"[44]. Rosenberg malt sich den Durchbruch seelischer Kräfte in der Kunst sehr genau aus. Zum Beispiel kommentiert er Rembrandts[45] Gemälde der „Verlorene Sohn" ganz konkret. Das Bild stelle in allen Einzelheiten die „höchste Steigerung der seelischen Stufenleiter" dar. Erläutert wird die Transsubstantiation von Seele in das Bild wie folgt: „die formende seelische Tätigkeit, die in Rembrandt vor sich gegangen war, ist restlos hinübergetreten in die Seelen der beiden Menschen, des Sohnes und des Vaters."[46] Der Kunst liegt mithin etwas zugrunde, was außerhalb von Kunst existiert. Hypokeimenon von Kunst ist Seele. Ohne seelische Substanz ist Ästhetik leer. Weiterhin ist eine spezifische Sphäre von Seele wesentlich für das Spezifische seiner ästhetischen Doktrin: der Wille. Der „Wille" sei, so Rosenberg, „Seelenprägung für eine zielbewußte Energie", was bisher verkannt worden sei:

> „Noch heute wird innerhalb des willenhaften, jede Zweckmäßigkeit einschließenden Ichs der ästhetische Wille geleugnet. Dabei ist gerade er, wenn nicht der stärkste, so doch sicher der umfassendste Ausdruck des menschlichen Willens überhaupt."[47]

Beschaffenhaft und Wert des Willens wiederum werden nicht in der Auseinandersetzung mit Nietzsche[48], sondern mit Hilfe der Kritik an Schopenhauers Philosophie des Willens in einem gesonderten Kapitel („Wille und Trieb") entfaltet. Schopenhauer habe Trieb und Wille verwechselt, weshalb Rosenberg zu folgendem Resultat kommt: „Schopenhauer hatte nicht sehen oder aus krankhaftem Festhalten an einer dogmatischen Anschauung nicht zugeben wollen, daß nicht eine theoretisch gelehrte philosophische Einsicht allein helfen kann, sondern das Eintreten eines Faktors, über den alle wahr-

---

[43] Ebd., S. 352.
[44] Ebd., S. 406.
[45] Zum Verhältnis von Kunst, Religion und Deutschtum bei Rembrandt vgl. Julius Langbehn, *Rembrandt als Erzieher*, Leipzig [43]1893.
[46] *Mythus*, S. 407.
[47] Ebd., S. 406.
[48] „Daß ein Nietzsche verrückt wurde, ist Gleichnis. Ein ungeheuer gestauter Wille zur Schöpfung brach sich zwar Bahn wie eine Sturzflut, aber der gleiche innerlich schon lange vorher gebrochene Wille konnte die Gestaltung nicht mehr erzwingen" (ebd., S. 530).

haft Großen verfügt haben: des den Trieb meisternden oder überwindenden Willens."[49] Rosenberg ist die „Auseinandersetzung mit der Philosophie" Schopenhauers aus zwei Gründen besonders wichtig"[50]: im Hinblick auf „ein dem egoistischen Triebe entgegenwirkendes Prinzip aus dem Reiche der Freiheit, wie Kant und Fichte es meinten", und im Hinblick auf „das Begreifen der abendländischen Kunst und ihrer seelischen Einwirkung".[51] Insofern Kunst nach Rosenberg auf der „Willensentladung"[52] von Seele beruht, ist nunmehr endlich zu demonstrieren, wie er in dem Buch über das „Wesen der germanischen Kunst" Seele und Religion miteinander verkettet. Schon die Bestimmung von Seele entnimmt Rosenberg der Religion. Er beruft sich auf seinen Mystagogen, nämlich Meister Eckhart: „Drei Kräfte entdeckt er, vermittelt deren die Seele in die Welt hineingreift: den Willen, der sich dem Objekt zuwendet, die Vernunft, die das Ergriffene durchschaut und ordnet, und das Gedächtnis, welches das Erlebte und Erschaute aufbewahrt. Diese drei Kräfte sind gleichsam das Gegenstück zur heiligen Dreieinigkeit."[53]

Rosenberg verkennt oder verschweigt, daß diese Einteilung der Seele vom Kirchenvater Augustinus – memoria, intellectus, voluntas (vgl. *De Trinitate*, Buch X) – in die religiöse Tradition des Abendlandes gelangte. Die adaptierte und umformulierte Mystik des Dominikaners Eckhart kann Rosenberg in seiner Auffassung von Kunst als Willensentladung integrieren, da er der Überzeugung ist: „Jedes Geschöpf treibt sein Wesen um eines wenn auch ihm selbst unbekannten Zieles wegen. Auch die Seele besitzt ihr Ziel: rein zu sich selber und zum Gottesbewußtsein zu gelangen."[54] Kunst ist nach Rosenberg stets das Werk von Persönlichkeit und zum Wesen von Persönlichkeit gehört „ein angreifend tätiges und unermüdliches Bestreben, den Stoff zum Gleichnis für innerstes Wollen und künstlerische Formkräfte umzugestalten"[55]. Im Hinblick auf das Innere der Persönlichkeit und im Hinblick auf die Persönlichkeit als Bedingung wahrer Kunst[56] wiederholt Rosenberg die mystische Doktrin der „Einheit von Persönlichkeit und Gott"[57] sowie die gnostische Spekulation vom „Seelenfünklein"[58]. In dem

---

[49] Ebd., S. 341.
[50] Ebd., S. 342.
[51] Ebd., S. 343.
[52] Vgl. S. 434, 345.
[53] Ebd., S. 239.
[54] Ebd., S. 221.
[55] Ebd., S. 352.
[56] Vgl. S. 405.
[57] Ebd., S. 396.
[58] Vgl. S. 232, 239.

Kapitel über den „Persönlichkeits- und Sachlichkeitsstil" glaubt Rosenberg betonen zu müssen „daß der 'Gott im Busen', der nicht der Gegensatz des Ich, sondern das Selbst ist, das Ziel durch die Wesensart bestimmt."⁵⁹ Eine materialistische und an der bloßen Vernunft orientierte Auffassung von Kunst lehnt Rosenberg ab, indem er z.B. den Begriff der „Religionsseele" affirmativ verwendet. Die „Religionsseele des Abendlandes" enthalte „in Übereinstimmung mit der Lehre Jesu die Behauptung der ewigen Persönlichkeit einer ganzen Welt gegenüber". Diese habe „hier auf Erden eine unbekannte Aufgabe zu vollbringen, sich zu entladen und zu ihrem ureigenen Wesen wieder zurückzukehren. Jede Persönlichkeit ist eine Einheit ohne Ende; das ist der religiöse Wille im Gegensatz zum philosophischen Monismus."⁶⁰ Rosenberg zieht daraus einen Religion, Kunst und Sitte betreffenden Schluß: „… deshalb bedeute Jesus trotz aller christlichen Kirchen einen Angelpunkt unserer Geschichte. Deshalb wurde er der Gott der Europäer, wenn auch bis heute in nicht selten abstoßender Verzerrung. Könnte dies geballt vorhandene Gefühl der Persönlichkeit, das gotische Dome baute, das ein Bildnis Rembrandts schuf, deutlicher in das Bewußtsein der Allgemeinheit dringen, es hübe eine neue Welle unserer gesamten Gesittung an."⁶¹ Auch der „faustische Mensch" sei nur deshalb „Persönlichkeit", weil er eine unsterbliche, nur einmal erscheinende Seele, eine ewigtätige, beherrschende, suchende, zeit- und raumlose, von aller Erdgebundenheit gelöste Kraft und Einzigartigkeit fühlt."⁶² Geht man davon aus, daß das „Lösen von stofflicher Bindung, und das Tasten nach etwas Ewigem" für Rosenberg „ein Zeichen" ist, nämlich „daß die seelische, allein schöpferische Urkraft des Menschen wirklich lebendig ist", dann gelangt man zum Zentrum der Kunstdogmatik. Gott ist schöpferische Urkraft, also ist wahre Kunst „Folge einer schöperischen Urkraft. Kunst ist nicht irgendeine Willensentladung, sondern die willenhafte Entladung der göttlichen Seele. Ästhetischer Wille ist der Wille, das Göttliche der Seele zu aktualisieren: „Das Urelement wird Form durch eine künstlerische Neugeburt. Und wenn dieses Göttliche auch keinen Namen trägt, so weht ein Hauch doch auch in einem Selbstbildnis Rembrandts, in einer Ballade Goethes."⁶³ Zum Göttlichen gesellt sich der Kosmos:

---

⁵⁹ Ebd., S. 395.
⁶⁰ Ebd., S. 391.
⁶¹ Ebd., S. 391; Jesus ist nach Rosenberg kein Jude, vgl. S. 74, 130, 132, 132, 160, 161, 163 ff.
⁶² Ebd., S. 389.
⁶³ Ebd., S. 362.

„Das Wesentliche aller Kunst des Abendlandes ist aber in Richard Wagner offenbar geworden: daß die nordische Seele nicht kontemplativ ist, daß sie sich auch nicht in individuelle Psychologie verliert, sondern kosmisch-seelisch Gesetze willenhaft erlebt und geistig-architektonisch gestaltet."[64]

Damit meint Rosenberg: „Kunst als Religion, das wollte einst Wagner"[65].

Weil sich Gott, der Kosmos, die Seele einer Persönlichkeit und die Seele eines Kollektivs ergänzen und durchdringen, kann verkündet werden: „In Europa ganz allein wurde die Kunst echtes Medium der Weltüberwindung, eine Religion an sich. Die Kreuzigung Grünewalds, ein gotischer Dom, ein Selbstbildnis Rembrandts, eine Fuge Bachs, die 'Eroica', der Chorus Mysticus sind Gleichnisse einer ganz neuen Seele, einer stetig aktiven Seele, wie sie einzig Europa geboren hat."[66]

Indes wird mit der Überzeugung, nur in Europa sei Kunst zu einer „Religion an sich" geworden, das Dogma Rosenbergs nicht vollständig beschrieben. Die „Religionsseele" des Abendlandes konnte sich nämlich noch nicht voll entfalten. Daß Kunst in Europa zur Religion wurde, hat einen spezifischen Grund. Rosenberg leitet seine Argumentation mit einer zunächst seltsam anmutenden Behauptung ein: „absolute religiöse Genies, d. h. vollkommen eigengesetzliche Verkörperungen des Göttlichen in einem Menschen hat Europa noch nicht besessen".[67] Denn, so fährt er fort: „Europas Religionssuchen wurde durch eine artfremde Form an der Quelle vergiftet". Für die Vergiftung der abendländischen Religionsseele wird eine besondere, den gesamten Mythus betreffende Ursache erfunden: „Das seelische Suchen aber, das nicht religiös, sondern nur römisch-jüdisch sein durfte, verlegte das Schwergewicht vom religiösen auf den künstlerischen Willen."[68] Nicht die jüdisch-christliche Tradition, sondern die durch das Judentum fremdbestimmte christliche Religion ist mithin dafür verantwortlich, daß das Schwergewicht vom religiösen auf den künstlerischen Willen verlagert wurde. Kunst als Religion ist also nur eine Ersatzlösung. Der „echt religiöse Urgrund" wiederum „fehlt bis auf geringe Reste der Rasse der Semiten und ihren bastardierten Halbbrüdern, den Juden"[69]. Daher „erklärt sich bis auf heute die Gier des jüdischen Volkes, zugleich auch sein fast vollständiger

---

[64] Ebd., S. 433.
[65] Ebd., S. 443.
[66] Ebd., S. 443.
[67] Ebd., S. 442.
[68] Ebd., S. 443.
[69] Ebd., S. 362.

Mangel an echter seelischer und künstlerischer Schöpferkraft"[70]. Letztlich gilt für die Verknüpfung von Kunst und Religion, wie nicht anders zu erwarten, das Maß der Rassenseele: „Jedes Kunstwerk formt ferner seelischen Gehalt. Auch dieser ist deshalb nebst seiner formalen Behandlung nur aufgrund der verschiedenen Rassenseelen zu begreifen."[71] Daraus folgt, daß Rosenbergs „ästhetisches" Dogma nur dann vollständig erfaßt werden kann, wenn auch seine Rassendoktrin behandelt wird. Dabei kommt es darauf an zu überprüfen, ob im Begriff der Rasse – wie bei der Kunst – der religiösen Qualität der Seele eine prinzipielle Bedeutung zukommt.

IV. *Rasse als „Außenseite" von Seele. Die „Gottgleichheit" der arisch-nordischen „Seele" einerseits und die „Satan-Natur" der jüdischen „Gegenrasse" andererseits*

Nach Rosenberg besteht eine Wechselwirkung zwischen „Persönlichkeit und Rasse"[72], und alle Tätigkeiten der Deutschen sollen „im Dienste" des „rassegebundenen Volkstums"[73] stehen. Für das Verhältnis von Kultur, Seele, Volkstum und Rasse sei folgende „lebensgesetzliche Gliederung" maßgebend:

„1. Rasseseele,
2. Volkstum,
3. Persönlichkeit,
4. Kulturkreis,

wobei wir nicht an eine Stufenleiter von oben nach unten denken, sondern an einen durchpulsten Kreislauf"[74]

Im darauf folgenden Satz ist Rosenbergs spezifische Rassedoktrin enthalten:

„Die Rassenseele ist nicht mit Händen greifbar und doch dargestellt im blutgebundenen Volkstum, gekrönt und gleichnishaft zusammengeballt in den großen Persönlichkeiten, die schöpferisch wirkend einen Kulturkreis erzeugen, der wiederum von Rasse und Rassenseele getragen wird".

Die nicht greifbare, also inmaterielle, Rassenseele wird konkret „dargestellt", nämlich im „blutgebundenen Volkstum" oder „zusammengeballt", nämlich in der „schöpferisch" wirkenden Persönlichkeit". So beginnt der „Kreislauf" mit Rasse und Rassenseele: „Die 'Ausgliederungsfülle' des Volkstums", so

---

[70] Ebd., S. 364.
[71] Ebd., S. 279.
[72] Ebd., S. 694.
[73] Ebd., S. 684.
[74] Ebd., S. 697.

Rosenberg weiter, „wird also hiermit organisch auf ihre blut-seelischen Urgründe zurückgeführt."[75] Sind Blut und Seele „Urgründe" und Volkstum und Persönlichkeit dadurch bewirkt, dann wird Identität, nämlich „eins mit sich selbst" zu sein, mit der Kategorie der Substanz begriffen. Auf dieser Basis ist zu prüfen, ob und inwiefern in der Rassedoktrin Gott und Seele von Bedeutung sind.

Rosenberg begreift Rasse in der wechselseitigen Abhängigkeit von Innen und Außen, wobei Rasse nur die Außenseite von Seele ist:

> „Seele aber bedeutet Rasse von innen gesehen. Und umgekehrt ist Rasse die Außenseite einer Seele. Die Rassenseele zum Leben erwecken, heißt ihren Höchstwert erkennen und unter seiner Herrschaft den anderen Werten ihre organische Stellung zuweisen: In Staat, Kunst und Religion."[76]

Wenig erfahren wir im „Mythus" über das Blut. Intensiv und häufig hingegen läßt sich Rosenberg über Volk, Rasse und Seele aus: „Jede Rasse hat ihre Seele, jede Seele ihre Rasse, ihre eigene innere und äußere Architektonik, ihre charakteristische Erscheinungsform und Gebärde des Lebensstils, ein nur ihr eigenes Verhältnis zwischen den Kräften des Willens und der Vernunft."[77] Rosenberg verwendet also zur Bestimmung seines Rassenbegriffs den ästhetischen Topos Architektonik. Das Verhältnis von Seele und rassegebundenem Volkstum ist, wie das Verhältnis von Seele und Kunst, als Expressivismus zu charakterisieren. So sei der „Begriff des Volks- und Rassetums" der „Ausdruck eines bestimmten Seelentums"[78]. Entgegen allen Vorurteilen bestimmt Rosenberg den Konnex Seele, Volk und Rasse nicht biologisch. Auf eine philosophisch und naturwissenschaftlich schwer zu begründende Konzeption läßt er sich gar nicht ein:

> „Das Leben einer Rasse, eines Volkes, ist keine sich logisch entwickelnde Philosophie, auch kein sich naturgesetzlich abwickelnder Vorgang, sondern die Ausbildung einer mystischen Synthese, einer Seelenbetätigung, die weder durch Vernunftschlüsse erklärt, noch durch Darstellung von Ursache und Wirkung begreiflich gemacht werden kann."[79]

Das Spezifikum des Rassebegriffs Rosenbergs besteht also darin, daß Rasse substantiell-seelische Qualitäten besitzt. Rasse ist eine Megapsyche. Um zu belegen, wie konsequent die Überzeugung, das Leben einer Rasse und eines

---

[75] Ebd., S. 694.
[76] Ebd., S. 2.
[77] Ebd., S. 116.
[78] Ebd., S. 387, Hervorhebung von mir, C.-E. B.
[79] Ebd., S. 117.

Volkes sei die „Ausbildung einer mystischen Synthese", entfaltet wird, ist das Kapitel „Mystik und Tat" heranzuziehen. Um es auf eine knappe Formel zu bringen: „Das Seelenfünklein"[80] wird auf die Megapsyche Rasse übertragen! „Nordisches Abendland besagt: Ich und Gott sind seelische Polarität, Schöpfungsakt ist jede vollzogene Vereinigung."[81] Rosenberg zitiert sogar die Stelle des Mystikers, wonach Gott in der Seele geboren werde.[82] Die Selbstverwirklichung dieser Seele ist für Rosenberg „nordische Selbstverwirklichung".[83] Nordische Selbstverwirklichung besteht in der Bewegung der Seele zu Gott und von Gott: „Die echte nordische Seele ist auf ihrem Höhenfluge stets 'zu Gott zu' und stets 'von Gott her'. Ihre 'Ruhe in Gott' ist zugleich 'Ruhe in sich'."[84] Die „Gottgleichheit der menschlichen Seele"[85] ist eine Beschaffenheit von Seele, die nur der arisch-nordischen Seele zukommt:

> „Das nordisch-seelische Erbgut bestand tatsächlich im Bewußtsein nicht nur der Gottähnlichkeit, sondern der Gottgleichheit der menschlichen Seele".[86]

Gottgleich ist aber nicht nur die Seele der nordischen Rasse, sondern – „Rasse und Ich, Blut und Seele stehen im engsten Zusammenhange"[87] – auch des Volksglaubens sowie des völkischen Glaubens liebstes Kind, nämlich das Blut:

> „Heute erwacht aber ein neuer Glaube: Der Mythus des Blutes, der Glaube, mit dem Blute auch das göttliche Wesen des Menschen überhaupt zu verteidigen. Der mit hellstem Wissen verkörperte Glaube, daß das nordische Blut jenes Mysterium darstellt, welches die alten Sakramente ersetzt und überwunden hat."[88]

Das deutsche Volk hat mithin eine über das göttliche Blut und die göttliche Seele vermittelte und real existierende Beziehung zu Gott. Die Einheit von göttlicher und menschlicher Natur nach dem Muster der Mystik[89] macht die prinzipielle Konfiguration des religiösen Gehalts von Rasse aus. Die Megapsyche namens Rasse denkt und wirkt: „Die Rassenseele bemächtigt sich

---

[80] Ebd., S. 217.
[81] Ebd., S. 248.
[82] Ebd., S. 225.
[83] Ebd., S. 248; vgl. lfd. Kolumnentitel zu S. 248.
[84] Ebd., S. 248.
[85] Ebd., S. 246; vgl. S. 238, 629.
[86] Ebd., S. 246.
[87] „Ohne daß wir wissen, ob hier Ursache und Wirkung vorliegen", Ebd., S. 258.
[88] Ebd., S. 114.
[89] So zitiert Rosenberg Meister Eckhart und dessen Deutung der „heiligen Vereinigung göttlicher und menschlicher Natur" in „Christo", Ebd., S. 230.

der alten Fragen mittels neuer Formen, aber ihre gestaltenden Willenskräfte und Seelenwerte blieben in ihrer Richtung und Achtung die gleichen".[90]

Die Divinisierung der Rassenseele und ihrer Produktionen ist allerdings nur die eine Seite des „Mythus". Warum ist die „nordische Selbstverwirklichung" der Megapsyche noch nicht vollendet? Ist Rosenberg davon überzeugt, daß es eine der selbstbezüglichen Konsubstantialität von deutscher Rassenseele und Gott entgegenwirkende Macht gibt?

Das gemäß der Semantik Rosenbergs „polare Urphänomen" zur nordischen Rassenseele ist die jüdische „Gegenrasse".[91] Nur die jüdische Rasse wird von Rosenberg als Gegenrasse charakterisiert. Der Antisemitismus ist ein wesentliches Moment des kognitiven Wahrnehmungsmusters kollektiver Identität und wird im gesamten Mythus permanent artikuliert.[92] Nur eine Stelle sei ausführlich zitiert:

> „Wenn bei fast allen Völkern der Welt religiöse und sittliche Ideen und Gefühle der rein triebhaften Willkür und Zügellosigkeit sich hemmend in den Weg stellen, bei den Juden ist es umgekehrt. So sehen wir denn seit 2500 Jahren das ewig gleiche Bild. Gierig nach Gütern dieser Welt, zieht der Jude von Stadt zu Stadt, von Land zu Land und bleibt dort, wo er am wenigsten Widerstand für geschäftige Schmarotzerbetätigung findet. Er wird verjagt, kommt wieder, ein Geschlecht wird erschlagen, das andere beginnt unbeirrbar das gleiche Spiel. Gaukelhaft halb und halb dämonisch, lächerlich und tragisch zugleich, von aller Hoheit verachtet und sich doch unschuldig fühlend (weil bar der Fähigkeit, etwas anderes verstehen zu können als sich selbst), zieht, Ahasver, als Sohn der Satan-Natur durch die Geschichte der Welt. Ewig unter anderem Namen und doch immer gleichbleibend."[93]

Der Jude sei gekennzeichnet durch die „Zulassung, ja Genehmigung des Überlistens, des Diebstahls, des Totschlags"[94]. Die Attribute der jüdischen Gegenrasse seien gleichbleibend und ewig. Das jüdische Kollektiv wird mithin substantialisiert und satanisiert. Das jüdische Kollektiv ist die Gegenrasse, weil nur der „Jude" der „Sohn der Satan-Natur" ist. Die „jüdische Einstellung zur Welt" sei „satanisch"[95]. Die „ungeheure" sowie „zerstörende Kraft" der „Kinder Jakobs" sei in der Gestalt des „Mephistopheles" daher „unnachahmlich gezeichnet"[96]. Die „Gottgleichheit" der nordischen Rassen-

---

[90] Ebd., S. 693.
[91] Ebd., S. 462 vgl. S. 686.
[92] Vgl., S. 2 ff., 33, 64, 129, 158, 265 ff., 282, 294, 363 ff. 412, 460 ff., 493, 528 ff., 533, 566, 591, 670 ff., 686 ff.
[93] Ebd., S. 265.
[94] Ebd., S. 265.
[95] Ebd., S. 63.
[96] Ebd., S. 460.

seele korrespondiert also mit der Inkarnation des Bösen in der Gemeinschaft der Juden.

Rosenbergs Rassismus ist demzufolge *nicht* als Sozialdarwinismus zu begreifen. Sein „Mythus" hat die Qualität einer politischen Religion, weil letzten Endes eine religiöse Gesamtauffassung von Welt und menschlichem Sein für die Bestimmung kollektiver Identität maßgebend ist.

V. Zusammenfassung

Der zentrale Begriff, um den Mythus Rosenbergs, um Volk, Rasse, Kunst und Religion überhaupt erst verstehen zu können, ist Seele. Auch das „Selbst" der auffällig verwendeten Begriffe „Selbstverwirklichung"[97], „Selbstentfaltung"[98], „Selbstbewußtsein"[99], „Selbstgefühl"[100], „Selbstvollendung"[101] und „Selbstbestimmung"[102] kann nur aus der Seelenspekulation erklärt werden. Alle menschlichen Aktivitäten werden als Ausdruck eines Inneren mit dem Schema Potentialität und Aktualgenese wahrgenommen und gewertet. Das Innere, das zur Wirklichkeit gelangt, in Form und Gehalt ausgedrückt wird, ist Seele. Das gilt für Kunst und Rasse. Wie in der Kunst aus seelischem Gehalt Form wird, so ist „Rasse" die „Außenseite einer Seele"[103]. Die Doktrin der Kunst und die der Rasse sind strukturell gleich. Die Annahme, die Form sei die Verkörperung eines inner-seelischen Gehalts, läßt daher den Umkehrschluß von Außen nach Innen auch hinsichtlich der Rasse zu: von der äußeren Gestalt der Menschen auf ihren Charakter. In der Weise, wie Rosenberg Mensch und Gesellschaft erkennt, ist das zwingend, weil er Seele mit der Kategorie der Substanz begreift. Seele wiederum hat deshalb den Seinsmodus der Substanz, weil ihr Gott innewohnt – oder das Böse. Hier gilt's nun nicht mehr nur der Kunst. Eine Ästhetik auf dem Fundament einer dualistischen Substanzmystik kann nicht auf die schönen Künste beschränkt werden. Das Erhabene wird zum mörderischen Gleichnis.

So wie die arisch-nordische Seele das „Himmelreich" in ihrem Selbst hat, so wird auch das Böse subjektiviert. Das Kollektivsubjekt Jude wird zur satanischen Gegenrasse substantialisiert. Der „Jude" wird, was in der gegenwärtigen Diskussion über den Antisemitismus übersehen wird, nicht aus

---
[97] Ebd., S. 248, 684f.
[98] Ebd., S. 691.
[99] Ebd., S. 8, 223, 254.
[100] Ebd., S. 700.
[101] Ebd., S. 684.
[102] Ebd., S. 222.
[103] Ebd., S. 2.

biologischen Gründen zur Gegenrasse definiert. In der Konsubstantialität von Satan und Mensch besteht das wesentliche Merkmal des rassischen Antijudaismus Rosenbergs. Er artikuliert seine politische Religion darüber hinaus in der Erwartung einer „großen, vielleicht endgültigen Auseinandersetzung zwischen zwei weltfernen Seelen", nämlich der „Auseinandersetzung des deutschen Genius mit dem jüdischen Dämon"[104]. Wenn Rosenberg der Überzeugung ist, daß das viele Weltenalter dauernde Ringen zwischen dem Licht und der Finsternis seinen „Höhepunkt im Siege finden" muß[105], so hat das folgende Konsequenz: Die Vernichtung der Bösen ist die Bedingung des Sieges. Die Shoa, das wird in den gegenwärtigen Debatten beinahe vollkommen übersehen, ist die Folge der Satanisierung aller Juden. Aber ebenso wird nicht beachtet, daß der Antisemitismus kein Wesen an und für sich ist, sondern nur in wechselseitiger Abhängigkeit mit der Divinisierung des deutschen Volkes zu begreifen ist.

Die Konstituierung einer derartigen kollektiven Identität ist auch abhängig von traditionellen Wahrnehmungsmustern von Welt wie Gott, Seele, Identität und Substanz – wozu eine in Deutschland seit der Romantik weit verbreitete Auffassung von Kunst zu zählen ist.

---

[104] Ebd., S. 460.
[105] Ebd., S. 130.